INVENTAIRE

DE LA

COLLECTION MOREAU

ANGERS, IMP. A BURDIN ET Cie, RUE GARNIER, 4.

BIBLIOTHÈQUE NATIONALE

INVENTAIRE

DES MANUSCRITS

DE LA

COLLECTION MOREAU

PAR

H. OMONT

BIBLIOTHÉCAIRE AU DÉPARTEMENT DES MANUSCRITS DE LA BIBLIOTHÈQUE NATIONALE

PARIS

ALPHONSE PICARD, ÉDITEUR

LIBRAIRE DES ARCHIVES NATIONALES ET DE LA SOCIÉTÉ DE L'ÉCOLE DES CHARTES

82, RUE BONAPARTE, 82

1891

PRÉFACE

La COLLECTION MOREAU, l'une des plus nombreuses parmi les collections diverses annexées au fonds des manuscrits français de la Bibliothèque nationale, compte 1,834 volumes. Elle est formée presque exclusivement de documents relatifs à l'histoire et à la littérature anciennes de la France, recueillis, pendant la seconde moitié du xviiie siècle, dans les différentes archives de la France, des Pays-Bas, en Allemagne, en Suisse, en Angleterre, en Italie.

L'histoire de la formation et du développement du *Cabinet des chartes*, où furent réunis tous ces documents, sous la direction de l'historiographe Moreau, a été complètement reconstituée par M. L. Delisle dans *le Cabinet des manuscrits*[1], et *le Comité des Travaux historiques*, récemment publié par M. X. Charmes[2], permet de la suivre maintenant dans ses moindres détails, en

---

1. L. Delisle, *le Cabinet des manuscrits* (1868), t. I, p. 557-575.
2. X. Charmes, *le Comité des Travaux historiques* (1886), t. I, p. IV-LXXXIV. Ce premier volume est entièrement composé de documents relatifs au Cabinet des chartes (pp. 1-447).

même temps qu'il met en pleine lumière le but que se proposait Moreau. Il suffira de résumer ici les diverses périodes du développement de cette grande entreprise, qui embrassait toutes les parties de notre histoire, et dont le plan gigantesque n'a pu encore être réalisé qu'en partie.

L'avocat des finances, Moreau [1], avait fait agréer, en 1759, au contrôleur des finances, M. de Silhouette, le projet de la formation d'une bibliothèque où seraient centralisés les documents administratifs nécessaires au Contrôle général. Deux ans après, la *Bibliothèque des finances* était composée de 1,334 volumes d'*Ordonnances des rois de France,* édits, etc. [2], dont la partie manuscrite forme aujourd'hui 140 volumes de la Collection Moreau (n°s 1282-1421).

Moreau proposa bientôt au contrôleur des finances, Bertin, qui avait succédé à M. de Silhouette, d'établir à côté de la *Bibliothèque des finances* un nouveau dépôt où seraient recueillis les titres et les monuments de notre histoire. Le projet de Moreau, élargi par le ministre, aboutit à la formation du *Cabinet des chartes,* auprès duquel fut bientôt institué le *Comité des chartes.* Dans ce comité siégeaient, avec Moreau, Sainte-Palaye, Foncemagne, Bréquigny, etc., et plus tard Dom Clément, le marquis de Paulmy, Dom Grenier, Dom Poirier,

---

1. Jacob-Nicolas Moreau, né en 1717 à Saint-Florentin, mort à Chambourcy, près Saint-Germain-en-Laye, en 1804 ; avocat, puis conseiller à la cour des aides de Provence, bibliothécaire de la reine Marie-Antoinette, et enfin historiographe de France.

2. Un état sommaire alphabétique de la *Bibliothèque des finances* est mprimé dans *le Comité des Travaux historiques,* t. I, p. 11-16.

Dom Brial, La Porte du Theil, etc. Les délibérations du Comité des chartes, la correspondance qu'il entretint avec ses collaborateurs dispersés par toute la France et à l'étranger, la correspondance particulière de Moreau avec le ministre, tout ce qui composait en un mot les archives du Cabinet des chartes, forme aujourd'hui les n°s 285-407 de la Collection Moreau.

Les principaux auxiliaires du Comité se recrutèrent parmi les Bénédictins de la Congrégation de Saint-Maur, collaborateurs désignés par la place éminente qu'ils occupaient dans l'érudition française et par les grandes collections historiques qu'ils avaient entreprises [1]. Quelques Bénédictins de la Congrégation de Saint-Vanne, ainsi que différents érudits se joignirent à eux et le travail des chartes commença bientôt par toute la France. Il suffit de rappeler les noms de l'abbé Grandidier, pour l'*Alsace*; — Godefroy, Dom Grenier, Mutte, doyen de Cambrai, Dom Queinsert, Dom De Witte, pour l'*Artois*, la *Flandre* et le *Hainaut*; — Dom Deschamps, Vacher de Bourg-l'Ange, Dom Verdier de la Tour, pour l'*Auvergne*; — Fescheux, pour le *Béarn*; — Bouillet d'Aizerey, Lambert de Barive, Dom Villevieille, pour la *Bourgogne* et la *Bresse*; — Dom Barthélemy, Dom Bourgeois, Dom Laurent et Pierre-François Dumay, Dom Mareschal, Dom Étienne Pierre, etc., pour la *Champagne*; — Dom Berthod, Droz [2], Courchetet d'Esnans,

---

1. Voy. *le Cabinet des manuscrits*, t. II, p. 59-74.
2. Une mention spéciale est due à Droz, conseiller au parlement de Besançon et secrétaire de l'Académie de cette ville, qui envoya au Cabinet des chartes une collection de copies de pièces relatives à l'histoire de la Franche-Comté, aujourd'hui reliées en 44 volumes (n°s 862-905). Cf. la

Dom Grappin, pour la *Franche-Comté*; — Afforty, doyen de Senlis, pour l'*Ile-de-France*; — de Chiniac, Dom Col, pour le *Limousin*; — Dom Colloz, Derosne, Dom Probst, Dom Solvert, Dom Tabouillot, etc., pour la *Lorraine*; — Chantereyne, Houard, Dom Le Noir, pour la *Normandie*; — Dom Gérou, Rangeard de la Boissière, Dom Turpin, pour l'*Orléanais, Blaisois, Pays Chartrain* et *Berry*; — Dom Grenier, Dom Jeannin, pour la *Picardie*; — Dom Fonteneau, pour le *Poitou, Saintonge* et *Angoumois*; — Fossa, pour le *Roussillon*; — Dom Étienne Eyme pour la *Touraine, Maine* et *Anjou*. De 1764 à 1789, tous ces collaborateurs du Cabinet des chartes [1] examinèrent les archives civiles et ecclésiastiques des provinces, celles des cours souveraines, des villes, des églises, des abbayes, des châteaux, les collections particulières [2], et en tirèrent les copies d'environ 40,000 pièces relatives à l'histoire de France, depuis le VIIe jusqu'au XVIIIe siècle. Ces copies, classées chronologiquement, forment 284 volumes, qui ont été placés en tête de la Collection Moreau (n°s 1-284).

Les recherches entreprises sous la direction du Comité des chartes ne se bornèrent pas à la France. En

---

Bibliothèque historique de la France du P. Lelong (éd. Fevret de Fontette), t. III, p. 585-586, n°s 38657-38693; et aussi le *Catalogue* 209 *bis*.

1. Une liste des membres du Comité des chartes et de ses correspondants se trouve à la fin du *Plan des Travaux littéraires* (1782), et du *Progrès des Travaux littéraires* (1787), de Moreau. Cette dernière liste est reproduite dans *le Comité des Travaux historiques*, t. I, p. 409-412, note.

2. Voy. *le Cabinet des manuscrits*, t. I, p. 559-566. — On trouvera plus loin (pp. 159-156) la liste alphabétique, dressée par Moreau, de tous les dépôts qui furent ainsi mis à contribution pour le Cabinet des chartes.

1764, Bréquigny[1] partit pour Londres, et, après un séjour de deux ans et demi dans cette ville, il en rapporta environ 7,000 copies de pièces, tirées des archives de l'Échiquier, de la Tour de Londres et du Musée Britannique[2] (nos 625-733).

Douze ans après, en 1776, Bertin chargeait La Porte du Theil[3] d'explorer dans le même but les archives et les bibliothèques de Rome[4]. Celui-ci s'appliqua particulièrement à rechercher au Vatican, dans les registres des archives pontificales, les lettres des papes relatives

---

1. Louis-Georges Oudart-Feudrix de Bréquigny, né à Gainneville (Seine-Inférieure) en 1716, mort à Paris en 1795 ; membre de l'Académie des inscriptions et de l'Académie française. Ses papiers, parmi lesquels se trouvent différents documents relatifs aux travaux du Cabinet des chartes, forment une collection séparée composée de 169 volumes et conservée au Département des manuscrits de la Bibliothèque nationale.

2. Voy. son *Mémoire sur les recherches relatives à l'histoire de France*, dans les *Mémoires de l'Académie des inscriptions* (1766), t. XXXVII, p. 528-540 ; reproduit dans *le Comité des Travaux historiques*, t. I, p. 199-211. Cf. la préface du tome I des *Lettres de rois, reines... des cours de France et d'Angleterre depuis Louis VII jusqu'à Henri IV*, tirées des archives de Londres par Bréquigny et publiées par M. Champollion-Figeac (Paris, 1839, in-4°), dans les *Documents inédits de l'histoire de France*. Champollion-Figeac avait précédemment publié dans le *Bulletin universel des sciences* du baron de Férussac (nov. 1830, janv. et févr. 1831) la *Correspondance de M. de Bréquigny relative à ses recherches sur l'histoire de France dans les archives d'Angleterre* (Paris, 1831, in-8°).

Les copies faites sous la direction de Bréquigny n'entrèrent qu'après sa mort à la Bibliothèque nationale ; elles y furent déposées le 29 vendémiaire an V (20 octobre 1796).

3. François-Jean-Gabriel de La Porte du Theil, né à Paris en 1742, mort en 1815 ; membre de l'Académie des inscriptions, garde des manuscrits de la Bibliothèque.

4. Voy. son *Exposé des recherches littéraires relatives à l'histoire de France faites à Rome*, dans les *Mémoires de l'Académie des inscriptions* (1784), t. XLVI, p. 691-713 ; reproduit dans les *Analecta juris pontificii*, 11e série, 101e livr., col. 1037-1071, et dans *le Comité des Travaux historiques*, t. I, p. 358-378.

à l'histoire de France, depuis Innocent III jusqu'à Boniface VIII. La Porte du Theil rapporta d'un séjour de près de dix ans à Rome les copies de plus de 8,000 lettres de papes et les notices d'environ 2,000 manuscrits de différentes bibliothèques intéressant l'histoire de France[1] (n°s 1163-1259 et 1260-1281).

La tâche des collaborateurs du Cabinet des chartes avait été facilitée par la *Table chronologique* des chartes imprimées concernant l'histoire de France, commencée dès 1746 par Secousse, Foncemagne et Sainte-Palaye. Le premier volume de la Table chronologique fut publié en 1769 par les soins de Bréquigny, bientôt aidé de Mouchet[2]; le quatrième volume allait paraître lorsque éclata la Révolution[3]. Les matériaux de la Table chronologique réunis par les anciens éditeurs ont été classés sous les n°s 1098-1126 de la Collection Moreau.

Cependant les dépôts de Paris, qu'on était assuré d'avoir toujours sous la main, n'avaient été l'objet d'aucun travail analogue à celui qui se poursuivait dans les provinces et à l'étranger. On ne tira que quelques copies de la Bibliothèque du roi, du Trésor des chartes, du cabinet de Saint-Martin-des-Champs; le seul travail important porta sur les archives du Parlement de Paris.

---

1. Voy. plus loin les notices précédemment prises par Sainte-Palaye de manuscrits d'Italie relatifs à l'histoire de France (n°s 1658-1661 et 1670-1676).

2. Georges-Jean Mouchet, né à Darnetal en 1737, mort à Paris en 1807, premier employé au Département des manuscrits de la Bibliothèque.

3. *Table chronologique des diplômes, chartes, titres et actes imprimés concernant l'histoire de France* [jusqu'en 1314], par M. de Bréquigny (continuée par MM. Pardessus et Laboulaye). Paris, 1769-1876, 8 vol. in-fol. Cf. les préfaces des tomes I et IV.

Moreau en fit transcrire les plus anciens registres, les *Olim*, les *Jugés*, les *Testaments*, auxquels furent jointes les analyses d'environ 14,000 *Rouleaux*, classés chronologiquement, de 1274 à 1575 (n°ˢ 1135-1162 et 1075-1086).

Le Cabinet des chartes s'enrichit aussi de différents documents originaux concernant Paris et les provinces, dont quelques-uns provenaient des collections de Blondeau de Charnage[1] (n°ˢ 1047-1051 et 1422), et d'autres, relatifs surtout à la Flandre, avaient été tirés des archives des Pays-Bas[2] (n°ˢ 1423-1426).

C'est à la même époque qu'y furent également remises les copies de pièces et d'inventaires d'archives des Pays-Bas, transcrits sous la direction de Courchetet d'Esnans, conseiller au Parlement de Besançon[3] (n°ˢ 408-624). Quelques années après, en 1772, l'abbé d'Esnans, fils du conseiller, cédait au Cabinet des chartes une seconde collection de copies d'inventaires des archives des Pays-Bas, plus complète que la précédente (n°ˢ 1000-1043), et une autre collection de pièces relatives à l'histoire de la Franche-Comté (n°ˢ 906-976).

Enfin, en 1781, une dernière acquisition, celle de la bibliothèque et des papiers de La Curne de Sainte-Palaye[4],

---

1. Charles-François Blondeau de Charnage, généalogiste, mort en 1776.
2. Voy. *le Cabinet des manuscrits*, t. I, p. 570.
3. François Courchetet, seigneur d'Esnans, mort en 1766. Voy. un inventaire de la Collection d'Esnans, par M. Gachard, dans la *Collection des chroniques belges*, La Bibliothèque nationale à Paris (1875, in-4°, t. I, p. xvii-xxx). Cf. le *Cabinet historique* (1867), t. XIII, ii, 23-31 ; et aussi la *Bibliothèque historique de la France* du P. Lelong (éd. Fevret de Fontette), t. III, p. 583-585, nos 38653-38656.
4. Jean-Baptiste de la Curne de Sainte-Palaye, né à Auxerre en 1697,

vint enrichir notablement le Cabinet des chartes, quelques années avant sa suppression. Sainte-Palaye en avait fait don au roi, dès 1765, en échange d'une pension viagère, mais il en avait gardé la jouissance jusqu'à sa mort. Les papiers de cet érudit comprenaient de nombreuses copies d'anciens textes d'auteurs français du moyen âge, tirées des manuscrits de la Bibliothèque du roi et de différentes bibliothèques de France, de Suisse et d'Italie, ainsi que tous les matériaux qu'il avait réunis pour son *Glossaire de l'ancienne langue françoise* et ses autres répertoires historiques (n°s 1495-1734).

Mais en même temps près de deux cents de ces manuscrits de Sainte-Palaye étaient distraits de sa collection et échangés avec le marquis de Paulmy[1], qui remit à Moreau la collection presque complète des *portefeuilles* de Fevret de Fontette[2]. Ces portefeuilles étaient en grande partie composés des papiers de Philibert de La Mare, la plupart relatifs à l'histoire de Bourgogne[3].

---

mort à Paris en 1781 ; membre de l'Académie des inscriptions et de l'Académie française. Dès 1746, il s'était efforcé avec Secousse et Foncemagne de persuader au contrôleur des finances, M. de Machault, de faire dresser un catalogue des chartes relatives à l'histoire de France.

1. Marc-Antoine-René, marquis de Paulmy, né à Valenciennes en 1722, mort à Paris en 1787 ; membre de l'Académie française. Sa bibliothèque vendue en 1785 au comte d'Artois a formé le noyau de la bibliothèque de l'Arsenal.

2. Charles-Marie Fevret de Fontette, né à Dijon en 1710, mort en 1772, est surtout connu par son édition de la *Bibliothèque historique de la France* du P. Lelong. On trouvera dans le tome III (p. 460-493) de ce dernier ouvrage, sous les nos 36073-37331, le détail des portefeuilles de Fevret de Fontette relatifs à l'histoire de Bourgogne.

L'inventaire original de la collection de Fevret de Fontette est aujourd'hui encore conservé à la bibliothèque de l'Arsenal (mss. 5765 et 5766).

3. Philibert de La Mare, conseiller au parlement de Dijon, mort en 1687.

Après la mort de Sainte-Palaye, Mouchet, son collaborateur pour la publication du *Glossaire de l'ancienne langue françoise*, reçut en dépôt presque toutes les copies de manuscrits français exécutées pour Sainte-Palaye et qui n'avaient pas été échangées avec le marquis de Paulmy. Ces volumes ne devaient faire retour à la Bibliothèque qu'en 1807, après la mort de Mouchet.

Quelques mots suffiront pour terminer ce rapide exposé de l'histoire du Cabinet des chartes. La *Bibliothèque des finances*, créée en 1759 et placée à la Bibliothèque du roi en 1764, fut réunie, par un arrêt du Conseil, du mars 1781, au *Dépôt des chartes,* fondé en 1762 et installé depuis 1769 dans une maison de la place Vendôme. Les deux dépôts réunis, sans être confondus, formèrent la *Bibliothèque de législation, d'histoire et de droit public*, attachée à la Chancellerie. Cette dernière mesure fut sanctionnée par un nouvel arrêt du Conseil, du 10 octobre 1788[1] ; mais l'existence du Cabinet des chartes ne devait plus être que de courte durée. Un décret, du 14 août 1790, ordonna la réunion à la Bibliothèque du roi de la *Bibliothèque de législation, d'histoire et de droit public*[2].

Un « Inventaire des mss. *non reliez*... de M. Philibert de La Mare » se trouve dans le ms. fr. 24486 de la Bibliothèque nationale.

1. Voy. le *Plan des Travaux littéraires* (1782), le *Progrès des Travaux littéraires* (1787) de Moreau, un mémoire de Camus, publié par M. Ravaisson à la suite de son *Rapport* (1862), p. 292, et *le Cabinet des manuscrits*, t. I, p. 573.

2. En vertu de ce décret, Moreau fit dresser un inventaire général des collections confiées à ses soins (*Coll. Moreau*, 1439 ; anc. *Catalogue* 155). — On trouvera plus loin publiés en Appendice différents documents tirés de ce volume qui pourront servir à compléter l'histoire du Cabinet des chartes.

En 1827, Champollion-Figeac suggéra au comte de Corbière, ministre de l'Intérieur, le projet de restaurer le Cabinet des chartes[1]. Il dressa cette même année un état des collections diverses qui le composaient[2]; mais c'est seulement en 1862[3] que, par les soins de M. L. Delisle, l'ancien Cabinet des chartes fut l'objet d'un classement définitif sous le nom de *Collection Moreau.*

---

1. *Notice sur le Cabinet des chartes et diplômes de l'histoire de France* (Paris, 1827, in-8°).
2. *Collection Moreau*, vol. 1799 (anc. *Catalogue* 157 A).
3. Une concordance des numéros du classement de 1828 et du classement actuel se trouve imprimé à la fin de l'Appendice.

COLLECTION MOREAU

I

1-284. — Collection de Chartes et Diplômes concernant l'histoire de France (675-1718).

Copies de pièces relatives à l'histoire de France, tirées de différentes archives et rangées par ordre chronologique :

1.	Années 675-855.	— 243 feuillets.	
2.	— 856-883.	— 219	—
3.	— 884-911.	— 261	—
4.	— 912-926.	— 173	—
5.	— 927-936.	— 162	—
6.	— 936-943.	— 245	—
7.	— 943-950.	— 253	—
8.	— 950-956.	— 239	—
9.	— 957-963.	— 247	—
10.	— 964-970.	— 233	—
11.	— 971-976.	— 213	—
12.	— 977-981.	— 224	—
13.	— 982-986.	— 171	—
14.	— 987-991.	— 237	—
15.	— 992-994.	— 227	—
16.	— 995-1000.	— 257	—
17.	— 1000-1005.	— 250	—
18.	— 1005-1014.	— 273	—
19.	— 1015-1020.	— 243	—
20.	— 1021-1028.	— 256	—

21.	Années 1028-1032.	— 250 feuillets.	
22.	—	1032-1040. — 258	—
23.	—	1040-1046. — 237	—
24.	—	1047-1050. — 255	—
25.	—	1050-1057. — 252	—
26.	—	1057-1060. — 261	—
27.	—	1060-1062. — 256	—
28.	—	1063-1065. — 290	—
29.	—	1065-1068. — 197	—
30.	—	1067-1073. — 264	—
31.	—	1074-1077. — 234	—
32.	—	1078-1080. — 250	—
33.	—	1080-1083. — 252	—
34.	—	1083-1087. — 253	—
35.	—	1087-1089. — 252	—
36.	—	1089-1092. — 252	—
37.	—	1092-1100. — 251	—
38.	—	1095-1098. — 270	—
39.	—	1098-1100. — 264	—
40.	—	1100. — 311	—
41.	—	1101-1104. — 238	—
42.	—	1105-1107. — 269	—
43.	—	1108. — 240	—
44.	—	1108-1109. — 199	—
45.	—	1110. — 196	—
46.	—	1111-1112. — 207	—
47.	—	1113-1115. — 256	—
48.	—	1116-1117. — 187	—
49.	—	1118-1119. — 204	—
50.	—	1120-1122. — 261	—
51.	—	1123-1124. — 211	—
52.	—	1125-1126. — 170	—
53.	—	1126-1128. — 168	—
54.	—	1129-1130. — 247	—
55.	—	1131-1132. — 207	—
56.	—	1133-1136. — 240	—
57.	—	1136-1138. — 243	—
58.	—	1138-1140. — 212	—

59.	Années	1140-1141.	— 209 feuillets.	
60.	—	1142-1143.	— 272	—
61.	—	1144-1145.	— 234	—
62.	—	1145-1146.	— 211	—
63.	—	1147-1148.	— 242	—
64.	—	1148-1150.	— 243	—
65.	—	1150-1151.	— 230	—
66.	—	1152-1153.	— 241	—
67.	—	1154-1155.	— 257	—
68.	—	1155-1157.	— 242	—
69.	—	1158-1159.	— 255	—
70.	—	1160.	— 267	—
71.	—	1161-1162.	— 231	—
72.	—	1163.	— 210	—
73.	—	1164.	— 210	—
74.	—	1165-1166.	— 250	—
75.	—	1167-1168.	— 202	—
76.	—	1169-1170.	— 228	—
77.	—	1170-1172.	— 230	—
78.	—	1172-1173.	— 222	—
79.	—	1174-1175.	— 196	—
80.	—	1175-1176.	— 211	—
81.	—	1177.	— 204	—
82.	—	1178-1179.	— 249	—
83.	—	1179-1180.	— 228	—
84.	—	1180.	— 266	—
85.	—	1181-1182.	— 258	—
86.	—	1182-1183.	— 230	—
87.	—	1183-1184.	— 211	—
88.	—	1184-1185.	— 235	—
89.	—	1186-1187.	— 244	—
90.	—	1187-1188.	— 241	—
91.	—	1188-1189.	— 237	—
92.	—	1190.	— 202	—
93.	—	1190-1191.	— 231	—
94.	—	1191-1192.	— 234	—
95.	—	1193-1194.	— 223	—
96.	—	1194-1195.	— 260	—

97.	Années 1195-1196.	— 208 feuillets.	
98.	— 1197.	— 205	—
99.	— 1198-1199.	— 225	—
100.	— 1199-1200.	— 218	—
101.	— 1200.	— 223	—
102.	— 1200-1201.	— 226	—
103.	— 1201-1202.	— 240	—
104.	— 1202.	— 274	—
105.	— 1203.	— 240	—
106.	— 1204.	— 226	—
107.	— 1205.	— 225	—
108.	— 1205-1206.	— 246	—
109.	— 1206-1207.	— 251	—
110.	— 1207-1208.	— 233	—
111.	— 1208.	— 233	—
112.	— 1208-1209.	— 229	—
113.	— 1209-1210.	— 236	—
114.	— 1210.	— 229	—
115.	— 1210-1211.	— 241	—
116.	— 1211-1212.	— 237	—
117.	— 1212-1213.	— 240	—
118.	— 1213-1214.	— 236	—
119.	— 1214-1215.	— 232	—
120.	— 1215-1216.	— 236	—
121.	— 1216.	— 245	—
122.	— 1217.	— 232	—
123.	— 1217-1218.	— 219	—
124.	— 1218.	— 207	—
125.	— 1218-1219.	— 211	—
126.	— 1219.	— 210	—
127.	— 1219-1220.	— 217	—
128.	— 1220.	— 232	—
129.	— 1220-1221.	— 207	—
130.	— 1221-1222.	— 233	—
131.	— 1222.	— 248	—
132.	— 1223.	— 210	—
133.	— 1223-1224.	— 218	—
134.	— 1224.	— 227	—

135.	Années 1224-1225.	— 244 feuillets.	
136.	— 1225.	— 235	—
137.	— 1225-1226.	— 220	—
138.	— 1226-1227.	— 225	—
139.	— 1227.	— 226	
140.	— 1228.	— 205	—
141.	— 1228-1229.	— 206	
142.	— 1229-1230.	— 210	—
143.	— 1230.	— 225	—
144.	— 1230-1231.	— 224	—
145.	— 1231-1232.	— 213	—
146.	— 1232.	— 229	—
147.	— 1233.	— 224	—
148.	— 1233-1234.	— 218	—
149.	— 1234.	— 217	—
150.	— 1234-1235.	— 231	—
151.	— 1235-1236.	— 225	—
152.	— 1236.	— 201	—
153.	— 1237.	— 225	—
154.	— 1237-1238.	— 228	—
155.	— 1238.	— 214	—
156.	— 1239.	— 212	—
157.	— 1239-1240.	— 226	—
158.	— 1240.	— 246	—
159.	— 1241.	— 205	—
160.	— 1241-1242.	— 224	—
161.	— 1243.	— 202	—
162.	— 1243-1244.	— 207	—
163.	— 1244.	— 231	—
164.	— 1244-1245.	— 232	—
165.	— 1245-1246.	— 257	—
166.	— 1246.	— 243	—
167.	— 1246-1247.	— 250	—
168.	— 1247-1248.	— 260	—
169.	— 1248.	— 250	—
170.	— 1248-1249.	— 264	—
171.	— 1249-1250.	— 250	—
172.	— 1250-1251.	— 260	—

173.	Années 1251-1252.	— 250 feuillets.	
174.	— 1252-1253.	— 251	—
175.	— 1253-1254.	— 250	—
176.	— 1254-1255.	— 256	—
177.	— 1255-1256.	— 250	—
178.	— 1256-1257.	— 262	—
179.	— 1257.	— 256	—
180.	— 1257-1258.	— 250	—
181.	— 1258-1259.	— 248	—
182.	— 1259-1260.	— 250	—
183.	— 1260.	— 253	—
184.	— 1260-1261.	— 250	—
185.	— 1261-1262.	— 250	—
186.	— 1262-1263.	— 255	—
187.	— 1263-1264.	— 252	—
188.	— 1264-1265.	— 257	—
189.	— 1265.	— 256	—
190.	— 1265-1266.	— 264	—
191.	— 1266-1267.	— 254	—
192.	— 1267-1268.	— 257	—
193.	— 1268-1269.	— 260	—
194.	— 1269-1270.	— 257	—
195.	— 1270-1271.	— 255	—
196.	— 1271-1272.	— 255	—
197.	— 1272-1273.	— 259	—
198.	— 1273-1274.	— 278	—
199.	— 1275.	— 223	—
200.	— 1276.	— 230	—
201.	— 1277.	— 252	—
202.	— 1278-1279.	— 264	—
203.	— 1279-1280.	— 260	—
204.	— 1280-1281.	— 268	—
205.	— 1281-1282.	— 259	—
206.	— 1282-1283.	— 251	—
207.	— 1284-1285.	— 256	—
208.	— 1285-1286.	— 259	—
209.	— 1287-1289.	— 255	—
210.	— 1289-1290.	— 263	—

211. Années 1291-1292. — 265 feuillets.
212. —   1293-1294. — 256   —
213. —   1294-1296. — 263   —
214. —   1296-1297. — 240   —
215. —   1298-1299. — 281   —
216. —   1300-1301. — 254   —
217. —   1301-1303. — 264   —
218. —   1304-1306. — 280   —
219. —   1307-1309. — 253   —
220. —   1310-1312. — 268   —
221. —   1313-1315. — 252   —
222. —   1316-1318. — 249   —
223. —   1318-1321. — 250   —
224. —   1321-1325. — 252   —
225. —   1325-1328. — 246   —
226. —   1328-1331. — 240   —
227. —   1331-1334. — 247   —
228. —   1334-1338. — 251   —
229. —   1338-1340. — 266   —
230. —   1342-1346. — 249   —
231. —   1346-1349. — 253   —
232. —   1349-1353. — 250   —
233. —   1353-1357. — 249   —
234. —   1358-1361. — 240   —
235. —   1361-1365. — 247   —
236. —   1366-1369. — 242   —
237. —   1370-1374. — 231   —
238. —   1375-1379. — 253   —
239. —   1380-1385. — 252   —
240. —   1385-1390. — 253   —
241. —   1391-1395. — 253   —
242. —   1396-1399. — 236   —
243. —   1399-1402. — 245   —
244. —   1403-1407. — 231   —
245. —   1407-1411. — 247   —
246. —   1412-1415. — 227   —
247. —   1416-1421. — 276   —
248. —   1422-1428. — 251   —

249.	Années 1429-1435. —	244	feuillets.
250.	— 1436-1441. —	248	—
251.	— 1442-1447. —	251	—
252.	— 1448-1454. —	254	—
253.	— 1455-1461. —	242	—
254.	— 1462-1467. —	243	—
255.	— 1468-1475. —	250	—
256.	— 1475-1483. —	251	—
257.	— 1483-1489. —	253	—
258.	— 1490-1498. —	252	—
259.	— 1498-1503. —	252	—
260.	— 1503-1511. —	248	—
261.	— 1512-1519. —	250	—
262.	— 1520-1527. —	250	—
263.	— 1528-1536. —	245	—
264.	— 1537-1548. —	250	—
265.	— 1548-1557. —	244	—
266.	— 1558-1565. —	241	—
267.	— 1566-1577. —	247	—
268.	— 1577-1588. —	246	—
269.	— 1589-1608. —	250	—
270.	— 1609-1627. —	247	—
271.	— 1627-1644. —	221	—
272.	— 1644-1672. —	213	—
273.	— 1672-1718. —	173	—

274-282. *Supplément* aux copies de chartes et diplômes, comprenant des pièces sans date rangées suivant l'ordre alphabétique des noms des établissements auxquels elles se rapportent, ou des archives desquelles elles ont été tirées :

I (**274**). — Beaumont-de-Valenciennes (1), — Bourges (3), — Bouillon (4), — Châlons (8), — Chartres, chapitre et évêché (15), — Château-l'Abbaye (32), — Cluny (39), — Faverney (76), — Fécamp (78), — Hasnon (79), — Hautmont (85), — Jumièges (86), — La Chalade (101), — Le Mans (103), — Liessies (134), — Limoges (147), — Longpont (157), — Marchiennes (158), — Marmoutier (160). — 278 feuillets.

II (**275**). — Marmoutier. — 320 feuillets.

III (**276**). — Marseille (1), — Montier-en-Der (3), — Monestier-en-Velay (18), — Mont-Saint-Michel (25), — Mont-Saint-Quentin (124), — Noaillé (126), — Notre-Dame-de-Lyre (135), — Orval (145), — Paray (146), — Saint-Amand (178), — Saint-Aubin-d'Angers (183), — Saint-Landelin-de-Crespin (185), — Sainte-Élisabeth-du-Quesnoy (187), — Saint-Étienne-de-Limoges (189), — Saint-Georges-de-Boscherville (192), — Saint-Géry-de-Valenciennes (245), — Saint-Hugues-de-Grenoble (246). — 249 feuillets.

IV (**277**). — Saint-Jean-d'Angély. — 266 feuillets.

V (**278**). — Saint-Jean-de-Valenciennes (1), — Saint-Jean-en-Vallée (2), — Saint-Jouin-de-Marne (33), — Saint-Julien-de-Tours (50), — Saint-Lô-de-Bourg-Achard (67 et 88), — Prieuré de Tours (84). — 183 feuillets.

VI (**279**). — Saint-Magloire (1), — Sainte-Marie-de-Loos-lez-Lille (6), — Saint-Martin-de-« Alariaco » (9), — Saint-Maur-des-Fossés (25), — Saint-Nicolas-d'Arrouaise (71), — Saint-Ouen-de-Rouen (72), — Saint-Père-de-Chartres (94), — Saint-Pierre-Mont (183), — Saint-Rémy-de-Reims (184), — Saint-Sauveur-d'Anchin (188), — Saint-Serge-d'Angers (203), — Saint-Wandrille (292). — 303 feuillets.

VII (**280**). — Saint-Vincent-du-Mans. — 279 feuillets.

VIII (**281**). — Saint-Piat-de-Seclin (1), — Sauxillanges (2). — 163 feuillets.

IX (**282**). — Prieuré de Tours (1), cf. le vol. 278, fol. 84; — Trinité de Vendôme (50), — Verdun (90 et 98), — Orval (97), — Vicogne (130), — Vienne (147), — Vigeois (148). — 185 feuillets.

283. Copies de diverses chartes de l'abbaye de Cluny[1], par Lambert de Barive. (xie-xiiie siècles.) La plupart de ces pièces concernent surtout l'Espagne et aussi l'Angleterre. — 214 feuillets.

---

1. Cf. les mss. latins 8990, 9090-9092 qui contiennent des copies de chartes de l'abbaye de Cluny par Lambert de Barive.

284. Dernier *Supplément* aux copies de chartes et diplômes, comprenant des pièces de différentes dates, omises dans le classement chronologique et relatives à Angers (1), — Arles (6), — Artois (10), — Aurillac (16), — Barcelone (18), — Barjols (22), — Beaulieu (32), — Brioude (34), — Cambrai (36), — Charroux (47), — Cléry (49), — Cuxa (55), — Epternach (78), — Fécamp (79), — Fleury (81), — Fulde (82), — Gerri (85), — Gorze (90), — Limoges (91), — « Dissertation sur la scituation de l'ancien palais de Jocundiaque », à Limoges (130), — Marchiennes (138), — Marmoutier (143), — Montmajour (150), — Mont-Saint-Michel (154), — Mont-Saint-Quentin (157), — Mozac (158), — Nivelle (161), — Noaillé (163), — Orléans (177), — Poitiers (180), — Redon (182), — Royat (188), — Saint-Aignan-d'Orléans (191), — Saint-Amand (192), — Saint-Bénigne-de-Dijon (195), — Saint-Bertin (201), — Sainte-Colombe (222), — Saint-Denys (224), — Saint-Florent-de-Saumur (226), — Saint-Hilaire-de-Poitiers (231), — Saint-Jean-d'Angely (233), — Saint-Maixent (240), — Saint-Maur-sur-Loire (249), — Saint-Mesmin (251), — Saint-Ouen-de-Rouen (253), — Saint-Pierre-de-Gand (255), — Saint-Vast-d'Arras (274), — Saint-Vincent-du-Mans (276), — Vabres (284), — Verdun (287), — Vicogne (293), — Villeret (296), — « Duel faict à Belmon en la seneschaucée de Peyriguort », 1310 (302), — « Doutes critiques sur l'expédition de lettres patentes... en 1350 pour modérer la rigueur des prisons monachales » (317), — « Arrêts contre Archambault, comte de Perigord, et contre son fils » 1399 (320), — Défi de « la Pucelle » adressé au duc de Bedford (s. d.) (324), — Arrêt du Grand Conseil contre l'évêque de Périgueux, Geoffroi de Pompadour (325), — « Histoire d'un lion délivré d'un serpent par un Limousin, nommé Golferius de Turribus » (327), — Liste des « Diplomata Merovingica » (329), — Liste des « Diplomata Carolina, seu regum 2^{ae} stirpis » (349). — 354 feuillets [1].

---

[1]. Une double *Table alphabétique des fonds d'archives d'où sont tirées les copies des chartes de la collection Moreau*, a été rédigée en 1862, la première, comprenant les volumes 1-84 (675-1180), par M. L. Delisle; la seconde, comprenant les volumes 85-284 (1181-1718), par M. L. C. de Belleval (*Catalogue* 265 B).

II

285-407. — Archives du Cabinet des chartes.

285 (1). Mémoires, lettres et pièces diverses sur la Bibliothèque des finances et le Cabinet des chartes. — Projets et notes pour l'établissement du Cabinet des chartes. Correspondance avec les Bénédictins de la Congrégation de Saint-Maur. Mémoire de Bréquigny sur la *Table des chartes et diplômes*. — 197 feuillets.

286 (2). Suite du volume précédent. Mémoires relatifs aux Dépôts des chartes et de législation; arrêts, lettres et pièces diverses relatives à leur organisation. — 191 feuillets.

287 (3). Suite du volume précédent. Notes sur les envois de copies et les accroissements du Dépôt des chartes. — 144 feuillets.

288 (4). Suite du volume précédent. Instructions, circulaires relatives aux copies de chartes. Compte-rendus des accroissements du Dépôt des chartes (1764-1769). — 217 feuillets.

289 (5). Correspondance du Comité des chartes avec les administrations provinciales. Réponses des Intendants (1788-1789). — 146 feuillets.

290 (6). Travail de Moreau avec le Ministre. Notes sur les Bénédictins employés pour le Dépôt des chartes. — Notes de Bréquigny, Dom Poirier, etc., sur les chartes à discuter dans les séances du Comité, sur les chartes publiées ou à publier, etc. — 192 feuillets.

291 (7). Correspondance de Moreau, relative au Cabinet des chartes (1763-1791). Lettres de Moreau, des ministres Bertin, Hue de Miromesnil, etc., parmi lesquelles on relève des lettres de Dom Poirier (18, 236, 270, 292, 322, 382, 392), Dom Carpentier (34), Dom Bouquet (63), l'abbé de Foy (65), [Godart de] Clamecy (77), Dom Lièble (79, 81), Foncemagne (85), Dom Clément (95, 207, 320), le duc de La Vallière (97), Grosley (118, 120), Pfeffel (162), Droz (193), Dom Labbat (201), Dom Le Noir (202), de Chiniac (204, 290), Dom Étienne Pierre (209), Batteney (226), Dom Boudier (265), Dom Merle (267), Haillet de Couronne (275), Afforty, de Senlis (287), Dom Chevreux (308), Leboucq, doyen de Saint-André de Chartres (310, 318, 324, 344), Marie de Saint-Georges (326), Pitorre (330), Dom Devienne (351), Dom Dewitte (420, 424), le baron de Joursanvault (432). — 450 feuillets.

292 (8). « Journal des conférences littéraires qui se tiennent chez Mgr le garde des sceaux pour l'examen des diplômes, bulles et autres pièces concernant l'histoire et le droit public de France. » (1780-1784.) — Notes et lettres y relatives. — Réunion du Cabinet des chartes à la Bibliothèque du Roi (1790). — 153 feuillets.

293 (9). États et inventaires du Cabinet des chartes (1775-1786). — Pièces relatives à son transfert de la Bibliothèque du Roi (1786-1787). — 206 feuillets.

294 (10). Lettres diverses. — « Notices des chartres de Bruxelles. » — Table chronologique des diplômes. — Envois de MM. Droz et Du Theil. — « Mémoire au sujet d'un nouveau Rymer françois, par le P. Jacquier, Minime, de Rome ». — 136 feuillets.

295 (11). Recueil de minutes de lettres de Moreau, relatives au Cabinet des chartes (1764-1779). — 291 feuillets.

296-297 (12-13). « Lettres des ministres relatives au travail des Chartes » ; avec différentes lettres relatives au même sujet. — Le premier volume contient les lettres des années 1765-1782 ; le second les lettres des années 1783-1787. — 245 et 229 feuillets.

298 (14). « Comptes du Dépôt des chartes approuvés et signés de Mgr le garde des sceaux. » (1780-1788). — 261 feuillets.

299 (15). « Pièces justificatives des anciens comptes des fonds employés pour la Collection des chartes depuis 1763 jusqu'en 1778. » — 258 feuillets.

300 (16). Comptes, pièces justificatives. (Février 1779-mars 1783.) — 203 feuillets.

301 (17). Comptes, pièces justificatives. (Mars 1783-mars 1786.) — 258 feuillets.

302 (18). Comptes, pièces justificatives. (Mars 1786-mars 1788.) — 203 feuillets.

303 (19). Comptes, pièces justificatives. (Mars 1788-mars 1790.) — 241 feuillets.

304 (20). « Récépissés des volumes du catalogue des chartes. » Table chronologique des diplômes, de Bréquigny (1770-1790). — 132 feuillets.

305 (21)[1]. « Instructions pour les Bénédictins », au sujet du travail des chartes. — « Plan d'études pour la Congrégation de Saint-Maur. » (1766.) — Liste des Bénédictins des congrégations de Saint-Maur et de Saint-Vanne employés au travail des chartes. — Liste des correspondants. — États des pièces copiées pour le Cabinet des chartes. (1783-1787.) — 112 feuillets.

306 (22). Correspondance des Bénédictins : Dom de Vaines (à propos de son *Dictionnaire de diplomatique*), Dom Boudier et Dom Chevreux, supérieurs généraux de la Congrégation de Saint-Maur, etc. — Lettres de Dupré de Saint-Maur (1763-1774). — Lettres de Dom Casbois, supérieur général de la Congrégation de Saint-Vanne. — 178 feuillets.

307 (23). Collections historiques et littéraires entreprises par les Bénédictins.

Fol. 1 et 172. *Recueil des historiens de France* et *des historiens des Croisades*; lettres de Foncemagne, de Dom Poirier, Dom Brial, Dom Clément, Dom Berthereau, etc. Observations de l'abbé Le Grand (fol. 26). — Fol. 38. *Acta sanctorum* des Bollandistes; lettre de Droz. — Fol. 59. Nouvelle *Collection des conciles de la France*; lettres de Dom Labbat : prospectus. — Fol. 68. *Art de vérifier les dates.* — Fol. 92. Collection des *États généraux*; lettres de Dom Merle. — Fol. 105. Histoires de *Normandie* et de *Berry*; lettres (et prospectus) de Dom Le Noir et Dom Turpin. — Fol. 130. *Capitulaires* des rois de France, par M. de Chiniac; prospectus : lettres et notes relatives au ms. de Cologne. — Fol. 195. *Table chronologique*

---

[1]. Un dépouillement des lettres contenues dans les mss. 305-307 se trouve aux fol. 33-36 du *Catalogue* 365 c (*Correspondance des Bénédictins*).

des chartes et diplômes. — Fol. 201. Principaux ouvrages relatifs à l'histoire de France composés par des religieux de la Congrégation de Saint-Maur. » — 206 feuillets.

308 (24). Mémoires sur différents sujets d'érudition: « Connoissances qui doivent précéder la recherche des diplômes et des chartes concernant l'histoire de France », par David Houard, de Dieppe. Défense de son traité des *Anciennes Loix*, « Réflexions sur la réponse de M. de Bréquigny », « Traitez sur les coutumes anglo-normandes », par David Houard. — Notes diverses de l'abbé Le Coigneu (fol. 51). — Travaux de Desmaresiz, de Senlis, sur les sceaux et monogrammes (fol. 109). — « Recherches sur ce que peuvent signifier et ce que l'on doit entendre par ces mots *Librata terre*, emploïés dans deux chartes, l'une de 1276, l'autre de 1279 », par Barthélemy (fol. 179). — « Extraits d'un ms. du VIIIe siècle, contenant le recueil de Chroniques attribué à Frédégaire » [ms. latin 10910] (fol. 183). — « Chronicon ducum Brabantiæ et Diplomata Belgica » (fol. 219). — « État des pièces qui composent le cabinet d'histoire naturelle de M. Adanson », etc. (fol. 233). — 246 feuillets.

309 (25). Notes et projets divers relatifs au Cabinet des chartes. — Minutes de lettres de Moreau relatives au travail des chartes. — 186 feuillets.

310-311 (26-27). Notes pour la Table des *Ordonnances* des rois de France. — 235 et 205 feuillets.

312 (28). « Inventaire des titres dont il a été fait choix pour le Trésor des chartes du Roy, dans le cabinet du chevalier Blondeau de Charnage... » — En tête de ce volume sont différentes lettres de Blondeau de Charnage (1767-1769); à la suite, un mémoire sur la collection de Blondeau de Charnage [aujourd'hui mss. français 26309-26484]. — Notes et lettres diverses relatives au premier volume de la *Table chronologique des chartes et diplômes* (fol. 213). — 285 feuillets.

313 (29). Mémoires et pièces sur la mouvance du comté de Neufchâtel (Suisse). Mss. et imprimés. — 90 feuillets.

314 (30). Correspondance relative à la Collection de copies tirées des Archives des Pays-Bas sous la direction de Courchetet d'Esnans [Moreau, 408-624] et à la mission de Pfeffel à Bruxelles. — On y remarque des lettres de l'abbé de Nélis (fol. 46); — (fol. 93-97) un catalogue de manuscrits provenant de la succession des deux frères de Witt (99 articles); — un « Catalogue des manuscrits... de feu M. Courchetet d'Esnans » (fol. 209); un « Inventaire des titres concernant les provinces de Picardie, Ponthieu, Boulonnois [et Bourgogne], qui ont été transportés des Pays-Bas à Versailles. » Mission de Pfeffel (fol. 248), etc. — 343 feuillets.

315 (31). Correspondance, notes, etc. relatives aux travaux de Bréquigny : Recueil des Ordonnances, Table chronologique des diplômes, Rymer français, Mission de Londres. — 144 feuillets.

316-317 (32-33). Correspondance, notes, etc., relatives aux travaux de La Porte du Theil à Rome. — 202 et 222 feuillets.

318-350 (34-66). Correspondance, notes, etc., relatives aux copies exécutées pour le Cabinet des chartes, classées suivant l'ordre alphabétique des généralités.

318 (34). Intendance d'Alsace. — Correspondance de l'abbé Grandidier. « Notice des chartes et diplômes dont l'abbé Grandidier possède les copies. » — 145 feuillets.

319 (35). Intendance d'Amiens. — Correspondance de Dom Grenier, Dom Devienne, Dom Ch. Dewitte, Afforty, Dom Josio d'Allesnes, abbé de Saint-Bertin, etc. — 269 feuillets.

320-321 (36-37). Intendance de Béarn. — Correspondance de MM. Fescheux, l'abbé de Balanda, Fossa, etc. — 236 et 197 feuillets.

322 (38). Intendance de Bordeaux. — Correspondance de Dom Beaubens, de Dom Devienne, de Dom Martin, de Dom J.-M. Carrière, de Marie de Saint-George, etc. — 290 feuillets.

323 (39). Intendance de Bourgogne. — Correspondance de Baron, Béguillet, Bouillet d'Aizerey, Joly, Dom Villevieille, etc. — 217 feuillets.

324 (40). Intendances de Bourges et de Bretagne. — Correspondance de Dom Turpin, etc. — 84 feuillets.

325 (41). — Intendance de Châlons. — Correspondance de Dom Mareschal, Grosley, Dom Fournier, etc. — Titres de la collégiale de Saint-Maclou de Bar-sur-Aube; — du prieuré de Saint-Julien de Sézanne-en-Brie; — de l'abbaye de Saint-Hubert-en-Ardenne. — 190 feuillets.

326 (42). Intendance de Châlons (suite). — Correspondance de Dom Barthélemy, Dom Pierre et Laurent Dumay, Dom Brincourt, Dom Étienne. Pierre, Dom Bourgeois, Dom Peuchot, Dom Jeannin, Dom Grenier, etc. — 348 feuillets.

327 (43). Intendances de Dauphiné et de Flandres. — Correspondance de Nicolay (d'Arles) et Chaix de Loche (de Grenoble); Dom Berthod, Mutte, doyen de Cambray, etc. — Chartes de Montier-en-Der. — 216 feuillets.

328 (44). Intendance de Franche-Comté. — Correspondance de Droz. — 272 feuillets.

329 (45). Intendance de Franche-Comté (suite). — Correspondance de Dom Grappin, Dom Maurice Roux, Dom Berthod, etc. — Fol. 200. « Projet de collection générale des chartes du comté de Bourgogne », par Droz. — Fol. 231. « Mémoire sur quelques manuscrits de la bibliothèque publique de l'abbaye de Saint-Vincent-de-Besançon », par Dom Berthod. — 243 feuillets.

330 (46). Intendance de Franche-Comté (suite). — Correspondance et états des envois faits par Droz. — Lettres de Courchetet d'Esnans, Mercier de Saint-Léger, le P. Dunand, gardien des Capucins d'Auxonne, etc. — 164 feuillets [1].

331 (47). Intendance de Hainaut. — Correspondance de Godefroy. — 344 feuillets.

332 (48). Intendance de Hainaut (suite). — Correspondance de Godefroy. — Notes sur l'abbaye de Fontenelles, près Valenciennes. — « Mémoire concernant le voyage littéraire que Dom Berthod vient de faire dans les Pays-Bas. » — « Copie d'un petit cartulaire de l'abbaye de Buillon. » — Liste des abbés de Saint-Jean-de-Valenciennes. — 201 feuillets.

333 (49). Intendance de Hainaut (suite). — Correspondance de Dom Queinsert. — Épitaphes de l'abbaye de Fontenelles, près Valenciennes. — 278 feuillets.

334 (50). Intendance de Languedoc. — Correspondance de Corail de Sainte-Foy, Dom Pacotte, etc. — 63 feuillets.

335 (51). Intendance de Limoges. — « Observations cri-

---

[1]. Un état détaillé des mss. 328-330 a été publié par M. Ulysse Robert dans son *Catalogue des mss. relatifs à la Franche-Comté* (Paris, 1878, in-8°), p. 195-199.

tiques et historiques sur le premier hommage produit par les citoyens de Perigueux. » — « Observations critiques et historiques sur le premier titre des bourgeois du Puy-Saint-Front » (fol. 60 et 148). — « Comtes de Perigord » (fol. 128). — « État au vray du revenu des comté de Perigort et viscomté de Limouzin... » 1556 (fol. 134). — 152 feuillets.

336 (52). Intendance de Limoges (suite). — Correspondance de l'abbé de Pradines, de Chiniac, etc., Joly, Afforty, Dom Col. — Note sur Bourganeuf. Registres de notaires, du xiv° siècle. — « Notes generales sur le cartulaire de l'église Saint-Étienne de Limoges ». — 212 feuillets.

337 (53). Intendance de Lorraine. — Correspondance de Dom Seb. Étienne, Dom Gerrin, Dom de Puibusque, Dom Probst, Dom Solvert, etc. — A la fin : « Chiffre envoyé en défi au sieur Haüy. » Voy. le *Journal de Paris*, 23 et 28 juin 1782. — 141 feuillets.

338 (54). Intendance de Lyon. — Correspondance de Dom Chamoux, Lambert de Barive, etc. — 241 feuillets.

339 (55). Intendance de Lyon (suite). — Correspondance de Lambert de Barive. — Chartes de Cluny. — 239 feuillets.

340 (56). Intendance de Montauban. — Correspondance de l'abbé Vergès, Dom Verdier de la Tour, Dom Deschamps, etc. — « Anciennes coutumes de la ville de Marmande... 1368. » — « Inventaire du chartrier de la Voute à Moulins. » — 112 feuillets.

341 (57). Intendance de Normandie. — « Chartes de l'abbaye de Fécamp, copiées sur les originaux conservés dans les archives de cette abbaye par Dom J. Le Noir, 1764. » — « Sommaire des titres de la Chambre des comptes de Paris concernant la province de Normandie », par Dom Le Noir (fol. 151). — 354 feuillets.

342 (58). Intendance de Normandie (suite). — Correspondance de Houard (de Rouen), Dom Le Noir, Cousin-Despréaux, Dom Le Clerc de Bouron, etc. — « État des chartes, diplômes et bulles concernant la ville de Cherbourg, l'Abbaye et l'Hôtel-Dieu... », par Chantereyne. — 239 feuillets.

343 (59). Intendances d'Orléans et de Paris. — Correspondance de Leboucq, doyen de Saint-André de Chartres, Doyen,

Batteney, Bonamy, Chevreuil, Béjot, etc. — « Notice d'un cartulaire de l'abbaye de Saint-Euverte d'Orléans » (fol. 15). — « Mémoire sur les archives tant de la ville de Lyon que des pays de Bresse et Bugey » (fol. 33). — « Travaux littéraires. Dépôt de législation. » Mémoires et notes divers (fol. 103). — « Chartres de la Bibliothèque du Roy, des dixième et onzième siècles, » etc. (fol. 132). — Mémoires de Dom Le Noir, Dom Fonteneau, Batteney, etc. relatifs au Cabinet des chartes (fol. 149). — « Notice des... registres de Philippe-Auguste, par M. Chevalier de Sourivière » (fol. 173). — 183 feuillets.

344 (60). Intendance de Paris (suite). — Mémoires sur l'état du dépôt du greffe criminel du Parlement de Paris, et sur les rouleaux du Parlement. — Correspondance de Joly de Fleury et Pitorre. — Lettres de Chevreuil et Duchesne relatives à la transcription des registres du Parlement. — 304 feuillets.

345 (61). Intendance de Poitiers. — Correspondance de Dom Fonteneau. — 202 feuillets.

346 (62). Intendance de Provence. — Copies et notes diverses tirées des archives de la Cour des comptes de Provence, à Aix. — Statuts municipaux de Saint-Remy (fol. 117). — Statuts municipaux de la ville d'Arles, 1150 (fol. 186). — 231 feuillets.

347 (63). Intendance de Riom. — Correspondance de Dom Verdier de La Tour, l'abbé Berger, Dom Le Maire, Vacher de Bourg-l'Ange, etc. — Inventaire des titres de l'abbaye d'Aurillac, du chapitre de Brioude. — Extraits du cartulaire de l'abbaye de Mauriac. — Montre des nobles d'Aurillac (1537), etc. — Extraits du chartrier de Saint-Allyre de Clermont, etc., par Dom Deschamps. — 336 feuillets.

348 (64). Intendances de Roussillon et de Soissons. — Notes sur le cartulaire de la cathédrale d'Elne, les archives du monastère de Cuxa, près Prades, de l'abbaye de Gerri, en Catalogne, le nécrologe de la cathédrale de Vich, en Catalogne. — Lettres de Dom de Vaines, Dom Caffiaux, Dom Muley; note sur les archives de Saint-Médard-de-Soissons. — 37 feuillets.

349 (65). Intendance de Tours. — Correspondance de Dom Eyme, Dom Gérou, etc. — « Chartes royales... de Marmoutiers-lez-Tours ». — Pièces relatives à Dom Laceron, du Mans. — 140 feuillets.

350 (66). Intendance des Trois-Évêchés. — Correspondance de Dom Colloz, Maugard, Chenu, Dom Tabouillot, etc. — Notices de différentes archives du diocèse de Verdun, par Dom Colloz. — Note sur les archives de Montfaucon-en-Argonne, par l'abbé Derosne. — Liste des abbés de Saint-Avold. — 272 feuillets.

351. Journal contenant différentes notes relatives à la correspondance et à l'administration du Cabinet des chartes (1767-1778). — 73 feuillets.

352. « Registre de correspondance. Précis des lettres écrites et reçues par M. Moreau. » (1782-1785.) — 133 feuillets.

353. Suite du précédent registre. (1786-nov. 1787.) — 187 feuillets.

354. Suite du précédent registre. (Nov. 1787-janv. 1789.) — 385 feuillets.

355. Suite du précédent registre. (Févr. 1789-janv. 1791.) — 287 feuillets.

356. « Journal des livres, chartes et ordonnances qui entrent au dépôt ». (Avril 1788-mai 1790.) — 202 pages.

357. Suite du précédent journal. (Mai-août 1790.) — 21 feuillets.

358. « Journal des envois faits à la bibliothèque de la Chancellerie des chartes et diplômes tirés des différentes archives du royaume par les Bénédictins et autres savants... » (Mai 1789-mars 1790.) — 11 pages.

359. Notes sur diverses archives.
Notes sur les dépôts de la généralité d'Amiens, par Dom Grenier; — d'Artois, par Dom Queinsert (fol. 19); — d'Auvergne, par Dom Deschamps (fol. 23); — Notice sur la collection des demoiselles Labbé, à Bourges (fol. 40); — « Renseignemens sur les dépôts du Blésois. » Lettres de Rangeard de La Boissière, procureur général de la Chambre des comptes de Blois (fol. 50); — « Renseignemens sur les dépôts de Bourgogne. » Lettres de Bouillet d'Aizerey et de Fevret de Fontette, etc. (fol. 78); — « Renseignements sur les dépôts de Bretagne » (fol. 113);

— de Flandres (fol. 123) ; — de Franche-Comté : Chambre des comptes, ms. de d'Esnans (fol. 135) ; — de Limoges, par Dom Col (fol. 185) ; — de Lyon (fol. 187) ; — de Montauban (fol. 189) ; — de Navarre et de Béarn (fol. 198). — 239 feuillets.

360. Notes sur diverses archives (suite).

« Nomenclature générale des dépôts de l'Orléanois », par Dom Gérou. — « Renseignemens sur les dépôts de Paris. » État des personnes employées, notices diverses, etc. (fol. 12) ; — « Mémoire sur les archives de l'Hôtel-de-ville de Paris » (fol. 46) ; — « Renseignemens sur les dépôts de Picardie et Soissonnais. » Lettres de l'évêque d'Agde [Saint-Simon de Sandricourt] (fol. 53) ; — « Nomenclature générale de tous les déposts de la province de Poitou », par Dom Fonteneau (fol. 86) ; — « Renseignemens sur les dépôts de Provence » (fol. 104) ; — de Normandie, avec une nomenclature générale des dépôts, par Dom Le Noir (fol. 129) ; — du Roussillon (fol. 176) ; — « Nomenclature des dépôts de la généralité de Soissons », par Dom Grenier (fol. 199) ; — « Table des dépôts existants dans le doyenné de Noyers. Table des chartriers de la ville de Tours » (fol. 211). — 215 feuillets.

361. « État des envois faits par MM. les Intendants de provinces en exécution de la lettre du ministre qui a pour objet de se procurer une liste de tous les chartriers et dépôts d'anciens titres qui peuvent se trouver renfermés dans chaque généralité. » (1769.) — 197 feuillets.

362-364. État des chartriers du Royaume, dressé par les soins des intendants.

A l'état des chartriers de chaque généralité sont joints les états originaux dressés par les subdélégués.

362. Tome I. Généralités d'Aix (fol. 3), — Alençon (fol. 15), — Amiens (fol. 41), — Auch (fol. 60), — Bordeaux (fol. 67), — Bourges (fol. 98), — Bourgogne (fol. 112), — Bretagne (fol. 130), — Caen (fol. 224), — Champagne (fol. 237). — 251 feuillets.

363. Tome II. Généralités de Franche-Comté (fol. 1), —

Grenoble (fol. 27), — La Rochelle (fol. 36), — Lille (fol. 47), — Limoges (fol. 71), — Lyon (fol. 123), — Metz (fol. 162), — Montauban (fol. 168), — Languedoc (fol. 183), — Moulins (fol. 227). — 263 feuillets.

364. Tome III. Généralités de Nancy (fol. 1), — Orléans (fol. 6), — Paris (fol. 20), — Pau (fol. 41), — Poitiers (fol. 49), — Rouen (fol. 82), — Roussillon (fol. 126), — Soissons (fol. 138), — Strasbourg (fol. 168), — Tours (fol. 180), — Valenciennes (fol. 187). — 196 feuillets.

365. État général des chartriers du Royaume (1765). — Mise au net des états contenus dans les trois volumes précédents. — 382 pages.

366. « Table générale des chartriers... pour servir de répertoire au volume, fait en 1765 et contenant l'État général de tous les chartiers... Ladite table est divisée en quatre catalogues : le 1er, contenant l'ordre alphabétique des Elections et Subdélégations; le 2e, contenant les noms des dépôts, par ordre alphabétique; le 3e, les noms des Villes et Parroisses où sont situés les dépôts; le 4e, les noms des Propriétaires des dépôts. » — iii-266 pages.

367. État général des chartriers, disposé par départements et arrondissements. Copie tirée de l'État par généralités, par Champollion-Figeac, pour le Comité des Travaux historiques. (1834.) — 356 pages.

368. « Inventaire [premier] des terriers, declarations, reconnoissances, adveus et dénombremens, jugemens sur iceux et generallement de toutes les procedures qui ont été faites dans le cours de la refformation des domaines de Sa Majesté, assis dans les provinces de Béarn et Bigorre... (1672-1687), contenu en 55 volumes in-folio, qui ont été remis et déposés au trésor des chartes du Roi étant au château de Pau... » — 222 pages.

369. « Inventaire [second] particulier des titres et autres pièces qui sont trouvés dans deux armoires de la chambre du trésor de Pau, non compris dans les inventaires d'iceluy... » (1688). — 730 pages.

370. Inventaire [troisième] des titres du trésor des chartes de Pau, concernant « Navarre et Soule (1), — Béarn (77), —

Albret (197), — Foix et Castelbon (251), — Armagnac (473), — Bigorre, Barbazan et Esparros (503), — Perigord et Limosin (555), — Marsan, Tursan, Gavardan, Nebousan et Aspect (583), — Lautrec et Villemur (619), — Vandosme » (673). — vii-679 pages.

371. Inventaire [quatrième] « des pièces, papiers et documens trouvés ès trésors de la illustre maison d'Albret, conservés ez chateaux de Nérac et Casteljaloux... » (1544). — 734 pages.

372. « Nouveau inventaire [cinquième] d'Albret. » — 432 pages.

373. « Inventaire [sixième] de Perigord et Limousin. » Titres conservés au château de Montignac (1546). — 914 pages.

374. « Inventaire [septième] des titres du trésor d'Armagnac, qui sont au château de Lectoure... » (1612). — 436 pages.

375-377. « Inventaire des tiltres et papiers gardés aux chartres anciennes de Sa Majesté en sa Chambre des comptes à Dole. » (1687.) — 520, 486 et 664 feuillets.

Le tome I (375) comprend les pièces cotées A, 1—D, 118.
— II (376) . . — · E, 1—R, 166.
— III (377) — S, 1—V, 280.
et les pièces en déficit.

378-382. Copie du précédent inventaire, faite en 1767 par les soins de Moreau.

Le tome I, 1re partie (378), comprend les pièces cotées A, 1—B, 834.

Le tome I, 2e partie (379), comprend les pièces cotées B, 835—D, 118.

Le tome II (380), comprend les pièces cotées E, 1—R, 166.

Le tome III, 1re partie (381), comprend les pièces cotées S, 1—S, 908.

Le tome III, 2e partie (382), comprend les pièces cotées S, 909—V, 280 et les pièces en déficit. — 792, 650 et 993 feuillets.

383-384. « Inventaire des titres, chartres et diplômes des ducs de Bourgogne, de la première et de la seconde race, et des pièces et monumens concernant l'histoire et le droit public de la province de Bourgogne, qui se trouvent dans les archives de la Chambre des comptes de Dijon, avec une notice de la forme extérieure de ces titres et des dispositions qu'ils renferment. » Copie de Dom Villevieille. — III-378 et II-331 feuillets.

385. « Inventaire de papiers estans en la tour dessoubz le trésor de la Chambre des comptes du Roy à Dijon », 1604 (page 1); — Inventaire de papiers du feu président Dugay, réintégrés dans les archives de la Chambre des comptes de Dijon, 1698 (page 707); — « Table des pièces contenues dans un volume in-folio ms. qui est dans la bibliothèque de M. le président Bouhier, intitulé : Mémoires généalogiques de diverses familles du duché de Bourgogne. A. 105, 1742 » (page 734); — « Sommaire des écritures de Hugues V° du nom, duc de Bourgogne, fils de Robert, fournies par son procureur au Parlement de Paris contre celles de l'évêque de Langres, au sujet de Saulx-le-Duc, prétendu par ledit duc et par ledit évêque » (page 759); — « Noms de ceux qui ont usurpé les titres de noblesse et qualité d'écuyer, pour être compris aux impositions par sentence de M. Bouchu, intendant en Bourgogne en 1665 » (page 783); — « Inventaire des annoblissemens tirés de la Chambre des comptes » (page 789); — « Extrait de la revue de la monstre faite au lieu d'Arnay-le-Duc... » (page 803); — Liste des nobles du bailliage de Dijon... ». 1696 (page 810); — « État des seigneurs de la province de Bourgogne, des seigneuries qu'ils y occupent et du dixième qu'ils payent au Roy pour raison d'icelles, 1746 » (page 819). — v feuillets et 918 pages.

386. « Inventaire des titres anciens qui se rencontrent dans les archives de l'abbatiale de Saint-Benigne-de-Dijon, jusques et y compris le quinzième siècle. » — En tête, lettre d'envoi de Dom Villevieille (Dijon, 16 juillet 1765). — 467 feuillets.

387-390. » Intendance de M. d'Oppède. Extrait des jugemens rendus par MM. les commissaires des domaines de Provence » sous le règne de Louis XIV. (1715-1716.) — VIII-572, III-224, VI-396, 397 à 738 pages.

391-392. « Estat general des domaines du Roy en Provence. » (1685-1692.) — viii-592 et 593 à 1119 feuillets.

393. « Inventaire des titres et registres estants ez archives de Sa Majesté à Aix. » (1682.) — 438 et 82 feuillets.

394. « Reppertoire general ou dictionaire abregé de tous les titres qui sont déposés dans les archives du Roy, tenues par la souveraine Cour des comptes, aides et finances de Provence, à Aix. » (1764.) — 374, 564 et 564 pages.

395. « Inventaire des chartres de la province d'Artois. » (xvii° s.) — 193 feuillets. (N° 709 b de Secousse.)

396. « Inventaire chronologique des archives des anciens comtes d'Artois, déposées à Arras, par M. Godefroy... Tome Ier. Depuis 1102 jusques et compris 1287. — 1788. » — xiv et 919 pages. (Aux armes de Barentin.)

397-403. « Inventaire chronologique et détaillé de toutes les chartes qui se trouvent dans les archives des comtes de Flandre, déposées dans l'ancienne Chambre des comtes du Roy à Lille, par M. Godefroy, garde des archives des comtes de Flandre. » (1784-1789.)

397. Tome I (1784). Années 706-1240. — xii-683 pages.

398. Table du tome I. — 127 feuillets.

399. Tome II (1785). Années 1241-1270. — 634 pages.

400. Table du tome II. — 108 feuillets.

401. Tome III (1786). Années 1271-1285. — 799 pages.

402. Tome IV (1789). Années 1286-1294. — 832 pages.

403. Tome V. Années 1295-1307. — 789 pages.

403 a. Tome XII. Années 1391-1400. — 480 pages.

Les volumes 397 à 400 sont aux armes de Miromesnil; le volume 401 aux armes de Lamoignon, et le volume 402 aux armes de Champion de Cicé.

404. « Inventaire des titres et chartres des duchez de Bar et de Lorraine. Tome cinquième. » — 269 feuillets.

405-406. « Inventaire des lettres, titres, papiers, registres, comptes et enseignemens trouvés en la Chambre des comptes du Roy, à Blois... » (1550). Copie de Rangeard de la Boissière. — ii-417 et iii-427 feuillets.

407. « Inventaire dressé par ordre de dates des titres et monumens historiques de l'église collégiale de Montfaucon-en-Argonne..., par M⁰ Louis-Marie Derosne.. 1788 »; précédée d'une « *Notice historique de Montfaucon-en-Argonne.* » — 11 et xviii pages.

Cf. plus loin les nᵒˢ 1097, Supplément aux Archives du Cabinet des chartes, 1432 et suivants, 1735 et suivants.

III

408-624. — Collection d'Esnans.

Copies de pièces tirées des archives des Pays-Bas Autrichiens[1].

En tête du premier volume (n° 408), il y a une « Préface ou discours liminaire pour mettre à la tête du recueil des 180 volumes d'inventaires et de copies de pièces tirées des archives des Pays-Bas Autrichiens, en 1746, 1747 et 1748, déposés à la Bibliothèque du Roi en 1754. »

408 (1). Gouvernement en général : lois, ordonnances, règlements généraux; justice et police; correspondance avec les cours étrangères (ixᵉ-xviiᵉ siècles). — viii-467 feuillets.

409 (2).	Gouvernemᵗ en général.	(1067-1549.)	— 449 feuilᵗˢ
410 (3).	—	(1550-1599.)	— 469 —
411 (4).	—	(1600-1679.)	— 500 —
412 (5).	—	(1680-1699.)	— 590 —
413 (6).	—	(1700-1729.)	— 560 —
414 (7).	—	(1730-1740.)	— 444 —
415 (8).	—	(1740-1745.)	— 607 —
416 (9).	Paix et guerre.	(1100-1450.)	— 744 —
417 (10).	—	(1450-1499.)	— 554 —
418 (11).	—	(1500-1540.)	— 565 —
419 (12).	—	(1540-1599.)	— 676 —
420 (13).	—	(1600-1674.)	— 640 —
421 (14).	—	(1674.)	— 716 —

1. Cf. plus loin les nᵒˢ 900-976 et 1000-1043.

422 (15). Paix et guerre. (1674-1680.) — 362 feuill^{ts}.
423 (16). — (1680-1697.) — 611 —
424 (17). — (1689-1720.) — 559 —
425 (18). — (1725-1750.) — 495 —
426 (19). Baux des Fermes. (1656-1743.) — 648 —
427 (20). Chemins et chaussées. (1703-1742.) — 431 —
428 (21). Chemin de Sedan à Liège. (xviie-xviiie siècles.) — 494 feuillets.
429 (22). Cour de Rome et Clergé en général. (xiie-xviiie siècles.) — 711 feuillets.
430 (23). Commerce. (xive-xviiie siècles). — 732 feuillets.
431 (24). Contrats de mariage et testaments. (xiiie-xviie siècles.) — 311 feuillets.
432 (25). Domaines engagés. (1203-1468.) — 541 feuillets.
433 (26). — — (1516-1703.) — 471 —
434 (27). Entrées, sorties, transits et tonlieux. (xiiie-xviiie siècles.) — 477 feuillets.
435 (28). Entrées, sorties, etc. (1508-1659.) — 500 feuillets.
436 (29). — — (1660-1674.) — 628 —
437 (30). — — (1675-1689.) — 494 —
438 (31). — — (1690-1699.) — 473 —
439 (32). — — (1700-1719.) — 481 —
440 (33). — — (1720-1726.) — 550 —
441 (34). — — (1727-1733.) — 575 —
442 (35). — — (1734-1736.) — 497 —
443 (36). — — (1737-1742.) — 454 —
444 (37). Inquisition et hérésie (xve-xvie siècles). — 453 feuil.
445 (38). — — (xvie siècle). — 681 —
446 (39). — — (xvie-xviiie siècles). — 432 —
447 (40). Limites en général. (xive-xviiie siècles). — 538 —
448 (41). — — (1600-1669.) — 518 feuillets.
449 (42). — — (1669.) — 612 —
450 (43). — — (1670-1697.) — 552 —
451 (44). — — (1698-1737.) — 617 —
452 (45). — — (1738.) — 415 —
453 (46). — — (1739-1742.) — 345 —
454 (47). Comté d'Agimont. (xive-xviiie siècles.) — 533 feuillets.

455 (48). Comté d'Agimont. (xviii® siècle.) — Abbaye d'Anchin (1699), fol. 476. — Antoing (1348), fol. 482. — Abbaye d'Anchin (1670), fol. 492. — Ath (1663-1697), fol. 512. — 654 feuillets.

456 (49). Abbaye de Bellinghem, ou de Catimpré (1729). — Bergues (1668-1670), fol. 97. — Bertry, au duché de Luxembourg (1693-1738), fol. 174. — Blaimont (1729), fol. 300. — Bouillon (xiv®-xviii® siècles), fol. 315. — Bourseignes et Ménil-Saint-Blaise (1722), fol. 341. — Brasménil (1728-1729), fol. 359. — 587 feuillets.

457 (50). Fief de Cerneau, près Beaumont. (xv®-xviii® siècles). — 436 feuillets.

458 (51). Chassepierre et Cugon, au duché de Luxembourg. — Comines, fol. 202. — Deulemont, fol. 252. — Estrun-le-Feron, fol. 344. — Falmignol, fol. 350. — Fontaine-l'Évêque, fol. 354. (xiv®-xviii® siècles.) — 475 feuillets.

459 (52). Fumay et Revin. (xv®-xviii® siècles.) — 487 feuillets.
460 (53). — — (xvi®-xvii® siècles.) — 454 —
460 (54). — — (xvii®-xviii® siècles.) — 375 —
461 (55). — — (xviii® siècle.) — 429 —
463 (56). — — (xviii® siècle.) — 437 —
464 (57). — — (xviii® siècle.) — 526 —
465 (58). — — (xviii® siècle.) — 590 —

466 (59). Gravelines et Calais. — « Mémoire en abrégé au sujet de l'affaire d'Herstal avec le pays de Liège. » (1546-1655), fol. 19. — Forêt d'Houthulst, fol. 47. (xvi®-xviii® siècles.)

467 (60). Forêt d'Houthulst. (xviii® siècle.) — 659 feuillets.

468 (61). Limites de la Franche-Comté et de la Suisse. Joingues et Sainte-Croix, Itzich, Jumet, La Motte et la forêt de Nieppe, La Rochette, Loo et Merville. Limites de la France et du Luxembourg. (xvi®-xviii® siècles.) — 409 feuillets.

469-470 (62-63). Forêts de Mirlonvaux et de Taille-Midy, dans le comté de Chiny. (xviii® siècle.) — 414 et 416 feuillets.

471 (64). Mortaigne et Saint-Amand. — Forêt de Mourmal, fol. 406. (xvi®-xviii® siècles.) — 598 feuillets.

472 (65). Nassoigne, Nittel, Ogimont, Orchies, Poilvache, Ranty, Richemont, Rodenmakeren, Rousse. (xvi®-xviii® siècles.) — 439 feuillets.

473 (66). Monnaies. Lettres et ordonnances de rois, avis de la Chambre des comptes de Brabant, évaluations de monnaies, etc. (xive-xviie siècles.) — 614 feuillets.

474 (67). Monnaies. (1707-1717.) — 524 feuillets.
475 (68).   —   (1718-1720.) — 582 —
476 (69).   —   (1723-1724.) — 491 —
477 (70).   —   (1725-1741.) — 394 —

478 (71). Mémoires, lettres, etc., concernant l'hérédité des Offices dans la partie de la Flandre rétrocédée par la France. (xve-xviiie siècles.) — 498 feuillets.

479 (72). Offices divers. (1617-1679.) — 651 feuillets.
480 (73).   —   (1694-1731.) — 603 —
481 (74).   —   (1732-1736.) — 533 —
482 (75).   —   (1737-1743.) — 643 —

483 (76). Projets de règlements et pièces diverses concernant les postes des Pays-Bas. (xive-xviiie siècles.) — « État des rentes viagères de la province de Haynaut, appartenant aux sujets d'Espagne » (xviie siècle), fol. 209. — 539 feuillets.

484 (77). États de rentes, rentes confisquées, etc. (xive-xviii siècles.) — 557 feuillets.

485 (78). Rentes; pièces diverses. (xviie siècle.) — 629 feuil.
486 (79). Rentes; pièces diverses. (xviiie siècle.) — 604 feuil.
487 (80). Terres franches dans le Tournaisis. (1674-1741.) — 420 feuillets.

488 (81). « Consulte du Conseil des finances à Son Altesse Sérénissime, roulant sur les titres produits par les habitants des terres franches » du Tournaisis. (1741.) — A la fin, lettres patentes de Marie-Thérèse, Bruxelles, 7 juin 1741, donnant la nomenclature des terres franches. Très grand placard imprimé. — 385 feuillets.

489 (82). Pays rétrocédés par la France après la paix de Ryswick, 1697. Manufactures et fabriques; Revenus, aides, subsides, octrois, etc. des villes et châtellenies. (xviie-xviiie siècles.) — 608 feuillets.

490 (83). Pays rétrocédés. (1721-1734.) — 569 feuillets.
491 (84).   —   (1736-1740.) — 685 —
492 (85).   —   (1740-1745.) — 537 —

493-501 (86-94). Chartes de Luxembourg.

493 (86). Comtes et comté d'Artois, comtes et comté de Bar, ducs et duché de Lorraine. (xiiie-xviie siècles.) — 391 feuillets.

494 (87). Chartes diverses concernant les ducs, duché et comté de Bourgogne et les ducs et duché de Gueldre. (xiiie-xviiie siècles.) — 652 feuillets.

495 (88). Ducs et duché de Brabant. (xiiie-xviiie siècles.) — 498 feuillets.

496 (89). Comtes et comté de Flandres. (xiie siècle-1466.) — 508 feuillets.

497 (90). Comtes et comté de Flandres. (1482-1736.) — 489 feuillets.

498 (91). Comtes et comté de Hainaut. (xviie-xviiie siècles.) — 695 feuillets.

499 (92). « Dénombrement de la province de Luxembourg. » — Province de Limbourg et pays d'Outre-Meuse, fol. 498. (xviie siècle.) — 539 feuillets.

500 (93). Ducs et duché de Luxembourg. (xiiie-xviiie siècles.) — 481 feuillets.

501 (94). Ducs et duché de Luxembourg. — Comtes et comté de Namur, fol. 174. (xiii -xviiie siècles.) — 530 feuillets.

502—557 (95-150). Chartes de différentes villes rangées par ordre alphabétique.

502 (95). Aire, Aisail, Alost, Amiens, Anvers, Arlon, Avésnes, Bailleul, Bambiederdoff, Bapaume, Beaumont. — 560 feuillets.

503 (96). Beaumont, Béthune, Brévil, Broesbringhe, Bruges. — 640 feuillets.

504 (97). Bruges, Bruxelles, Busche, Calais, Cambrai. — 572 feuillets.

505 (98). Cambrai, Cassel, Charlemont, Charleroy, Charneux, Chevancy, Chimay, Chiny. — 603 feuillets.

506 (99). Condé, Conflans, Corbie, Courtrai, Daelhem, Damne. — 600 feuillets.

507 (100). Danvillers, Dende, Dixmude, Douai, Dunkerque, Durbuy, Enghien, Erre, Essenculs. — 428 feuillets.

508 (101). Fagnolles, près Marienbourg, Failloel, Fauquemont, forêts de Faix et de Flobecq, Francheville, près Mézières. — 515 feuillets.

509 (102). Furnes. — 563 feuillets.

510 (103). Furnes, Gand, Gembloux, Givet. — 539 feuillets.

511 (104). Hayances, Hulst, Jametz, Ivoix, Saint-Jean-d'Angely et La Rochelle, L'Écluse, Lens, Liège, Ligny. — 446 feuillets.

512 (105). Lille. (1385-1696.) — 538 feuillets.

513 (106). Lille, Loo, Louvain, Maraugues, Marienbourg, Marimont, Maubeuge, Maulde, Ménil-Saint-Blaise, Metz. — 501 feuillets.

514 (107). Marville, Menin. — 525 feuillets.

515 (108). — Menin. — 537 feuillets.

516 (109). Menin. — 559 feuillets.

517 (110). Menin, Mierlo. — 616 feuillets.

518 (111). Mons, conseil de Hainaut, Montbéliard, Montfort, Montmédy. — 442 feuillets.

519 (112). Muneau, Munde, Nassoigne. — 486 feuillets.

520 (113). Forêt de Nieppe, Nieuport, Nilly, Nivelles, Orchimont, Orembeck, Ostrevant, Oudenarde, Philippeville, Poilvache, Poperinghe. — 490 feuillets.

521 (114). Renaix, Rumes, Ruremonde, Saint-Bertin, Saint-Christophe-de-Phalempin, Saint-Donat, Saint-Hubert. — 399 feuillets.

522 (115). Saint-Hubert. — 440 feuillets.

523 (116). Saint-Hubert, Saint-Omer, forêt de Soignes, Sorines, Stalberg, Stenay, Thionville, Thy-le-Chasteau, Tingry et bois de Tonbois. — 504 feuillets.

524 (117). Tournay et le Tournaisis. — 604 feuillets.

525 (118). — — — 458 —

526 (119). — — — 560 —

527 (120). — — — 568 —

528 (121). — — — 456 —

529 (122). — — — 516 —

530 (123). — — — 490 —

531 (124). Tournay et le Tournaisis. — 469 —
532 (125). — — — 506 —
533 (126). — — — 463 —
534 (127). — — — 576 —
535 (128). — — — 434 —
536 (129). — — — 612 —
537 (130). — — — 543 —
538 (131). — — — 493 —
539 (132). — — — 487 —
540 (133). — — — 487 —
541 (134). — — — 442 —
542 (135). — — — 492 —
543 (136). — — — 446 —
544 (137). — (Bateliers de). — 628 —
545 (138). — (Bateliers de). — 1208 —
546 (139). — (Débordements de l'Escaut). — 476 feuil[ts].
547 (140). — (Écluses d'Oudenarde.) — 918 —
548 (141). — — — 494 —
549 (142). Tournay, bois de Tournhem, Valenciennes, Wachtendonck, pays de Waes. — 499 feuillets.
550 (143). Wambeck, Warneton. — 404 feuillets.
551 (144). Warneton, Waulsort, Venlo. — 479 feuillets.
552 (145). Verdun, Wervick, Vezon, Vineuve, Vireux. — 649 feuillets.
553 (146). Ypres. — 664 feuillets.
554 (147). Ypres. — 832 feuillets.
555 (148). Ypres. — 613 feuillets.
556 (149). Ypres. — 553 feuillets.
557 (150). Ypres, Yperlée, Isenghien. — 536 feuillets.
558 (150*). Table numérique des copies de pièces tirées des archives des Pays-Bas et contenues dans les 150 volumes précédents de la collection d'Esnans. — 236 feuillets.
559-560 (150 *bis*). Table numérique des copies de pièces tirées des archives des Pays-Bas et contenues dans les 150 volumes précédents de la collection d'Esnans.

Cette table est divisée en 2 volumes, le premier embrassant les volumes 1-75, et le deuxième les volumes 76-150; on y a joint l'indication des feuillets auxquels commencent les différentes pièces de chaque volume de la collection d'Esnans. — 397 et 464 feuillets.

561 (150 *ter*). « Table [alphabétique] des matières contenues dans les 150 volumes de copies de pièces tirées pendant le cours des années 1746, 1747 et 1748, dans les archives des Pays-Bas, par le sieur Desnans, conseiller au parlement de Besançon, commissaire du Roy de France en cette partie. » — Fol. 82 et 375. « Table chronologique. » (1182-1745.) — Fol. 350 et 698. « Table de pièces sans date, par ordre de matières. » — En tête du volume, copie de l' « arrest qui a commis M. Desnans. » (2 mai 1747.) — 720 feuillets.

562 (151). Lettres de noblesse. — Comté de Saint-Pol. — Limites entre Calais, Gravelines, etc. — Fiefs de Chaunes et de Capy. (xvie siècle.) — viii-482 feuillets.

563 (152). Lettres de noblesse. — Abbaye de Cercamps. (xvie-xviie siècles.) — viii-441 feuillets.

564 (152*). Lettres de noblesse. (xvie-xviie siècles.) — Feuillets 273 à 436.

565 (153). Comté de Flandres. — Règlement de l'imprimerie et de la librairie des Pays-Bas présenté par l'université de Louvain (1600). — Lettres de noblesse. (xvie-xviie siècles.) — iv-456 pages.

566 (154). Préliminaires du traité de Cateau-Cambrésis (1558). — « Le vray discours du faict de l'abbaye de Cercamp. » (xvie siècle.) — vii, 415 et 61 feuillets.

567 (154*). « Quelques annoblissemens des années 1526, 28, 29, 32, 34, 35, 36, 50, 61, 64 et 1597. » — 572 feuillets.

568 (155). « Ordonnance pour la ville de Calais, faite au nom du comté d'Artois, l'an 1298. » — Discours et deduction de l'origine de Brabant, Mastricht, et de plusieurs autres choses notables et antiques. » — « Description de la monarchie de France. » — 89 et 284 feuillets.

569 (151 *bis*). Pièces doubles. (1244-1330.) — 449 feuillets.
570 (152 *bis*). — (1330-1450.) — 470 —
571 (153 *bis*). — (1450-1670.) — 596 —
572 (154 *bis*). — (1670-1718.) — 647 —
573 (155 *bis*). — (1718-1743.) — 635 —

574 (156). Supplément, tome I. (xive-xvie siècles). La plupart des pièces sont tirées des registres des chartes de Brabant. — 474 feuillets.

575 (157). Supplément, tome II. (xvie-xviiie siècles.) Pièces de même provenance. — 355 feuillets.

576 (158). Supplément, tome III. (xiiie-xviiie siècles.) Pièces de même provenance. — 478 feuillets.

577 (159). Supplément, tome IV. (xve-xviiie siècles.) Inventaire des titres de la Chambre des comptes de Bruxelles relatifs aux pays cédés au roi de France. (14 septembre 1748.) — « Traité des antiquités de Flandres, composé par Mre Philippe Wielant, conseiller du Grand Conseil. » — Liste des maîtres extraordinaires qui ont servi dans la Chambre des comptes à Lille depuis l'an 1468 jusques et compris l'an 1630, » fol. 149. — Ville et prévôté de Sathenay, fol. 187. — Capucins de Thionville, fol. 209. — Noblesse des Pays-Bas, fol. 213. — Pièces diverses. (xvie-xviiie siècles.) — A la fin du volume : « Avertissement » de ce supplément. — 143 et 427 feuillets.

578 (159*). « Table [alphabétique] générale des matières contenues dans les quatre volumes [de Supplément] de copies de pièces tirées des archives et dépôts des Pays-Bas. » — Pages 311 et 359. « Table chronologique des pièces qui se trouvent rassemblées dans ce recueil. » — 164 feuillets et 405 pages.

579-624 (160-205). « Inventaires faits dans les archives et dépôts des Pays-Bas Autrichiens pendant les années 1746, 1747 et 1748, par M. Desnans, conseiller au Parlement de Bezançon, commissaire du Roy en cette partie[1]. »

Il y a une table alphabétique des matières à la fin de chacun de ces volumes d'inventaires.

579 (160). I. Catalogue des vingt et un volumes d'inventaires. — Chambre des comptes de Brabant à Bruxelles. — Pièces trouvées dans la grosse tour. — 468 feuillets.

580 (161). II. Chambre des comptes de Brabant. Pièces trouvées dans la Chambre des chartes. — 439 feuillets.

581 (162). III. Tables des dix-neuf registres de la Chambre des comptes de Brabant. — 892 feuillets.

---

1. Voy. plus loin une autre copie plus complète de ces inventaires sous les n°s 1000-1042.

582 (163). IV. Chambre des comptes de Brabant. Registre des aliénations des domaines. — Layettes des acquets de Luxembourg. — Registre des domaines de Sa Majesté (1578-1586). — 425 et 52 feuillets.

583 (164). V. Chambre des comptes de Brabant. Registre des privilèges (1498-1500). — Registre des affaires particulières (1585-1739). — Lettres patentes de noblesse. — Cartes et plans de la Chambre des comptes de Brabant. — 395 et 24, 34, 20 et 9 feuillets.

584 (165). VI. Chambre des comptes de Brabant. Recueil sur le fait de la monnaie. — Registre des placards de Brabant. — Registre sur les droits de tonlieu, etc. — 447 et 10, 50 et 34 feuillets.

585 (166). VII. Chambre des comptes de Brabant. — Registres *noirs* (1191-1482). — Registre *M*. — Registre des amortissements des églises (1516-1603). — Droits du duc de Brabant contre l'état de Liège. — Privilèges de Louvain, Bruxelles, Bois-le-Duc. — Affaires de Frise et du bois de Soignies. — 374 feuillets, plus 12 tables foliotées séparément.

586 (167). VIII. Chambre des comptes de Brabant. Affaires de Luxembourg et du comté de Chiny. — 207 et 24, 42 et 4 feuillets.

587 (168). IX. Chambre des comptes de Brabant. Affaires de Gueldre. — 332 et 44 et 2 feuillets.

588 (169). X. Chambre des comptes de Brabant. Affaires de Tirlemont, de l'Audience. Avis et mémoires. — 640 et 10, 18, 24 et 18 feuillets.

589 (170). XI. Chambre des comptes de Flandre. Inventaire de quinze registres des chartes. — Affaires des monnaies. — 303 et 42 et 4 feuillets.

590 (171). XII. Chambre des comptes de Flandre. « Table des Placarts de Flandres. » — 432 et 19 feuillets.

591 (172). XIII. Inventaire chronologique de la Chambre des comptes de Flandre. — 288 feuillets.

592 (173). XIV. Archives des dépôts et du greffe de l'Audience de Bruxelles et de la Secrétairerie d'État et de Guerre. — 623 et 52 et 62 feuillets.

593 (174). XV. Secrétairerie d'État et des Finances. Greffes ou dépôts de l'Audience de la Secrétairerie d'État et de Guerre. — 467 et 80 feuillets.

594 (175). XVI. Greffes et dépôts du Conseil des finances et du Conseil privé. — 547 et 16, 60 et 6 feuillets.

595 (176). XVII. Archives déposées dans la chapelle du cardinal Granvelle. — Dépôt de la Contadorie. — 457 feuillets.

596 (177). XVIII. Archives de Bruges. — Archives de l'hôtel du Franc de Bruges. — Registres de l'hôtel de ville de Charleroi, — de Maestricht, — de Mons. — Registres des états de Hainaut. — Registres des privilèges de Mons. — 746 et 78 et 8 feuillets.

597 (178). XIX. Registres de l'hôtel de ville de Gand. — Registres des archives des États de Flandre, — du Conseil de Flandre. — Registres de l'hôtel de ville d'Ypres. — Archives de la salle et châtellenie d'Ypres. — 557 et 88 feuillets.

598 (179). XX. Registres du Conseil de Namur, — des états de Namur, — de l'hôtel de ville de Namur. — Pièces ci-devant déposées au château de Namur. — 563 et 36 feuillets.

599 (180). XXI. Registres de l'hôtel de ville de Nieuport, — d'Ostende. — Titres de la tour de Tournay. — Registres de l'hôtel de ville de Tournay. — 540 et 12 et 10 feuillets.

600-601 (181-182). « Table générale des matières contenues aux XXI volumes d'Inventaires faits dans les archives et dépôts des Pays-Bas... par M. d'Esnans..., rédigée par M. Godart de Clamecy. » I. A-G; II. H-Z. — 399 et 519 feuillets.

602-624 (183-205). Copies doubles des Inventaires précédents.

602 (183). I. — 647 feuillets.
603 (184). II. — 385 . —
604 (185). III. — 406 —
605 (186). IV. — 473 —
606 (187). V. — 560 —
607 (188). VI. — 454 —
608 (189). VII. — 504 —
609 (190). VIII. — 278 —
610 (191). IX. — 429 —
611 (192). X. — 579 —

612 (193).   XI. — 408 feuillets.
613 (194).   XII. — 431   —
614 (195).   XIII. — 416   —
615 (196).   XIV. — 674   —
616 (197).   XV. — 488   —
617 (198).   XVI. — 536   —
618 (199).   XVII. — 278   —
619 (200). XVIII. — 700   —
620 (201).   XIX. — 555   —
621 (202).   XX. — 439   —
622 (203).   XXI. — 411   —

623-624 (204-205). Tables doubles des précédentes : . A-G ; II. H-Z. — 366 et 478 feuillets.

IV

625-733. Collection de Bréquigny.

Copies de pièces relatives à l'histoire de France tirées des archives et bibliothèques d'Angleterre.

625 (1). I. Histoire générale ecclésiastique de la France. (900-1288.) — 315 feuillets.

626 (2).   II. Hist. générale, etc. (1289-1320.) — 311 ff.
627 (3).   III.   —   (1321-1390.) — 342 —
628 (4).   IV.   —   (1391-1418.) — 205 —
629 (5).   V.   —   (1419.)   — 265 —
630 (6).   VI.   —   (1420.)   — 224 —
631 (7).   VII.   —   (1421.)   — 266 —
632 (8).   VIII.   —   (1422-1519.) — 378 —

633 (9). IX. Conciles et Ordres militaires. (374-1530.) 189 feuillets.

634 (10). I. Guyenne. (1198-1253.) — 184 feuillets.
635 (11). II.   —   (1254-1274.) — 231   —
636 (12). III.   —   (1275-1279.) — 235   —

637 (13).	IV. Guyenne.	(1280-1283.)	— 326 feuillets.	
638 (14).	V.	—	(1284-avril 1289.)	— 386 ff.
639 (15).	VI.	—	(Fin de 1289.)	—356 feuillets.
640 (16).	VII.	—	(1290-1299.)	— 279 —
641 (17).	VIII.	—	(1300-1308.)	— 427 —
642 (18).	IX.	—	(1309.)	— 281 —
643 (19).	X.	—	(1310-1313.)	— 373 —
644 (20).	XI.	—	(1314-1316.)	— 382 —
645 (21).	XII.	—	(1317-1319.)	— 361 —
646 (22).	XIII.	—	(1320-1321.)	— 293 —
647 (23).	XIV.	—	(1322-1328.)	— 322 —
648 (24).	XV.	—	(1329-1331.)	— 371 —
649 (25).	XVI.	—	(1332-1339.)	— 315 —
650 (26).	XVII.	—	(1340-1341.)	— 256 —
651 (27).	XVIII.	—	(1342-1343.)	— 308 —
652 (28).	XIX.	—	(1344-1349.)	— 327 —
653 (29).	XX.	—	(1350-1358.)	— 346 —
654 (30).	XXI.	—	(1359-1378.)	— 265 —
655 (31).	XXII.	—	(1379-1399.)	— 279 —
656 (32).	XXIII.	—	(1400-1423.)	— 305 —
657 (33).	XXIV.	—	(1424-1453.)	— 320 —
658 (34).	XXV.	—	(Sans dates.)	— 196 —
659 (35).	XXVI.	— Bordeaux.	(1224-1313.)	— 275 ff.
660 (36).	XXVII.	—	— (1314-1330.)	— 270 —
661 (37).	XXVIII.	—	— (1331-1372.)	— 252 —
662 (38).	XXIX.	—	— (1373-1460.)	Notes et tables diverses. — 279 ff.

663 (39). XXX. — Tables et tableaux divers. — 101 feuillets.

664 (40). Rôles gascons. (1242-1458.) — (Fol. 406.) « Table des noms des personnes et des lieux qui se trouvent dans les extraits des Rôles gascons. 1789. » — 430 feuillets.

665 (41).	I. Normandie.	(1160-1417.)	— 233 feuillets.	
666 (42).	II.	—	(janv.-avr. 1418.)	— 206 ff.
667 (43).	III.	—	(mai-déc. 1418.)	— 263 —
668 (44).	IV.	—	(janv.-mars 1449.)	— 278 —
669 (45).	V.	—	(avril 1449.)	— 250 —
670 (46).	VI.	—	(mai-déc. 1449.)	— 389 —

671 (47). VII. Normandie. (janv.-mars 1420.) — 287 ff.
672 (48). VIII. — (avr.-déc. 1420.) — 213 —
673 (49). IX. — (janv.-févr. 1421.) — 246 —
674 (50). X. — (mars-déc. 1421.) — 256 —
675 (51). XI. — (1422-1595.) — 232 —
676 (52). XII. Id. Rôles normands. (1200-1422.) — 360 —
677 (53). XIII. — Rôles français. (1345-1446.) — 162 —
678 (54). XIV. — Tables et tableaux divers. — 232 —
679 (55). XV. — Tables et tableaux divers. — 230 —
680 (56). I. Picardie. (1272-1364.) — 344 feuillets.
681 (57). II. — (1365-1417.) — 343 —
682 (58). III. — (1418-1626.) — 343 —
683 (59). Généralité de Paris. (1200-1650.) — 224 feuillets.
684 (60). Champagne; — Bretagne (fol. 15); — Iles de Jersey, Guernesey et Aurigny (fol. 134); — Maine (fol. 161); — Poitou (fol. 166); — Limousin (fol. 208); — Languedoc (fol. 269). — 304 feuillets.
685 (61). Artois et Pays-Bas. (1214-1547.) — 156 feuillets.
686 (62). Angleterre et Italie. (713-1485.) — 126 —
687 (63). I. Pièces historiques. (1066-1253.) — 281 ff.
688 (64). II. — (1254-1277.) — 254 —
689 (65). III. — (1278-1287.) — 299 —
690 (66). IV. — (1288-1299.) — 297 —
691 (67). V. — (1300-1305.) — 258 —
692 (68). VI. — (1306-1310.) — 186 —
693 (69). VII. — (1311-1313.) — 289 —
694 (70). VIII. — (1314-1320.) — 255 —
695 (71). IX. — (1321-1323.) — 237 —
696 (72). X. — (1324-1328.) — 295 —
697 (73). XI. — (1329-1332.) — 274 —
698 (74). XII. — (1333-1342.) — 264 —
699 (75). XIII. — (1343-1352.) — 257 —
700 (76). XIV. — (1353-1360.) — 289 —
701 (77). XV. — (1361-1373.) — 271 —
702 (78). XVI. — (1374-1390.) — 282 —
703 (79). XVII. — (1391-1416.) — 290 —
704 (80). XVIII. — (1417-1423.) — 312 —
705 (81). XIX. — (1424-1435.) — 343 —

706 (82).	XX. Pièces histor.	(1436-1446.)	— 292 ff.
707 (83).	XXI. —	(1447-1480.)	— 275 —
708 (84).	XXII. —	(1481-1501.)	— 220 —
709 (85).	XXIII. —	(1502-1514.)	— 288 —
710 (86).	XXIV. —	(1515-1518.)	— 329 —
711 (87).	XXV. —	(1519-1520.)	— 317 —
712 (88).	XXVI. —	(1521.)	— 337 —
713 (89).	XXVII. —	(1522.)	— 309 —
714 (90).	XXVIII. —	(1523-1525.)	— 243 —
715 (91).	XXIX. —	(1526.)	— 235 —
716 (92).	XXX. —	(1527-1528.)	— 307 —
717 (93).	XXXI. —	(1529-1560.)	— 292 —
718 (94).	XXXII. —	(1561-1571.)	— 274 —
719 (95).	XXXIII. —	(1572-1576.)	— 275 —
720 (96).	XXXIV. —	(1577-1583.)	— 267 —
721 (97).	XXXV. —	(1584-1586.)	— 245 —
722 (98).	XXXVI. —	(1587-1590.)	— 221 —
723 (99).	XXXVII. —	(1591-1600.)	— 276 —
724 (100).	XXXVIII. —	(1601-1626.)	— 302 —
725 (101).	XXXIX. —	(1627-1656.)	— 294 —
726 (102).	XL. —	(1657-1702.)	— 319 —
727 (103).	XLI. Id. Paix de Nimègue.	(1673-1675.)	— 127 —
728 (104).	XLII. — —	(1676.)	— 148 —
729 (105).	XLIII. — —	(1676.)	— 272 —
730 (106).	XLIV. — —	(1677.)	— 140 —
731 (107).	XLV. — —	(1677.)	— 136 —
732 (108).	XLVI. — —	(1678 et Tables.)	— 134 —

733 (109). Lettres d'Alcuin et de Charlemagne (Londres, ms. Harley, 208). — 221 feuillets.

V

734-861. Collection de Fevret de Fontette. Recueil de pièces relatives, en grande partie, à l'histoire de la Bourgogne, provenant de Philibert de La Mare et conservées dans l'ordre des *portefeuilles* de Fevret de Fontette.

734 (I, 1-86). Pièces historiques diverses, la plupart en copies du xviie siècle. (1293-1492). — 258 feuillets.

735 (I a, 87-133). Pièces historiques. (1493-1516.) — 233 ff.
736 (II, 1-37). — (1517-1529.) — 262 —
737 (II a, 38-99). — (1529-1546.) — 237 —
738 (III, 1-40). — (1547-1559.) — 213 —

739 (III a, 41). Lettres patentes de François II enjoignant au Parlement de Dijon d'enregistrer le traité de Cateau-Cambrésis. (Déc. 1559.) Parchemin. — 16 feuillets.

740 (III b, 42-81). Pièces historiques. (1559-1563.) — 194 ff.
741 (IV, 1-80). — (1564-1575.) — 295 —
742 (IV a, 81-102). — (1576.) — 352 —
743 (V, 4-25). — (1577-1581.) — 123 —
744 (V a, 26-66 *bis*). — (1583-1588.) — 276 —
745 (VI, 1-85). — (1589-1595.) — 316 —
746 (VI a, 86-131). — (1595-1602.) — 302 —
747 (VII, 1-70). — (1603-1611.) — 272 —
748 (VII a, 71-144 *bis*). — (1611-1613.) — 231 —
749 (VIII, 1-41). — (1614.) — 87 —
750 (IX, 8-66). — (1615-1616.) — 175 —
751 (IX a, 67-128). — (1616-1618.) — 169 —
752 (X, 1-100). — (1619-1622.) — 228 —
753 (X a, 101-181). — (1623-1627.) — 208 —
754 (XI, 1-88). — (1628-1630.) — 260 —
755 (XI a, 89-183). — (1630-1633.) — 298 —
756 (XII, 2-100). — (1634-1638.) — 248 —
757 (XII a, 101-149). — (1638-1640.) — 234 —
758 (XIII, 1-61). — (1641-1643.) — 193 —

759 (XIII A, 62-131). Pièces histor. (1643-1645.) — 209 ff.
760 (XIV, 1-84). — (1646-1651.) — 247 —
761 (XIV A, 85-170). — (1651-1654.) — 235 —
762 (XV, 1-79). — (1655-1663.) — 182 —
763 (XV A, 80-149). — (1663-1666.) — 197 —
764 (XVI, 1-56). — (1667-1669.) — 178 —
765 (XVI A, 57-126). — (1669-1673.) — 197 —
766 (XVII, 1-96). — (1674-1680.) — 225 —
767 (XVIII, 1-68). — Églises (1580-1683.) — 127 —
768 (XIX, 1-56). — (1681-1715.) — 96 —
769 (XX, 1-30). — (1715-1756.) — 65 —
770 (XXI, 1-96). —. (xve-xviie siècles.) — 353 —
771 (XXI A, 97-195). — (xviie siècle.) — 391 —
772-773 (XXII, 1-142). — Allemagne, Angleterre, Autriche, Suède, Pologne, Turquie, Espagne, Pays-Bas et Italie. (xviie siècle.) — 285 et 319 feuillets.

774 (XXIII, 2-211). Lettres historiques (1494-1583), la plupart en original, provenant des archives de l'amiral Bonnivet et de la famille d'Urfé. On y remarque des lettres de Charles VIII, 1494 (fol. 1 et 4) ; — Renée de France, 1494 (fol. 6) ; — Louis XII, 1494 (fol. 7, 11, 12, 13, 14) ; — François de Rohan, 1518-1536 (fol. 20) ; — Raince, 1526-1550 (fol. 22, 41, 283) ; — Montmorency, 1529-1551 (fol. 26, 33, 166, 171, 179) ; — princesse de Luxembourg, 1533-1534 (fol. 27, 47, 48, 49, 96) ; — J. Breton, 1529 (fol. 28) ; — Babou, 1529 (fol. 30) ; — Dorne, 1529-1560 (fol. 31, 310) ; — Thenaud, 1533 (fol. 35) ; — Guillaume du Bellay, 1527 (fol. 37, 40) ; — Françoise de Longwy, 1527 (fol. 39) ; — Henri Bohier, 1526 (fol. 42) ; — François [de Poncher], évêque de Paris, 1526 (fol. 43) ; — François, cardinal de Tournon, 1533 (fol. 44) ; — Claude, cardinal de Givry, 1533 (fol. 46 et 49) ; — La Motte au Groyng, 1533 (fol. 50) ; — amiral Bonnyvet (copies, fol. 55 et suiv. ; originaux, 1528-1534, fol. 70 et 72) ; — François Ier, 1528-1534 (fol. 75, 77-89, 93, 94) ; — Clément VII (autogr. en italien, à François Ier), 1533 (fol. 75, 90 et 92) ; — Éléonore d'Autriche, 1534 (fol. 95) ; — cardinal de Sens [Antoine Du Prat], 1533 (fol. 97) ; — d'Urfé, 1533 (fol. 98 et suiv.) ; — amiral Chabot, 1533 (fol. 101) ; — Louise [de Savoie], régente de

France, 1520 (fol. 111-115) ; — Challant, 1530 (fol. 122) ; — Nicolo Turato, 1541 (fol. 130) ; — Paule de Termes, 1541 (fol. 132) ; — Olivier, 1543 (fol. 135 et 136) ; — du Maillé, 1543 (fol. 137) ; — Catherine de Médicis, 1547 (fol. 176) ; — Albisse Delbenne, 1549 (fol. 176) ; — Odet de Selve, 1550-1558 (fol. 184, 188, 288) ; — cardinaux de Guise [Charles de Lorraine] et de Ferrare [Giovanni Salviati], 1550 (fol. 190) ; — François de Clèves, 1552 (fol. 191) ; — de l'Aubespine, 1558 (fol. 193) ; — Lazare de Bayf, 1547 (fol. 195) ; — Henri II, 1549-1558 (fol. 222, 248, 250, 267) ; — Léon Bellon, 1551 (fol. 281) ; — Filippo Tassini, 1553 (fol. 284) ; — La Rochaferma, 1553 (fol. 286) ; — Sanssac, 1556 (fol. 288) ; — la république de Ravenne, 1559 (fol. 294) ; — Giantan, 1568 (fol. 307) ; — De Moy, 1560 (fol. 312) ; — Jacqueline de Rohan, 1571 (fol. 314) ; — Françoise d'Orléans, 1571-1583 (fol. 315-319, 321, 324-327) ; — Charles de Bourbon, s. d. (fol. 320). — 328 feuillets.

775 (XXIII A, 212-389). Lettres historiques (1560-1620) ; on y remarque des lettres de Henri de La Tour, 1595-1601 (fol. 19, 30) ; — Le Moyne Gasneays, 1603 (fol. 20) ; — Reffuge, 1610 (fol. 24) ; — Fremyot, 1610 (fol. 27) ; — Marie de Médicis, 1613-1615 (fol. 138-170) ; — Louis XIII, 1615-1616 (fol. 168, 212, 213, 260, 263, 264) ; — La Noue, 1616 (fol. 202) ; — Gramont, 1616 (fol. 203). — Une série de lettres sont relatives à l'ambassade de M. de Sainte-Catherine, ambassadeur de Louis XIII en Allemagne ; on y remarque des lettres de Maurice, landgrave de Hesse, 1612-1619 (fol. 47-72, 192, 225, 238, 239, 271) ; — Christian, prince d'Anhalt, 1613-1618 (fol. 73-88) ; — Ernest-Casimir, comte de Nassau, 1611-1612 (fol. 89-93) ; — Jean-Frédéric, duc de Würtemberg, 1611-1618 (fol. 100-103) ; — Georges-Frédéric, margrave de Bade, 1612-1617 (fol. 104-115) ; — Frédéric, électeur Palatin, 1619 (fol. 261). — 277 feuillets.

776 (XXIV, 1-36). Lettres historiques (1613-1663) ; la plupart de ces pièces sont relatives aux affaires d'Italie et proviennent du portefeuille de l'ambassadeur Priandi, résident en France du duc de Mantoue. On y remarque des lettres du duc de Nevers (fol. 231), — du cardinal de Richelieu (fol. 233), — de

M. de Fortia (fol. 234), — du duc de Rethel [Mazarin] (fol. 236), — de Louis XIII (fol. 238, 253, 272 et 274), — du maréchal de Créquy (fol. 239 et 241), — de M. de Sabran (fol. 243), — de Philippe IV, roi d'Espagne (fol. 245), — du cardinal Bichi (fol. 254), — de Marie, duchesse de Mantoue (fol. 255 et 257), — de Priandi (fol. 259), — de Marie de Médicis (fol. 286). — 286 feuillets.

777 (XXIV A, 37-147). Lettres historiques (1623-1685) ; la plupart sont relatives aux affaires d'Allemagne et à l'ambassade de M. de Sainte-Catherine, quelques-unes sont adressées à Priandi. On y remarque des lettres de Adelberg von Kirch, maire de Bâle, 1623 (fol. 6-62), — du cardinal Bichi (fol. 86 et 134), — du cardinal de Richelieu (fol. 90, 92, 132, 138, 146, 148, 150, 152, 246), — de Marie de Médicis (fol. 94 et 96), — de Louis XIII (fol. 98), — de Gaston d'Orléans (fol. 99 et 101), — d'Anne d'Autriche (fol. 103 et 135), — du cardinal Bagni (fol. 106-131), — du prince Thomas [de Savoie] (fol. 136 et 161), — d'Angelo Canali, ambassadeur de Venise (fol. 154 et 158), — du comte de Soissons (fol. 163 et 236), — d'Artus de Lionne, évêque de Gap (fol. 179), — de Louis de Bourbon [le Grand Condé] (fol. 181, 190, 236), — de Louis XIV [autogr.] (fol. 185), — du maréchal d'Hocquincourt (fol. 191), — de Chauvelin (fol. 201), — de Catherine de Médicis (fol. 206 et 207), — de Charles VIII au Parlement de Dijon, copie ancienne (fol. 209), — d'Amaury Bouchard (fol. 210), — de Claude de Lorraine [† 1550] (fol. 214), — de M. de Châteauvieux (fol. 230), — de M. de Chavanhac (fol. 231), — du P. Joseph du Tremblay (fol. 235), — de M. de Longueville (fol. 238 et 250), — d'Effiat de Cinq-Mars (fol. 240). — 254 feuillets.

778 (XXV, 1-37). Procès criminels (1378-1567).

Procès de Charles le Mauvais, 1378 (fol. 1), — Gilles de Retz, 1440 (fol. 2), — « Arrestum supra bona relicta a Joanna, delphina Arverniæ, attributa fratribus ducis Borbonii », 1451 (fol. 33), — Joachim Rohault, 1476 (fol. 36), — le prince d'Orange, 1478 (fol. 37), — « Procès pour la succession de dame Susanne, duchesse de Bourbonnais, contre le connétable de Bourbon et la duchesse d'Angoulême », 1522 (fol. 49),

— Jacques de Beaulne, seigneur de Samblançay, 1527 (fol. 132), — Spifame, 1532 (fol. 133), — Inventaires de pièces envoyées au chancelier par le président Poyet, 1535 (fol. 134), —Lettre de François Ier en faveur du président de Chasseneus, 1535 (fol. 138), — Thomas Morus, 1535 (fol. 142), — Guillaume Prudhomme, 1541 (fol. 145), — le baron de La Garde, 1543-1553 (fol. 147), — Arrêt contre le chancelier Guillaume Poyet, 1545 (fol. 264), — Arrêt contre Oudart du Bié, maréchal de France, 1551 (fol. 273), — « Registre du Conseil tenu à Paris,... » 1567 (fol. 275). — 282 feuillets.

779 (XXV A, 38-121). Procès criminels (1568-1697).

Arrêt contre les comtes d'Egmont et de Horn, 1568 (fol. 1), — « Relation de la mort de Baltasar Girard,... convaincu d'avoir tué le prince Guillaume de Nassau,... » 1584 (fol. 3), — Procès du maréchal de Biron, 1602 (fol. 4), — le maréchal de Bouillon, 1605 (fol. 22), — « Procès-verbal de M. Le Jau, » au sujet des vexations à lui faites par le duc de Nevers, 1614 (fol. 26), — Procès du maréchal d'Ancre et de sa femme, 1617 (fol. 32), — le grand pensionnaire Barnevelt, 1619 (fol. 52), — « Arrest du parlement de Provence contre les sieurs de Gouvernon père et fils et de Grangeres, touchant la reddition de Gavi, 1625 (fol. 64), — Chambre criminelle de Nantes, 1626 (fol. 66), — Procès de Chalais, 1626 (fol. 70), — « Raisons du duc d'Orléans pour faire entériner les lettres-patentes qui le font tuteur de Mlle sa fille », 1627 (fol. 74), — « Arrêt du parlement de Toulouse contre Henry, duc de Rohan, » 1628 (fol. 78), — « Billet trouvé dans le cordon du chapeau de Jean Felton, après qu'il eut tué le duc de Buckingam, » 1628 (fol. 80), — Procès du duc de Bellegarde, 1631 (fol. 84), — Arrêts contre les ducs et pairs, 1631-1633 (fol. 108), — Relations du procès et de la mort du duc de Montmorency à Toulouse, 1632 (fol. 125), — Évocation obtenue par le cardinal de La Rochefoucault, 1632 (fol. 135), — Possession des Ursulines de Loudun, 1632 (fol. 137 et 171), — « Jugement de mort rendu par contumace contre plusieurs gentilshommes ayant suivi le parti de Monsieur le duc d'Orléans, » 1633 (fol. 147 et 162), — « Recueil de quelques libels recognus... avoir été escrits par Alexandre des Cortolz, baron de Saint-Romain,... condamné aux galères perpétuelles par arrest du parlement de Bourgogne »,... 1633 (fol. 154), — Arrêt de mort contre Urbain Grandier, curé de Loudun, 1634 (fol. 166), — Informations et arrêts divers, 1634 et suiv. (fol. 167), parmi lesquels : « Relation de ce qui s'est passé à Lyon au jugement et exécution de MM. de Cinq-Mars et de Thou », 1642 (fol. 185), — « Relation de la mort de messire William Laud, archevesque de Cantorbery », 1645 (fol. 215). — « Abrégé du procès contre Simon Morin, natif d'Aumale, François Randon, prêtre, curé de la Magdeleine-lez-Amiens, Marin Thouret, prêtre, vicaire de Saint-Marcel-lez-Paris... » 1662-1663 (fol. 221), — « Escrit de monsieur Fouquet, intitulé : « Plan de bataille treuvé parmy ses papiers après sa détention... » et pièces diverses relatives au procès de Fouquet, 1662-1664 (fol. 232), — Pièces relatives aux Vaudois (fol. 264), — « Mémoire des exemples des roys et princes qui ont déposé pour des cas particuliers » (fol. 278). — 278 feuillets.

780 (XXVI, 1 *bis*-34). Pièces relatives à l'histoire de France ; copies et extraits divers, parmi lesquels on remarque : Pragmatique sanction de Bourges (fol. 69) ; — Chronique bourguignonne et description de Dijon, 1382-1465 (fol. 89) ; — « Addenda et delenda in Historiis Jacobi Augusti Thuani » (fol. 131) ; — « Ad Franciscum, regem Galliæ christianissimum, Ja. Sadoleti, episcopi Carpentoractis, in locum Evangelicum de duobus gladiis interpretatio » (fol. 208). — 296 feuillets.

781 (XXVI A, 35-60). Pièces relatives à l'histoire de France, parmi lesquelles on remarque : « Mémoire de M. de Sainte-Catherine, résident pour le Roy à Heidelberg, pour faire des colonies françoises ès terres neufves » (fol. 1) ; — État de la France, en italien (fol. 18) ; — Recueil de pièces, états, recettes, etc. sur les finances de la France (fol. 82) ; — « Privileiges des clers notaires et secretaires du Roy et de la maison de France » (fol. 211) ; — « Advis aux ambassadeurs » (fol. 236) ; — « Estat du train d'un ambassadeur à Rome... » (fol. 241). — 246 feuillets.

782 (XXVII, 1-24). Recueil de pouillés ; tome I.
« Estat général des archeveschez, eveschez et abbayes du royaume de France..., de tous lesquelz benefices la nomination

apartient au Roy... » (fol. 1). — Pouillés des diocèses d'Acqs (149), — Agde (152), — abbaye de Saint-Sever d'Aire (155), — Aire (156), — Aix (160), — Alby (161), — Alect (167), — Embrun (170), — Amiens (173), — prieuré de Lihons-en-Santerre (179), — abbaye de Corbie (181), — Angers (189), — abbayes de Saint-Aubin (190), — de Saint-Serge (191), — de la Roë (191 v°), — de Bourgueil (192), — de Vendôme (192 v°), — de Saint-Jouin de Marnes (193 v°), — Angoulême (195), — des préceptories de l'ordre de Saint-Antoine-de-Viennois (199), — Apt (211), — Auch (213), — des abbayes de l'ordre de Saint-Augustin (216), — 246 feuillets.

783 (XXVII A, 25-33). Recueil de pouillés ; tome II.

Pouillé de l'abbaye de Toussaints d'Angers et de plusieurs abbayes de l'ordre des Saint-Augustin (fol. 1) ; — Pouillés des diocèses d'Avranches (82), — Autun (85), — Auxerre (101), — bénéfices du bailliage d'Auxonne (118), — Bayeux (120), — Bayonne (125), — Bazas (126), — Beauvais (130), — des abbayes de l'ordre de Saint-Benoît (148). — 283 feuillets.

784 (XXVIII, 1-5). Recueil de pouillés ; tome III. B-C.

Pouillé des abbayes de l'ordre de Saint-Benoît (fol. 1) ; — Pouillés des diocèses de Besançon (316), — Béziers (340), — des prieurés de l'ordre des Blancs-Manteaux (344), — Boulogne (347). — 350 feuillets.

785 (XXVIII A, 6-12). Recueil de pouillés ; tome IV.

Pouillés des diocèses de Carcassonne (1) ; — Compte, de l'année 1516, donnant l'état détaillé des bénéfices des diocèses de Bourges (4), — Limoges (27 v°), — Le Puy (44), — Castres (49 v°) ; — Pouillé des monastères de l'ordre des Célestins (51) ; — Pouillés des diocèses de Châlons (58), — Chalon (84), — Chartres (113), — des abbayes de l'ordre de Cîteaux (146). — 262 feuillets.

786 (XXIX, 1-15). Recueil de pouillés ; tome V.

Pouillé des abbayes de l'ordre de Cluny (fol. 1) ; — Pouillés des diocèses de Comminges (171), — Conserans (173), — Coutances (175), — Digne (181), — des monastères de filles de l'ordre de Saint-Dominique (183), — Évreux (187), — Glandève (206), — Grasse (208), — des abbayes de l'ordre de Grandmont (210), — Grenoble (254), — des Hôtels-Dieu et

Maladreries (258), — des bénéfices unis aux collèges des Jésuites (266), — des grands prieurés de l'ordre de Saint-Jean de Jérusalem (267). — 290 feuillets.

787 (XXIX A, 16-44). Recueil de pouillés ; tome VI.

Pouillés des diocèses de Langres (1), — Laon (88), — Lavaur (96), — Léon (98), — Lectoure (99), — Lescars (103), — Limoges (104), — Lisieux (120), — Lodève (131), — Lombez (135), — Lyon (137), — Maillezais (159 et 247), — Saint-Malô (173), — abbaye de la Couture du Mans (177), — cathédrale de Marseille (181), — abbaye de Marmoutier (182), — des monastères de l'ordre des Mathurins (199), — Meaux (212), — Mende (228 et 250), — Metz (253), — Mirepoix (274), — Montauban (276), — Montpellier (280), — Nantes (284), — Narbonne (292), — Nîmes (295), — Noyon (300), — Oléron (312). — 313 feuillets.

788 (XXX, 1-15). Recueil de pouillés ; tome VII.

Pouillé du diocèse de Paris (1) ; — Notes sur quelques bénéfices du diocèse de Poitiers (169) ; — Pouillé des abbayes de l'ordre de Prémontré (172) ; — Pouillés des diocèses du Puy (185), — Quimper (191), — Reims (194), — Rennes (219), — Rieux (242), — Rodez (245), — Maillezais [La Rochelle] (252). — 257 feuillets.

789 (XXX A, 16-43). Recueil de pouillés ; tome VIII.

Pouillés des diocèses de Rouen (1), — Saint-Brieuc (81), — Saint-Flour (83), — Saint-Papoul (89), — Saint-Paul-Trois-Châteaux (91), — Saint-Pons (93), — des abbayes, etc. de l'ordre de Saint-Ruf (98), — Saintes (109), — Séez (122), — Sens (129), — Senlis (125), — Soissons (169), — Tarbes (181), — Toul (183), — Toulouse (185), — Tours (Saint-Martin et Marmoutier) (202), — Troyes (223), — Tulle (237), — des prieurés de l'ordre du Val-des-Écoliers (241), — des prieurés de l'ordre du Val-des-Choux (250), — Vannes (256), — Vence (271), — Verdun (272), — Vabres (281), — Valence et Die (285), — Vienne (299), — Uzès (308). — 311 feuillets.

790 (XXXI, 1-22). Recueil de pièces sur l'histoire civile et religieuse des provinces et villes de France, rangées par ordre alphabétique :

Tome I. A-C. — Agen (1), — Alsace (9), — Angers (10), — Annonciades de Paris (11), — Saint-Antoine-des-Champs de

Paris (15), — Arras (19), — Avignon (21), — Saint-Avy-lez-Châteaudun (24), — Saint-Nicolas de Bar-sur-Aube (28), — Béarn [Orthez] (30), — abbaye de Beaumont (47), — Beauvais (48), — Benevent (61), — Montier-en-Der (63), — Saint-Benigne de Bretigny (73), — Chaumont (74), — Besançon (84), — Bordeaux (85), — Chaalis (95), — Bretagne (97), — Sainte-Catherine-lez-Annecy (101), — Chaise-Dieu (102), — Champagne (112). — 209 feuillets.

791 (XXXI A, 23-54). Suite du même recueil.

Tome II. C-L. — Chastillon-sous-Mesche (1), — Chaumont-en-Vexin (3), — Chaumont-en-Bassigny (4), — Clairvaux (19), — Clermont-Ferrand (21), — Bourgogne (22 et 41), — Besançon (30), — Franche-Comté (51), — abbaye de La Creste, près Andelot (64), — Dôle (68), — Dombes (139), — abbaye de l'Escale-Dieu (140), — hôpital du Saint-Esprit de Montpellier (145), — Évreux (148), — abbaye de Boscaudon, diocèse d'Embrun (150), — Florence (152), — Saint-Florent de Saumur (156), — Genève (158), — Georgenthal (161), — Saint-Germain-en-Laye (168), — Girone (170), — Giny (171), — Grenoble (172), — Dilo (179), — Saint-Honorat de Lérins (181). — 185 feuillets.

792 (XXXII, 1-50). Suite du même recueil.

Tome III. L-P. — Langres (1), — Lavaur (8), — Lauragais (10), — Saint-Paul de Rome (14), — abbaye de Longuay (17), — Louzoux, près Clermont (18), — Limoges (28), — Luxembourg (33), — Lyonnais et Lyon (35), — Maillezais (83), — Le Mans (88), — Saint-Maurice-en-Valais (95), — Saint-Mesmin-de-Micy (96), — Metz (104), — Montbéliard (112), — abbaye de Moncels (114), — Naples (116), — Navarre (125), — Normandie (132), — « Canal royal de Norouse pour la jonction des mers Océane et Méditerranée » (138), — Orléans (142), — Paris (175), — le Perthois, en Champagne (190), — abbaye de Pignerol (192), — Poitiers (198), — chartreuse de Polletens (218), — Port-Royal de Paris (220). — 223 feuillets.

793 (XXXII A, 51-94). Suite du même recueil.

Tome IV. P-V. — Provence (1), — Le Puy (27), — Reims (29), — Portugal (34), — Rosoy, ou Villechasson (43), — Rouen (47), — chartreuse de Sal... (87), — Salins (88), —

Savigny (120), — Cosia, en Savoie (122), — Saint-Remy de Sens (124), — Sept-Fonts (127), — hôpital de Saint-Louis, à Madrid (129), — Strasbourg (132), - Tarascon (148), — Saint-Taurin d'Évreux (148), — Tilly, en Lorraine (157), — Tours (158), — abbaye de la Trappe (161), — abbaye du Trésor, près Rouen (163), — Val-des-Écoliers (164), — « Lettre touchant la prétendue sainteté de Marie des Vallées (1684) » (167), — abbaye des Vaux-en-Ornois (169), — Dauphins de Viennois (172), — Vaux-Verd, près Bruxelles (173), — Verdun (174), — Vesoul (176), — Saint-Victor de Marseille (180), — Vignory (181), — « Ecclesiæ Sancti-Vinemerii decanatus assertus » (183), — Voux (184), — Saint-Urbain, près Joinville (187). — 188 feuillets.

794 (XXXII B, 1-12). Recueil de mémoires et pièces historiques, pour servir à la nouvelle édition de la *Bibliothèque historique de la France*, rangés suivant l'ordre alphabétique.

Tome I. — Ardres (1), — Avioth, près Montmédy (4), — Auxonne (13), — Bavay, en Hainaut (15), — Bresse et Bugey (23), — Cambrai (33), — Chalon-sur-Saône (37), — Châtillon-sur-Seine (50 et 98), — Val-des-Choux (89). — 323 feuillets.

795 (XXXII B, 13-c, 26). Suite du même recueil.

Tome II. — Châtillon-sur-Seine (1), — Chaumont-en-Bassigny (44), — Dijon (56), — Jametz (93), — Mézières (95), — Morlaix (137), — Nantes (145), — Narbonne (151), — Noyers (159), — Pouilly (161), — Saint-Quentin (163), — Sedan (165), — Semur (175), — Tournus (177), — Vitteaux (180). — 181 feuillets.

796 (XXXIII, 1-48). Recueil de généalogies, la plupart relatives à la province de Bourgogne. Tome I.

Alamartine (1), — Albemarle (4), — Aligny (6), — Allamand (7), — Anstrude (10), — Artois (12), — Aspremont (14), — Autriche (16), — Vie du bienheureux Airald, chartreux de Portes et évêque de Maurienne, en latin (36), — Barbier (38), — Baronnat (41), — Bassompierre (45), — Bataille (46), — Baudinot de la Salle (58), — Balme (62), — Begat (69), — Belin (71), — Saint-Belin de Cussigny (81), — Du Bellay (82), —

4

Bellegarde (84), — Berbis (85), — Bernard (91), — Bertrand (96), — Bérulle (101), — Bessey (102 et 122), — Du Blé (105), Bohier (107), — Boitous (109), — Bologne (112), — Le Bourgeois d'Origny (114), — Bouhier de Beaumanoir (115), — Châteauvillain (119), — Choiseul (120), — Mailly (121), — Bourbon (123), — Mont-Saint-Jean (124), — Semur (125), — Noyers (126), — Rabutin (127), — Corgenon (128), — Damas (129), — La Guiche (130), — « Rolle de la... noblesse du bailliage de Chalon » (131), — Lettre d'amortissement et de légitimation de la Chambre des comptes de Dijon (140), — « Nomina quorumdam nobilium excerpta ex cartulario Sancti-Vincentii Cabilonensis » (163), — Nobles de Bourgogne en 1468 (165), — « Ex probationibus ad genus sancti Bernardi declarandum » 167(, — Généalogie des comtes de Bourgogne (169), — Brancion (171), — La Briffe (189), — Briganson (191 et 194), — Brissac (222), — Brion (196), — Le Brun de Champignol (229), — Brunet (231), — Bussy (233), — Castillon (236), — Catin de Richemont (24)2. — 245 feuillets.

797 (XXXIII a, 49-133 *bis*). Suite du recueil précédent. Tome II.

Caulet (1), — Chabanes (3), — Chabot (8), — Chaise-Dieu (12), — Chamilly (14), — Champagne (15), — « Rolle des... nobles et roturiers du comté de Charolois » (19), — Charnot (34), — Chasses et « Louveterie » de Bourgogne (36), — Chirat (39), — Choiseul (41), — Derniers rois de Chypre (42), — Personnages inhumés à Clairvaux (44), — comtes de Tonnerre (46), — Clermont (48), — Clèves, et comtes de Nevers et Rethel (52), — Clugny (87), — Colligny (90), — Sainte-Colombe-Jourdan (92), — Comeau (93), — Commines (102), — Lettres de Charles VIII, 8 juillet 1484 (103), — Le Compasseur (194), — Conigant (201), — Canal (202), — Courcelles (203), — « Vita sancti Cygiranni abbatis » (204), — Damas (208), — Dauphin de Viennois (209), — Des Barres (210), — Denisot (221), — Destein (223), — Ducrest (227), — Dupuis (229), — Entragues (231), — L'Estrade (233), — Fauverge (240), — Faure (241), — Faverolle (254), — Foissy (257), — « Pauli Foxii et Fabri Pibracii tumulus, a Jacobo Guyonio » (258), — Foudras (263), — Fremiot (265). — 293 feuillets.

798 (XXXIX, 1-58). Suite du recueil précédent. Tome III.

Gachon (1), — La Garde (3), — « Recueil de diverses pièces concernant Théodore Gautier, cy-devant capucin, et appelé P. Bernard de Genève... 1612 » (4), — « Anonymus de Gilberto Genebrardo, archiepiscopo Aquensi » (14), — Genève (21); — Germigny (25), — Palamède Gontier (29), — Gonzague (32), — Le Goux de la Berchère (33), — Grain (35), — Guénebault d'Arbois (36), — Guyon (40), — Guyse (46), — Hanau (48), — Hennin (50), — L'Hospital (52), — Pierre Janin (54), — Jaucourt (55), — Testament de Claude Joly (58), — Georges Joly, baron de Blaisy (59), — Pierre de Joly (63), — Julien (97), — Lallemant (167), — Lamoignon (169), — Languet (177), — Lantin (178), — Lascaris (180), — Laube (188), — Longueville (192), — Lorraine, ducs et duché (194), — Lusy (213), — Lyon et Lyonnais (215), — Mac-Mahon (220), — La Magdeleine (222), — Magnien (243), — Maire de Sainte-Faulle (246), — Pièces relatives à l'ordre de Saint-Jean de Jérusalem et de Malte (247), — Mantoue (259), — Marchant (261), — La Marche (263), — Marye (265), — Massol (269), — Matthieu (294). — 294 feuillets.

799 (XXXIV A, 59-94). Suite du recueil précédent. Tome IV.

Mazarin (1), — Médicis (9), — Menthon (13), — Merey (32), — Merle (33), — Pièces diverses sur l'ordre de Saint-Michel (34), — Millotet (53), — Milly (54), — Mimeure (58), — Moland (59), — Montagu (61), — Montconis (69), — Montcorps (70), — Montholon (72), — Montpensier (73), — Dom Moreau (90), — Nagut (91), — « Advertissement de M. le duc de Nassau à l'ambassadeur de l'Empereur » (94), — Oing-en-Lyonnais (104), — « Vie d'Alfonse d'Ornano, mareschal de France, par Canaut » (106), — Othenin (293). — 293 feuillets.

800 (XXXV, 1-29). Suite du recueil précédent. Tome V.

« Mémoire sur la vie et les ouvrages de Pierre Palliot » (1), — La Palud (7), — « Éloge historique de M. Papillon » (13), — comtes de Pas (15), — « Janoti Patoilleti, S. Sedis apostolicæ protonotarii, vita » (16), — Perrault (28), — Perrenot-Granvelle (34), — Petit, prieur de Mirebeau (36), — Pezeul (37), — « Épitaphe [en vers français] du bon duc Philippe, duc de Bourgogne » (39), — Pietrequin (41), — Pingon (43), —

Poillot (45), — Poirresson (61), — Généalogies des rois de Pologne (62), — Pontallier (64), — « Éloge de Mᵉ Pouffier » (70), — « Remarques historiques sur Jeanne d'Arc, pucelle d'Orléans » (72), — Raulin (81), — « Remarques historiques sur la vie et les ouvrages de Mʳ Roger de Rabutin, comte de Bussy, 1740 » (83), — « Épitaphe de M. de Réau » (90), — « Généalogie de la maison de Remond » (91), — La Rivière (261), — La Rochefoucauld (266), — « Épitaphe d'Henri, duc de Rohan » (268), — Rolin (269). — 274 feuillets.

801 (XXXV A, 30-72). Suite du recueil précédent. Tome V. « Traicté des anciennes familles de Rome » (1), — Rossi (28), — Roussillon, en Bourgogne (29), — Rouville (30), — Rye (31), — « Vers de M. Le Tourneur sur un pourtraict de Mʳ de Sacy » (33), — Sacremore de Birague (34), — Salins (36), — Sancerre (39), — Saumaise (43), — Sanzay (55), — Saulx-Tavannes (56), — Savoie (60), — Scaliger (63), — Sercey (64), — Saive (76), — Seyssel (79), — Serroni (82), — Symony, en Bourgogne (83), — Soissons (84), — Stud (86), — Suède (101), — Suze (103), — Saucière de Tenance (105), — Taisand (111), — Tenay (114), — « Mémoires des testaments, vies, éloges et lettres... dans la bibliothèque des Mʳˢ Du Puy, depuis le premier volume jusques au 606ᵉ » (132), — Thevesne (137), — Thesut (140), — Thomas, « M. Pomponii tumulus » (144), — « Les pleurs et regrets sur le trépas de Mgr. Christofle de Thou... par Flor. Goulet, Percheron, Nogentin » (145), — Thouars (149), — La Tour (152), — La Trémoïlle (155), — Turquant (160), — Tyard (161), — Varennes-Nagu (163), — Vendôme (164), — « Notion générale de la noblesse Vénitienne » (176), — Vergy (180), — Verneuil (185), — Viard (192), — Vienne, de Champagne (194) — Villers-La-Faye (195), — Violaine (197), — Urfé (199), — des Ursins (201), — Yppoliti (203), — Yvoy (204), — Yvrée (207). — 208 feuillets.

802 (XXXVI, 1-79). Recueil de pièces sur l'histoire de Bourgogne, rangées par ordre chronologique. Tome I. (1364-1562.)

On y remarque un « Estat de la maison de Philippes, filz de roy de France, duc et comte de Bourgogne... ès comptes des années 1384, 1385 et les suivantes » (fol. 11), — « Parties des joyaulx d'or et d'argent de chapelle, de tapisserie et autres biens meubles de Mgr. le duc de Bourgogne... en la garde de Franchequin de Blandecke, délivrez... aux personnes et marchands qui s'ensuivent... » 1404 (fol. 16), — « Inventoire des joyaulx advenuz à... Mgr. le duc de Bourgoingne... par le trespas de feu madame Marguerite, duchesse de Bourgoingne, sa mère... » original, 1484 (fol. 42), — Lettres patentes de François II portant une formule de profession de foi, avec les signatures autographes des présidents et conseillers du parlement de Dijon, 5 juillet 1561 (fol. 202). — 209 feuillets.

803 (XXXVI A, 80-111). Suite du même recueil. Tome II. (1562-1575.)

Pièces historiques provenant pour la plupart, comme beaucoup de pièces des autres volumes de ce recueil, des archives de la maison de Tavannes ; plusieurs de ces documents sont relatifs au protestantisme et aussi à l'approvisionnement en vivres et munitions de différentes villes de Bourgogne. — 242 feuillets.

804 (XXXVII, 1-27). Suite du même recueil. Tome III. (1576-1598.)

On y remarque un « Cayer du Tier Estat du bailliage de Dijon, » 1576 (fol. 1), — et un Registre des États de Bourgogne, tenus à Semur, 1590-1598 (fol. 129). — 304 feuillets.

805 (XXXVII A, 28-64). Suite du même recueil. Tome IV. (1590-1601.)

On y remarque des procès-verbaux de l'assemblée des États à Semur, 1590-1593 (fol. 1), — différentes pièces relatives aux affaires de la Ligue — et quatre lettres autographes du comte de Clermont-Tonnerre, 1597 (fol. 163). — 180 feuillets.

806 (XXXVIII, 1-84). Suite du même recueil. Tome V. (1602-1711.)

On y remarque un « Reglement touchant la santé » lors de la peste à Dijon, en 1631 (fol. 97), — Différentes pièces relatives aux assemblées de Bresse et Bugey, 1640 et 1643 (fol. 190), — et le « discours prononcé par Messire Charles-François d'Allancourt de Droménil, évêque d'Autun à l'ouverture des États de Bourgogne, le 22 novembre 1712 » (fol. 294). — 299 feuillets.

807 (XXXIX, 1). Suite du même recueil. Tome VI. (1551-1553.)

Pièces sur parchemin et papier relatives pour la plupart aux affaires militaires et à la convocation de l'arrière-ban ; quelques pièces concernant le même sujet se trouvent aussi dans le volume précédent. — 180 feuillets.

808 (XXXIX A, 2-13). Suite du même recueil. Tome V. (1587-1589.)

Recueil de lettres originales, la plupart adressées au bailli de Dijon, pièces diverses, manuscrites et imprimées relatives aux affaires de la Ligue. — A la fin, ont été ajoutées des listes des ducs de Bourgogne (fol. 142), — un « Estat de la maison de Jean, duc et comte de Bourgogne... » (fol. 156), — « de Philippe, dit le Bon... » (fol. 166), — « de Charles dit le Hardy... » (fol. 171.) —175 feuillets.

809 (XL, 1-76). Recueil de lettres originales relatives à l'histoire de Bourgogne. (xve-xviie siècle.)

La plupart des lettres de la première partie de ce volume (fol. 1-140) sont adressées à l'amiral Bonnivet, à M. de Tavannes et à M. Didron, gouverneur d'Avallon; les suivantes à M. d'Aumont, lieutenant pour le roi en Bourgogne.

On y remarque des lettres du cardinal Claude de Givry (fol. 12, 15, 19), — Tavannes (fol. 23, 31-35, 84-86), — Charles IX, relative à l'occupation du Havre et de Dieppe par les Anglais (fol. 27), — Henri III (fol. 38 et 204), — Charny (fol. 41 et suiv.), — Jeannin (fol. 66), — cardinal Claude de La Baume (fol. 68), — Charles de Lorraine (fol. 77-80), — Henri de Lorraine (fol. 82), — Henri IV (fol. 92), — cardinal de Richelieu (fol. 118), — Palamède Gontier (fol. 130), — Pierre Burdelot (fol. 131), — Marguerite, duchesse douairière de Bourgogne (fol. 146), — Montmorency (fol. 228), — Dinteville (fol. 229 et 231). — 255 feuillets.

810 (XL A, 77-100). Recueil de lettres originales, relatives à l'histoire de Bourgogne. (xvie et xviie siècles.)

On y remarque des lettres de Louis XII (fol. 19), — G. de Vergy (fol. 4-6, 140 *bis*), — Henri IV (fol. 19), — Ferdinand de Rye, archevêque de Besançon (fol. 71); — la plupart de ces lettres sont adressées, comme celles de la seconde partie du précédent volume, à M. d'Aumont, ou bien au Parlement de Dijon. — 273 feuillets.

811 (XLI, 1-20). Recueil de pièces relatives aux frontières et limites de la Bourgogne; aux privilèges du duché de Bourgogne et aux gabelles. (xvie et xviie siècles.) — 345 feuillets.

812 (XLI A, 21-55). Suite du recueil précédent. (xvie-xviiie siècle.)

On y remarque des « Articles pour les Estats generaulx sur lesquelz il plairra à messieurs des Estats de Bourgogne de délibérer... » (fol.. 1); — Pièces relatives aux privilèges du duché de Bourgogne et aux gabelles; — Pièces mss. et imprimées relatives aux élus de Bourgogne. — « Chartre de admortissement pour les gens des troys Estatz du duché de Bourgogne et pays adiacens. » 1422, 4 ff. in-fol. vélin, goth. impr. (fol. 159). — 202 feuillets.

813 (XLII, 1-20). Documents sur les fiefs et le domaine du duché de Bourgogne : liste des fiefs et des seigneurs, — terres relevant du roi. (xvie-xviie siècle.) — 302 feuillets.

814 (XLII A, 21-28). Suite du même recueil, contenant plusieurs états du domaine du roi en Bourgogne, et différentes pièces (fol. 404) relatives à Montbard. (xvie-xviie siècle.) — 428 feuillets.

815 (XLIII, 1 *bis*-27). Recueil de pièces manuscrites et imprimées relatives à l'histoire civile de Dijon. (xve-xviiie siècle.)

Municipalité, Guet, Octrois, Corporations, Fortifications, Boulangeries, Fêtes et réjouissances. — Fol. 20. « C'est la manière que l'on a accoustumé de tenir à la premiere entrée de messeigneurs les ducs de Bourgoingne en leur ville de Dijon et pour prendre la possession de son duchié. » (xve s., parch.) — Fol. 38. Lettre de Louis XIV relative aux fortifications de Dijon (1651). — 96 feuillets.

816 (XLIII A, 28-69). Suite du recueil précédent (xviie-xviiie siècle.)

Fêtes et réjouissances, Académie, Université, Hôpital de la Charité, Sainte-Chapelle de Dijon. — Fol. 89. « Vita Garnerii, præpositi et pastoris ecclesiæ Sancti Stephani de Divione. In memoria æterna vir justus... » — Fol. 138. Vers latins, mss. et imprimés, sur la bibliothèque de Fevret de

Fontette. — A la fin du volume, quelques pièces sur Saint-Bénigne et la Chartreuse de Dijon. — 147 feuillets.

817 (XLIV, 1). Recueil de pièces concernant l'histoire des églises et établissements religieux de Dijon; fondations, fabriques, etc. (xve-xviiie siècle.) — 371 feuillets.

818 (XLIV A, 1 *bis*-51). Suite du même recueil.

Pièces mss. et impr. relatives à l'église Saint-Jean de Dijon (fol. 1);—Pièces relatives à l'abbaye de Cîteaux, parmi lesquelles on remarque trente-quatre lettres d'abbés de monastères allemands à l'abbé de Cîteaux, 1598-1629 (fol. 13); — et une série de pièces et factums imprimés relatifs aux procès de l'abbaye de Cîteaux aux xviie et xviiie siècles. — 169 feuillets.

819 (XLV, 1-34). Recueil de pièces mss. et imprimées relatives à l'histoire d'Autun.

On y remarque des « Decreta synodalia Eduensis dyocesis, » xve-xvie siècle (fol. 39); — un exemplaire annoté du « De antiquis Bibracte seu Augustoduni monimentis libellus » Lugduni, 1650, in-4° (fol. 79); — et une série de pièces relatives à la ville d'Auxonne (fol. 125), — parmi lesquelles, un « Examen des rapports des medecins sur la possession des religieuses Ursulines d'Auxone » (fol. 181). — 246 feuillets.

820 (XLV A, 36 *bis*-63). Recueil de pièces relatives à l'histoire des villes de Beaune et de Chalon-sur-Saône.

On y remarque un exemplaire des « Fondation et reigles du tres-celebre Hospital de la ville de Beaulne » (fol. 65), — quelques pièces sur différentes villes de Bresse (fol. 82), — une « Copie [ancienne] du mandement des foires de Chalon, » 1462 (fol. 148), — et des notes sur les évêques et doyens de Chalon (fol. 198). — 227 feuillets.

821 (XLVI, 1-26). Recueil de pièces relatives à l'histoire des pays, villes ou abbayes de Charlieu (fol. 1), — Charolais (fol. 3), — Châtillon (fol. 55), — Cluny (fol. 95), — La Ferté (fol. 107), — Flavigny (fol. 118), — Fontaines (fol. 122), — Gevrey (fol. 126), — Gex (fol. 130), — Saint-Jean-de-Lône (fol. 133), — Longjumeau (fol. 147), — Louhans (fol. 153), — Lux (fol. 160), — Mâcon (fol. 162). — 162 feuillets.

822 (XLVI A, 28-61). Recueil de pièces relatives à l'histoire des villes et abbayes de Mâcon (fol. 1), — Marcigny (fol. 10),

— Molesmes (fol. 34), — Montbard (fol. 36), — Morimond (fol. 43), — Nantua (fol. 48), — Nuyts (fol. 52), — Paray (fol. 53), — Percy (fol. 54), — Plombières (fol. 56), — Pontailler, etc. (fol. 70), — Saulieu (fol. 105), — Saux (fol. 111), — Saint-Seine, 4 lettres originales de Louis XII (fol. 117), — Semur (fol. 127), — Seyssel, etc. (fol. 134). — Vezelay (fol. 140). — 148 feuillets.

823 (XLVII, 1-39). Recueil de pièces relatives au Parlement de Dijon. (xve-xviie siècle.) — 226 feuillets.

824 (XLVII A, 41-79). Suite du même recueil. (xviie siècle.) — 173 feuillets.

825 (XLVIII, 1-46). Suite du même recueil. (xviie-xviiie siècle.) — 292 feuillets.

826 (XLIX, 1). Suite du même recueil. (xvie-xviiie siècle.) — 375 feuillets.

827 (XLIX A, 1 suite). Suite du même recueil. (xviie-xviiie siècle.) — 272 feuillets.

828 (L, 1-11). Suite du même recueil. (xviie-xviiie siècle.) — 163 feuillets.

829 (L A, 12-15). Suite du même recueil. (xviiie siècle.) — 201 feuillets.

830 (LI, 1-20). Suite du même recueil. (xvie-xviiie siècle.) — 226 feuillets.

831 (LI A, 21-30). Suite du même recueil. (xviie-xviiie siècle.) — 255 feuillets.

832 (LII, 1-6). Recueil de lettres de cachet adressées par les rois de France au parlement de Dijon, savoir : 22 lettres de François Ier ; 56 de Henri II ; 17 de Catherine de Médicis ; 22 de François II ; 70 de Charles IX ; 42 de Henri III ; 4 de Louise de Vaudémont (1541-1583.) — 262 feuillets.

833 (LII A, 7-11). Suite du même recueil: 32 lettres de Henri IV ; 16 de Louis XIII ; 17 de Louis XIV (1595-1666) ; lettres diverses (xvie-xviie siècle) de différents personnages, parmi lesquels on remarque : Marguerite de Navarre (fol. 84 et 85), — Palamède Gontier (fol. 87, etc.), — Du Tillet (fol. 88, etc.), — Éléonore d'Autriche, femme de François Ier (fol. 98), — Henri II (fol. 99 et 100), — Claude de Lorraine (fol. 102, etc.), — Henri de Lorraine, prince de Mayenne (fol.

106, etc.), — François II (fol. 112), — Charles, cardinal de Lorraine (fol. 116), — Catherine de Médicis (fol. 126, etc.), — Odinet Godran (fol. 130 et 134), — amiral de Chastillon (fol. 132), — Jean Bertrandi, cardinal de Sens (fol. 142, etc.), — Montmorency (fol. 160), — François de Lorraine (fol. 156, etc.), — Antoine de Bourbon (fol. 166 et 167), — L'Hospital (fol. 168, etc.), — cardinal Claude de La Baume, archevêque de Besançon (fol. 176), — Tavannes (fol. 178), — Jeannin (fol. 195), — Charles de Lorraine (fol. 197), — Jeronimo Rossi (fol. 201, etc.), — maréchal de Biron (fol. 217, etc.), — Henri de Bourbon (fol. 226, etc.), — La Vrillière (fol. 251). — César de Vendôme (fol. 253), — Louis de Bourbon (fol. 257, etc.), — duc d'Épernon (fol. 265). — 272 feuillets.

834 (LIII, 1-44). Suite du même recueil, dans lequel on remarque des lettres de Pontchartrain, Boucherat, d'Armenonville, Louis de Bourbon, Desmaretz, d'Aguesseau, Voysin, La Vrillière, Le Peletier des Forts, d'Argenson, Law, l'abbé de Thesut, etc. (1692-1720.) — 218 feuillets.

835 (LIII A, 45-107). Suite du même recueil, dans lequel on remarque des lettres de d'Argenson, d'Aguesseau, La Vrillière, d'Armenonville, Maurepas, de Breteuil, Chauvelin, Saint-Florentin, L.-A. de Bourbon, Louis XV, etc. (1720-1744.) — 188 feuillets.

836 (LIV, 1-20). Recueil de pièces relatives aux prisons de Dijon. (XVIIe-XVIIIe siècle.) — 237 feuillets.

837 (LV, 1-21). Recueil de pièces relatives aux finances, principalement à la Chambre des comptes de Bourgogne. (XVIe-XVIIe siècle.) — 167 feuillets.

838 (LV A, 22-78). Suite du même recueil. (XIVe-XVIIe siècle.) — A la fin se trouvent diverses pièces relatives aux trésoriers de France, au Parlement de Paris et aux secrétaires du roi. — 194 feuillets.

839 (LVI, 1-21). Recueil de procès historiques, la plupart jugés au Parlement de Dijon. (1447-1612.) — 161 feuillets.

840 (LVI A, 22-69). Suite du même recueil. (1612-1727.) — 203 feuillets.

841 (LVII, 1-34). Relations de voyages. (XVIe-XVIIe siècle.) On y remarque un « Traicté des recherches curieuses et exactes des mesures du monde » (fol. 1), — Traité anonyme de géographie, xvi° siècle (fol. 15), — « Mémoires de M. de Sainte-Catherine, résidant pour le roi à Heidelberg pour la carte de l'Amérique » (fol. 30), — « Copie d'une lettre du P. Jacques Brun, de la C¹ᵉ de Jésus, escrite du pays des Arecarets, dans la terre ferme de l'Amérique, le 17ᵉ janvier 1671 » (fol. 36 et 46), — « le Voiage de Jacques Cartier, » xvi° siècle (fol. 51), — « Journal du second voyage du sieur des Hayes, fait en Levant, en 1626 » (fol. 69), — « Journal du voyage fait au Brésil par Mʳ le général Van Goch, » en 1646, rédigé « par Pierre Moreau, natif de Parrey en Charolais » (fol. 93), — Relatione di Persia di Mʳ Vicenzo Alexandrino, dell'anno 1574. » (fol. 104), — Voyage du sieur de Fesnes aux Indes (fol. 118), — Epistola imperatoris CP. directa ad Robertum, Flandrensium comitem; ex historia S. Sepulchri Roberti monachi (fol. 126), — Voyage projeté par Jean Dennebault au Brésil, etc. (fol. 128), — Relation de la Guyane, lettre du P. Jean Grillet, jésuite, 1671 (fol. 132), — « Relation de l'évesque de Cochim aux Indes Orientales » (fol. 134), — « Relation tirée de la lettre du R. P. frère Victorin Riccio, de l'ordre de S. Dominique, vicaire général de la province de la Chine, » 1666 (fol. 142), — Journal d'un voyage en Italie, 1606 (fol. 145), — « Relation des Isles de la Martinique et de S. Christophle par le P. Jean Hallay, de la Cⁱᵉ de Jésus, » 1657 (fol. 158), — « Relation des missions de la Cⁱᵉ de Jésus en Syrie, en 1652, par le P. Nicolas Poirresson » (fol. 164), — Voyage du vaisseau *la Mazarine* sur les côtes d'Afrique et à Madagascar, en 1666-1668 (fol. 184), — « Voyage de M. Baltazar depuis Venise, par l'Allemagne, les Pays-Bas et l'Angleterre » (fol. 185), — « Chemin par terre depuis Paris jusques à Madrid » (fol. 187), — « Lettre du R. P. Nicolas Motel, de la Cⁱᵉ de Jésus, » écrite de Goa, 19 janv. 1656 (fol. 190), — « Lettre du R. P. Claude Motel, écrite de Chine, 1ᵉʳ nov. 1668, original (fol. 194), — Voyage en France (1657), de Paris à Fontainebleau, Sens, Auxerre, Semur, Dijon, Dôle, Besançon, Salins, Saint-Claude, Genève, Annecy, Chambéry, la Grande-Chartreuse, Grenoble, Lyon, Vienne, Valence, Avignon, Nîmes, Arles, Aix, Toulon, Montpellier, Agde, Béziers, Narbonne, Carcassonne, etc. » (fol. 196), — « Articles accordés aux habitants de l'île d'Antique (près la Martinique), 1666 » (fol. 243), — « Articles accordés à la garnison portugaise de Cananoer, 1663 » (fol. 245), — Copie d'une lettre du P. Claude Galiet, écrite de la Floride, en 1660 (fol. 246), — Copie d'une lettre du sieur Hercule Thamagny, consul de France à Tunis, 1615 (fol. 248), — Lettre du P. Alain de la Bauchère, écrite de Goa, 15 févr. 1625 (fol. 250), — Lettre du R. P. Georges d'Endemaré écrite « de Richelieu en la Nouvelle France, » 2 sept. 1644, orig. (fol. 251). — « Epistola R. P. Ferd. Verbiest, vice provincialis missionis Sinensis... » 1678, impr. (fol. 253), — « Nouvelle découverte de l'isle Pinés, située au delà de la ligne æquinoctiale, » 1667, impr. (fol. 244), — Mémoire des affaires de Chine, en mars 1664 » (fol. 255). — 256 feuillets.

842 (LVII A, 35-58). Relations de voyages. (XVIᵉ-XVIIᵉ siècle.) Suite du recueil précédent.

« Lettre du R. P. Thomas, de la Cⁱᵉ de Jésus, écrite de Goa au R. P. Verjus, le 12 octobre 1680 » (fol. 1), — « Relations de l'année 1661-63 » des jésuites d'Amérique (fol. 3), — « Relation de la découverte de la mer du Sud, faicte par les rivières de la Nouvelle-France, envoyée... par le P. d'Ablon... 1674 » (fol. 31), — Extraits de lettres de Québec, 1666-67 (fol. 33), — « Epistola presbiteri Joannis de India ad serenissimum imperatorem Græcorum » (fol. 38), — « Relation des missions de la Cⁱᵉ de Jésus en Syrie, ès années 1654 et 1655, par le R. P. Nicolas Poirresson » (fol. 41 et 49), — « Lettre du R. P. Jean Grillet... à Cayenne, du 14 juin 1668 » (fol. 62), — Lettre du Père Jean Pierron, de la Cⁱᵉ de Jésus, escripte de La Motte sur le lac Champelain... 1667 » (fol. 72), — Lettres de Batavia, 1663 (fol. 76), — Lettre du P. Grillet, Cayenne, 3 février 1671 (fol. 80), — « Description de la ville et château de Volgast, » en Poméranie (fol. 89), — « Relatione di Constantinopoli, 1552 » (fol. 92), « — L'estat de la mission de Constantinople » (fol. 126), — « Relatione della gran città di Constantinopoli... » (fol. 136), — « Relatio missionis Constantinopolitanæ, 1651 » (fol. 134), — « Remarques sur l'histoire de Barbarie et de ses corsaires, composée par le R. P. Fr. Pierre Dan » (fol. 176), — « Relation de l'illustrissime bail de Venize à la Porte du Grand Seigneur... » (fol. 191), — Remarques sur la

Turquie (fol. 206), — « Estat de l'empire du Grand Seigneur... par M. du Ryer-Malezair » (fol. 222), — « Voyage de Jerusalem depuis Sayde par mer » (fol. 236), — « Relation du royaume de Suède par Mr de Sainte-Catherine, résident pour le roy à Heidelberg, » 1606, original (fol. 290), — « Mémoires de la Mirandole, Corregio, Final, Monaco, Piombino, » par Bergeron (?) (fol. 309). — 311 feuillets.

843 (LVIII, 1 *bis*-61). Recueil de pièces sur diverses matières ecclésiastiques. (XVIe-XVIIIe siècle.)

On y remarque une « Lettre du R. P. Gauthier, supérieur du collège de l'Oratoire,... mort de la peste à Marseille, le 11 sept. 1720... », impr. (fol. 1), — Commonefactio de sacramento cœnæ Dominicæ » par les « Rector ac professores academiæ Hafniensis... 1557 » (fol. 31), — Sancti Polycarpi ad Philippenses epistola, græce (fol. 110), — « Generales ordinis Sancti Francisci » (fol. 115), — Plusieurs copies de lettres de saint François de Sales (fol. 185). — 264 feuillets.

844 (LVIII A, 62-89). Recueil de pièces manuscrites et imprimées sur diverses matières ecclésiastiques. (XVIIe-XVIIIe siècle.)

On y remarque une « Relatione d'un insigne miracolo operato in Roma da San Francesco Saverio... 1677, » impr. (fol. 5), — « Prosper redivivus, sive de gratia universali... dialogi quatuor... » (fol. 6), — « Responce aux pretendus Jesuites de Dijon » (fol. 48), — « Computum bullarum monasterii de Yvreo, Ebroicensis diocesis, pro D. Philiberto de Lorme, Roma missum » (fol. 63), — Bref du pape Alexandre VII terminant les différends des Carmélites déchaussées de France au sujet des visiteurs, 1661, impr. (79), — « Declaration de l'Institut et reglement des prestres de la congrégation de l'Oratoire, » avec signatures autographes (fol. 81), — Pièces diverses relatives à Port-Royal, aux Convulsionnaires et au Jansénisme (fol. 110). — 129 feuillets.

845 (LIX, 1-56). Recueil de pièces manuscrites et imprimées sur diverses matières ecclésiastiques. (XVIe-XVIIIe siècle.)

On y remarque des « Decreta et constitutiones synodales episcopatus Regiensis, anno 1597 » (fol. 6), — « Estat des chambres des bureaux du Clergé de France » (fol. 30 et 83), — Traité anonyme, en latin, sur les Indulgences (fol. 34), —

Formulaire d'expéditions d'actes en cour de Rome, xvi° siècle (fol. 54 et 75), — « Taxes des Chartreuses de France, .. 1691 » (fol. 94), — Circulaire imprimée des Bollandistes pour les *Acta sanctorum*, 26 juin 1662 (fol. 103), — « Cardinalium Augustinensium calculus » (fol. 105), — « Notæ in Epistolas S. Pauli, græce, » de la main de Saumaise (fol. 113), — « Mémoire sur la question : Si l'on peut exiger de l'argent... des personnes qui veulent s'engager dans la religion » (fol. 156), — Liste de tous les évêchés et abbayes de la chrétienté, avec la taxe pour les expéditions » (fol. 195), — « De magnanimitate civili, oratio Ludovici Nielli, e Soc. Jesu » (fol. 249), — De philosophia. « Platoni habitudo corporis cognomentum... » (fol. 274). — Is. de La Peyrère « exercitatio super vers. 12-14, cap. v epistolæ D. Pauli ad Romanos, » Præadamitæ (fol. 299), — « Epistola consolatoria quam S. Leodegarius post obitum germani sui Guayreni, post amissos oculos et labia incisa, direxit ad genitricem suam, Suessionis, in cœnobio puellarum » (fol. 309), — « La Diaphorie d'Ariston réformée » (fol. 309). — 318 feuillets.

846 (LX, 1-44). Recueil de lettres originales adressées à Philibert de La Mare.

Lettres de Leone Allaci (fol. 1, 3, 5), — Tristan de Saint-Amant (fol. 7, 9), — Scipione Ammirato (fol. 11), — Nicolaus Baccetius (fol. 12, 13, 14), — Baluze (fol. 15, 16, 18), — cardinal Barberini (fol. 20), — Basnage (fol. 22), — Guillelmus Bellovacus (fol. 24), — Jacques de Billy (fol. 26), — Denys Salvaing de Boissieu (fol. 28), — Boileau, doyen de Sens (fol. 29, 31), — Boisot, abbé de S.-Vincent-de-Besançon (fol. 33, 34, 36), — Johannes a Somerens (fol. 38), — Nicolas Bourbon (fol. 40), — Du Cange, à M. de Chevanes (fol. 42-54), — Méric Casaubon (fol. 56), — Cassiano dal Pozzo (fol. 58-59), — de Chevanes (fol. 60-66), — Nicolas Chorier (fol. 68-74), — de Court (fol. 76-105), — Fr.-Bernardino Ferrari (fol. 107), — Jacopo Gaddi (fol. 108-121), — Pierre Gassendi (fol. 123-134), — Jacques Guyon, à Cl. Saumaise (fol. 135), — J.-G. Grævius (fol. 139, 141), — Herouval et de Vyon d'Hérouval (fol. 143-203), — Lucas Langermann (fol. 204, 206), — J.-B. Lantin (fol. 208-211), — Mabillon (fol. 213, 214), — Paul Dumay (fol. 216), — Vers latins de Pierre Dumay adressés à Ph. de La Mare (fol. 220), — Louis de Mailly (fol. 222, 224, 226), — de Sainte-Marthe (fol. 228), — Thomassin de Mazaugues (fol. 230), — Ménage (fol. 232-235), — Claude Perry (fol. 236-251), — J. a Petersdorf (fol. 253-267), — Samuel Petit (fol. 268-285), — La Peyrère (fol. 286, 288), — Pierre Poussines (fol. 290), — Cl. Sarrau (fol. 292), — Copies, de la main de Huet, de lettres de Saumaise à Huet (fol. 294), — Sorbière (fol. 296-303), — Spanheim (fol. 305-317). — 317 feuillets.

847 (LX A, 45-100). Recueil de lettres et mélanges littéraires ; suite du précédent volume.

Lettres de Suarez à Philibert de La Mare (fol. 1-20), — de Raphael de Turri (fol. 21-25), — Copies d'une lettre de Mlle de Scudéry à Chapelain au sujet des sonnets de *Job* et d'*Uranie*, de Mme de Brégis à Mme de Longueville, avec la réponse (fol. 30), — Copie d'une lettre du P. Philippe Chahu sur la mort du P. Petau, 1652 (fol. 33), — Copies de lettres de Guillaume Postel au duc d'Angoulême, au baron de Senecey et à la reine de Navarre (fol. 36), — « Franciscus Philelphus de laudibus Ciceronis », etc. (fol. 43), — Copies de 23 lettres diverses relatives aux affaires d'Angleterre et d'Écosse, 1548-1561 (fol. 47), — « Imperatoris Justiniani privilegium Titionum familiæ concessum » (fol. 59), — Circulaire imprimée de D. Bernard Audebert au sujet des manuscrits de saint Augustin, 1670 (fol. 68), — Pour suivre l'intention du roi en la nomination des officiers de l'Académie de peinture... » (fol. 71), « In Ammiani Marcellini historiarum libros Cl. Salmasii conjecturæ ad oram editionis Lindembrogianæ adscriptæ » (fol. 73), — « Ὑπομνήματα juris civilis Græcorum professore regio Lutetiæ Parisiorum instituendo... » (fol. 85), — Grammatica hebraïca, auct. Johanne Francisco, Minimo (fol. 87), — « Pogii opera » (fol. 102), — « Dissertation sur Homère et Virgile » (fol. 118), — « Dubia Plautina » (fol. 122), — « De pyramide Trever. et mausoleo Secundinorum » (fol. 128), — « Annotata memoriæ causa. Proclus in suis quæstionibus... » (fol. 130), — « Ammonius in librum Aristotelis περὶ ἑρμηνείας » (fol. 132), — « Jos. Scaligeri in Tertulliani librum *de pallio* castigationes et notæ » ; copie de G. Vossius, 1611 (fol. 134), — « Francisci

Petrarchæ epilogus de dignitatibus et officiis populi Romani, ex bibliotheca Vaticana » (fol. 139), — « Orazione in lode di Agostino del Nero... da Francesco Nori, 1591 » (fol. 143), — Notes de Du Cange sur différents manuscrits d'Amiens contenant des pièces relatives à l'histoire de Bourgogne (fol. 167), — « Catalogus auctorum utriusque Burgundiæ » (fol. 169), — « Testamenti veteris fragmentum quod extat Nemausi ad portam Divi Augustini » (fol. 171), — Notes de M. de Chevanes, sur la Diplomatique (fol. 172), — « Omissions, corrections, etc. au P. Lelong, par M. de Falconet, données par M. de Sainte-Palaye » (fol. 193), — « Description historique d'un volume composé de tableaux peints en miniature qui représentent les voyages de Charles Magius... 1571 » 1764, in-fol., épreuve corrigée (fol. 231). — 235 feuillets.

848 (LXI, 1-36). Apparatus ad editionem operum Leonardi Bruni Aretini. — 342 feuillets.

849 (LXI A, 37-84). Suite du précédent volume, et Recueil de Catalogues de manuscrits.

Apparatus ad editionem operum Leonardi Bruni Aretini, suite (fol. 1), — Lettres du P. François-Charles de Saint-Bernard et de M. Maridat, relatives au même sujet et adressées à Ph. de La Mare (fol. 138 et 143), — « Mémoire des manuscrits de Mr Bailly, conseiller au parlement de Dijon » (fol. 148), — « Catalogus mss. codicum bibliothecæ cardinalis Joannis-Francisci a Balneo » (fol. 151), — « Inventaire de livres estans au chasteau de Richemont en Angleterre, 1534 » (fol. 166), — « Catalogue de traittés mss. concernant le concile de Basle que j'ay envoyé à M. Baluze » (fol. 168), — « Bibliotheca Janiniana Sancti Benigni Divionensis, 1621 » (fol. 169), — « Catalogus mss. codicum bibliothecæ Leonis Butillerii, comitis Chavignei » (fol. 173), — « Catalogue des mss. de la bibliothèque de S. A. S. Mgr. le Prince [de Condé] (fol. 174), — « Catalogus mss. codicum bibliothecæ Granvellanæ » (fol. 180), — « Mss. collegii Lugdunensis Societatis Jesu » (fol. 184), — « Mémoire des mss. de la bibliothèque de M. Maridat, conseiller au Grand Conseil, concernant l'histoire de France » (fol. 186), — « Mémoire des auteurs qui sont contenus dans 20 volumes manuscritz qui ont esté trouvez dans

Marseille » [mss. de Séguier] (fol. 188), — « Catalogus mss. codicum bibliothecæ Caroli de Montchal, archiepiscopi Tholosani » (fol. 194), — « Extraict du catalogue des mss. de M. Motman, donés par les Pères Jésuites de Liège à M^r. le cardinal de Bouillon » (fol. 216), — « Inventaire de quelques mss. de la bibliothèque de M. de Peiresc, conseiller au Parlement d'Aix » (fol. 218), — « Catalogus mss. codicum bibliothecæ, Alexandri Petavii, senatoris Parisiensis, a quo... ad Christinam reginam Sueciæ pervenerunt » (fol. 221), — « Mémoire des pièces qui se sont trouvées à Rome dans le cabinet de M. Nicolas Poussin, et qui sont présentement à vendre entre les mains du sieur Joanni, son cousin et son héritier, en 1678 ». (fol. 247), — « Index mss. græcorum bibliothecæ archimonasterii Sancti Remigii Remensis » (fol. 249), — « Catalogue des mss. de la bibliothèque de M. Nicolas Rigault, doyen de la cour de parlement de Metz » (fol. 252), — « Catalogus librorum Cl. Salmasii » (fol. 253), — « Livres pour Monseigneur le duc de Savoye » (fol. 271), — « Catalogus aliquot mss. codicum bibliothecæ conventus Carmelitarum Semurensium » (fol. 278), — « Catalogus aliquot mss. codicum bibliothecæ Claravallensis » (fol. 279), — « Mémoire des manuscripts de la bibliothèque du chasteau de Senecey, touchant le droit et aultres choses » (fol. 280), — « Catalogue des livres anciens msc. qui sont dans le cabinet de M^r. Henry de Suarès, à Avignon » (fol. 282), — « Catalogus mss. codicum bibliothecæ illustrissimi viri Jacobi Augusti Thuani » (fol. 286), — « Catalogus mss. codicum bibliothecæ conventus Patrum Minimorum Tornodorensium » (fol. 316), — « Catalogue des mss. de M. Husson, demeurant à Verdun, en Lorraine » (fol. 317), — « Auctores rei militaris ex mss. codicibus græcis [et] latinis bibliothecæ Vaticanæ » (fol. 318), — « Catalogus mss. codicum bibliothecæ Vaticanæ de musica » (fol. 322), — « Catalogus mss. codicum bibliothecæ Joannis Christophori Viræi, Rationalium Burgundiæ præfecti » (fol. 324), — Liste d'instruments et de livres mathématiques (fol. 325), — Catalogue anonyme de manuscrits (fol. 327), — Autre liste anonyme de livres mss. et imprimés (fol. 329), — « Catalogo de' manoscritti moderni » (fol. 333), — Πίναξ τῶν λόγων τοῦ Πλουτάρχου, auct. Lampria (fol. 343), — « Catalogue des mss. et imprimés ayant appartenu à feu M\u1d63. Bressius, professeur royal de mathématiques à Paris » (fol. 347), — Catalogue anonyme de mss. grecs (fol. 349), — Autre catalogue anonyme de mss. grecs et latins (fol. 351), — « Catalogus librorum græcorum » impressorum (fol. 353). — 354 feuillets.

850 (LXII, 1-66). Recueil de poésies grecques, latines, françaises et italiennes.

On y remarque des pièces de Nicolas Goulu (fol. 4 et 73), — Remi Belleau (fol. 5), — Nicolas Leclerc (fol. 5 *bis*), — Ronsard (fol. 6), — S. Clerguetieus (fol. 7), — Jac. Viret. (fol. 26), — Pierre Montdoré (fol. 26 v°), — Jean Dorat (fol. 27 et 72), — Adr. Turnèbe (fol. 28), — N. Perrot, etc. (fol. 28), — « Varia Henrici Ludovici Haberti Mommorii... poemata » (fol. 48), — Cl. Robert (fol. 50), — « Le jardin d'honneur » (fol. 52), — Nic. Quarré (fol. 55), — « Tombeau d'Amadis Jamin... fait par luy mesme » (fol. 71), — Copie d'une lettre d'Érasme sur le collège de Navarre, 13 mars 1536 (fol. 73 v°), — « Epitaphe de feue Madame du Saussay, composé par feu M. nostre M\u1d49 Pacart » (fol. 74), — « Compocitioni di Alfonco de Pazzio... » (fol. 76), — Poésies italiennes de Mario Colonna, Benedetto Varchi, Girolamo Tanini, G.-B. Andreini, etc. (fol. 116), — « Poesie chrestienne sur l'Oraison dominicale » (fol. 154), — « Illustrissimo domino Petro Seguier... collegium Divio-Godranium... carmen panegyricum... consecrat » (fol. 162), — Metamorphosis parasiti Becodiani » (fol. 168), — Poésies de Car. Utenhovius (fol. 171 et 221), — Pierre Dumay (fol. 180), — Pierre Petit (fol. 181), — « Imploration de la paix au Roy, » etc. (fol. 184), — « I biasmi d'amore, discorso del signor Pietro Michiele (fol. 186), — « Che la donna sia più fedele all' huomo che l' huomo alla donna, » del sig\u02b3 Gio-Francesco Loredano (fol. 196), — « Togati Heroes, » vers latins de Jacques Guyon (fol. 206 et 215), — « E græco Phocylidis latina versio C. Quintini ad D. Pomponium Macutum » (fol. 210), — Vers latins de Bonefon, Saumaise, Begat, etc. (fol. 223), — « Recueil de quelques poésies de Jean Passerat Troyen, » etc. (fol. 244), — « Nicolai Chevanei David Christianus, » 1622, in-fol., impr. (fol. 250),

— « Stances sur la promotion du roy Stanislas à l'ordre du S. Esprit... et sur le mariage... de sa fille... avec Louis XV. Sens, 1725, » in-4°, impr. (fol. 254), — « Paraphrase sur le Psaume LXXII, » par Boyer, de l'Académie françoise; in-4°, impr. (fol. 260). — 263 feuillets.

851 (LXIII, 27-33). Recueil de pièces historiques diverses. (1441-1685.)

On y remarque des « Lettres ecrittes en 1624 au roi Louis XIII et à M^r. le cardinal de Richelieu, ministre de France, par M^r. l'ambassadeur en Angleterre », le maréchal d'Effiat (fol. 8). — 163 feuillets.

852-853 (LXIV). Recueil de pièces en prose et en vers relatives à l'histoire de la Ligue. — Copie du xviiie siècle. — 2 vol. ; 448 feuillets.

854-855 (LXV). Suite du même recueil. — 2 vol.; 510 feuillets.

856 (LXVI, 1-12). Recueil de pièces anecdotiques (xviie-xviii siècle), la plupart relatives à la Mère-Folle, de Dijon (fol. 5), — « Étrennes ou ordonnances de M. le maire de Beaune en faveur de l'Académie des sciences de Dijon, 1741, » et « Inventaire de la bibliothèque de l'Académie de Dijon, rédigé par M. Gouget... » (fol. 82), — Pièces de vers burlesques, satiriques, chansons, etc., la plupart sur différents personnages de Dijon (fol. 97), — Procès devant l'officialité de Langres pour cause d'impuissance (fol. 162). — 198 feuillets.

857-859. Recueil de pièces relatives à l'histoire de Bourgogne. — Copie du xviiie siècle, en 3 volumes, reliés aux armes de Fevret de Fontette.

857. (Tome I.) « Mémoires concernant la Ligue sous les règnes des roys de France Henry III et Henry IV » (fol. 1); — Mémoire sur l'administration de la Bourgogne, dressé par les commissaires-alcades nommés en 1739 par les États généraux de la province (fol. 239). — 280 feuillets.

858. (Tome II.) « Remarques historiques... sur ce qui est arrivé dans Dijon de plus mémorable... » 1650-1669 (fol. 1), — « Extrait des Mémoires servants à l'histoire des choses qui se sont passées en Bourgogne pendant la première et seconde guerre civile, et au temps de la détention de MM. les Princes, et après leur liberté,... par le sieur Millotet » (fol. 87), — « Mémoire au vray du siège d'Autun... 1591 » (fol. 157 v°), — « Copie d'une lettre... touchant le siège de S. Jean-de-Losne, par Galas, 1636 », etc. (fol. 167); — « Mémoire concernant la statue équestre de bronze de Louis XIV, érigée à la Place royale de Dijon » (fol. 176), — « Avis d'un astrologue aux dames, sur le présent almanach de 1610 » (fol. 178), — « Sédition arrivée à Dijon, le 28 février 1630, vulgairement appelée Lanturelu... » et pièces diverses sur Dijon (fol. 184), — « Examen des rapports des médecins sur la possession des religieuses Ursulines d'Auxonne en 1661 et 1662 » (fol. 249). — 278 feuillets.

859. (Tome III.) « Mémoire sur la ville de Dijon » et autres pièces relatives à l'histoire de Dijon (fol. 1), — « Description historique des anciens et principaux monumens de la célèbre abbaye de Cîteaux, par M. Moreau de Mautour, 1727 » (fol. 69), — « Procès de M^r. le président Girou, 1640 » (fol. 105), — « Histoire du procès des prétendus Quiétistes de Bourgogne » (fol. 125), — Pièces diverses relatives aux églises de Dijon fol. 169), — Liste des maires de Dijon (fol. 195), — « Mémoires concernant la vie du chancelier Rolin » (fol. 201), — Pièces diverses sur l'histoire civile de Dijon (fol. 204), — « Lettre écrite d'Autun à M. l'abbé Papillon au sujet des reliques de S. Lazare, le 23 septembre 1727 » (fol. 243), — Pièces relatives à l'histoire ecclésiastique de Dijon (fol. 249). — 264 feuillets.

860. « Registre [original] des rapports de messieurs les correcteurs » de la Chambre des comptes de Dijon. (1561-1698.) — 445 feuillets.

861. Recueil de pièces historiques sur la Bresse et le Bugey — Copie du recueil de l'abbé de Veyle (Lelong, *Bibl. hist.*, n° 36037), reliée aux armes de Fevret de Fontette.

On y remarque en outre une « Histoire de la fondation... de l'église et monastère de Brou..., copiée sur le ms. de M. le président Bouhier » (fol. 262), — Histoire de l'antique cité d'Autun, par Edme Thomas, en partie imprimée (fol. 275). — 279 feuillets et 185 pages.

VI

862-905. COLLECTION DROZ, sur la FRANCHE-COMTÉ[1].

Recueil de copies de pièces historiques relatives à la Franche-Comté, formé par Droz, conseiller au parlement de Besançon et secrétaire de l'Académie de cette ville.

862 (1). Cartulaire et titres de l'archevêché de Besançon, du xiie au xviiie siècle. Copies faites d'après les originaux. — 667 feuillets.

863 (2). Titres de l'archevêché de Besançon. (xiie-xviie siècle.) Copies faites d'après les originaux et d'après un cartulaire de Bullet. — Les extraits de ce cartulaire commencent au fol. 519. — Au fol. 441, commence une collection de diplômes des empereurs d'Allemagne, au nombre de 24, compris entre les années 1220-1669. — 632 feuillets.

864 (3). Titres de l'archevêché et de l'église de Besançon. — « Table des fiefs dépendans de l'archevêché de Besançon. » — Fol. 13. Chartes relatives aux fiefs de l'archevêché de Besançon. — Fol. 261. — « Inventaire des titres de l'archevêché de Besançon. » Copie faite en 1768 par Godin. — Fol. 383. « Nécrologue de l'église métropolitaine de Besançon, tiré des archives de l'archevêché. » — Fol. 535. « Statuts, nécrologe et cartulaire de la confrairie de Saint-Antoine et de Saint-Éloi, réunie à la familiarité de l'église de Saint-Jean-Baptiste de Besançon, » d'après un ms. du xiiie siècle, qui était aux archives de l'Hôtel de Ville. — 808 feuillets.

865 (4). Officialité de Besançon. — « Tables alphabétiques et chronologiques des familles nobles, distinguées ou bourgeoises dont les noms se trouvent dans les testamens de l'officialité de Besançon, » depuis l'an 1255 jusqu'à la fin du xvii^e

---

[1]. Nous reproduisons les notices consacrées aux volumes de cette collection par M. Ulysse Robert, dans son *Catalogue des manuscrits relatifs à la Franche-Comté* (Paris, 1878, in-8°), p. 205-223 ; extrait des *Mémoires de la Société d'émulation du Jura*, tomes XL et XLII.

siècle. — Fol. 259. « Table des testamens qui sont dans les archives de l'officialité de Besançon, selon l'ordre chronologique, » depuis l'an 1255 jusqu'en 1703. — Fol. 417. « Table alphabétique des citoiens de Besançon dont les noms se trouvent dans l'inventaire des testamens conservés dans les archives de l'officialité de la même ville. » — Fol. 499. « Table topographique ou des lieux relatés dans les testamens de l'officialité, sous lesquels on placera la fondation des chapelles, les abbés, doyens, prieurs et autres dignitaires, quelques faits historiques, etc., dont il est fait mention dans lesd. testamens. » — L'inventaire des testaments a été dressé par l'abbé Guillaume et les tables ont été faites par Dom Berthod. — 524 feuillets.

866 (5). « Notice alphabétique des familles nobles de nom et d'armes ou anoblies par lettres et par charges dans la province de Franche-Comté, avec leurs armoiries, permissions de posséder fiefs, etc., le tout extrait des archives du Parlement, de la Chambre des comptes et autres dépôts authentiques, » précédée d'un « Avertissement ». — Fol. 339. « Table des familles dont les noms sont contenus au présent volume, rangés par ordre alphabétique. » — Fol. 365. « Chartes principales du chapitre métropolitain de Besançon, tirées en partie du cartulaire de Guénard, chantre; fait vers 1600, communiqué par M. l'abbé de Chauvigny, chanoine, depuis l'an 824 jusqu'à 1450. » — Une note de la main de Droz nous apprend que ces chartes, depuis le XIIIe siècle, ont été prises en partie sur un cartulaire original appartenant à Bullet, qui l'avait légué à Chifflet, premier président à Metz. — 688 feuillets.

867 (6). Chartes de l'abbaye de Saint-Vincent de Besançon. « Ex privilegiis abbatialis ecclesiæ Sancti Vincentii Bisuntini... » — Fol. 11. « Inventaire historique et chronologique de l'abbaïe de Saint-Vincent de Besançon, ordre de St-Benoît. » — Fol. 537. « Extrait de l'inventaire des titres et papiers de l'abbaye de Saint-Vincent de Besançon, du 28 aoust 1768. » — Fol. 696. Trois chartes du XIIIe siècle pour l'abbaye de Battant. — 700 feuillets.

868 (7). Archives de l'abbaye de Saint-Paul de Besançon. Fragment d'un cartulaire de Saint-Paul de Besançon, du XIIe

siècle. — Fol. 30. « Res canoniæ Sanctæ Mariæ et Sancti Pauli ante medium septimi sæculi ad annum 1707, » ou chronique de Saint-Paul, par A. Fr. Bruand, chanoine régulier de cette abbaye. — Fol. 209. « Elogium Joann. Bassandausi, 4 prioris S^{ti} Pauli, ex Dictionario de Morery. » — Fol. 210. Copie de différentes chartes de l'abbaye de Saint-Paul. — Fol. 403. « Extrait de l'inventaire des titres et papiers de l'abbaye de Saint-Paul,... fait en 1761. » — Fol. 457. « Titres honorifiques concernans le prieuré de Lanthenans dépendant anciennement de l'abbaye St-Paul. » — Fol. 464. « Titres concernans le prieuré de Courtefontaine, dépendant anciennement de l'abbaïe St-Paul. » — Fol. 481 v°. « Patronages, chapelles, titres honorifiques » de Saint-Paul. — Fol. 508. « Titres concernant la justice » et les différentes possessions de Saint-Paul. — 682 feuillets.

869 (8). Copie du nécrologe de l'abbaye de Saint-Paul de Besançon et des observations que Camusat a faites sur ce document. — Fol. 241. « Extrait des inventaires des titres et papiers qui reposent dans les archives du chapitre de Saint-Paul à Besançon, 1770. » — Fol. 313. « Chartes tirées des archives de Luxeul, communiquées par D. Grappin. » — Fol. 462. « Copies des fyés, priviléges, censes, rentes, etc., appartenans à l'église de Luxeul, fait par moy Girart Marchand de Bouligney, notaire, etc., en 1501 et suiv. » — Fol. 671. « Extrait de l'inventaire des titres et papiers de l'abbaye de Luxeul, 1671, » suivi de la copie de deux titres de 1257 et 1311. — 738 feuillets.

870 (9). Extrait de l'inventaire des titres et papiers de l'abbaye de Bellevaux. — Fol. 89. « Cartulaire de l'abbaye » de Bellevaux, copié sur l'original en vélin, qui était aux archives de l'abbaye. — 684 feuillets.

871 (10). Suite du cartulaire de l'abbaye de Bellevaux. —. Fol. 251. « Appendix cartularii Bellævallis. » — Fol. 302. « Mémoire sur le cartulaire de l'abbaye de Rosières, » lu par M. Droz à la séance de l'Académie de Besançon, du 25 janvier 1769. — Fol. 317. Cartulaire de l'abbaye de Rosières. — Fol. 519. Copie de quelques titres de l'abbaye de Rosières, d'après les originaux. — Fol. 563. « Extrait de l'inventaire des titres de l'abbaye de Rosières, en 1692. » — Fol. 607. Plan d'un autre inventaire des mêmes titres, fait par un dominicain, en 1756. — Fol. 613. « Cartularium abbatiæ Faverniacensis. » — Fol. 681. — « Extrait de l'inventaire des titres et papiers de l'abbaye de Faverney, 1734. » — 690 feuillets.

872 (11). « Extrait de l'inventaire de l'abbaye d'Accey, concernant Colombier, Val Saint-Jean, Estier, la Chaux et Tervay, etc. » — Fol. 25. « Extrait de l'inventaire général circonstancié et détaillé des titres et papiers concernans les biens, droits utiles et honorifiques de l'abbaye d'Acey. » — Fol. 144. Cartulaire de l'abbaye de Bithaine. — Fol. 307. « Extrait de l'inventaire des titres et papiers de l'abbaye de Château-Châlon, 1742. » — Fol. 325. « Inventaire des titres de Château-Châlon, » fait en 1762. — Fol. 355. Cartulaire et inventaire des titres de l'abbaye du Mont-Sainte-Marie. — Fol. 461. « Extrait de l'inventaire des titres et papiers concernant l'abbaye du Mont-Sainte-Marie, 1692. » — 570 feuillets.

873 (12). « Extrait de l'inventaire des titres et papiers de l'abbaye de Theuley, 1734. » — Fol. 67. « Antiquitates Theoloci. » — Fol. 105. « Cartularium abbatiæ Theoloci. » — Fol. 172. « Cartæ de Theoloco, et varia. » — Fol. 223. « Double des inventaires particuliers trouvés dans les archives de l'abbaye de la Charité, à la mort de M. de Breteuil, abbé de lad. abbaye. » — Fol. 328. Inventaire des titres de l'abbaye de Cherlieu, fait en 1782, par le notaire Claude-François Belin. — Fol. 446. « Supplément au cartulaire de l'abbaye de Cherlieu. » Les pièces contenues dans ce supplément font suite au recueil qui est au n° 874, du fol. 6 au fol. 90. — 488 feuillets.

874 (13). « Extrait de l'inventaire des titres et papiers de l'abbaye de Cherlieu, 1694. » — Fol. 7. « Cartularium abbatiæ Cariloci. » C'est une copie défectueuse du cartulaire original qui est à la Bibliothèque nationale, sous le n° 10973 des mss. latins. — Fol. 97. « Extrait de l'inventaire des titres et papiers de l'abbaye de Baume-les-Moines, 1714. » — Fol. 112. « Extrait de l'inventaire des titres et papiers de la roiale abbaye de Baume-les-Dames, 1725. » — Fol. 141. « Extrait de l'inventaire des titres et papiers de l'abbaye royale de Lons-le-Saunier, en 1725. » — Fol. 149. « Extrait de l'inventaire des titres et papiers de l'abbaye de la Grâce-Dieu, en 1710. » — Fol. 160. « Extrait de l'inventaire des titres et papiers de l'abbaye des Trois-Rois, 1747. » — Fol. 211. « Cartulaire de l'abbaye des Trois-Rois, autrement dite Lieu-Croissant, » avec table des noms. — Fol. 298. « Extrait de l'inventaire des titres de l'abbaye de Migette, en 1732. » — Fol. 314. « Extrait de l'inventaire des titres et papiers de l'abbaye de Lure, 1756. » — Fol. 331. Copie de douze titres de l'abbaye de Lure, depuis 880 jusqu'en 1460. — Fol. 334. « Extrait de l'inventaire des titres de l'abbaye de Montbenoît. » 1718. — Fol. 404. « Extrait de l'inventaire des titres et papiers de l'abbaye de Montigny, en 1748. » — Fol. 418. « Inventaire des titres et papiers de l'abbaye de Buillon, 1690. » — Fol. 442. « Inventaire des titres et papiers de l'abbaye de Balerne, 1687. » — Fol. 458. « Extrait de l'inventaire général des titres et papiers de l'abbaye Notre-Dame de Clairefontaine, diocèse de Besançon et bailliage de Vesoul. » — Fol. 536. Copie de l'extrait précédent, faite en 1768. — 597 feuillets.

875 (14). « Chartes de l'abbaïe de Saint-Claude. » — Fol. 384. « Extrait de l'inventaire des titres et papiers de l'abbaye de Corneux, 1717. » — Fol. 396. « Extrait du cartulaire de l'abbaye de Corneux. » — 741 feuillets.

876 (15). « Cartulaire de l'église collégiale de la Magdelaine de Besançon. » — Fol. 425. « Titres de la chartreuse de Vauclûse. » — Fol. 447. « Archives de la chartreuse de Bonlieu. » — Fol. 453. « Archives du chapitre de Ray. » — Fol. 467. « Titres concernans l'église collégiale et paroissiale de Dole. » — Fol. 502. Archives du chapitre de Champlitte. — Fol. 559. « Extrait de l'inventaire des titres et papiers concernant le prieuré de Lanthenans. » — Fol. 567. « Extrait de l'inventaire des titres et papiers concernant le prieuré de Fontaine, 1734. » — Fol. 573. « Inventaire des titres du prieuré d'Arbois. » — Fol. 605. « Extrait de l'inventaire des titres et papiers du prieuré de Vaux-sur-Poligny, 1712. » — Fol. 617. « Extrait de l'inventaire des titres et papiers concernant le prieuré de Morteau, 1733. » — Fol. 629. « Extrait de l'inventaire des titres et papiers du prieuré des Bouchoux. » — Fol. 635. « Extrait de l'inventaire des titres et papiers du prieuré de Courtefontaine, 1745. » — Fol. 643. « Extrait de l'inventaire des titres et papiers du prieuré de Chaux, 1709. » — Fol. 654. Copie de titres de l'hôpital de Salins. — 671 feuillets.

877 (16). Extraits et copie d'un cartulaire du comté de Bourgogne. — Au fol. 59 commence la copie des chartes. — 540 feuillets.

878 (17). « Domaine des comtes de Bourgogne. Inventaire des chartes tirées du château de Grimont-sur-Poligny, » fait en 1510, par l'ordre de l'archiduchesse Marguerite, par Hugues Glanne, d'Arbois, et Jean Vincent, de Poligny, sur une copie ancienne qui appartenait à M. Degennes, conseiller au Parlement. — Fol. 1. Mandement de l'archiduchesse Marguerite, ordonnant la confection de cet inventaire; du 13 septembre 1510. — Au fol. 4 commence l'inventaire. — Fol. 508. « Table suivant l'ordre des cottes. » — 509 feuillets.

879 (18). « Livre des fiez du comté de Bourgogne. » — Fol. 42. Inventaire des titres transportés en 1356 du château de Dijon au château de Poligny. — Fol. 273. « Extrait de certains titres reposants aux archives de la Cour des comptes, aides, domaines et finances de Franche-Comté. » — Fol. 301. « Notice des inventaires de la chambre des comptes de Dole. » — Fol. 325. « Extrait de l'ancien inventaire des chartes et des titres reposans dans les archives de la chambre des comptes à Dole. » Cet inventaire contient les pièces cotées B 225 à B 1042. — 477 feuillets.

880-882 (19-21). Inventaire des titres de la Chambre des comptes de Dole, fait en 1732 et années suivantes, sous la direction de Claude-François-Ignace Bouhelier d'Audelange.

Tome I (880). Fol. A. Avertissement sur l'utilité de ce recueil. — Fol. 1. « Inventaire sommaire des registres reposans aux archives de la chambre et cour des comptes de Dole. » — Au fol. 29 commence la série par ordre alphabétique des localités, d'Abbans à Fuans. — 789 feuillets.

Tome II (881). Gaigneur-Ordonnances. — 783 feuillets.

Tome III (882). Pagny-Yvory. — Fol. 921 v°. « Inventaire des papiers concernans les revenus des seigneuries de la maison de Chalon. » — Fol. 957 v°. Titres concernant le Charolais. — Fol. 978 v°. « Titres et comptes rendus par les fermiers et amodiateurs de différentes seigneuries du comté de Bourgogne. » — Fol. 989 v°. « Pièces de procès qui ont été portés par devant la Cour des comptes de Dole. » — Fol. 994. « Titres concernans la Chambre des comptes de Dole. » — Fol. 1001. « Liasses,... concernans les dismes des vignes et autres appartenans à Sa Majesté. » — Fol. 1002 v°. « Papiers concernans les fortifications de Dole, Gray et Besançon. » — 1015 feuillets.

883 (22). Notice sur le recueil des édits et déclarations du roi, etc., publiés par Droz, en 1771 et années suivantes, et sur les registres du Parlement de Besançon. — Fol. 9. « Répertoire de droit public, de jurisprudence et d'histoire, contenant l'indication des loix, coutumes et ordonnances qui ont eu lieu au comté de Bourgogne, et des ouvrages ou monumens qui peuvent servir à les expliquer, » depuis l'époque romaine jusqu'à l'année 1674. — Fol. 400. « Les ordonnances royaux constituées ès parlemens de Bourgongne, publiées au duché le 3 février 1480, et au comté le 28 juillet 1481 et 14 juillet suivant. » — Fol. 477. « Table des ordonnances du comté de Bourgongne faites ou Parlement tenu à Salins en l'estey MCCCCLXXXI. » — Fol. 479. « Supplément à l'ordonnance de Louis XI pour le comté de Bourgogne. » — 483 feuillets.

884 (23). « Dissertation sur l'origine, la forme et le pouvoir des états de Franche-Comté. » — Fol. 121. « Dissertation de M. de Courbouson contenant des éclaircissemens sur les états du comté de Bourgogne, 1753. » — Fol. 173. « Tenues des états du comté de Bourgogne, » depuis 1484 jusqu'en 1612. — 609 feuillets.

885 (24). Recès ou procès-verbaux des séances des états de Franche-Comté et pièces diverses relatives à ces mêmes états, principalement au xvii° siècle. — 679 feuillets.

886 (25). Copie de chartes relatives à Besançon, du xiii° au xvii° siècle. — 928 feuillets.

887 (26). « Le papier de seulx (de Besançon) qui ont fait le serment à messieurs les gouverneurs en l'an 1476. » — Fol. 61. « Extrait de l'inventaire général des titres de l'Hôtel-de-ville de Besançon, achevé en 1736. » — Fol. 240. Copie de titres relatifs à Besançon. — Fol. 329. Franchises d'Orgelet,

1266, et autres pièces de 1361, 1397 et 1421. — Franchises de Dole, 1274, 1281 et 1329. — Fol. 363. Franchises de Gray, 1324, 1329 et 1412. — Fol. 383. Franchises de Vesoul, 1242. — Fol. 387. Mention des franchises de Pontarlier, Salins, Montmorot et Jonvelle. — Fol. 388. Mention des franchises de Coligny. — Fol. 389. Franchises d'Arbois, 1257, 1282 et 1361. — Fol. 405. Franchises de Poligny, 1288. — Fol. 415. Franchises de Lons-le-Saunier, 1295 et 1364. — Fol. 433. Autres, de 1293, 1295 et 1364. — Fol. 451. Franchises de Beaume-les-Dames, xive siècle. — Fol. 457. Franchises de Saint-Claude, 1310, 1330 et 1393. — Fol. 467. Franchises de Beaurepaire, 1275, et mention de franchises accordées à des villes dépendant autrefois du comté de Bourgogne, telles que Auxonne, Montbéliard et Pontaillier-sur-Saône. — Fol. 487. Franchises de Seurre, 1278. — Fol. 501. Franchises de Belvoir, 1314. — Fol. 511. Franchises de Bouclans, 1332. — Fol. 527. Franchises de Clairvaux, 1304. — Fol. 547. Franchises d'Annoire, 1304. — Fol. 563. Franchises de Noire, 1262 et 1365. — Fol. 575. Franchises de Neublans, 1256 et 1427. — 584 feuillets.

888(27). Franchises de Noroy, 1360. — Fol. 5. Franchises de Poupet, 1376. — Fol. 7. Franchises de Vougney ou Saint-Julien, 1325. — Fol. 11. Franchises de Thoraise, 1387. — Fol. 15. Mention des franchises d'Abbans, Nozeroy, Bletterans, Châtelblanc, la Rivière, Arlay, Châtelneuf, Montmahoux, Arguel, Sainte-Anne, Marnay, la Chaux-Neuve. — Au v°, commencement des franchises de Rochejean, 1313. — Fol. 17. Extrait des franchises de Châtelblanc, 1303. — Fol. 19. Extrait des franchises de la Rivière, 1349. — Fol. 21. Extrait des franchises de Bletterans, 1285. — Fol. 23. Extrait des franchises de Nozeroy, 1283. — Fol. 25. Franchises de Châtelneuf, 1295. — Fol. 27. Franchises de Montmahoux, 1267 et 1342. — Fol. 41. Mention des franchises de Sainte-Anne. — Fol. 43. Franchises d'Abbans, 1292. — Fol. 65. Extrait des franchises d'Arlay, 1276. — Fol. 67. Franchises de Marnay, 1354. — Fol. 79. Franchises de la Chaux-Neuve, 1364. — Fol. 81. Arrêt rendu par le Parlement de Dole, le 2 juin 1451, en faveur du prieur de Morteau contre les habitants du val de

Morteau, concernant les tutelles, le formariage, etc. — Fol. 87. Franchises des Verrières de Joux, 1396. — Fol. 95. Franchises du Val du Saugeois, 1340. — Fol. 101. Arrêt concernant Foncine et les Planches, 1650, avec l'affranchissement de 1756. — Fol. 109. Franchises des Fourgs, 1368. — Fol. 117. Franchises de Faucogney, 1275. — Fol. 121. Franchises de Luxeuil, 1291. — Fol. 127. Franchises d'Héricourt, 1374. — Fol. 135. Franchises de Neuchâtel en Comté, 1311. — Fol. 141. Franchises de Clefmont, 1338. — Fol. 143. Franchises de Pesmes, 1416. — Fol. 155. Franchises de Rupt, 1443. — Fol. 169. Franchises de Foucherans, Étalans, Fallerans, Opans, Mont et la Chapelle, 1260. — Fol. 174. Actes relatifs aux fiefs. — Fol. 191. Actes relatifs aux guerres particulières et aux traités de paix. — Fol. 229. Actes relatifs aux gardes d'églises et monastères. — Fol. 257. Franchises de Gy, 1347. — Fol. 261. Franchises de Grammont, 1478. — Fol. 265. Coutumes locales de Grandvaux, 1521. — Fol. 271. Franchises de la Cluse, 1324. — Fol. 275. Franchises de Mathay, 1422. — Fol. 281. Statuts de la maladrerie d'Arbois, 1253. — Fol. 285. Ordonnances pour l'administration du comté de Bourgogne, 1386, 1390, 1393, 1266, 1369, 1370, 1424, 1335, 1285, 1297 et 1301. — Fol. 337. Extraits du cartulaire d'Arbois. — Fol. 449. Franchises de Nant, 1308. — Fol. 473. Coutumes de Mouthe, 1296. — Fol. 481. Franchises de Veyria, 1305. — Fol. 493. Franchises de Richebourg, 1298. — Fol. 505. Franchises de Saint-Hippolyte, 1298 et années suiv. — Fol. 551. Recueil des plus notables délibérations prises au conseil de la ville de Dole dès l'an 1480. — 701 feuillets.

889-890 (28-29). Copie du cartulaire de Hugues de Chalon, sire d'Arlay, autrefois appelé cartulaire bleu. Le ms. original est aujourd'hui au Musée Britannique (Add. ms. n° 17305), sous le titre de cartulaire des sires d'Arlay. Au fol. 313 du n° 890 commence l'inventaire des titres originaux de la maison de Chalon, tiré des archives de la vicomté de Besançon. — 548 et 620 feuillets.

891 (30). Copie du cartulaire de la seigneurie de Montfaucon, d'après l'original qui appartenait au duc de la Rochefoucauld. — 482 feuillets.

892-897 (31-36). Recueil de pièces relatives aux possessions de la maison de Chalon. — Le n° 894 paraît contenir la copie d'un ancien inventaire fait au xvi° siècle. — 596, 504, 722, 638, 750 et 646 feuillets.

898 (37). Copie du cartulaire de la maison de Neuchâtel, d'après le ms. original du xv° siècle, autrefois conservé à Besançon dans les archives de la maréchale de Lorges et appartenant actuellement à M. de Durfort-Civrac. — 720 feuillets.

899 (38). « Extrait de l'inventaire des titres des maisons de Neuchâtel en Comté, de Rye et de Poitiers. » — Fol. 207. « Inventaire des titres de la maison de Beauffremont et de ses alliances. » — Fol. 263. Inventaire des titres des maisons de Gorrevod. — Fol. 277. Inventaire des titres des maisons de Gorrevod, la Baume, la Chambre, Villelume et la Palud. — Fol. 298. Bourgs relevant de la maison de Vienne. — Fol. 300. « Copie du cartulaire de Belvoir. » — 374 feuillets.

900 (39). Mélanges. — Fol. 1. Extraits des comptes du comté de Bourgogne depuis l'année 1305 jusqu'en 1366. — Fol. 493. Table des lettres de noblesse enregistrées à la Chambre des comptes de Dole. — Fol. 500. « Extraits des registres de la Chambre des comptes de Dole touchant les lettres de noblesse et les érections en marquisat et en comté. » — Fol. 505. « Estat des familles nobles dont les patentes ne sont pas enregistrées. » — Fol. 510. « Table alphabétique des lettres de noblesse registrées au Parlement depuis janvier 1602. » — Fol. 522. « Extrait des lettres contenues dans le recueil commençant en mars 1695. » — Fol. 534. Table alphabétique de ce qu'il y a de plus considérable aux registres des lettres du Parlement. » — Fol. 558. « Extrait des délibérations du Parlement de Franche-Comté. » — Fol. 604. « Extrait des registres du Parlement de Besançon touchant son ancienneté, authorité et prérogatives et sa discipline intérieure. » — Fol. 652. « Mémoire et remarques auxquels doit faire attention un commissaire nommé par un corps de noblesse pour examiner les titres des sujets qui se présentent pour y estre admis et faire en conséquence son rapport fidellement et en cognoissance de cause. » — Fol. 662. « Extrait des registres du Parlement concernant les provisions des officiers inférieurs. » —

Fol. 684. « Extrait des registres du Parlement concernant la police générale de la province, la monoye, les villes, les saulneries de Salins, les permissions d'establir notaires et autres affaires générales. » — La dernière partie du volume, depuis le fol. 493, est de Courchetet d'Esnans. — 740 feuillets.

901 (40). Mélanges. — Fol. 1. « Extrait des lettres écrittes par les roys et les ministres d'Espagne au Parlement de Dole, » de 1510 à 1667, suivi de la table des matières contenues dans ces lettres. — Fol. 317. « Statuts de l'ordre illustre de St-George au comté de Bourgogne et formulaire de la prestation de serment de Messieurs les chevaliers, » suivis de pièces relatives à l'ordre. — Fol. 345. Minute d'une lettre des officiers des domaines du comté de Bourgogne au roi d'Espagne, Philippe IV; du 9 décembre 1641. — Fol. 346. Requête de Jean Daccoste aux officiers des domaines du comté de Bourgogne. — Fol. 348. « État ancien de la noblesse » de Franche-Comté. — Fol. 360. Courte histoire de Franche-Comté. — Fol. 373. Mandement de Philippe, duc de Bourgogne, enjoignant à divers habitants de Poligny de contribuer à l'entretien des fortifications et des fontaines de la ville; du 1er septembre 1397. — Fol. 383. Requête adresssée au roi par Antoine-Pierre de Grammont, archevêque nommé de Besançon, et son chapitre. — Fol. 385. Lettre du même au procureur général Doroz; du 1er juin 1735. — Fol. 387. Lettre du chancelier d'Aguesseau à Doroz; du 11 juin 1735. — Fol. 389. Copie d'un arrêt du Parlement de Paris touchant le droit de visite et réparation des domaines et bâtiments de l'archevêché de Besançon; du 29 août 1733. — Fol. 393. Recueil de lettres et pièces diverses relatives à l'élection des archevêques de Besançon, fournies sans doute à l'occasion de la discussion du droit de visite des bâtiments de l'archevêché, de 1584 à 1655. — Fol. 438. « Relation que le conseiller fiscal Demesmay présente à S. E. Monseigneur le marquis de Castel-Rodrigo de tout ce qui s'est passé dans un voyage de vingt-deux jours à compter dez le second febvrier mil six cent soixante-huit jusqu'au vingt-troisième des mêmes mois et an, que ledit conseiller par ordre de la cour de Parlement à Dole avoit suivi monsieur le marquis d'Yennes, à dessein de concourir avec luy à la conservation du comté de Bourgongne. » — Fol. 448. « Capitulation accordée par Sa Majesté sur les articles à elle présentez par les commis deputez de sa ville de Dole. » — Fol. 454. « Table alphabétique des autheurs du comté de Bourgogne. » — Fol. 478. Pièce de vers intitulée : « La Franche-Comté de Bourgogne au Roy, » publié par M. Jules Gauthier, archiviste du Doubs, dans le *Bulletin de la Société d'agriculture, sciences et arts de Poligny*, ann. 1868, p. 233. — Fol. 486. « Traité fait entre Son Excellence Monseigneur le marquis de Castel-Rodrigo, comme plénipotentiaire de Sa Majesté d'une part et la cité de Besançon, d'autre, avec la ratification royale ensuivie. A Besançon, de l'imprimerie de Claude Rochet,... et de François-Joseph Daclin, ... MDCCXXXI. » Imprimé. In-4º, de 22 pages. — Fol. 499. « État succinct des hôpitaux qui sont dans la ville de Besançon. » — Fol. 507. « Mémoire sur le grenier public de la ville de Besançon. » — Fol. 511. État des revenus de Besançon. — Fol. 517. Mémoire succinct sur Luxeuil, Lure, Amblans, Raddon, Vauvillers, Saint-Loup, Fougerolles et Faucogney. — Fol. 533. Haras du comté de Bourgogne. — Fol. 571. Forges, fourneaux, fonderies et martinets, papeteries et verreries du bailliage de Vesoul. — Fol. 577. Papeterie de la Doye et industrie du bailliage de Salins. — Fol. 583. Industrie du bailliage de Quingey. — Fol. 587. Industrie du bailliage de Pontarlier. — Fol. 591. Industrie du bailliage de Poligny. — Fol. 593. Industrie du bailliage d'Ornans. — Fol. 599. Industrie du bailliage d'Orgelet. — Fol. 603 et 657. Industrie du bailliage de Lure. — Fol. 605. Mémoire sur les mines du bailliage de Lure. — Fol. 659. Industrie du bailliage de Lons-le-Saunier. — Fol. 662. Industrie de la subdélégation de Jussey. — Fol. 666. Industrie du bailliage de Gray. — Fol. 674. Industrie du bailliage de Dole. — Fol. 680. Industrie du bailliage de Saint-Claude. — Fol. 687. — Industrie du bailliage de Besançon. — Fol. 690. Industrie du bailliage de Baume. — Fol. 698. Industrie du bailliage d'Arbois. — Fol. 708. État des forges, fourneaux, fonderies et martinets situés dans le comté de Bourgogne. — 709 feuillets.

902 (41). Recueil de pièces relatives à l'Université de Dole.

— Fol. 101. « Abrégé historique de l'établissement des droits, des priviléges, du régime et du gouvernement de l'Université du comté de Bourgogne, » suivi de pièces diverses sur ladite Université et ses officiers. — Fol. 369. « Histoire du Parlement de Franche-Comté, « suivie de listes et de mémoires pour servir à l'histoire des officiers dudit Parlement. — Fol. 696. « Table de l'inventaire des titres de la maison de Châlon, dont l'original est au trésor des Chartes du Roy à Besançon. » La partie de ce volume qui concerne l'Université et le Parlement est presque en entier de la main de Courchetet d'Esnans. — 724 feuillets.

903 (42). « Traité de garde pour la cité impériale de Besançon; » du 17 mai 1600. — Fol. 21. « Aulcunes choses mémorialle passé anciennement dans la cité impérialle de Besançon, » ou chronique de Besançon depuis l'an 1291 jusqu'en l'an 1496; copiée par Guillaume Grandjacquet, recteur d'école à Byans, en 1728. — Fol. 59. « Commédie jouée à la venue et arrivée de Monsigneur de Grandvelle en la cité de Besançon. » — Fol. 69. Mémoire sur la Franche-Comté. Mutilé. — Fol. 159. Fragment d'un mémoire qui paraît avoir été adressé au roi par le Parlement de Dole après la conquête. — Fol. 165 et 192. Remontrances adressées au roi par le Parlement. — Fol. 199. Arrêt qui confirme les Franc-Comtois dans le privilège de n'être pas traduits hors de leur juridiction. — Fol. 203. Recueil d'édits et déclarations relatifs au même objet. — Fol. 220. Lettres patentes du roi portant suppression de l'ancien magistrat de Besançon et création d'un nouveau à l'instar de celui de la ville de Dole; du 26 août 1676. Imprimé. — Fol. 222. Édit concernant la manière dont les officiers des Cours doivent être vêtus. Avril 1684. Imprimé. — Fol. 223. Copie de deux lettres du Parlement de Dole à S. M. Catholique; du 13 avril 1645 et du 18 décembre 1655. — Fol. 227. Requête adressée au roi par les chevaliers de Saint-Georges. — Fol. 231. « Histoire du Parlement de Besançon depuis la conquête du comté de Bourgogne par Louis le Grand au mois de juin de l'an 1674; » de la main de Courchetet d'Esnans. — Fol. 267. « Permission de chasser aux loups garoux; » du 3 septembre 1573. — Fol. 268. Requête présentée au Parlement de Dole par Guillaume, prince d'Orange, et Marc de Rye, abbé de Saint-Claude; du 23 juillet 1566. Copie. — Fol. 280. Arrêt du Parlement de Besançon autorisant les chanoines de l'église N.-D. de Dole de rechercher dans les archives du Parlement les pièces relatives à la promulgation du concile de Trente dans le comté de Bourgogne; du 8 août 1702. — Fol. 283. Extraits imprimés des ordonnances de Franche-Comté. — Fol. 288. « Mémoire pour la réunion de la Chambre des comptes, Cour des aides, domaines et finances de Dole au Parlement de Besançon, avec la suppression d'un grand nombre d'officiers. » — Fol. 294. Autre, suivi (fol. 300) de pièces relatives à cette question. — Fol. 319. Analyse de pièces diverses tirées des archives du Parlement et relatives surtout à la principauté de Montbéliard. — Fol. 335 et 496. « Estat détaillé des domaines du Roy au comté de Bourgogne. » — Fol. 455. Maréchaussée du comté de Bourgogne. — Fol. 465. « Réflexions sur les droits dévolus au Roy de disposer des fiefs impériaux de Besançon depuis la réunion de la Franche-Comté à la couronne de France, contre la prétention des archevesques de Besançon; » du 20 décembre 1734. — Fol. 481. Mémoire sur les terres de Franche-Comté sequestrées. — Fol. 602. « État des domaines dont jouit M⁰ Jacques Colombat dans le comté de Bourgogne. » — Fol. 654. « Eaux et forests du comté de Bourgogne. » — Fol. 709. « Arrêt du conseil d'Etat du Roy muni de lettres patantes concernant les chauffages, panages, paturages et autres droits assignés sur les bois et forêts du comté de Bourgogne; » du 1ᵉʳ octobre 1743. — 756 feuillets.

904-905 (43-44). Recueil de pièces relatives à Lausanne, évêché suffragant de Besançon.

Le tome I est intitulé : « Archives de l'évêché de Lausanne, suffragant de Besançon et des principales abbayes de cet évêché qui ont souffert la réforme. » — Fol. 1. Analyse de chartes de l'évêché de Lausanne depuis 895 jusqu'en 1395. — Fol. 37. Textes de chartes et diplômes relatifs au diocèse et à l'évêché de Lausanne; transcrits par ordre chronologique, ils comprennent les années 997-1527. — 465 feuillets.

Le tome II comprend (fol. 1) la suite des chartes de l'évêché de Lausanne, transcrites les unes d'après un cartulaire original de l'église de Lausanne, les autres d'après les pièces des archives de Berne. La première partie comprend des actes du commencement du xiii⁰ siècle; la deuxième (fol. 72) comprend des actes transcrits par ordre chronologique, de l'année 815 à l'année 1544. Une troisième partie comprend des actes des xiv⁰, xv⁰ et xvi⁰ siècles jusqu'en l'an 1594. — 823 feuillets.

906-907. Analyse des manuscrits du cardinal de Granvelle, par Dom Berthod.

Tome I. Fol. 1. « Mémoire sur quelques manuscrits de la bibliothèque publique de l'abbaye de St-Vincent de Besançon, » lu à la séance de l'Académie, le 28 novembre 1770, par Dom Berthod, sous-prieur et bibliothécaire de cette abbaye. — Fol. 11. « Mémoire historique où l'on se propose d'établir que le cardinal de Grandvelle n'eut aucune part aux troubles des Pays-Bas dans le xvi⁰ siècle, et où l'on indique la cause de ces troubles, lu à la séance de l'Académie de Bezançon, le 24 aoust 1787, par Dom Grappin. Imprimé en 1789 à Bezançon chez J.-F. Couché. » — Fol. 36. « Analise des Mémoires de Granvelle conservés dans la bibliothèque publique de l'abbaye de St-Vincent à Besançon. » Le n° 906 comprend l'analyse de 34 volumes. — 577 feuillets.

Tome II. Le n° 907 comprend l'analyse des Mémoires de Maximilien Morillon, prévôt d'Aire, du recueil de l'ambassade de Simon Renard, de lettres de Jean de Saint-Mauris-Montbarrey, prieur de Bellefontaine, de M. de Chantonnay, d'Hopperus, des Mémoires de M. de Champagney, de lettres de M. de Vergy, une analyse du Journal des voyages de Charles-Quint depuis 1514 jusqu'à l'an 1551, par Vandenesse, et de Philippe II, depuis 1551 jusqu'à l'an 1560. — 582 feuillets.

908. Mémoire sur quelques manuscrits de la bibliothèque de l'abbaye de Saint-Vincent de Besançon, ordre de Saint-Benoît, congrégation de Saint-Vanne et de Saint-Hydulphe, par Dom Berthod. C'est une copie de la notice qui est en tête du n° 906. — 31 pages.

VII

909-976. Collection de Franche-Comté[1].

Recueil de pièces historiques relatives à la Franche-Comté, formé par Courchetet d'Esnans, conseiller au Parlement de Besançon.

909 (27). « Mémoires pour servir à l'histoire de Franche-Comté, copiés pour M. le conseiller Courchetet d'Enans. 1733. » Fol. 1. Mémoires et lettres du prince de Condé et de Louvois touchant la conquête de la Franche-Comté en 1668. C'est le même recueil que celui qui est contenu dans les mss. français 5847, 5848, 11628 et 21493. — Fol. 160. « Extrait d'un mémoire trouvé parmy les papiers de Messieurs Daniel au sujet de la conqueste de la province par Louis 14, en l'an 1668. » — Fol. 187. « Manifeste du baron de St-Moris concernant la conqueste de la Franche-Comté en 1668. » — Fol. 216. Pièce de vers intitulée : « Jaquemard très joyeux de l'arrivée de M. le baron de Soye à Besançon, le 25 juin 1668. Ma joye enfin est achevée... » — Fol. 225. Autre, intitulée : « Jaquemar joyeux du départ des François. Que je suis transporté de joye !... » — Fol. 230. Stances intitulées : « Le comté perdu et retrouvé. Enfin le juste ciel touché de nos misères... » — Fol. 234. Dialogue d'Alcante et de Pégase, par Pélisson, et le sonnet de Molière sur la conquête de la province, en 1668, imités par le sieur Nicolas. « A mon secours, Pégaze, en ce besoin extrême... » — Le sonnet de Molière commence : « Ce sont faits inouïs, grand Roy, que tes victoires... » — Fol. 238. « Relation de l'embrasement et du sac du village d'Arcey en la Franche-Comté de Bourgogne faits par les François, le 8 janvier de l'an 1675. » — 253 feuillets.

---

[1]. Nous reproduisons les notices consacrées aux volumes de cette collection par M. Ulysse Robert, dans son *Catalogue des mss. relatifs à la Franche-Comté*, p. 223-242.

910 (28). « Mémoires concernant la province de Franche-Comté et son estat ancien. » — Fol. 61. Curiosités de la nature en Franche-Comté; la glacière de Chaux, le Mont-d'Or, les minéraux divers, les grottes d'Osselle, le saut du Doubs, la fontaine ronde près de Pontarlier, les mines, les salines de Salins, les eaux minérales de Rèpes, près Vesoul, les bains de Luxeuil, et frais puits. — Fol. 108. « Mémoires historiques des traités de paix et d'alliance faits par les Suisses avec l'Austriche, la Bourgogne, la France et la Savoye. » — Fol. 134 v°. « Arresté et confédération entre l'empereur Charles V et les princes et ellecteurs de l'Empire, par lequel la Bourgogne est comprise dans les cercles de l'Empire. » — Fol. 151. « Verbal de la négociation du s^r Benoît en Suisse pour le renouvellement des traités d'alliance. » — Fol. 156. « Copie des lettres patentes de l'acceptation faitte par la sérénissime infante de la cession à elle faite des Pays-Bas et de ce conté de Bourgougne; » du 6 mai 1598. — Fol. 179. « Acte du serment de garde des priviléges du conté de Bourgougne, » par l'archiduc Albert. — Fol. 181. « Verbal de messieur de Vergy et procureur général de leur négotiation en leur voyage à Lure. » — Fol. 189. « Verbal de Messieurs Brung et de Bermont de ce qu'ils ont négocié en leurs voyages avec le roy de France; » du 21 janvier 1601. — Fol. 198. « Mémoire dressé par ordre du Parlement de Besançon pour justifier que l'abbaye, la ville et les dépendances de Lure font partie du comté de Bourgogne et du ressort de ce Parlement. » — 269 feuillets.

911 (29). Mélanges. — Fol. 1. « Mémoire concernant l'histoire naturelle du comté de Bourgogne. » — Fol. 36. « Forges et fourneaux en général, » minéralogie et histoire naturelle. — Fol. 76 v°. « Mémoire de la guerre de 1636, » copié sur un ms. dont il manquait le premier feuillet. — Fol. 173. « Remontrances et propositions faites aux États de la part de l'infante Isabelle Clara Eugenia après le décez du duc Albert. » — 302 feuillets.

912 (30). Mélanges. — Fol. 1. « Lettre de Mr Boisot, abbé de St-Vincent, à Mr Pélisson concernant un projet d'histoire du cardinal de Grandvelle et les manuscrits de St-Vincent. » — Fol. 55. « Mémoire dressé par un ordre du Parlement de Besançon pour justifier que l'abbaye, la ville et les dépendances de Lure font partie du comté de Bourgogne et du ressort de ce Parlement. » — Fol. 101. « Mémoire du Parlement de Dole concernant les redevances du sel ordinaire dues par les souverains de la province à leurs sujets avec une espèce d'histoire des sauneries de Salins. » — Fol. 120. « Mémoire pour justifier qu'on ne doit admettre en cette province aucuns rescrits ou bulles de Rome sans permission. » — Fol. 126. « Mémoire du Parlement, concernant la principauté de Montbéliard, la souveraineté de Neufchastel, et les terres d'Héricourt, Blanmont, Clémont et Chastelot. » — Fol. 242. — « Mémoire concernant l'authorité du Parlement et du gouverneur de la province. » — 286 feuillets, plus 3 feuillets préliminaires.

913 (31). Documents sur la conquête de 1668. — Page 1. « Bellum Sequanicum, Joanne Moreleto, viro nobili genere, domino Coucheii, Divionensi, authore. » — Fol. 101. « 1668. Le bon Bourguignon, ou réponse à un livre injurieux à l'auguste maison d'Austriche et à la Franche-Comté de Bourgogne, intitulé : Bellum Sequanicum secundum, composé par le sieur Jean Morelet, de Dijon, » par C. E. B. — Fol. 148. « Discours et relation véritables sur les succez des armes de la France dans le comté de Bourgogne en 1668. » — Fol. 245. « Copie d'une lettre d'un franc-comtois escritte à un sien amy de Bruxelles par laquelle il fait voir la cause de la perte de la Franche-Comté. » — Fol. 279. « Lettre touchant la prise de la Franche-Comté en 1668, » suivie (fol. 296 v°), d'une « Apologie de la Franche-Comté de Bourgogne où sont contenus les véritables suites de la reddition à l'obéissance du roy de France en l'an présent 1668. » — 310 feuillets.

914-915 (32-33). Délimitation de la Franche-Comté du côté de la Lorraine et de la Champagne, en 1610 et 1611. — 552 feuillets.

916 (34). « Recueil de plusieurs actes concernant la délimitation de la Franche-Comté avec les Suisses pour justifier les anticipations du canton de Berne, » en 1631. — 262 feuillets.

917 (35). Délimitation de la Franche-Comté du côté de la Lorraine, en 1608. — Fol. 19. « Mémoire des entreprises que l'on fait sur les droits appartenans au R⁴ᵈ abbé et seigneur de Luxeul en sa seigneurie de Montureux-sur-Saône. » — Fol. 34. « Articles accordés entre les sʳˢ députés de leurs AA. SS. Archiducs et de l'Altesse monseigneur le duc de Lorraine pour les mines de Château-Lambert; » du 1ᵉʳ juin 1604. — Fol. 36. « Dernier recès de Lorraine, » relatif à la délimitation ; du 1ᵉʳ août 1564. — Fol. 50. « Traitté de paix fait entre l'archiduc Philippe et le duc de Lorraine, en juin 1501. » — Fol. 60. « Additions des articles accordés et signés à Gand par les commis et députez du roy de Cecile, duc de Lorraine et de Bar d'une part, et de Mʳ l'archiduc d'Autriche, duc de Bourgogne et de Brabant, d'autre, sur la manière de procéder es differens etans entr'eux dependans du duché de Lorraine et de Bar et comté de Bourgogne ; » du 19 juin 1601. — 61 feuillets.

918 (36). « Mémoire pour servir à l'histoire de la ville de Dole. » — 129 feuillets.

919 (37). Mémoires pour servir à l'histoire de Besançon. — « Jules César prend la deffence de la ditte cité en laquelle il envoya une garnison. » C'est le titre d'une chronique qui va jusqu'en 1488. — Fol. 31. « Anciennes choses mémorables passées anciennement dans la cité impériale de Besançon, » depuis l'an 1291 jusqu'en l'an 1613. — Fol. 109. « Dernière ordonnance faite par messieurs les gouverneurs de la cité impériale de Besançon ; du 25 juin 1548, avec des additions de 1549, 1551 et 1554. — Fol. 115. « Franchise et liberté de l'église et monastère de Saint-Paul de Besançon, » accordée par l'empereur Henri VI, le 1ᵉʳ mars 1191 (n. st.). — Fol. 119. Diplôme de l'empereur Sigismond qui accorde aux citoyens de Besançon le droit de ne reconnaître aucuns vicaires généraux ; du 9 octobre 1423. — Fol. 121 v°. « Extrait du privilége de la monnoye donné à la cité de Besançon par l'empereur Charles cinquième. » — Fol. 122 v°. Du droit de cité de Besançon. — Fol. 124 v°. De l'élection des gouverneurs de la ville de Besançon. — Fol. 127 v°. Formule du serment prêté par les gouverneurs de Besançon après leur élection. — Fol. 128. « Divers statuts sur la police de la cité. » — Fol. 133. « Consultatio habita super hoc verbo : Factum civitatis, etc., in tractatu quondam domini cardinalis Rothomagensis, et archiepiscopi Bisuntini et etiam civium Bisuntinorum. » — Fol. 137. « Cronica ad laudem imperatoris Maximiliani suæque civitatis imperialis Bisuntinæ. » — Fol. 141 v°. « Jucundus adventus R. P. D. Anth. de Vergeyo, archiepiscopi Bisuntini, in civitatem Bisuntinam. » — Fol. 143 v°. Chronique des rois et comtes de Bourgogne. — Fol. 150 v°. « Memorialia pro jurisdictione ecclesiastica Bisuntina. » — Fol. 153. « Apointement fait entre reverendissime prince et prélat l'archevêque de Besançon, appellé Quentin, et les officiers du Parlement de Dôle, passé au lieu de Bruxelles l'an 1459. » — Fol. 159. Sur la sédition arrivée à Besançon en 1451, et serments prêtés par les divers officiers de la ville. — Fol. 162 v°. « Alliance de la cité de Besançon avec les villes de Fribourg et Solleure contractée pour dix ans, lesquels commencèrent le 26 may 1579. » — Fol. 168. « Sommaire de la proposition faite à Messieurs les gouverneurs et vingt-huit de la cité de Besançon de la part de Sa Majesté royalle. » — Fol. 170. Sommaire d'une seconde proposition faite aux gouverneurs de Besançon. — Fol. 179. Sur le traité de la gardienneté de Besançon. — Fol. 182. « Extrait d'un certain motif concernant les antiquitez de Besançon. » — Fol. 186. « Besançon tout en joye dans l'heureuse possession de son auguste souverain ou relation curieuse des grandes et publiques réjouissances de cette libre et impériale cité pour la glorieuse élection de son invincible empereur Léopolde premier, roy de Hongrye et de Boëme, archiduc d'Autriche, dressé par M° Thomas Varin, sieur d'Audeul, ancien cogouverneur et juge de la mairie de Besançon, par ordre de Messeigneurs les gouverneurs de cette cité. » Imprimé à Besançon par Jean Couché, en 1659. — 343 feuillets, plus 2 feuillets préliminaires.

920 (38). « Mémorial que présente à Sa Majesté la cité de Besançon au fait de sa suprême juridiction en civil, criminel, milice et police. » — Fol. 49. « Narré fidèle et curieux de tout ce qui s'est passé dans l'heureuse prise de possession de la cité de Besançon par son Excellence Monseigneur le marquis de Castel-Rodrigo, au nom et comme plénipotentiaire de Sa Majesté, le vingt-neuvième septembre M. DC. LXIV, dressé par messire Thomas Varin, docteur es droits, sieur d'Audeul, ancien gouverneur et juge de la mayrie de Besançon. » — Fol. 113. Recueil de tous les diplômes des empereurs concernant les privilèges de Besançon, contenus dans un vidimus de l'empereur Ferdinand III, du 12 novembre 1638. Fol. 166. « Édit contre les brigues et touchant la forme de procéder à l'élection des sieurs gouverneurs et vingt-huit notables de la cité impérialle de Besançon. A Besançon, par Nicolas de Moingesse, M. DC. II. » — Fol. 212. « Apologie de la cité de Besançon sur les changemens qui y sont survenus au commencement de l'an 1668. » — Fol. 240. « Comédie jouée à la venue et arrivée de Monseigneur de Grandvelle en la cité de Besançon. » — Fol. 250. « Traité fait entre Son Excellence Monseigneur le marquis de Castel-Rodrigo, comme plénipotentiaire de Sa Majesté d'une part et la cité de Besançon d'autre, avec la ratification royale ensuivie. A Besançon, de l'imprimerie de Claude Rochet, ... M. DCC. XXXI. » Imprimé. — 261 feuillets.

921 (39). Recueil concernant Besançon, et particulièrement les privilèges de cette ville. — Fol. 130 v°. Chronique franc-comtoise (1291-1644). — Fol. 183. « Comédie jouée à la venue et arrivée de Monseigneur de Grandvelle en la cité de Besançon. » — Fol. 193. « Extrait du livre des délibérations et ordonnances de la cité de Besançon, recueillies par Mr d'Arcier. » — 205 feuillets.

922 (40). « Extraict d'aucuns anciens registres et autres enseignemens trouvez en la trésorie de Poligny et aucuns touchans aucuns roys, princes et autres sainctes personnes issues de la très-noble et ancienne maison de Bourgogne, dont Dieu soit garde. » Cet « extraict » comprend une courte chronique franc-comtoise, et une généalogie des ducs et comtes de Bourgogne. — Fol. 132. Recueil sur les chevaliers et l'ordre de la Toison d'or. — Fol. 248. « Arthois, » chronique d'Artois (1170-1642). — 304 feuillets.

923 (41). Privilèges concédés à la ville de Dijon par Hugues, duc de Bourgogne; traduction française. (xve siècle, papier.) — Fol. 56. Cartulaire de la ville de Dijon. « Çou fit transcrire Jehan dou Pautez, l'an de grace mil IIIc et trante. »

— Fol. 87. Règles de droit. (xiv⁰ siècle, parchemin.) — 90 feuillets.

924 (42). « Recueil des traités de paix, de ligue et de neutralité concernant le comté de Bourgogne. » — Fol. 1. Traité entre François Ier et Marguerite d'Autriche pour les deux Bourgognes; 1522 et 1527. — Fol. 34. Instructions de Marguerite d'Autriche à Claude de Rans, à l'abbé du Mont-Sainte-Marie et à Hugues Devent, envoyés en Suisse, touchant la neutralité du comté de Bourgogne. — Fol. 42. Mandement de Marguerite d'Autriche pour l'entretien de ladite neutralité; du 6 février 1514 (n. st.). — Fol. 44 v⁰. Lettres de la même relatives au même objet; du même jour. — Fol. 46. Lettres de l'empereur Maximilien relatives au même objet; du 13 février 1514 (n. st.). — Fol. 48. Traité de neutralité du 23 février 1528 (n. st.). — Fol. 56. Autre; du 12 octobre 1542. — Fol. 59. Autre; du 13 août 1544. — Fol. 69. Autre; du 5 juillet 1544. — Fol. 76. Lettre écrite au roi de France par MM. des Ligues en faveur du comté de Bourgogne; du 9 avril 1551. — Fol. 80. Autre, des mêmes au même, relatives au même objet; du 19 avril 1552. — Fol. 84. Publication du traité de neutralité de l'an 1552 pour la Franche-Comté. — Fol. 109. Traité de neutralité, de 1555. — Fol. 123. Lettre, traduite d'allemand en français, de MM. des Ligues au roi de France pour la neutralité du comté de Bourgogne; du 15 juillet 1560. — Fol. 125. Publication du renouvellement du traité de neutralité de la Franche-Comté avec la France; du 3 octobre 1563. — Fol. 157. Renouvellement du traité de neutralité pour 29 ans; du 1er mai 1580. — Fol. 183. Commission pour la délimitation de la Franche-Comté du côté de Jougne avec les Bernois. — Fol. 189. Traité de neutralité entre la France et la Franche-Comté; du 22 septembre 1595. — Fol. 196. Traité de neutralité entre les deux Bourgognes pour 29 ans; 1610. — Fol. 205. Commission de Louis XIII et ratification de ce traité par les archiducs Albert et Isabelle, par le roi Louis XIII, et sa publication. — Fol. 221 v⁰. — Traité entre la Franche-Comté et la Bourgogne, suivi d'un mémoire servant d'éclaircissement aux traités précédents; du 28 janvier 1612. — Fol. 239. « Le pacte héréditaire d'entre la maison d'Austriche et Bourgogne et la louable commune des ligues de Suisse. » — Fol. 254 v°. Lettres écrites par les cantons suisses au sujet des divers traités de neutralité, depuis 1523 jusqu'en 1553. — Fol. 274. Extrait de plusieurs articles de la ligue héréditaire de la Suisse et de la Bourgogne. — Fol. 275. Articles additionnels. — Fol. 277 v°. Documents relatifs à la ligue conclue entre les cantons suisses et la Franche-Comté au mois de mai 1557. — Fol. 289. Ligue entre le roi d'Espagne, Philippe II, et les cantons catholiques de la Suisse; du 12 mai 1587. — 326 feuillets.

925 (43). « Mémoires pour servir à l'histoire des autheurs de Franche-Comté. » — Du fol. 8 v° au fol. 114, il y a une histoire des archevêques de Besançon, jusqu'à M. de Blitterswitch, et du fol. 122 au fol. 140, une « généalogie d'Otte Ier, comte héréditaire de Bourgogne, depuis l'an 1000, et de ses descendants jusqu'à présent. » Les « Mémoires pour servir à l'histoire des autheurs de Franche-Comté, » commencent, à proprement parler, au fol. 141 et vont jusqu'au fol. 223. — A la fin (fol. 231) est une table des auteurs mentionnés dans ce recueil, suivie d'une indication des auteurs omis. — 236 feuillets.

926 (44). « Mémoires pour servir à la vie des saints de Franche-Comté. » — Fol. 281. « Mémoire des reliques qui se trouvent en cette province. » — Fol. 300. « Table alphabétique des saints du calendrier de cette province. » — 306 feuillets.

927-928 (45-46). Extraits des registres du Parlement de Franche-Comté concernant la cour et ses officiers. Chaque volume est suivi d'une table des matières et des noms. — 271 et 172 feuillets.

929 (47). « Table du contenu aux volumes des actes importants du Parlement de Franche-Comté séant à Dole. » — Fol. 252. « Mémoire contenant tout ce qui est contenu dans un ancien registre qui est entre les mains de M^r le conseiller Lampinet, s^{gr} de Pugey, que l'on croit estre le 1er volume des actes importants du Parlement qui se trouve égaré. » — Fol. 270. Répertoire par ordre alphabétique de diverses matières de la compétence des Parlements. — A la fin, table alphabétique des matières et des noms contenus dans les registres des actes importants du Parlement. — 417 feuillets.

930-931 (48-49). Table des matières et inventaire sommaire, en forme de table, de tout ce qui est contenu dans les registres du Parlement. — 292 et 145 feuillets.

932-933 (48 *bis*-49 *bis*). Extraits des registres du Parlement de Franche-Comté, concernant son ancienneté, ses prérogatives et ses officiers. — xix et 564 feuillets.

934-951 (50-67). « Recueil des ordonnances anciennes observées en la cour souveraine du Parlement de Dole et aux autres justices du comté de Bourgogne. »

934. Tome I. Fol. 1-153. Ordonnances de 1439 au 26 septembre 1538.

935. Tome II. Fol. 154-504. Ordonnances de 1573 au 15 juillet 1579.

936. Tome III. Fol. 505-762. Ordonnances du 30 juillet 1579 au 10 octobre 1586.

937. Tome IV. Fol. 763-1004. Ordonnances du 9 octobre 1586 au 17 octobre 1591.

938. Tome V. Fol. 1005-1261. Ordonnances du 21 novembre 1591 au 22 septembre 1595.

939. Tome VI. Fol. 1262-1504. Ordonnances du 20 novembre 1595 à 1598.

940. Tome VII. Fol. 1505-1737. Ordonnances du 15 janvier 1598 au 15 novembre 1607.

941. Tome VIII. Fol. 1738-1996. Ordonnances de novembre 1607 au 19 mai 1618.

942. Tome IX. Fol. 1997-2252. Ordonnances du 7 septembre 1618 au 5 mars 1622.

943. Tome X. Fol. 2253-2500. Ordonnances de 1622 au 12 février 1627.

944. Tome XI. Fol. 2501-2736. Ordonnances du 7 mai 1627 au 11 août 1631.

945. Tome XII. Fol. 2738-2995. Ordonnances du 15 novembre 1631 au 3 avril 1636.

946. Tome XIII. Fol. 2997-3251. Ordonnances du 12 avril 1636 au 9 septembre 1642.

947. Tome XIV. Fol. 3252-3508. Ordonnances du 15 septembre 1642 au 18 juillet 1650.

948. Tome XV. Fol. 3509-3767. Ordonnances du 7 septembre 1650 au 18 janvier 1663.

949. Tome XVI. Fol. 3768-4018. Ordonnances du 18 janvier 1663 au 12 juillet 1685.

950. Tome XVII. Fol. 4019-4170. Ordonnances du 20 décembre 1681 au 23 juin 1729.

951. Tome XVIII. Fol. 4171-4315. « Table des édits et déclarations des souverains et du Parlement, dont le recueil forme les anciennes ordonnances de la province de Franche-Comté. » — 4315 feuillets.

952-953 (68-69). Nominations des officiers du Parlement de Dole.

Le tome I contient (fol. A-J) les nominations faites depuis le 22 mars 1601 jusqu'au 13 novembre 1630. Fol. 1. « Registre des nominations des officiers du Parlement de Dole à commencer dès l'année 1601. »

Le tome II contient (fol. A-N) les nominations faites depuis le 7 janvier 1631 jusqu'au 24 novembre 1691. — Fol. 1. « Serment que se doit prêter à toutes nominations, » suivi du registre des nominations.

302 feuillets, plus les feuillets A-J préliminaires, et 404 feuillets, plus les feuillets A-N préliminaires.

954-955 (70-71). « Extrait des lettres écrittes par le Parlement de Dole aux rois et aux ministres. »

Le tome I contient l'indication des lettres écrites depuis le 7 juin 1559 jusqu'au 1er juin 1672. A partir du fol. 200 v°, il y a le texte de plusieurs lettres.

Le tome II contient pêle-mêle des copies et des analyses, depuis le commencement du xvii° siècle jusqu'au 17 mai 1659. — 563 feuillets.

956 (72). « Extrait des lettres écrittes au Parlement par le roy ou les ministres dez l'an 1674. » Ce recueil va jusqu'au 18 mai 1731. — 172 feuillets.

957 (73). « Remontrances du Parlement depuis 1674, » jusqu'au mois de janvier 1735. — 247 feuillets.

958 (74). « Abrégé en forme de répertoire de tout le contenu aux sept volumes ou registres des actes importans du Parlement. » Ce répertoire est par ordre alphabétique. — Fol. 67.

« Table alphabétique des matières contenues aux papiers mentionez en cette inventaire. » — Fol. 94. « Table alphabétique du contenu en quatre volumes de lettres importantes qui sont gardées au Cabinet de la cour... » — Fol. 133. Liste d'officiers du Parlement de Dole depuis l'an 1500 jusqu'en l'an 1679. — Fol. 157. « Instructions particulières envoyées par le Roy à M. le président de Batterans en l'an 1586. » — Fol. 173. Lettres patentes relatives à l'établissement du Parlement de Dole, du 30 septembre 1500, et à son rétablissement, du mois de février 1679, et autres pièces relatives à cette cour. — 256 feuillets.

959 (75). Inventaire des pièces contenues dans les registres des fiéfs et dans les registres des chartes de la Chambre des comptes de Franche-Comté, avec une table des noms, commençant par A et B, qui sont mentionnés dans ce volume. — 368 feuillets.

960 (76). « Extrait des registres de la Chambre des comptes » de Dole. Ces extraits concernent le domaine du comté de Bourgogne, Bracon, Salins, la Châtelaine, les Planches, Arbois et ses environs, Courtenois, Vadans, la Ferté, Pontarlier, Poligny, Voiteur, Montmorot, les bailliages de Dole, Quingey et Ornans, Saint-Aubin, Montmirey, les bailliages d'Amont et de Gray, Apremont, Vellexon, Besançon et le prince d'Orange. D'après une note écrite à la fin du volume, cet extrait est la copie d'un ms. fait en l'an 1354 par Pierre de Fontenoy, prêtre et tabellion de la cour de Montbozon. — 265 feuillets.

961-962 (77-78). « Mémoires généalogiques sur l'ancienne noblesse de Franche-Comté. » — Une table alphabétique des noms est en tête du premier volume. — 274, plus les feuillets préliminaires A-Q, et 117 feuillets.

963 (79). « Extrait des registres du Parlement concernant les lettres de noblesse, de chevalerie, comtes et barons, avec les permissions de tenir en fief. 1734. » — Une table alphabétique des noms est en tête du volume. — ix et 548 feuillets.

964 (80). Recueil généalogique sur différentes familles de Franche-Comté, intitulé : « Recueil divers des maisons. » — 169 feuillets.

965-967 (81-83). « Extrait des registres de la cour, concernant les matières ecclésiastiques et bénéficiales, » du diocèse de Besançon. — 246 et 271 feuillets.

968 (84). « Inventaires des titres principaux de l'archevesché de Besançon. » — 286 feuillets.

969 (85). « Recueil général des bénéfices ecclésiastiques tant du diocèse de Besançon que du comté, contenant les noms et invocations de mesme que des patrons et titulaires d'iceux jusqu'au commencement de l'an 1701. » — 895 pages.

970 (86). « Mémoires concernant plusieurs affaires touchant l'archevêché et le chapitre métropolitain. » — Fol. 1. « Plusieurs lettres sur le fait de l'élection à l'archevêché de Besançon de la personne de R. M. François de Grandmont, haut doien de Besançon, vacante icelle par l'obiit de M. l'Ill. et R. Antoine Perrenot, dit de Grandvelle, moderne archevêque dud. lieu, au mois de septembre 1586. » — Fol. 43. « Lettre du roy d'Espagne au Parlement touchant le droit d'élection à l'archevesché de Besançon ; » du 22 avril 1655. — Fol. 70. « Teneur du traicté et accord fait au mois d'aoust 1585 de différents d'entre les vénérable haud doyen, chanoine et chapitre de l'église métropolitaine de Besançon d'une part et les gouverneurs de ladite cité d'autre. » — Fol. 83 v°. « Traicté et accord fait à l'intervention de la cour du différend qui estoit entre les vénérables de l'insigne chapitre de Besançon et les sieurs gouverneurs de laditte cité ; » du 5 janvier 1592. — Fol. 87. Autre ; du 29 juin 1601. — Fol. 89 v°. « Traité fait entre M. Ferdinand de Rye, archevêque de Besançon, et les haut doyen et chapitre métropolitain au sujet de la juridiction temporelle ; » du 29 juin 1601. — Fol. 98. « Bref sur la provision à l'archevêché de Besançon en la personne de M. Ferdinande de Rye, addressé par le Pape Sixte V au gouverneur et au Parlement du comté de Bourgogne ; » du 22 septembre 1587. — Fol. 101 v°. « Titre nommé caduc concernant Besançon et M. l'Archevêque. » — Fol. 105 v°. « Confirmatio postulationis factæ a capitulo metropolitano Bisuntino in archiepiscopum de persona Antonii de Vergy, constituti in anno suæ ætatis 15° per Alexandrum papam VI, de anno 1502. » — Fol. 115. « Synopsis rerum gestarum circa decanatum majorem ecclesiæ metropolitanæ Bisuntinæ ab anno 1661 usque ad præsentem annum, 1667. » L'auteur est Pierre Alix, abbé de Saint-Paul de Besançon. — Fol. 230. « Mémoire concernant la réunion d'un bénéfice à la manse du chapitre métropolitain en cédant à S. M. le droit dudit chapitre à la nomination des dignités et des canonicats. » — 235 feuillets, plus les feuillets préliminaires A-C.

971 (87). « Mémoires concernant le chapitre et l'archevêché. » — Fol. 1. « Éponge pour effacer la censure que le P. Dominique Vernerey a fait au dialogue entre Porte noire et le Pilory, et du factum ou conseil latin pour le chapitre de l'église métropolitaine de Besançon contre les censures d'Alexandre, composée par R. sieur Messire Pierre Alix, abbé de St-Paul et chanoine théologal en ladite église l'an 1664. » Ce pamphlet a été imprimé. — Fol. 68. « Dialogue entre Porte noire et le Pilori, » par le même. A été imprimé. — Fol. 79. « Dialogue entre Chaudanne et l'âne qui parle, » par le même. — Fol. 99. « Pro capitulo ecclesiæ metropolitanæ Bisuntinæ contra censuras Alexandri VII consilium. » — Fol. 136. « Avis de droit sur la nomination à l'archevesché de Besançon en faveur de Sa Majesté. » — Fol. 261. « Répliques aux remontrances faites au Roy, » sous le nom du chapitre métropolitain. — 307 feuillets.

972 (88). « Titres concernans l'archevêché. » — Fol. 1. Diplôme de l'empereur Sigismond; du 13 février 1416 (n. st.). — Fol. 16. Règlement des droits d'échute ou du caduc appartenant à l'archevêque de Besançon; du 9 mai 1179. — Fol. 21. Commission accordée par l'archevêque Guillaume à huit citoyens de bâtir sur les deux dernières arches du pont; septembre 1265. — Fol. 23. « Désaveu de l'élection et création d'un capitaine en la cité de Besançon. » 1291. — Fol. 25 v°. Condamnation prononcée par l'empereur Conrad contre Guillaume, archevêque de Besançon; du 16 mai 1245. — Fol. 26. Confirmation par l'empereur Charles IV du privilège de changer les officiers à la réserve des quatre principaux, de battre et changer la monnaie; du 26 novembre 1356. — Fol. 29 v°. Investiture de l'empereur Rodolphe II pour Antoine Perrenot de Granvelle, archevêque de Besançon et confirmation de quinze privilèges des empereurs précédents; du 26 février 1586. — Fol. 79. Lettres de Philippe, archiduc d'Autriche, pour l'exécution des bulles accordant à l'archevêque de Besançon la disposition des bénéfices vacants; du 27 mars 1501 (n. st.). — Fol. 83. Commission du pape Alexandre IV aux évêques d'Autun et d'Auxerre pour juger des entreprises des citoyens de Besançon; du 29 janvier 1259. — Fol. 87. Défense par Guillaume, roi des Romains, de bâtir château ou forteresse à Besançon sans le consentement de l'archevêque; du 15 février 1256 (n. st.). — Fol. 88 v°. Investiture de l'empereur Rodolphe II· pour Ferdinand de Rye et confirmation de privilèges précédents; du 24 septembre 1588. — Fol. 197. Confirmation par Guillaume, roi des Romains, des privilèges de l'archevêché de Besançon et spécialement du droit de battre monnaie; du 4 mai 1250. — Fol. 198 v°. Lettre d'envoi en possession et jouissance des fiefs, rentes, etc., pour l'archevêque de Besançon; du 31 mai 1412. — Fol. 203. « Déclaration des fiefs, droits et revenus dépendants de la régalie de Besançon. » — Fol. 213 v°. Transaction entre Nicolas, archevêque de Besançon, et Thibaud, vicomte de Besançon. 1232. — Fol. 216. Transaction entre Eudes, archevêque de Besançon, et Jean de Chalon, seigneur d'Arlay; du 2 mai 1295. — Fol. 220 v°. Acte de foi et hommage de Henri de Joux, au nom de Jean de Chalon, à Eudes, archevêque de Besançon, pour la mairie de Besançon; avril et juin 1295. — Fol. 235. Protestation de l'archevêque de Besançon à la prise de possession de la vicomté de cette ville; du 6 février 1297 (n. st.). — Fol. 238. Arrêt d'intervention pour Jean V de Noroy, archevêque de Besançon, à cause de sa régalie contre le procureur général du Parlement; du 18 juillet 1443. — Fol. 240 v°. « Quittance pour le duc et comte de Bourgogne des fruits et émolumens de la régalie de Besançon par luy tenue en vertu de concession de Venceslas, roy des Romains; » du 21 mars 1422 (n. st.). — Fol. 244. Transaction entre Eudes, archevêque de Besançon, et Jean de Chalon, seigneur d'Arlay, au sujet de la vicomté de Besançon; du 22 novembre 1299. — Fol. 248 v°. Transaction entre Othon, comte de Bourgogne, et Eudes, archevêque de Besançon, au sujet de la mairie et vicomté de Besançon ; janvier 1294 (n. st.). — 258 feuillets, plus les feuillets préliminaires A-G.

973 (89). « Memorialia ad historiam abbatiæ Sancti Pauli Bisuntinæ, » par D. Bruant. — C'est le même ouvrage que celui qui est indiqué dans le n° 868 de la collection Moreau. — 300 feuillets.

974 (90). « Mémoires concernant la confrérie de St-Georges. » — Fol. 1. Placet présenté au roi par les chevaliers de Saint-Georges pour obtenir la cassation d'un arrêt qui leur refuse la qualité de chevaliers. — Fol. 4. « Motifs de l'arrêt du Parlement qui a tracé la qualité de chevaliers à M^{rs} de St-George. » — Fol. 25 v°. « Mémoire responsif de M^{rs} de St-George pour se conserver la qualité de chevaliers. » — Fol. 68. « Response au mémoire de M^{rs} de St-George par le Parlement de Franche-Comté. ». — Fol. 153. « Mémoire concernant la confrérie de St-George, » tiré de Gollut, chap. xxvi, fol. 953. — Fol. 189. Lettre écrite par les chevaliers de Saint-Georges à Philippe IV, roi d'Espagne. — Fol. 190. Réponse du roi d'Espagne ; du 18 août 1659. — Fol. 190 v°. « Touchant l'histoire de la confrérie de St-George, par le sieur de Loisy. » — Fol. 191 v°. Extrait des mémoires de Gollut touchant Pierre d'Hacquembach. — Fol. 196 v°. Extrait des anciennes ordonnances du comté de Bourgogne au sujet des qualités. — Fol. 211. « Précis de l'état des droits, titres et qualitez de la confrairie des chevaliers de St-George de Franche-Comté. » — Fol. 237 v°. Extrait d'un livre intitulé : « Narration historique des couvens de St-François en Franche-Comté, » par Jacques Foderé, en ce qui concerne la confrérie de Saint-Georges. — 240 feuillets.

975-976 (91-92). Documents relatifs au cardinal de Granvelle.

Tome I. « Lettre de M. l'abbé Boisot à M. Pelisson concernant un projet d'histoire du cardinal de Granvelle et les manuscrit (*sic*) de St-Vincent. » — Fol. 104. « Extrait des Mémoires du cardinal de Granvelle et des manuscrits de l'abbaye de St-Vincent. » — Tome II. Suite. — Fol. 199 v°. « Extrait des patentes octroyées au sieur Pierre Perrenot, d'Ornans, père de monsieur le chancelier de Granvelle. » — Fol. 212 v°. Extraits de Le Laboureur relatifs au cardinal de Granvelle. » — 295 et 222 feuillets.

VIII

977-999. Collection de Mémoires sur les Généralités de la France, rédigés par les Intendants, en 1697-1700, pour l'instruction du duc de Bourgogne; 23 volumes in-4.

977 (1). Alençon et Perche. — 327 feuillets.
978 (2). Alsace. — 371 feuillets.
979 (3). Béarn et Basse-Navarre; Flandre flamingante. — 138 et 135 feuillets.
980 (4). Bordeaux; — Auvergne. — 176 et 184 feuillets.
981-982 (5-6). Bourgogne. — 264 et 262 feuillets.
983 (7). Bretagne. — 223 feuillets.
984 (8). Caen. — ... feuillets[1].
985 (9). Flandre gallicane; — Hainaut. — 168 et 152 feuillets.
986 (10). Languedoc. — 364 feuillets.
987 (11). Lorraine et Trois-Évêchés. — 136 et 149 feuillets.
988 (12). Montauban. — 220 feuillets.
989 (13). Orléans; — Bourges. — 176 et 107 feuillets.
990-991 (14-15). Paris. — 438 et 499 feuillets.
992 (16). Picardie; — Artois. — 262 et 194 feuillets.
993 (17). Poitiers; — Limoges. — 116 et 167 feuillets.
994 (18). Provence. — 491 feuillets.
995 (19). Rouen; — La Rochelle. — 81 et 206 feuillets.
996 (20). Franche-Comté; — Roussillon. — 154 et 189 feuill^s.
997 (21). Soissons; — Champagne. — 107 et 239 feuillets.
998 (22). Tours, Anjou et Maine. — 238 et 108 feuillets.

1. Le volume 984 a été cédé, en 1863, aux archives du département de la Manche, en échange d'une copie du cartulaire de Saint-Sauveur-le-Vicomte, aujourd'hui ms. latin 17137.

999 (23). « Extrait des mémoires de la généralité de Franche-Comté, duché de Bourgogne et pays de Bresse, Gex et Bugey. » — 218 feuillets.

IX

1000-1043. Seconde collection d'Esnans.
Collection d'Inventaires de différentes archives des Pays-Bas autrichiens, recueillis par Courchetet d'Esnans; 44 volumes in-4[1].

1000-1001 (I-II). « Inventaire des pièces et actes renfermés dans la tour de la Chambre des comptes à Bruxelles. » — 233 feuillets et feuillets 234 à 480.

1002 (III). « Recueil succinct des reflexions tirées des avis de Cour reposans à la Chambre des Comptes de Bruxelles pour le département de la Flandre. » (1667-1743.) — 268 feuillets.

1003 (IV). Extrait des avis et mémoires envoyés par la Chambre des comptes de Bruxelles aux souverains. (1660-1739). — 362 feuillets.

1004 (V). Inventaire par extrait du dépôt de la seconde Chambre de la Secrétairerie d'État et des finances de Bruxelles. — 423 feuillets.

1005 (VI). Copie du répertoire de quinze registres des chartes de la Chambre des comptes au département de Flandres, à Bruxelles. (Cf. n° 589.) — 247 feuillets.

1006 (VII). Inventaire des pièces trouvées dans l'ancienne chapelle du cardinal de Granvelle. — 322 feuillets.

1007-1008 (VIII-IX). Inventaire par extrait des pièces qui sont trouvées dans les dépôts et greffes de l'Audience à Bruxelles et de la Secrétairerie d'État et de guerre. — 225 et 413 feuillets.

---

1. Cette collection est plus complète que le recueil d'inventaires, en double exemplaire, également formé par d'Esnans, et qui a été inventorié plus haut sous les n°s 579-624. Elle provient du Bureau des Affaires étrangères.

1009-1010 (X-XI). Table générale des matières contenues ès dix-neuf registres de chartes de la Chambre des comptes de Sa Majesté en Brabant. — 324 et 280 feuillets.

1011 (XII). Table des huit registres des affaires particulières de la Chambre des comptes du roi en Brabant. (1585-1739.) — 211 feuillets.

1012 (XIII). Inventaire par extrait de tous les actes et pièces de la Chambre des comptes de Brabant qui sont trouvées dans la première [chambre] en entrant dans la tour appelée la Chambre des chartes. (Cf. n° 1036.) — 153 feuillets.

1013 (XIV). Copie tirée des registres de la Chambre des comptes de Brabant, concernant les aliénations de domaines depuis 1306 jusqu'à présent. — 194 feuillets.

1014-1015 (XV-XVI). Répertoire des actes contenus dans les registres des chartes de la Chambre des comptes de Lille. (1386-1531). — 278 et 594 feuillets.

1016-1017 (XVII-XVIII). Répertoire des lettres enregistrées ès registres des chartes tenus et reposans en la Chambre des comptes à Lille. (1530-1625.) — 414 et 385 feuillets.

1018 (XIX). Répertoire des lettres contenues dans les registres des charges de la Chambre des comptes de Lille. (1625-1644.) — 362 feuillets.

1019 (XX). Inventaire des titres relatifs au pays de Gueldre. — 443 feuillets.

1020 (XXI). Table de registres contenant des actes produits sur les comptes du scel de l'Audience de Brabant. (xv°-xvi° siècles.) — Table de lettres patentes de noblesse et d'autres marques d'honneur accordées par les souverains des Pays-Bas. — Table d'un registre contenant les actes rapportés en la Chambre des comptes de Brabant par divers prélats, nobles, villes et particuliers, conformément aux lettres patentes sur ce expédiées en 1498 et 1500. — 284 feuillets.

1021 (XXII). Inventaire de titres relatifs aux affaires de Luxembourg. — 314 feuillets.

1022 (XXIII). Inventaire des placards de Brabant. — 321 ff.

1023 (XXIV). Inventaire par extrait des pièces trouvées au Conseil des finances à Bruxelles. — Inventaire des archives du Conseil privé de Bruxelles. — 266 feuillets.

1024 (XXV). Inventaire par extrait de registres reposant en finances, des mandements, patentes, octrois, commissions et autres, depuis 1733. — 273 feuillets.

1025 (XXVI). Table du premier registre des placards de Flandres. — Inventaire du registre des affaires des monnoies depuis 1740. — 220 feuillets.

1026 (XXVII). Tables de registres contenant copie de chartes et autres lettres rendues sur les comptes du scel de l'audience de Brabant, depuis 1551. — Table des registres noirs, commençant en 1191. — Inventaire de plusieurs registres du Brabant et de pièces trouvées sur les greniers de la Chambre des comptes de Brabant. — 306 feuillets.

1027 (XXVIII). Inventaire de titres conservés à la Chambre des comptes de Brabant. — 404 feuillets.

1028 (XXIX). Inventaire de titres trouvés à la maison de ville de Mons. — Inventaire de pièces du Conseil d'état du Hainaut. — Inventaire des avis donnés par le Conseil de Mons. — 250 feuillets.

1029-1030 (XXX-XXXI). Inventaire de pièces conservées dans le château, puis dans la ville de Namur. — 285 et 310 ff.

1031 (XXXII). Recueil sur la noblesse de Lorraine. — 214 feuillets.

1032 (XXXIII). Recueil de pièces diverses. — Affaires de Lorraine. — Paix des Pyrénées, 1686 (fol. 25); — Différends de François Ier et de Charles-Quint, 1528, etc. (fol. 64 v°); — « Inventaire des papiers du gouvernement de la province retrouvés dans le cabinet du secrétariat au château de Grey, 1662. » (fol. 285). — 313 feuillets.

1033 (XXXIV). Recueil de lettres et pièces relatives à la publication du concile de Trente en Franche-Comté. — 140 feuillets[1].

1034 (XXXV). Inventaire de pièces conservées dans la première chambre de la Chambre des comptes de Bruxelles. — 337 feuillets.

1035 (XXXVI). Inventaire de titres relatifs à la ville de Bruges et au franc de Bruges. — 452 feuillets.

---

1. Un état détaillé de ce ms. a été publié par M. U. Robert, *op. cit.*, p. 243-244.

1036 (XXXVII). Inventaire par extrait de tous les actes et pièces de la Chambre des comptes de Brabant qui sont trouvées dans la première [chambre] en entrant dans la tour appelée la Chambre des chartes. (Double du n° 1012.) — 398 feuillets.

1037 (XXXVIII). Inventaire des titres de Bruges. — 425 feuillets.

1038 (XXXIX). Inventaire de titres relatifs au Luxembourg. — 281 feuillets.

1039 (XL). Inventaire de titres relatifs à Tournay. — 337 feuillets.

1040 (XLI). Inventaire de titres relatifs à Ostende. — 319 feuillets.

1041-1042 (XLII-XLIII). Inventaire des placards de Flandre. — 293 et 288 feuillets.

1043 (XLIV). Table des registres noirs de la Chambre des comptes de Brabant. — Inventaire des papiers trouvés dans le cabinet du secrétariat au château de Grey, 1662. — Table d'un registre de la ville de Nieuport. — Anoblissements de Franche-Comté, d'après les registres de la Chambre des comptes de Lille. — 218 feuillets.

X

1044-1097. MÉLANGES *comprenant divers documents originaux, des pièces sur l'histoire de Paris et des extraits des archives du Parlement.*

1044. Recueil de documents sur l'Artois, le Ponthieu et la Picardie (xiii°-xvi° siècle), tirés de la Chambre des comptes de Bruxelles.

Pièces relatives au comté de Guines (fol. 3), — à la ville de Calais (fol. 17 et 189), — Ordonnance de Charles V sur la majorité des rois (1392); copie ancienne (fol. 73), — Comptes extraits des registres de la Chambre des comptes de Lille concernant les domaines du Ponthieu et de la Picardie, 1437-1475 (fol. 89), — « Ordonnances faites par Mgr. le conte de

Charolois... touchant le bailliage d'Amiens, » 1466 (fol. 115).
— 203 feuillets.

1045. Registre contenant les déclarations des terres en non-valeur du domaine de Ponthieu, 1447. Original. — 104 feuillets.

1046. Recueil de documents sur la Bourgogne et la Franche-Comté (xive-xvie siècle), tirés de la Chambre des comptes de Bruxelles.

On y remarque une série de documents relatifs aux salines de Salins (fol. 110). — 222 feuillets[1].

1047-1051. Recueil de pièces originales, cédées au Cabinet des chartes par Blondeau (xiiie-xviie siècle)[2].

1047. Soixante-sept pièces originales (1277-1482), concernant principalement : Alençon (59), — Amboise (42), — Angers (3), — Angoulême (55), — Brétigny (traité de) (15), — Caen (18, 24, 29), — Carentan (45), — Caudebec (13, 14), — Charlieu (2), — Dunois (54, 57), — Falaise (34, 39, 53), — Honfleur (32), — Liège (62), — Mâcon (25), — Mantes (49), — Melun (51), — Paris (6, 33), — Rouen (10, 12, 23, 40), — Tours (19, 20, 21), etc. — 67 feuillets.

1048. Trente-cinq pièces originales (1486-1634), concernant principalement : Armagnac (12), — Auvergne (6, 20), — Condom (8, 9), — Dauphiné (32), — Estouteville (10), — Fontenay-le-Comte (28), — Lannion (33), — Paris (17), — Pont-l'Évêque (23), — Rouen (16), — Senlis (14), — Sully (15), — Toulouse (17), — Valois (24). — 35 feuillets.

1049. Recueil de pièces, la plupart en copies sur papier (xiie-xviiie siècle), rangées par ordre alphabétique et concernant principalement la baronnie d'Ancerville (1670), — abbaye d'Aniane (1673), — prieuré de Beaulieu, près Roanne (xive-xve siècles), — Châtillon-sur-Seine (1696), — Chartres (1457), — Le Creuzot (1507), — abbaye de Grandselve (1282), — Joinville (xviie siècle), — abbaye de Saint-Josse-sur-Mer (xvii^e

---

1. Le détail des pièces de ce ms. se trouve aux pp. 244-245 du *Catalogue des mss. relatifs à la Franche-Comté* de M. U. Robert.

2. Une analyse détaillée de ces pièces, faite par M. Delisle (y compris celles du ms. 1052), se trouve aux pp. 1277-1300 de l'Inventaire (ms.) des chartes (*Catalogues*, n° 169).

siècle), — Valentinois (xiv⁰ siècle), — Valois (xvi⁰ siècle), etc. — 258 feuillets.

1050. Soixante-deux pièces originales (1292-1474), relatives à l'église de Tours. — 62 feuillets.

1051. Soixante-dix-huit pièces originales (1475-1692), relatives à l'église de Tours. — 78 feuillets.

1052. Trente-cinq pièces diverses (1396-1777), concernant principalement : Caen (24), — Châlons (12, 14, 15, 16), — Orléans (10), — Quercy (6), — Verdun (5), — Vitry (13). — 35 feuillets.

1053-1072. Collection de pièces relatives principalement à l'histoire administrative de Paris.

1053. « Inventaire des édictz, lettres, previlleges, contractz, comptes rendus, rachaptz de ventes et aultres tiltres et pièces concernans tant le domaine patrimonial, dons et octrois, rentes constituées sur l'Hostel de ladicte ville, que autres affaires concernans le bien d'icelle ville, faicte par moy Guillaume Clement, commis au greffe de ladicte ville... 1602-1605. » Registre original, avec sa reliure primitive. — 167 feuillets.

1054-1057. Recueil de pièces, dont beaucoup sont originales, relatives aux affaires militaires de la ville de Paris : fossés, remparts, portes, bastille, arsenal, munitions, artillerie, gardes, chaînes des rues, armes trouvées chez les bourgeois, vivres, rôles d'habitants, etc.

1054. Tome I. (1469-1524.) — 144 feuillets.

1055. Tome II. (1525-1560.) — 113 feuillets.

1056. Tome III. (1561.) — 27 feuillets.

1057. Tome IV. (1562-1674.) — 255 feuillets.

1058. Comptes d'impositions levées à Paris pour le roi en 1524, 1529 et 1536. Registres originaux (le premier sur parchemin). — 99 feuillets.

1059. « Registre des constitutions de rentes assignées sur la ville de Paris aux particulliers d'icelle qui ont baillé au roy leur vaisselle d'argent pour subvenir aux affaires de ses guerres. » 1554. — 32 feuillets.

1060. Registres de la vaisselle d'argent apportée à l'Hôtel de ville de Paris pour le service du roi en 1562, 1567, 1575 et 1577 (les deux derniers sur parchemin). — 1137 feuillets.

1060 bis. « Registre de la vaisselle d'argent prinse et levée sur plusieurs particuliers de la ville de Paris en l'année 1567 et 1568. » — 191 feuillets.

1061. Recueil de pièces sur le commerce de Paris. — « Mémoire sur le droit de *hanse*, appartenant à la ville » (fol. 1); — Pièces relatives au même sujet, 1121-1673 (fol. 26); — Pièces sur les foires et lendit, 1215-1777 (fol. 59); — Pièces sur les halles et marchés (fol. 89); — Pièces diverses sur les monnaies (fol. 138), — les tanneurs et teinturiers (fol. 147), — les bouchers (fol. 150). — 188 feuillets.

1062. Registre des « Compaignies françoises de la prevosté des marchands de Paris... » (1449-1467). — 131 feuillets.

1063. Registre des Compagnies françaises des marchands de Paris. (1532-1542.) — 406 feuillets.

1064. Registre des Compagnies françaises des marchands de Paris. (1542-1549.) — 245 feuillets.

1065. Registre des Compagnies françaises des marchands de Paris. (1549-1561.) — 377 feuillets.

1066. « Nottes extraites des registres de l'Hôtel-de-Ville de Paris par le citoyen Boudreau, premier commis du greffe de la ville, relativement aux travaux publics et fortifications ordinaires et extraordinaires de la ville, depuis 1285 jusqu'en 1769. » — 133 feuillets.

1067. Notes et documents divers relatifs aux travaux publics de Paris. (1554-1788.) — Ventes de terrains, ponts, égouts, poses de première pierre, inscriptions, etc. — Pièces relatives aux places Royale, des Victoires, de Vendôme et de Louis XV. — 208 feuillets.

1068. Notes et documents relatifs aux cérémonies et fêtes de la ville de Paris. — Entrées et mariages de souverains et princes. — Fêtes publiques. (1500-1775.) — 239 feuillets.

1069. Comptes des dépenses pour diverses fêtes publiques de Paris : sacres, mariages, entrées, réceptions, etc. (1764-1776.) — 52 feuillets.

1070. Notes et documents divers relatifs à l'histoire de Paris. — Pièces sur la Saint-Barthélemy, — les États généraux et la Ligue, — la Fronde. — Présents faits à des églises, aux rois, reines et à divers personnages. (1442-1782.) —

Armoiries de la ville de Paris. — Copie du testament de Ramus, 1568, etc. — École de chirurgie. — 163 feuillets.

1071. « Inventaire général des meubles et autres effets appartenants à Messieurs » les prévôt des marchands et échevins de la ville de Paris. (1740.) — 123 feuillets.

1072. « Extrait des généalogies des principales familles de Paris. » — VII et 143 feuillets.

1073-1074. Recueil de pièces originales relatives à la maison de Henriette-Marie de France, reine d'Angleterre.

La plupart sont des pièces comptables : états de recettes et dépenses, mandements, quittances, etc., des années 1625 et 1626. — En tête du premier volume est un État de la maison de la reine pour 1606 ; à la fin du second, un contrat original relatif au commerce du charbon de terre entre la France et l'Angleterre (1660). — 126 et 223 feuillets.

1075-1086. Collection d'extraits des *Rouleaux* du Parlement de Paris, faite par Meslé et mise en ordre par Pitorre. Elle est intitulée : « Compilation par ordre chronologique d'environ quatorze mille extraits copiés d'après le contenu dans les cartons de M. le Procureur général, et dont les originaux sont renfermés en partie dans le dépôt des rouleaux du Parlement de Paris, et dont nombre d'autres sont perdus. »

1075. Tome I. (1274-1353.) — Pages 1- 534.
1076. — II. (1354-1360.) — — 535-1206.
1077. — III. (1361-1364.) — — 1207-1718.
1078. — IV. (1365-1371.) — — 1719-2204.
1079. — V. (1372-1380.) — — 2205-2882.
1080. — VI. (1381-1384.) — — 2883-3570.
1081. — VII. (1385-1388.) — — 3571-4302.
1082. — VIII. (1389-1447.) — — 4303-4950.
1083. — IX. (1448-1459.) — — 4951-5554.
1084. — X. (1460-1466.) — — 5555-6166.
1085. — XI. (1467-1483.) — — 6167-6746.
1086. — XII. (1484-1575.) — — 6747-7554.

1087. « Mémoire composé par Mr le maréchal de Noailles, c'est-à-dire par ses ordres [par Dom Aubrée(?)] à l'occasion de la minorité [de Louis XV] en 1715, » au sujet de la renonciation du roi d'Espagne. — « Plan d'un travail sur toutes les

Coutumes du royaume; » six mémoires sur ce sujet (fol. 115).
— « Projet de lettres patentes pour établir la commission de la conférence des Coutumes et de la rédaction d'un Coutumier général authentique » (fol. 213). — 223 feuillets.

1088. Recueil de pièces sur les finances de la France.

Mémoires de MM. de Silhouette et Bertin sur l'état des finances, en 1759 et 1760 (fol. 1), — « Observations sur les finances de France, Bruxelles, 1760, » in-4°, impr. (fol. 82), — « Mémoire sur le Dixième, » par Moreau, 1767 (fol. 92), — « Mémoire concernant les Octrois » (fol. 101), — « Mémoire sur la répartition de la taille dans la Généralité de Paris » (fol. 178), — « Mémoire historique sur les traités et les droits de douane, » par Moreau (fol. 196). — 209 feuillets.

1089. Recueil de pièces sur le Conseil du roi, la Chambre des comptes et la Cour des aides.

« Mémoire sur la question de savoir quels Arrêts du Conseil doivent être revêtus de lettres patentes » (fol. 1 et 9), — Mémoire sur les Arrêts du Conseil (fol. 17 et 28), — « Loi provisoire relative au Conseil du roi, » 1791, in-4°, impr. (fol. 38), — « Arrets et autres actes sur l'interdiction de la Cour des aydes de Paris l'an 1631 » (fol. 40), — « Mémoire sur la compétence de la Cour des aydes de Paris » (fol. 54), — Mémoire sur les Chambres ardentes établies à Reims, à Saumur et à Valence (fol. 79), — « Mémoire au sujet des commissions du Conseil établies pour la punition des contrebandiers... » (fol. 115), — « Mémoire de la Chambre des comptes de Paris sur la police qu'elle prétend avoir à exercer sur les hôpitaux » (fol. 127), — « Mémoire sur un différend entre la Chambre des comptes et les procureurs » (fol. 149). — 165 feuillets.

1090. Mémoires historiques sur les Parlements et les Secrétaires d'état, par Moreau. — 390 feuillets.

1091-1092. Recueil de mémoires et pièces diverses sur le droit de remontrances des Parlements et autres cours souveraines. — Le premier volume s'arrête à l'année 1759; le second contient différentes pièces des années 1760-1766. — 209 et 186 feuillets.

1093. Recueil de mémoires relatifs à différentes cours et juridictions de province (XVIIe et XVIIIe siècles) : Alsace (fol. 1),

— Besançon (fol. 15), — Bordeaux (fol. 41), — Bourgogne (fol. 81), — Bretagne (fol. 98), — Dôle (fol. 137), — Nancy (fol. 145), — Provence (fol. 157), — Reims (fol. 203), — Rouen (fol. 259), — Toulouse (fol. 265). — 333 feuillets.

1094. Recueil de mémoires relatifs à différentes affaires administratives (xviiie siècle) : Bureau des réunions d'offices (fol. 1), — Chasse (fol. 29), — Clergé (fol. 53), — « Mémoire pour servir de défense à M[e]... Languet de Gergy, curé de Saint-Sulpice, au sujet des demandes qui lui sont faites de droits de lotz et ventes et d'indemnité » (fol. 74), — « Mémoire sur les offices » (fol. 92), — « Sur l'établissement des Présidiaux... » (fol. 113), — Salines de Lons-le-Saulnier et de Montmorot (fol. 145), — Mémoires et pièces sur les Trésoriers généraux de France (fol. 187). — 208 feuillets.

1095. Recueil sur la diplomatique.

« Mémoire sur le Trésor des Chartes » (fol. 1), — « Idée sommaire du registre ou cartulaire de Philippe-Auguste » (fol. 14), — « Acta historiæ regum Francorum primæ [et secundæ] stirpis, dictæ Merovingicæ [et Carolingæ] (fol. 44), — « Table chronologique des ordonnances rendues par les comtes de Flandres [depuis 1089] jusques et à la fin du xiiie siècle » (fol. 68), — « Nomina prioratuum a monasterio Majoris-monasterii prope Turonus, ordinis S. Benedicti... deppendentium... », xvie siècle (fol. 84), — « Ex libro privilegiorum monasterii S. Andreæ in Castro Cameracesio » (fol. 96), — « Index diplomatum seu cartarum contentarum in codice ms. Sithiensis bibliothecæ, sub numero 724 » (fol. 105), — « Extrait des chartes que j'ai vû dans les archives de l'abbaye... de N.-D. du Tart, » par Dom Villevieille, 1766 (fol. 135), — « Inventaire des titres latins de l'abbaye de Voisins, ordre de Cisteaux, au diocèse d'Orléans » (fol. 167), — « Table des actes contenus dans le cartulaire de l'évêché de Paris, ms. [latin] de la Bibliothèque royale, n° 5526 » (fol. 240), — « Notice de la seconde partie des mémoires mss. de Chantereau Le Fèvre, touchant les droits du Roi sur le duché de Lorraine, » par l'abbé de Camps (fol. 256). — 260 feuillets.

1096. Recueil de pièces diverses.

On y remarque un acte de 1643 relatif à la ville de Pégueux (fol. 15), — quelques notes sur la famille Toustain (fol. 20), — Extraits de dissertations de Du Cange (fol. 25), — « Compendium seu abreviatio eorum quæ in 133 cartis Curiæ redditis continentur de tempore domini Guillelmi de Sancta-Maura cancellarii », analyses d'actes du xiv° siècle(?) (fol. 42), — Mémoire sur un ms. de Jean de Montreuil (fol. 61), — Note sur la traduction latine des actes du Concile de Florence, Rome, 1526, in-fol. (fol. 72), — « Quæstiones quodlibeticæ huic tempori accomodatæ disputandæ in antiqua Sorbona Parisiense... et dedicatæ ill^{mo} S. R. E. cardinali de Richelieu seu de Rupella, » 1625 (fol. 73), — « Homélie de ... Pie VI, prononcée dans l'église de Saint-Louis-des-Français, le 30 déc. 1781, après la consécration de ... Mgr. François de Bernis, évêque d'Apollonie en Macédoine » (fol. 77), — « Liste alphabétique des auteurs Bénédictins de la congrégation de Saint-Maur et de leurs ouvrages » (fol. 87 et 123), — « Ausone, rhéteur, orateur et poète, » minute de l'article inséré au tome I de l'*Histoire littéraire* (fol. 165). — 167 feuillets.

1097. Supplément aux archives du Cabinet des chartes. (Cf. n°s 285-407.)

Lettres, mémoires, notes de Moreau, Bréquigny, etc., relatifs à l'organisation, à l'emplacement, à l'administration et aux travaux du Cabinet des chartes.

On remarque parmi ces pièces une « Liste des religieux de la congrégation de Saint-Maur, qui doivent concourir au travail de la Collection des chartes » (fol. 13); — Mémoire sur les titres de l'abbaye de Saint-Bertin, par Dom Josio d'Allesnes (fol. 20); — Note sur la table de la Bibliothèque de législation, par Moreau-Dufourneau (fol. 64); — « Progrès et état actuel [1787] des travaux littéraires ... par M. Moreau » (fol. 68); — « Manuscrits, sur les lois civiles et criminelles en France, en la possession de Mlle la chevalière d'Eon, à Londres » (fol. 119). — 152 feuillets.

XI

1098-1126. TABLE CHRONOLOGIQUE DES DIPLOMES CONCERNANT L'HISTOIRE DE FRANCE.

Table chronologique des diplômes, chartes, titres et actes imprimés concernant l'histoire de France, depuis 1180 jusqu'en 1643.

1098. Tome I. (1180-1209.) — 472 pages [1].
1099. — II. (1213-1226.) — 239 feuillets.
1100. — III. (1226-1247.) — 418 —
1101. — IV. (1248-1270.) — 443 —
1102. — V. (1270-1285.) — 230 —
1103. — VI. (1285-1300.) — 238 —
1104. — VII. (1301-1314.) — 278 —
1105. — VIII. (1314-1327.) — 236 —
1106. — IX. (1328-1350.) — 409 —
1107. — X. (1350-1363.) — 320 —
1108. — XI. (1364-1380.) — 404 —
1109. — XII. (1380-1400.) — 331 —
1110. — XIII. (1401-1422.) — 405 —
1111. — XIV. (1422-1460.) — 360 —
1112. — XV. (1461-1483.) — 367 —
1113. — XVI. (1483-1514.) — 459 —
1114. — XVII. (1515-1539.) — 435 —
1115. — XVIII. (1540-1559.) — 496 —
1116. — XIX. (1559-1570.) — 435 —
1117. — XX. (1571-1582.) — 406 —
1118. — XXI. (1583-1592.) — 362 —
1119. — XXII. (1593-1602.) — 381 —
1120. — XXIII. (1603-1610.) — 320 —

---

1. Ce volume est formé des bonnes feuilles du tome IV de l'édition, imprimées avant 1789 et depuis supprimées.

1121. Tome XXIV. (1610-1619.) — 384 feuillets.
1122.   —   XXV. (1620-1625.) — 274   —
1123.   —   XXVI. (1626-1631.) — 267   —
1124.   — XXVII. (1632-1637.) — 238   —
1125.   —XXVIII. (1638-1643.) — 278   —
1126.   —   XXIX. « Table des abréviations qui indiquent les auteurs citez dans la Table chronologique des titres imprimez. » — A la fin (fol. 125), essai de Table chronologique des chartes, comprenant les années 1223-1226. — 175 feuillets.

1127-1134. « Inventaire des pièces qui composent le dépôt des chartes, par Glier, 1786. » — Table chronologique des pièces copiées pour le Cabinet des chartes, qui forment, pour la plupart, les 284 premiers volumes de la collection Moreau.

1127.   I. (500-1100.) — 250 feuillets.
1128. II. (1100-1200.) — 310   —
1129. III. (1200-1226.) — 236   —
1130. IV. (1226-1260.) — 335   —
1131.   V. (1260-1285.) — 201   —
1132. VI. (1285-1350.) — 209   —
1133. VII. (1350-1460.) — 195   —
1134. VIII. (1461-1718.) — 236   —

XII

1135-1162. Copies de registres du parlement de Paris.

Copies de différents registres du Parlement de Paris, faites pour le Cabinet des chartes, et transférées de la Chancellerie à la Bibliothèque impériale, en 1861.

1135. Premier registre des *Olim*; 1re partie : Enquêtes. — 910 pages.

1136. Premier registre des *Olim*; 2e partie : Arrêts. — 821 pages.

1137. Deuxième registre des *Olim*. — 937 pages.
1138. Troisième registre des *Olim*. — 585 feuillets.
1139. Quatrième registre des *Olim*; 1re partie (1299-1306). — 696 pages.
1140. Quatrième registre des *Olim*; 2e partie (1306-1320) — Pages 697-1442.

Premier registre des *Judicata* :
1141. 1re partie (1319-1321). — 601 feuillets.
1142. 2e partie (1321-1323). — Feuillets 602-1203.
1143. 3e partie (1323-1326). — Feuillets 1204-1801.
1144. 4e partie (1326-1327). — Feuillets 1802-2061.

1145. Troisième registre des *Judicata*; 4e partie (1333-1334). — Pages 3813-4507.

Quatrième registre des *Judicata* :
1146. 1re partie (1334-1335). — 984 pages.
1147. 2e partie (1335-1336). — Pages 985-1872.
1148. 3e partie (1336-1337). — Pages 1873-2870.

1149. Septième registre des *Judicata* : 3e partie (1341-1342). — Pages 2245-3369.

Huitième registre des *Judicata* :
1150. 1re partie (1338-1340). — 1106 pages.
1151. 2e partie (1340-1341). — Pages 1107-2430.
1152. 3e partie (1341-1342). — Pages 2431-3676.
1153. 4e partie (1342-1343). — Pages 3677-4825.

1154. Neuvième registre des *Judicata* : 3e partie (1345-1346). — Pages 2799-4249.

Dixième registre des *Judicata* :
1155. 1re partie (1343-1345). — 1200 pages.
1156. 2e partie (1345-1348). — Pages 1201-2330.
1157. 3e partie (1348-1355). — Pages 2331-3278.

Onzième registre des *Judicata* :
1158. 1re partie (1346-1347). — 1176 pages.
1159. 2e partie (1347-1348). — Pages 1177-2376.

1160. Douzième registre des *Judicata* : 3e partie (1351-1352). — Pages 2333-3231.

1161. Copie de testaments : 2e part. (1407-1413). — 816 ff.
1162.   —   —   3e part. (1413-1421). — 557 ff.

XIII

1163-1259. Copies des Registres des Papes, exécutées par les soins de La Porte Du Theil.

Recueil de lettres des Papes, depuis Innocent III jusqu'à Alexandre VI, relatives à l'histoire de France, principalement pendant le xiiie siècle, et copiées aux archives du Vatican par les soins de La Porte du Theil.

1163. Innocentii III epistolæ. Anno III. — 208 feuillets.
1164. — — Anno V. — 241 —
1165. — — Anno VI. — 289 —
1166. — — Anno VI. — 335 —
1167. — — Anno VII. — 272 —
1168. — — Anno VII. — 325 —
1169. — — Anno VIII. — 253 —
1170. — — Anno VIII. — 321 —
1171. — — Anno IX. — 184 —
1172. — — Anno IX. — 368 —
1173. — — Appendix. — 188 —

1174-1175. Innocentii III epistolæ, ed. La Porte du Theil, 2 vol. in-fol., impr. — Tom. I. Gesta Innocentii III (p. 1-128) et Regestorum libri III, V et VI (p. 1-440). — Tom. II. Regestorum libri VII-IX et Appendix (p. 441-1104).

1176. « Index rerum » ms. de l'édition précédente. In-fol. — 102 feuillets.

1177. Analyses de différentes bulles d'Innocent III. Années III-IX. — 216 feuillets.

1178. Honorii III epistolæ. Anno I. — 380 feuillets.
1179. — — Anno II. — 367 —
1180. — — Anno III. — 398 —
1181. — — Anno IV-V. — 451 —
1182. — — Anno VI-VIII. — 548 —
1183. — — Anno IX-XI. — 403 —
1184. Gregorii IX epistolæ. Anno I-III. — 504 —

1185. Gregorii IX epistolæ. Anno I-II. — 316 feuill^s.
1186. — Anno IV. — 280 —
1187. — Anno V·VI. — 473 —
1188. — Anno VII. — 353 —
1189. — Anno VIII. — 307 —
1190. — Anno IX. — 289 —
1191. — Anno X-XI. — 530 —
1192. — Anno XII-XIII. — 441 —
1193. — Anno XIV-XV. — 350 —
1194. Innocentii IV epist. Anno I-II. — 502 —
1195. — Anno III. — 174 —
1196. — Anno IV. — 284 —
1197. — Anno V. — 187 —
1198. — Anno VI. — 218 —
1199. — Anno VI. — 205 —
1200. — Anno VI. — 270 —
1201. — Anno VIII-IX. — 252 —
1202. — Anno X. — 242 —
1203. — Anno XI-XII. — 367 —
1204. Alexandri IV epist. Anno I-II. — 394 —
1205. — Anno III. — 395 —
1206. — Anno IV-VII. — 370 —
1207. Urbani IV epistolæ. Anno I-II. — 321 —
1208. — Anno I-II. — 399 —
1209. — Anno III. — 264 —
1210. — Anno III-IV. — 290 —
1211. Clementis IV epist. Anno I. — 261 —
1212. — Anno II-IV. — 411 —
1213. Gregorii X epistolæ. Anno I. — 235 —
1214. — Anno I. — 327 —
1215. — Anno II. — 240 —
1216. — Anno III-IV. — 194 —
1217. — Anno I-IV. — 468 —
1218. Joannis XXI epist. Anno I. — 247 —
1219. Nicolai III epistolæ. Anno I. — 492 —
1220. — Anno II-III. — 322 —
1221. Martini IV epistolæ. Anno I-II. — 212 —
1222. — Anno III-IV — 251 —

1223. Honorii IV epistolæ. Anno I. — 340 feuill[s].
1224. — Anno II. — 182 —
1225. Nicolai IV epistolæ. Anno I. — 272 —
1226. — Anno II. — 560 —
1227. — Anno III. — 448 —
1228. Bonifacii VIII epistolæ. Anno I. — 249 —
1229. — Anno II-VII. — 337 —

1230. Clementis V, — Joannis XXII, — Benedicti XII, — Clementis VI, — Urbani V, — Joannis XXIII, — Eugenii IV, — Nicolai V, — Pii II epistolæ. — 166 feuillets.

1231. Nicolai I, — Adriani II, — Sergii IV, — Innocentii II, — Eugenii III, — Anastasii IV, — Adriani IV, — Alexandri III, — Cælestini III, — Honorii III, — Gregorii IX, — Innocentii IV, — Alexandri IV, — Urbani IV, — Clementis IV, — Innocentii V, — Joannis XXI epistolæ. — 255 feuillets.

1232. Honorii III, — Gregorii IX, — Innocentii IV, — Alexandri IV, — Clementis IV, — Gregorii X, — Nicolai III, — Martini IV, — Honorii IV, — Cælestini V, — Nicolai IV, — Clementis V, — Joannis XXII, — Benedicti XII, — Clementis VI, — Innocentii VI, — Urbani V, — Gregorii XI, — Urbani VI, — Eugenii IV, — Alexandri VI. — 519 feuillets.

1233. Indices epistolarum Gregorii IX, — Dictaminum Berardi de Neapoli, — Alexandri IV, — Clementis IV, — Nicolai III, — Martini IV, — Honorii IV, — Nicolai IV. — 259 feuillets.

1234. Marini de Ebolo formularii Curiæ Romanæ excerpta. — 418 feuillets.

1235. Notes de La Porte du Theil relatives à l'histoire du pape Innocent IV. (In-folio.) — 93 feuillets.

1236. Honorii III epistolarum index. — 276 ff.
1237. — Anno II-X. — 97 —
1238. Gregorii IX epistol. index. Anno I-VI. — 257 —
1239. — Anno VII-X. — 314 —
1240. — Anno XI-XV. — 323 —
1241. — Anno VI-XV. — 79 —
1242. Innocentii IV epistol. index. Anno I-XII. — 197 —
1243. — Anno I-XII. — 334 —

1244. Alexandri IV epistol. index. Anno I-VI. — 152 ff.
1245. — Anno I-VI. — 279 —
1246. Urbani IV epistolarum index. — 183 —
1247. Clementis IV epistol. index. Anno I-IV. — 70 —
1248. — Anno I. — 365 —
1249. — Anno II. — 260 —
1250. — Anno II. — 330 —
1251. — Anno IV. — 172 —
1252. Innocentii V et Joannis XXI epistol. index. — 35 —
1253. Nicolai III epistol. index. Anno I-III. — 240 —
1254. Martini IV epistolarum index. — 57 —
1255. — — Anno I-IV. — 285 —
1256. Honorii IV epistol. index. Anno I-II. — 125 —

1257. Index epistolarum Alexandri IV, Clementis IV, Gregorii X, Innocentii V, Joannis XXI, etc. — 852 feuillets.

1258. Index archiepiscoporum, episcoporum, decanorum, abbatum et abbatissarum Galliæ in regestis paparum sæculi XIII allegatorum. (Archiep. Albiensis-Remensis.) — 467 feuillets.

1259. Notes des lettres des papes Innocent III, Honorius III, Grégoire IX et Innocent IV, rapportées ou citées dans les *Annales ecclesiastici* de Rinaldi. — 1274 feuillets.

XIV

1260-1281. NOTICES ET EXTRAITS DE MANUSCRITS DE ROME, par LA PORTE DU THEIL.

1260 (I). « Notes relatives à Pierre de Via, évêque d'Albi, en 1334 » (fol. 1); — « Tragicum argumentum de miserabili potu regni Francie » (fol. 14); — « De epistolis Roberti Lincolniensis » (fol. 18); — « Fundatio monasterii Cælestinorum de Marcossiaco » (fol. 21); — Chronicon Andegavense, ed. d'Achery, *Spicileg.*, X, 392 (fol. 25); — Lettres adressées au roi Louis VII, éd. Duchesne, IV, 569 (fol. 32); — Lettre de

François Ier au pape au sujet de l'élection de l'abbé de Sablonceaux; lettres au cardinal Sirlet, etc. (fol. 40); — « Généalogie de la lignée de Chauvigny, fondateurs du couvent ... du bourg de Déouls et de S. Gildas » (fol. 47); — « Nomina sanctimonialium S^{œ}. Mariæ Metensis » (fol. 49); — De vita S. Basoli (fol. 51);.— Notices de quelques mss. de la bibliothèque Vallicellane, ou des Pères de la *Chiesa Nuova*, relatifs à l'histoire de France (fol. 56); — « Index et notice des lettres du pape Nicolas Ier qui se trouvent dans le ms. C. 15 de la bibliothèque Vallicellane, » etc. (fol. 99); — « Index et notice des lettres du pape Adrien II qui se trouvent dans le ms. J. 42 de la bibliothèque Vallicellane (fol. 109); — « Acta legationis Petri, tituli S. Stephani ... cardinalis de Fuxo ... ad Alphonsum, Aragonum regem, pro extirpando Paniscolensi schismate, » 1425 (fol. 127); — « Compte-rendu par un missionnaire, ou par un agent de la cour de Rome, de l'état de la persécution des catholiques en Hollande » (fol. 135); — « Indice delle materie contenute nel ms. 525 della biblioteca Corsini. — Lettere di Ottavio Corsini ... nella sua nunziatura di Francia » (fol. 141); — « Registrum seu inventarium scripturarum ad Franciam spectantium quæ in archivio arcis S. Angeli secreto custodiuntur » (fol. 156). — 263 feuillets.

1261 (II). Épitaphes de différents personnages français, recueillies à Rome (vers 800-1764). — 315 feuillets.

1262 (III). Notices de différents mss. de la bibliothèque Corsini (fol. 1); — « Bullæ variæ diversorum pontificum, » e cod. Vaticano 2528 (fol. 22); — « Vingt-trois lettres extraites du Regeste des lettres du pape Innocent III, an III » (fol. 68); — Consilium centesimum quintum super quodam negocio per R. P. D. Franciscum, Narbonensem archiepiscopum, ... dato, » 1398 (fol. 73); — Note sur le subside demandé en 1402 à l'évêque d'Avignon (fol. 80); — Différend entre les évêques du Puy, de Cambrai, de Poitiers et d'Avignon, 1402 (fol. 129); — « Sur la prétention de primatie dans le diocèse de Narbonne de la part de l'archevêque de Bourges » (fol. 163); — « Actes concernant le prieuré de S. Nicet » (fol. 177). — 193 feuillets.

1263. (IV). Notices et extraits de différents mss. de la bibliothèque Corsini, principalement relatifs à l'histoire politique du xvi° et du xvii° siècle. — Fol. 121. Cf. le ms. 1265, fol. 147. — 233 feuillets.

1264. (V). « De censibus S^æ Romanæ Ecclesiæ; » e bibliotheca Corsiniana (fol. 1 et 98); — « Clementis IV epitaphium » (fol. 72); — « De miraculo quodam super hostia consecrata quod Urbe Veteri contigit » (fol. 73); — Vita Gregorii X, » præmittitur « de Gregorii vita ... Hermannus a Wachtendoncke » (fol. 76); — Index codicum mss. bibliothecæ Vallicellanæ (fol. 160); — « Acta in causa ... super ecclesiam S. Ciari, ad monasterium S. Orientii spectantem, » 1309 (fol. 170); — « Causa prioratus de Chadaleu, Claromontensis diocesis » (fol. 189). — 270 feuillets.

1265 (VI). « Inventarium bonorum archiepiscopi Arelatensis [Gaubert du Val] », 1341 (fol. 1); — Gesta Gregorii IX, e cod. Vallicelliano (fol. 34); — « Indice della relazione di tutto ciò che passò tra il pontefice Alessandro VII, e la maestà del Re cristianissimo, l'anno 1662, per l'insulto fatto da Corsi al duca di Crequy, regio ambaciatore » (fol. 94); — « Excerpta ex indice locupletissimo vicariarum et infeudationum civitatum, terrarum et castrorum quæ reperiuntur descriptæ in libris inventariorum archivii castri S. Angeli; » cf. ms. 1263, fol. 121 (fol. 147). — 261 feuillets.

1266 (VII). « Relevé de tous les articles concernant l'histoire de France qui se trouvent dans l'index des mss. de la bibliothèque Christine au Vatican » (fol. 1); — « Relevé de tous les articles qui peuvent intéresser l'histoire de France contenus dans l'index par numéro de la bibliothèque du Vatican proprement dit, » n°s 934-4978 (fol. 159). — 331 feuillets.

1267 (VIII). « Suite du relevé de l'index de la bibliothèque du Vatican proprement dit, » n°s 4980-7093 (fol. 1); — Relevé des articles concernant l'histoire de France qui se trouvent dans l'index par numéros de la bibliothèque Palatine au Vatican, » n°s 242-1914 (fol. 162); — « Relevé de tous les articles concernant l'histoire de France qui se trouvent dans l'index par ordre alphabétique des mss. de la bibliothèque Corsini à Rome » (fol. 180); — Pièces relatives à la légation à Cologne du cardinal Ginetti (fol. 208). — 243 feuillets.

1268 (IX). « Correspondance du cardinal Ginetti, légat du pape à Cologne, en 1636, 37 et 38 » (fol. 1); — « Note des articles qui peuvent concerner la France dans le catalogue des mss. de la bibliothèque du Vatican-Ottobonienne à Rome » (fol. 89); — Extraits des bulles contenues dans le ms. Ottoboni 908 (fol. 114); — « Copie de l'index des chapitres du ms. 1301 de la bibliothèque Ottobonienne, Ordinationes regni Galliæ... » (fol. 122); — Extraits de différents formulaires mss. du fonds Ottoboni (fol. 126), — du Liber censuum Romanæ ecclesiæ, Ottoboni 2651 (fol. 142); — ex recognitionibus Loysiæ de Sabaudia, anno 1494 (fol. 166), — du cartulaire de N.-D. de Blois (fol. 170), — des lettres du pape Martin V (fol. 179); — Acte d'Antoine Duprat, 1559 (fol. 181); — Correspondances diplomatiques du xvie et du xviie siècle, tirées du fonds d'Urbin (fol. 184); — Extraits du cartulaire de Philippe-Auguste, Ottoboni 2796 (fol. 284), — du cartulaire de Guise (fol. 308); — Lettre du cardinal Sacchetti, 1655 (fol. 310). — 311 feuillets.

1269 (X). Recueil de copies de pièces tirées de la bibliothèque Corsini et la plupart relatives aux affaires politiques des xvie et xviie siècles. — Fol. 193 : « Relevé du catalogue des mss. de la bibliothèque du prince Chigi. » — 330 feuillets.

1270 (X). « P. Benessæ, patritii Ragusini, a secretis in pontificatu Urbani VIII, instruzione originale a nome del cardinale Francesco Barberino per il cardinale Ginetti, legato in Germania, 1636. » — 244 feuillets.

1271 (XII). Correspondances diplomatiques du xvie et du xviie siècle, parmi lesquelles on remarque différents actes concernant l'église d'Angoulême et un fragment de la Coutume latine de Normandie (fol. 19); — Table du ms. Ottoboni 2956, recueil d'Ordonnances relatives à la Chambre des comptes (fol. 30); — Instrumenta ab Assemano ex archivo S. Petri collecta (fol. 32); — Diarii Romani fragmentum sæc. xv-xvi (fol. 46). — 354 feuillets.

1272 (XIII). Recueil de pièces diplomatiques du xvie siècle. Instructions aux nonces près le roi de France, l'Empereur, le roi d'Angleterre. — 320 feuillets.

1273 (XIV). Litteræ et instructiones variæ, e cod. Urbin.

865 (fol. 1); — Recepta episcopi Ostiensis, camerarii collegii cardinalium (1295-1304), e cod. Ottobon. 765 (fol. 17); — Super vacatione ecclesiæ Conseranensis, 1363 (fol. 134); — « Inventarium bonorum mobilium b. m. Johannis [Piscis], archiepiscopi Aquensis, an. 1368 » (fol. 161); — « Informatio vicariorum generalium Heliæ, archiepiscopi Burdegalensis, super resolutione procurationum ab Urbano papa V° et Gregorio papa IX° impositarum, ... 1373 » (fol. 197); — « Informationes ... super fructibus, redditibus, et proventibus præceptoriarum et domorum ordinis Sancti Johannis Jerosolymitani, in civitate et diocesi Arelatensi, juxta bullam insertam domini pape, 1373 ... » (fol. 287). — 315 feuillets.

1274 (XV). « Informatio super unione prioratus Cabeoli cum prioratu Sancti Marcelli Diensis... 1381 » (fol. 1); — « Gravamina Ebredunensi ecclesiæ per Delphinenses illata post an. 1261 » (fol. 15); — « Supplicatio N..., episcopi Eduensis, ad papam » (fol. 20); — « Necrologium ecclesiæ Remensis », Ottobon. 2960 (fol. 22); — « Summarium quarumdam bullarum Johannis XXIII et Martini V » (fol. 26); — « Confessio Agnetis, uxoris quondam Stephani Franco, heretice, seu secte pauperorum de Lugduno, diœcesis Viennensis, » 1319 (fol. 71); — « Procédures faites contre les hérétiques Vaudois et Albigeois, Vatican. 4030 » (fol. 79); — Notice du ms. Palat. 965 contenant les œuvres de Bernard Gui (fol. 81); — « Privilegia concessa regibus seu reginis Francorum per diversos Romanos pontifices » (fol. 84); — « Qualiter et quotiens civitas Arelatensis ... fuit acquisita per Christianos » (fol. 93); — « Instructio Sixti IV papæ nuncio ad regem Francorum in causa contra Laurentium Medicem, » et autres lettres et instructions diplomatiques des xv° et xvi° siècles (fol. 100). — 315 feuillets.

1275 (XVI). Relevé des articles relatifs à l'histoire de France contenus dans l'index par numéros de la bibliothèque Palatine au Vatican (n°s 242-1914) (fol. 1), — et de ceux de la bibliothèque Vaticane proprement dite (n°s 934-7093) (fol. 13); — Orderici Vitalis historiæ ecclesiasticæ fragmentum, Vatic. Reg. 703 (fol. 147). — 288 feuillets.

1276 (XVII). « Relevé des articles concernant la France

qui se trouvent dans l'index des mss. de la bibliothèque Corsini à Rome. » Suivi de différents relevés de mss. relatifs à l'histoire de France dans d'autres fonds de la bibliothèque Vaticane. — 143 feuillets.

1277 (XVIII). « Hincmari, archiepiscopi Remensis, decreta » (fol. 1); — « Epistola Adalberonis, Laudunensis episcopi, Fulconi, Ambianensi episcopo, directa in modum dialogi » (fol. 7); — « Hildeberti Cenomanensis... epistolæ et sermones » (fol. 13); — Notes chronologiques sur Bernard de Castanet, archevêque d'Albi (fol. 35); — Lettre de l'empereur Manuel Comnène au pape (gr.-lat.), et pièces relatives à l'union des Églises grecque et latine (fol. 44); — « Description et notice du ms. de la Chronique de Nicolas d'Amiens, » Vatic. 444 (fol. 52); — Notes diverses relatives aux travaux de La Porte du Theil sur les registres des papes et les mss. du Vatican, et à ses différents envois de Rome; cf. mss. 1279-1281 (fol. 55). — 166 feuillets.

1278. Recueil de copies de diplômes, chartes, etc., du IXe au XIVe siècle; parmi lesquels : « Procès-verbal d'une tenue d'États de Languedoc à Tarascon, en 1422 » (fol. 84); — « États du Dauphiné tenus sous Louis XI » (fol. 87); — « Consultation légale pour les Juifs d'Avignon » (fol. 104); — « Procès-verbal d'une tenue d'États à Avignon en 1557 » (fol. 109); — Lettres du nonce à Paris, au pape, relative à l'assassinat de Henri IV, et du P. Cotton sur le caractère de Louis XIII (fol. 139). — 144 feuillets.

1279-1281. Notice des pièces copiées à Rome par les soins de La Porte du Theil, de 1778 à 1786. Cf. ms. 1276, fol. 55. Ces notices ont été reliées en trois volumes, mais on n'a tenu aucun compte de l'ordre des dates. — 149, 258 et 248 feuillets.

XV

1282-1421. Collection d'Ordonnances, etc.

Recueil d'ordonnances, édits, arrêts et pièces diverses sur le droit public français, formé pour le Cabinet des chartes.

Les volumes 1282-1385 sont composés de la partie manuscrite, rangée par ordre alphabétique de matières, de ce recueil, dont les pièces imprimées ont été fondues dans les collections du département des Imprimés.

Les volumes 1386-1421 comprennent la *Table* du recueil complet, c'est-à-dire des pièces manuscrites et imprimées.

1282-1325. *Collection d'Ordonnances*, etc.

1282-1283 (1-2). Administration de la justice. — 405 et 437 feuillets.

1284 (3). Affaires des princes, — Aides. — 565 feuillets.

1285-1294 (4-13). Aides. — 563, 551, 563, 523, 428, 457, 429, 438, 407 et 458 feuillets.

1295 (14). Aides, — Amendes et épices, — Amortissements. — 456 feuillets.

1296 (15). Amortissements. — 456 feuillets.

1297 (16). Apanages, — Apothicaires, — Archives, — Armoiries, — Arpenteurs, — Artillerie. — 380 feuillets.

1298-1299 (17-18). Arts et Métiers. — 378 et 356 feuillets.

1300 (19). Augmentations de gages, — Avocats, Procureurs, — Baillis d'épée, — Ban et Arrière-Ban, — Banque, — Banquiers en cour de Rome, — Barbiers et Perruquiers, — Bas au métier, — Bâtiments, — Baux des fermes, — Bestiaux. — 457 feuillets.

1301 (20). Billets d'état, — Blés, — Bois à brûler, — Boues et Lanternes. — 478 feuillets.

1302 (21). Café, — Caisse des emprunts, — Capitation, — Cartons, Cartes et Cuivres, — Chambre de justice, Chambre royale de Nantes, — Chancelleries. — 383 feuillets.

1303-1306 (22-25). Chancelleries. — 411, 402, 394 et 530 feuillets.

1307 (26). Chapeaux, — Charbon, — Chasses, — Châtelet de Paris, — Chaux et Plâtre, — Clergé. — 558 feuillets.

1308 (27). Clergé, — Commensaux. — 382 feuillets.

1309 (28). Commensaux, — Commissaires des guerres, — Commissaires enquêteurs et examinateurs. — 375 feuillets.

1310 (29). Commissaires aux inventaires, — Commissaires facteurs, — Communautés, Octrois. — 318 feuillets.

1311 (30). Compagnie des Indes, — Comptables. — 379 feuillets.

1312 (31). Conservateurs des offices de France, et des hypothèques, — Consignations, — Constitutions. — 342 feuillets.

1313 (32). Constitutions, — Consuls, — Contrôle des actes. — 395 feuillets.

1314-1319 (33-38). Contrôle des actes, Petit sceau, Insinuation et Centième denier. — 386, 362, 448, 431, 466 et 588 feuillets.

1320 (39). Contrôle des exploits, — Criées, — Cuirs. — 408 feuillets.

1321 (40). Cuirs, — Curés. — 391 feuillets.

1322 (41). Décimes, — Décrets volontaires, — Dentelles, — Dixième, — Domaine. — 393 feuillets.

1323-1324 (42-43). Domaine. — 406 et 470 feuillets.

1325 (44). Domaine, — Domaine et Carrage, — Droits réservés, — Ducs et Pairs, — Duels, — Eaux et Forêts. — 376 feuillets.

1326 (45). Eaux et Forêts, — Élections, — Étain, — Études de droit, Universités. — 364 feuillets.

1327 (46). Fermes, — Foin, — Foires et Marchés, — Formules, — Forts et Emballeurs, — Fret, — Fruits, — Gabelles. — 445 feuillets.

1328 (47). Gabelles. — 365 feuillets.

1329 (48). Gardes de nuit, — Gouverneurs de provinces, Lieutenants du roi, — Greffes. — 403 feuillets.

1330-1332 (49-51). Greffes. — 385, 450 et 379 feuillets.

1333 (52). Guerre, — Hôpitaux. — 412 feuillets.

1334 (53). Hôpitaux, — Huiles et Savons, — Huissiers, —

Huitième denier, — Impôts et Billots, — Incendie, — Indult, — Inspecteurs des porcs, — Intendants des provinces, — Invalides, — Jeux de hasard, — Joyeux avènement, — Juges des traites, — Jurés-crieurs, — Juridiction ecclésiastique. — 404 feuillets.

1335 (54). Lettres de *Te Deum*, — Librairie, — Loteries, — Luxe, — Maires, — Maîtres des ports, — Manufactures, — Maréchaussées. — 455 feuillets.

1336 (55). Maréchaussées, — Mariages, — Marine. — 435 feuillets.

1337-1344 (56-63). Marine. — 448, 448, 544, 470, 332, 320, 296 et 288 feuillets.

1345 (64). Marque des fers, — Marque d'or et d'argent. — 345 feuillets.

1346-1352 (65-71). Marque d'or et d'argent. — 306, 293, 318, 312, 317, 327 et 310 feuillets.

1353 (72). Marque du papier, — Matières criminelles, — Médecins-chirurgiens. — 367 feuillets.

1354 (73). Médecins-chirurgiens, — Mendiants vagabonds, — Messageries. — 342 feuillets.

1355 (74). Milices, — Monnaies. — 345 feuillets.

1356 (75). Monnaies, — Officiers des monnaies, — Noblesse. — 344 feuillets.

1357 (76). Noblesse, — Notaires, — Offices de Flandre. — 378 feuillets.

1358 (77). Offices de Flandre, — Officiers des seigneurs, — Officiers sur les bateaux, — Officiers sur les ports, — Ordres de chevalerie. — 350 feuillets.

1359 (78). Ordres de chevalerie, — Ordre du Saint-Esprit, — Papiers terriers, — Parlements. — 288 feuillets.

1360-1362 (79-81). Parlements. — 385, 396 et 324 feuillets.

1363 (82). Parlements, — Péages. — 363 feuillets.

1364 (83). Peste, — Poissons. — 378 feuillets.

1365-1374 (84-93). Police. — 277, 336, 343, 365, 365, 327, 370, 362, 336 et 386 feuillets.

1375 (94). Prévôts de l'Hôtel, — Prévôts des marchands. — 358 feuillets.

1376 (95). Privilèges de Versailles et Marly, — Processions. — Quatre-Offices, — Régale, — Regrats, — Religieux. — 491 feuillets.

1377 (96). Religieux, — Religion prétendue réformée, — Rentes. — 448 feuillets.

1378 (97). Rentes, — Saisies réelles, — Soies, — Subtituts adjoints, — Sucres, — Suifs. — 388 feuillets.

1379 (98). Suisses et Genevois, — Surséances de dettes, — Tabac, — Tailles. — 494 feuillets.

1380 (99). Tailles, — Tarifs des fermes, — Testaments. — 375 feuillets.

1381 (100). Testaments, — Toiles. — 333 feuillets.

1382 (101). Traités de paix, — Traites foraines. — 352 feuillets.

1383 (102). Traites foraines, — Transport des grains, — Transport d'or et d'argent, — Trésoriers de France. — 404 feuillets.

1384 (103). Trésoriers de France, — Trésor royal, — Trésoriers des fabriques, — Vérificateurs des défauts, — Verres, vitres et glaces, — Visa, — Vivres, Fourrages. — 303 feuillets.

1385 (104). Voirie, — Volaille. — 375 feuillets.

1386-1421. *Table du recueil d'Ordonnances*, etc., par Moreau-Dufourneau.

1386 (1). Abonnements. — Agriculture . . . — 318 ff.
1387 (2). Aides. — Agriculture . . . . . — 432 —
1388 (3). Aides . . . . — 390 —
1389 (4). Amendes. — Artillerie . . . . — 282 —
1390 (5). Arts-et-Métiers . . . . — 328 —
1391 (6). Augmentations des gages. — Avocats. — 227 —
1392 (7). Baillis d'épée. — Blés. . . . . — 362 —
1393 (8). Bois à bâtir. — Chambre royale de Nantes . . . . — 253 —
1394 (9). Chancelleries. — Chaux, Plâtre, Ardoise. — 368 —
1395 (10). Cinquantième denier. — Commissaires aux inventaires . . . . — 395 —

1396 (11). Communautés, Octrois. — Compagnie des Indes. . . . . — 262 —
1397 (12). Comptables. — Contrôle des actes, etc. — 486 ff.
1398 (13). Conservateurs des offices, etc. — Cuirs. — 368 —
1399 (14). Curés. — Domaine du roi . . . . . — 409 —
1400 (15). Domaine du roi . . . . — 339 —
1401 (16). Domaine du roi. — Étain . . . . — 470 —
1402 (17). Études de droit. — Gabelles . . . — 432 —
1403 (18). Gabelles. — Gravoitiers. . . . . — 375 —
1404 (19). Greffes. — Guerre . . . . . . — 492 —
1405 (20). Hôpitaux. — Huitième denier . . . — 285 —
1406 (21). Impôts et Billots. — Luxe . . . . — 380 —
1407 (22). Maires. — Mariages . . . . . . — 363 —
1408 (23). Marine. — Marque des fers. . . . — 482 —
1409 (24). Matières criminelles. — Messageries. — 415 —
1410 (25). Milices. — Notaires . . . . . . — 417 —
1411 (26). Officiers de Flandres. — Ordre du Saint-Esprit . . . . — 314 —
1412 (27). Papiers terriers. — Peste . . . . — 480 —
1413 (28). Poisson. — Police . . . . . . — 462 —
1414 (29). Prévôts des marchands. — Processions. — 371 —
1415 (30). Quatre-Offices. — Religion. . . . — 253 —
1416 (31). Rentes. — Surséances de dettes . . — 383 —
1417 (32). Tabac. — Testaments . . . . . — 425 —
1418 (33). Toiles. — Traites foraines . . . . — 552 —
1419 (34). Traités de paix. — Trésoriers des fabriques . . . . — 284 —
1420 (35). Verres à vitre. — Voirie. . . . . — 273 —
1421 (36). Table des Ordonnances. — Supplément. — 211 —

XVI

1422-1440. Mélanges. — *Pièces originales.* — *Documents sur le Cabinet des chartes.*

1422. Recueil de pièces originales, la plupart provenant de la Chambre des comptes, choisies par Bréquigny dans le cabinet de Blondeau.

Quarante-sept pièces originales (1225-1501), concernant principalement: Saint-Aquilin de Pacy (3), — Notre-Dame de Loches (4), — Jeanne de Dreux, comtesse de Roucy (7), — Jean de Bueil (9), — l'abbaye de Notre-Dame de Rosoy (10), — les joyaux du duc de Berry (18), — Saint-Aubin-sur-Mer (30), — différentes montres normandes du xive siècle (41), — le Mont-Saint-Michel (44), — Berard de Montferrant, ambassadeur près le duc de Bretagne (46).

1423-1426. Recueil de pièces originales, la plupart tirées des archives du comté de Flandre, et remises en 1772 au Cabinet des chartes par Pfeffel. — (Cf. le ms. 314, fol. 248.)

Deux cent quatorze pièces originales, reliées en quatre volumes :

1423. Tome I. Pièces 1-52. Années 1202-1409.
1424. — II. — 53-76. — 1410-1448.
1425. — III. — 77-159. — 1419-1448.
1426. — IV. — 160-213. — 1450-1691.

Beaucoup de ces pièces sont relatives aux événements de la fin du xive et du commencement du xve siècle et se rapportent aux querelles des ducs de Bourgogne et d'Orléans, aux Armagnacs, aux Cabochiens, aux négociations du duc de Bourgogne avec le roi d'Angleterre, etc.

On y remarque aussi plusieurs actes relatifs à Paris, à différents fiefs des ducs de Bourgogne, à la Flandre, à la Picardie, au Ponthieu, à l'Artois, au Boulonnois, etc[1].

---

[1]. Une analyse détaillée des pièces originales des volumes 1422-1426, faite par M. L. Delisle, se trouve aux pages 1301-1315 de l'Inventaire ms. des Chartes (*Catalogues*, n° 9).

1427. Recueil de pièces sur les Etats généraux, dont plusieurs ont été tirées des portefeuilles de Fevret de Fontette. On y remarque : « Lettre du roy pour assembler les États, 1557 » (fol. 7) ; — « Commission de Charles IX pour assembler les États de Bourgogne, 1560 » (fol. 15) ; — « Discours des États de France tenus à Orléans, 1560 » (fol. 15) ; — « Mémoire d'édits concernant de nouvelles charges sur le peuple refusés par le Parlement de Paris, 1578 » (fol. 17) ; — « Protestation du Clergé faite aux États de Blois contre l'aliénation des biens ecclésiastiques, 1577 » (fol. 25) ; — « Taxe faicte aux depputez du Clergé... à Bloys, 1577 » (fol. 27) ; — « Notice de deux mss. et d'un imprimé communiqués par M. le duc de Tresmes concernant les États de 1614 » (fol. 34) ; — « Cahier général de la noblesse... de Paris » aux États de 1614 ; original, avec signatures autographes (fol. 38) ; — « Nouvelles des États de Paris, 1615 » (fol. 68) — Pièces diverses sur l'autorité du roi et les mêmes États (fol. 70) ; — Mémoires sur les États provinciaux d'Auvergne (fol. 99), — Franche-Comté (fol. 123), — Bourgogne (fol. 129), — Lorraine (fol. 133), — Normandie (fol. 139), — Périgord (fol. 149), — Touraine (fol. 174), — Picardie (fol. 176) ; — « Des Assemblées d'Estats » (fol. 196) ; — Notes bibliographiques sur les États généraux (fol. 226). — 235 feuillets.

1428. Recueil d'ordonnances relatives à la Chambre des comptes du Dauphiné. (1434-1759.) — 146 feuillets.

1429. Recueil de pièces relatives à la renonciation de Philippe V à la couronne de France. (1712.) — 124 feuillets.

1430-1431. « Notices de diverses ordonnances des rois de France dont les originaux sont conservés dans la bibliothèque de Saint-Martin-des-Champs, à Paris, » par Dom Chamoux (?) — Tome I. (1203-1379.) — Tome II. (1380-1591.) — 309 et 326 feuillets.

1432. Recueil de pièces relatives à la Collection et au Travail des chartes. — « Mémoire sur le travail ordonné pour la collection des chartes concernant l'histoire de France » (fol. 1), — Liste des Bénédictins travaillant au recueil des chartes (fol. 4), — « Observations pour ceux qui seront employés à la visite des archives, dressé sur diverses observations de Dom

Vaissette,... 1762 » (fol. 7), — Travail du Bureau des chartes, 1777-1782 (fol. 11). — 66 feuillets.

1433. « Minute de l'index [du tome I] des *Diplomata*, » par Dom Labbat. — 44 pages.

1434. Recueil de pièces relatives à la Collection des diplômes et chartes. — « Plan de la collection générale des diplômes et chartes concernant l'histoire de France, depuis Clovis » (fol. A), — « Préface du 3e volume de la Table chronologique des chartes » (fol. 1). — Lettres de Bréquigny, Moreau, Dom Labbat, etc., relatives aux Diplômes et chartes (fol. 22). — 85 feuillets, plus les ff. prélim. A-F.

1435. Recueil de pièces relatives à la Lorraine et au Poitou. — Mémoires et lettres relatives à la collection de pièces sur la Lorraine et le Barrois, formée par le président de Gervaise et offerte par Delisle de Moncel, 1770 (fol. 1) ; — Fragment d'un recueil de copies d'ordonnances des ducs de Lorraine, 1642 (fol. 9); — Inventaires des papiers laissés par Dom Fonteneau dans l'abbaye de Saint-Cyprien de Poitiers, 1773 et 1781 (fol. 34); — « État des pièces tirées du chartrier des Bénédictins de Mauriac... » et « Nomenclature des chartriers répandus dans l'élection de Mauriac, province d'Auvergne, » par dom Latour (fol. 45); — « Tableau du progrès des revenus et des dettes » du Royaume, 1514-1777 (fol. 48). — 49 feuillets.

1436. Recueil de pièces relatives à la cession au Roi de la bibliothèque et des papiers de Sainte-Palaye et à l'échange fait avec le marquis de Paulmy, 1763. — Liste des portefeuilles de Fevret de Fontette (fol. 23). — 44 feuillets.

1437. Catalogue de la bibliothèque et des papiers de La Curne de Sainte-Palaye; acte original de donation au Roi, 1765. — « Pièces relatives aux honoraires du notaire Gibert, 1769-1789 » (fol. 163). — 187 feuillets.

1438. Catalogue des livres imprimés de la bibliothèque de La Curne de Sainte-Palaye, 1781. (Le premier feuillet manque.) — 38 et 84 feuillets.

1439. « Catalogues des différentes collections qui composent les dépôts des Chartes et de Législation réunis à la Bibliothèque du Roi. » 1791. — XVIII et 520 pages.

Ce volume renferme les onze catalogues suivants :

I. « État sommaire de ce que contient le dépôt de Législation et des Chartes. » Page 1.

II. « Catalogue des livres attachés à la collection de Législation et nomenclature [alphabétique] des matières qui la composent. » Pages 7 et 107. — En tête du volume, il y a un autre « Catalogue des livres du dépôt de Législation. » (Pages i-ix, et une « Table alphabétique des matières qui composent le dépôt de Législation » (pages x-xviii).

III. « Catalogue de la collection des Chartes. » Page 117.

IV. « Catalogue des manuscrits qui font partie de cette collection des Chartes. » Page 133.

V. « Index de la collection de MM. de La Marre et de Fontette, qui dépendent également de la collection des Chartes. » Page 149.

VI. « Catalogue de ceux des livres de la bibliothèque Sainte-Palaye qui ont été placés à l'hostel de la Chancellerie de Paris. » Page 159.

VII et VIII. « Catalogues de ceux de ces mêmes livres qui sont restés au Dépôt. » Pages 263 et 267.

IX. « Catalogue de ceux de cette même bibliothèque et de ceux du dépôt de Législation qui ont été transférés à Versailles. » Page 439.

X. « Catalogue de ceux des livres de la bibliothèque Sainte-Palaye, qui ont été prêtés à M. Mouchet pour la confection du Glossaire françois. » Page 507.

XI. « Inventaire des différents cartons du secrétariat du Dépôt. » Page 519.

1440. « Catalogue de la bibliothèque du dépôt des Chartes, composée tant des livres de feu M⁰ de Sainte-Palaye, que de ceux du cabinet de M. Moreau, historiographe de France, fait en 1783. » — 749 pages.

XVII

1441-1494. Recueils de Foncemagne et de Secousse.

1441-1449. Recueil d'extraits et notes de Foncemagne sur les historiens de France, depuis l'origine de la monarchie jusqu'à Philippe le Hardi (1284).

1441 (I). Première race. — 478 feuillets.
1442 (II). — — 347 —
1443 (III). — — 388 —
1444 (IV). Deuxième race. — 361 —
1445 (V). — — 546 —
1446 (VI). — — 372 —
1447 (VII). Troisième race. — 314 —
1448 (VIII). — — 273 —
1449 (IX). — — 393 —

1450-1469. Mélanges de Secousse ; copies ou analyses de pièces, la plupart tirées des registres du Trésor des chartes, et divisées en quatre séries : 1° série chronologique ; 2° série alphabétique de noms de lieux ; 3° série alphabétique de noms de matières ; 4° série alphabétique de noms d'hommes.

1450 (I). Années 1109-1354. — 442 ff.
1451 (II). — 1355-1357. — 506 —
1452 (III). — 1358, janv.-juill. — 395 —
1453 (IV). — 1358, août-déc. — 419 —
1454 (V). — 1359, janv.-sept. — 438 —
1455 (VI). — 1359, oct.-1360, sept. — 518 —
1456 (VII). — 1360, oct.-1361, août. — 554 —
1457 (VIII). — 1361, sept.-1363, avril. — 525 —
1458 (IX). — 1363, avril-1369, mars. — 431 —
1459 (X). — 1369, avril-1383, févr. — 390 —
1460 (XI). — 1383, mai-1752, et sans dates. — 383 —
1461 (XII). Noms de lieux : Abbeville-Lavaur. — 334 —
1462 (XIII). — Liget-Paris. — 374 —
1463 (XIV). — Périgord-Villeneuve. — 169 —

1464 (XV). Noms de matières : Aides-Comptes. — 277 ff.
1465 (XVI). — Concile-Marine. — 331 —
1466 (XVII). — Milice-Ribauds. — 232 —
1467 (XVIII). — Rois-Université. — 433 —
1468 (XIX). Noms d'hommes : Albret-Urgel. — 339 —
1469 (XX). Table sommaire de la collection. — 176 —

1470-1485. Mélanges de Secousse; second exemplaire, incomplet, qui semble avoir appartenu à l'abbé de Foy, et peut-être à Dom Brial. — Un troisième exemplaire des *Mélanges de Secousse* porte les n°ˢ 1696-1714.

    1470. Années 1228-1357. — 244 ff.
    1471. — 1358. — 183 —
    1472. — 1359. — 179 —
    1473. — 1360. — 186 —
    1474. — 1360-1362. — 245 —
    1475. — 1363-1377. — 223 —
    1476. — 1378-1385. — 249 —
    1477. — 1386-1698. — 238 —
    1478. Noms de lieux : Abbecourt-Bussière. — 355 —
    1479. — Caen-Dun-le-Roy. — 278 —
    1480. — Eschaalis-Lille. — 336 —
    1481. — Limoges-Orléans. — 327 —
    1482. — Pantaine-Paris. — 310 —
    1483. — Périgord-Ste-Menehould. — 282 —
    1484. — Saintes-Voixerra. — 280 —
    1485. Noms de matières : Affranchissements — Rois. — Noms d'hommes : Albret-Orléans. — 305 feuill.

1486-1490. Table générale de tous les noms de lieux de la *Notitia Galliarum* d'Adrien de Valois.

    1486. — A. — 140 feuillets.
    1487. — B-C. — 269 —
    1488. — D-L. — 310 —
    1489. — M-R. — 304 —
    1490. — S-Z. — 289 —

1491-1492. « Table alphabétique des noms de lieux recueillis par Mr Secousse. » (Cf. mss. 1450-1469.)
Tome I. A-L. — Tome II. M-Z. — 168 et 183 feuillets.

1493-1494. « Table alphabétique des noms propres recueillis par M. Secousse. « (Cf. mss. 1450-1469.)

Tome I. A-G. — Tome II. H-Z. 191 et 198 feuillets.

XVIII

1495-1676. Recueils de La Curne de Sainte-Palaye[1].

1495-1504. Table alphabétique de noms de lieux, recueillis par La Curne de Sainte-Palaye.

1495.	Tome	I.	A.	— 176	feuillets.
1496.	—	II.	B.	— 177	—
1497.	—	III.	C.	— 186	—
1498.	—	IV.	D-F.	— 199	—
1499.	—	V.	G-L.	— 240	—
1500.	—	VI.	M.	— 147	—
1501.	—	VII.	N-O.	— 90	—
1502.	—	VIII.	P.	— 170	—
1503.	—	IX.	Q-S.	— 183	—
1504.	—	X.	T-Z.	— 178	—

1505-1509. Table alphabétique de noms propres, recueillis par La Curne de Sainte-Palaye.

1505.	Tome	I.	A-B.	— 193	feuillets.
1506.	—	II.	C-F.	— 207	—
1507.	—	III.	G-L.	— 212	—
1508.	—	IV.	M-R.	— 227	—
1509.	—	V.	S-Z.	— 134	—

1510. Table de noms de matières recueillis par La Curne de Sainte-Palaye. — Deux séries alphabétiques. — 188 feuillets.

1511-1523. Dictionnaire des Antiquités françaises, par La

---

[1]. Une liste sommaire des recueils manuscrits de Sainte-Palaye a été imprimée à la fin du tome X de l'édition Favre du *Glossaire de l'ancienne langue française* (Niort, 1882, in-4).

Curne de Sainte-Palaye. Recueil de notes sur l'histoire, les usages et les institutions de la France au moyen âge et dans les temps modernes.

1511. Tome I. A. — 170 feuillets.
1512. — II. B-Chas. — 179 —
1513. — III. Chasse-Conjuration. — 166 —
1514. — IV. Connestable-D. — 195 —
1515. — V. E. — 165 —
1516. — VI. F-Guenons. — 236 —
1517. — VII. Guerre-Guirlande. — 167 —
1518. — VIII. H-K. — 213 —
1519. — IX. L-Maximes. — 160 —
1520. — X. Mazarinades-O. — 161 —
1521. — XI. P-Primicier. — 184 —
1522. — XII. Princes-R. — 171 —
1523. — XIII. S-Z. — 246 —

1524-1554. Glossaire de l'ancienne langue françoise, par La Curne de Sainte-Palaye. — (Cf. mss. 1588-1648.)

1524. Tome I. A-Ali. — 365 ff.
1525. — II. Alk-Assiette. — 241 —
1526. — III. Assiéger-Baston. — 323 —
1527. — IV. Baston-Bourraquin. — 206 —
1528. — V. Bourraquin-Chambellan. — 244 —
1529. — VI. Chambellan-Congé. — 276 —
1530. — VII. Congé-Czar. — 267 —
1531. — VIII. D-Dianire. — 240 —
1532. — IX. Dianire-Engoulé. — 246 —
1533. — X. Engoulées-Espurgé. — 264 —
1534. — XI. Espurgé-Fié. — 247 —
1535. — XII. Fié-Fyon. — 218 —
1536. — XIII. G-Glay. — 144 —
1537. — XIV. Glay-Gyselhais. — 143 —
1538. — XV. H-Hyvorre. — 175 —
1539. — XVI. I-Kirtel. — 169 —
1540. — XVII. L-Lysteau. — 203 —
1541. — XVIII. M-Merde. — 216 —
1542. — XIX. Merde-My-voûté. — 212 —
1543. — XX. N. — 104 —

1544. — XXI. O............. — 120 ff.
1545. — XXII. P-Pied........... — 242 —
1546. — XXIII. Pied-Primat........ — 245 —
1547. — XXIV. Primatie-Q........ — 125 —
1548. — XXV. R-Refraindre....... — 126 —
1549. — XXVI. Refraindre-Retenue... — 126 —
1550. — XXVII. Retenuement-Semencé. — 248 —
1551. —XXVIII. Semencé-Sytorpe..... — 238 —
1552. — XXIX. T-Transmontaine..... — 204 —
1553. — XXX. Transmontaine-Vif.... — 214 —
1554. — XXXI. Vif-Z. .... — 118 —

1555-1557. « Table alphabétique des anciens mots françois tirés du ms. du Roy n° 6987 [ms. franç. 375]. »

1555. Tome I. A-Enoisele. — 194 feuillets.
1556. — II. Enoliier-Oiés. — 193 —
1557. — III. Oigne-Yvire. — 176 —

1558. Recueil de glossaires des fables d'Ésope, ms. 7615 [franç. 1593] (fol. 1), — des poésies de Charles d'Orléans [ms. franç. 1104] (fol. 19); — « Table alphabétique du glossaire de l'abbé Langlet sur le Roman de la Rose » (fol. 31); — « Vieux mots françois...obmis dans le dépouillement du roman d'Audiguier » [ms. franç. 15111] (fol. 100); — Glossaires du roman de Baudouin de Flandre [éd. de 1485, in-4] (fol. 104), — des dits de Baudouin de Condé [Ars. 3142] (fol. 106), — du fabliau de la Vieille escoillée [Arsenal, ms. 3114] (fol. 132), — du Songe d'Enfer [mss. 837, 2168 et 1593] (fol. 133), — des fragments publiés par Sinner dans le tome II du Catalogue des mss. de Berne (fol. 136). — 137 feuillets.

1559. Glossaires du ms. de Berne, Litt. 113 (fol. 1), — des mss. de Turin, G. I. 19 et 46 (fol. 14), — du poème de la Mort et des vers de la Mort par Hélinand [mss. franç. 1444 et 837] (fol. 72), — de la règle de Saint-Benoît, mss. de Bouhier F. 19, de la cathédrale de Beauvais et de Notre-Dame (fol. 79), — du Lucidaire, mss. de Baluze et de Gibert [mss. franç. 2168 et 25427] (fol. 106 et 196), — des Bestiaires (fol. 114), — des Quinze signes du jugement, dans les mêmes mss. (fol. 133), — du ms. de Notre-Dame, E. 6 [ms. franç. 25 405] (fol. 135), — du ms. de Notre-Dame, N. 2 [ms. franç. 25 545] (fol. 148),

— de plusieurs fabliaux du ms. de M. de Paulmy [Arsenal, 3142] (fol. 209). — 214 feuillets.

1560. Glossaires du ms. de Berne 354 (fol. 1), — du ms. de Notre-Dame, N. 2 [ms. franç. 25545] (fol. 133 et 217), — du ms. du Roi n° 7837 [ms. franç. 1761] (fol. 183), — du ms. du Roi n° 7534 [ms. franç. 1444] (fol. 205). — 218 feuillets.

1561. Glossaires du ms. de Gaignat [Arsenal, ms. 3142] contenant Job (fol. 1), — et le roman de Guy de Sassoigne (fol. 27), — du ms. du Roi 6985 [franç. 368] (fol. 55), — de l'*Abc* de Plantefolie, etc., ms. de Gaignat [Arsenal, ms. 3142] (fol. 73), — des Congés de Jean Bodel, ms. de Gaignat [Arsenal, ms. 3142] (fol. 123). — 147 feuillets.

1562. « Anciens mots françois tirez de la traduction des quatre livres des Roys, ms. des Grands Cordeliers de Paris [Bibl. Mazarine, ms. 70] (fol. 1), — du Roman de Gérard de Roussillon [ms. franç. 2180] (fol. 129), — des poésies de Guillaume de Machaut, ms. du Roi n° 7609, 2 [ms. franç. 1588] (fol. 175), — du ms. de Boèce, de Saint-Benoît-sur-Loire [Bibl. d'Orléans, ms. 374] (fol. 230), — du ms. de Saint-Martial de Limoges [ms. latin 1139] (fol. 242), — de la lettre de saint Bernard [Montfaucon, *Bibl. mss.*, II, 1384] (fol. 248), — des Serments de Strasbourg [ms. latin 9768] (fol. 256). — 258 feuillets.

1563. Glossaires des mots contenus dans les Chroniques de Saint-Denis (fol. 1), — le roman de Cleomades, ms. de Gaignat [Arsenal, ms. 3142] (fol. 37), — des Enfances Ogier le Danois [même ms.] (fol. 103), — le roman de Berte aux grans piés [même ms.] (fol. 130), — Alars de Cambrai [même ms.] (fol. 146), — et différents registres du Trésor des chartes (fol. 158). — 226 feuillets.

1564. « Catalogue alphabétique des fabliaux et autres pièces en vers ou en prose tirées de divers manuscrits » copiés pour Sainte-Palaye (fol. 1); — « Table alphabétique des premiers vers des anciennes chansons françaises manuscrites jusqu'à 1300 » (fol. 55 et 136). — 200 feuillets.

1565. « Copie de plusieurs morceaux historiques [relatifs à l'histoire des Croisades, tirés] d'un ms. de la bibliothèque de Berne, coté mss. Lit. 113 » (fol. 1), — Glossaire des extraits précédents (fol. 161). — 214 feuillets.

1566. Matériaux pour un « Mémoire sur un ancien poème françois intitulé les Vœux du Héron, pour servir de suite aux Mémoires sur l'ancienne chevalerie, » par Sainte-Palaye. — 100 feuillets.

1567. « Correspondance, voyages et recherches de M. de Sainte-Palaye. » — On y remarque un Itinéraire de Lyon à Rome et retour[1] (fol. 2), — Dessin du tombeau de Gaston de Foix, à Sainte-Marthe de Milan (fol. 6), — Lettres diverses, la plupart adressées de Rome, à La Curne de Sainte-Palaye, par le cardinal Passionei, sous le pseudonyme de *Le Prieur*, de son secrétaire Testaud du Bois de Lavaud, de l'abbé de Foy, etc. (fol. 7). — 146 feuillets.

1568-1571. Glossaire provençal, par La Curne de Sainte-Palaye.

Au fol. 1-6 du premier volume : « Table des mots toulousains de la Chanson de Du Guesclin (*Hist. de Bretagne* de D. Morice, Preuves, I, 1616) » — Fol. 7, liste des sources du glossaire.

1568. Tome I. A-C. — 274 feuillets.
1569. — II. D-K. — 302 —
1570. — III. L-Q. — 253 —
1571. — IV. R-Z. — 220 —

1572-1581. Glossaire des troubadours, par La Curne de Sainte-Palaye.

1572. Tome I. A. — 159 feuillets.
1573. — II. B-C. — 228 —
1574. — III. D. — 102 —
1575. — IV. E. — 142 —
1576. — V. F-H. — 140 —
1577. — VI. I-L. — 90 —
1578. — VII. M-O. — 142 —
1579. — VIII. P-Q. — 127 —
1580. — IX. R-S. — 188 —
1581. — X. T-Z. — 146 —

1582. « Liste générale et alphabétique de tous les troubadours compris dans le ms. de M. l'abbé L[egrand d'Aussy,

---

1. Voy. ms. français 20842, fol. 11 ; cf. *Coll. Bréquigny*, vol. CXXXI, fol. 24.

ms. franç. 9409] (fol. 6); — « Table alphabétique des poésies provençales que Crescembeni a fait imprimer en entier ou par partie » (fol. 30); — « Table des antiquitez des Troubadours mss. » (fol. 34); — « Passages historiques des poésies des Troubadours » dont quelques circonstances peuvent faire déterminer la date (fol. 58); — « Table alphabétique de tous les noms propres contenus dans tous les manuscrits des Troubadours » (fol. 74). — 214 feuillets.

1583. Table des noms de lieux des poésies des Troubadours. — 140 feuillets.

1584-1587. Analyses des poésies des Troubadours, rangées suivant l'ordre alphabétique des noms d'auteurs.

    1584. Tomes I et II. A-B. — 407 feuillets.
    1585. — III et IV. C-G. — 511 —
    1586. — V et VI. H-P. — 537 —
    1587. — VII et VIII. R-V et anonymes. — 354 ff.

1588-1648. Glossaire de l'ancienne langue françoise, par La Curne de Sainte-Palaye. — 61 volumes in-4. (Cf. plus haut mss. 1524-1554.)

    1588. Tome I. A-Agu. — 165 feuillets.
    1589. — II. Aha-Aou. — 626 —
    1590. — III. Apa-Arv. — 469 —
    1591. — IV. As-Azu. — 636 —
    1592. — V. B-Be. — 647 —
    1593. — VI. Beg-Bot. — 643 —
    1594. — VII. Bou-Bys. — 631 —
    1595. — VIII. C-Cag. — 444 —
    1596. — IX. Car-Ceu. — 600 —
    1597. — X. Cha. — 561 —
    1598. — XI. Che-Cly. — 671 —
    1599. — XII. Coa-Com. — 464 —
    1600. — XIII. Con. — 607 —
    1601. — XIV. Coo-Coz. — 683 —
    1602. — XV. Cra-Cz. — 610 —
    1603. — XVI. D-Dej. — 507 —
    1604. — XVII. Del-Des. — 546 —
    1605. — XVIII. Des-Dez. — 528 —
    1606. — XIX. Dia-Dyv. — 595 —

1607.	—	XX. E-Enf.	— 649 feuillets.
1608.	—	XXI. Eng-Erw.	— 614 —
1609.	—	XXII. Es-Esp.	— 715 —
1610.	—	XXIII. Esq-Eyt.	— 624 —
1611.	—	XXIV. Fab-Fiz.	— 675 —
1612.	—	XXV. Fla-Foy.	— 572 —
1613.	—	XXVI. Fra-Fyo.	— 492 —
1614.	—	XXVII. G-Gaz.	— 530 —
1615.	—	XXVIII. Ge-Gum.	— 595 —
1616.	—	XXIX. H-Her.	— 676 —
1617.	—	XXX. Her-Hyp.	— 629 —
1618.	—	XXXI. Ja-Kyr.	— 432 —
1619.	—	XXXII. L-Lez.	— 1343 pages.
1620.	—	XXXIII. Li-Lyp.	— 637 feuillets.
1621.	—	XXXIV. M-Mar.	— 647 —
1622.	—	XXXV. Me-Mer.	— 392 —
1623.	—	XXXVI. Mia-My.	— 501 —
1624.	—	XXXVII. N-Nyr.	— 661 —
1625.	—	XXXVIII. O-Ozme.	— 713 —
1626.	—	XXXIX. P-Par.	— 614 —
1627.	—	XL. Pas-Per.	— 669 —
1628.	—	XLI. Per-Pid.	— 531 —
1629.	—	XLII. Pie-Pla.	— 561 —
1630.	—	XLIII. Pla-Poi.	— 567 —
1631.	—	XLIV. Poy-Por.	— 550 —
1632.	—	XLV. Pos-Poy.	— 530 —
1633.	—	XLVI. Pra-Pri.	— 585 —
1634.	—	XLVII. Pro-Pyr.	— 623 —
1635.	—	XLVIII. Q-R.	— 504 —
1636.	—	XLIX. Rar-Red.	— 533 —
1637.	—	L. Rce-Rco.	— 500 —
1638.	—	LI. Rep-Rez.	— 512 —
1639.	—	LII. Rha-Rym.	— 496 —
1640.	—	LIII. S-Seq.	— 518 —
1641.	—	LIV. Ser-Sou.	— 516 —
1642.	—	LV. Sou-Syt.	— 497 —
1643.	—	LVI. T-Teo.	— 402 —
1644.	—	LVII. Tep-Tra.	— 436 —

1645. — LVIII. Tra-Tyr. — 431 feuillets.
1646. — LIX. V-Ver. — 495 —
1647. — LX. Ves-Voc. — 402 —
1648. — LXI. Vod-Zyt. — 389 —

1649. « Mémoires historiques sur la Chasse, » par La Curne de Sainte-Palaye. — Fol. 147. Autre rédaction. — 400 feuill^s.

1650. « Mémoires historiques sur la Chasse, » par le même; autre rédaction. — Fol. 35. Autre rédaction, suivie de différentes notes et extraits. — 201 feuillets.

1651. Copie de la seconde partie du volume précédent. — 176 feuillets.

1652. Copie, différente pour la dernière partie, du volume précédent. — 140 feuillets.

1653. « Supplément aux Mémoires sur l'ancienne Chevalerie,... par M. de La Curne de Sainte-Palaye. » — Notes pour un mémoire sur Eustache Deschamps (fol. 7); — sur le fabliau de la *Canise* (fol. 39); — Répertoire du *Journal de Trévoux*, du *Mercure de France* et du *Journal de Verdun*, années 1727 et 1728 (fol. 74). — 192 feuillets.

1654-1661. Notices de manuscrits relatifs à l'histoire de France, conservés dans les bibliothèques de France et d'Italie, rédigées par Sainte-Palaye, Secousse, etc. — 8 volumes in-4.

Les quatre premiers volumes contiennent les notices des mss. de la Bibliothèque royale; dans le quatrième sont des notices de plusieurs mss. de Saint-Germain-des-Prés, de Bouhier et de différents particuliers. — Les quatre derniers volumes comprennent les notices de mss. de différentes bibliothèques d'Italie; dans le premier de ces volumes (cinquième de la collection) on trouve des notices de mss. de Turin, Milan, Modène, Vérone, Venise, Florence, Rome et Naples. Les trois autres volumes sont consacrés aux mss. du Vatican.

Manuscrits de France.

1654 (I-II).   Notices   1-400. — 436 feuillets.
1655 (III-IV).   —   401-800. — 471 —
1656 (V-VI).   —   801-1303. — 272 —
1657 (VII-VIII).   —   1304-2000. — 369 —

Manuscrits d'Italie.

1658 (IX).   Notices 2001-2200. — 267 feuillets.
1659 (X).   —   2201-2400. — 263   —
1660 (XI-XII).   —   2401-2800. — 442   —
1661 (XIII-XV).— 2801-3273. — 497   —

1662-1676. Copie des notices précédentes des manuscrits de France et d'Italie. — 15 volumes in-4°.

Manuscrits de France.

1662 (I).   Notices   1-200. — 226 feuillets.
1663 (II).   —   201-400. — 253   —
1664 (III).   —   401-600. — 265   —
1665 (IV).   —   601-800. — 240   —
1666 (V).   —   801-1000. — 80   —
1667 (VI).   —   1001-1303. — 135   —
1668 (VII).   —   1304-1700. — 78   —
1669 (VIII).   —   1701-2000. — 197   —

Manuscrits d'Italie.

1670 (IX)   Notices 2001-2200. — 285   —
1671 (X).   —   2201-2400. — 201   —
1672 (XI).   —   2401-2600. — 223   —
1673 (XII).   —   2601-2800. — 211   —
1674 (XIII).   —   2801-3000. — 206   —
1675 (XIV).   —   3001-3200. — 209   —
1676 (XV).   —   3201-3273. — 77   —

XIX

1677-1734. Collection de Mouchet, composée de copies d'anciens manuscrits français, faites pour La Curne de Sainte-Palaye et annotées de sa main.

1677 (1). I. Copie d'une partie des pièces de poésies conte nues dans le ms. du Roi 6812 [ms. français 146]. — 154 feuillets.

1678 (2). II. Copie du texte français des sermons de S. Bernard, ms. des Feuillants [ms. français 24768]. — 386 pages.

1679 (3). III. Copie des Chansons de Thibaud de Champagne, roi de Navarre, d'après le recueil préparé par l'imprimeur Coustelier. — 18 feuillets et 179 pages.

1680-1683 (4). IV-VII. Copie figurée du ms. de Guyon de Sardière, puis de Gaignat, aujourd'hui à la Bibliothèque de l'Arsenal, n° 3142.

IV, fol. 1-72, Roman de Cleomades, d'Adenet Le Roi. — V, fol. 73-178, les Enfances Ogier le Danois et Berte as grans piés, du même; Alars de Cambrai, Moralités des philosophes; Paraphrase rimée du livre de Job. — VI, fol. 179-253, Bueves de Comarchis, d'Adenet Le Roi; le Miserere du reclus de Moliens; le roman de Charité; Congié et chanson de geste de Guiteclin de Sassoigne, de Jean Bodel, complété par la copie des fol. 133-139 v° du ms. du Roi, n° 6985 [ms. français 368]. — VII, fol. 256-321, Fables de Marie de France; Proverbes au vilain; Porquoi Diex fist le monde; Des IIII sereurs; Moralité; Ave maris stella, en françois; D'avarice; Priières de Nostre-Dame; Salus de Nostre-Dame; la Paternostre, en françois, par Silvestre; l'ABC de Plantefolie; li Mariages des filles au diable; li Dis de la vingne, que Jehans de Douai fist; les IX joies Nostre-Dame; Prieire de Nostre-Dame; la Bible Nostre-Dame, en françois; Salus de Nostre-Dame; Priière Theophilus; li Dit Baudouin de Condé, etc.; les Proverbes Seneke le philosophe. — Voy. une description détaillée de ce ms., par M. H. Martin, dans le tome III, p. 256-264 du *Catalogue des mss. de la bibliothèque de l'Arsenal* (Paris, 1887, in-8). — 216, 258, 206 et 194 feuillets.

1684-1685 (5). VIII-IX. Copie d'anciens ouvrages français sur la chasse.

1684. VIII. Tome I. « Anciens auteurs françois avant 1400, mss., sur la chasse », « ms. du Roi 7459 » [ms. franç. 1297], avec variantes d'autres mss. — « Le dialogue de la chasse dou cerf. » · Le livre du roy Modus et de la reine Racio. — Copie du Dictionnaire de la chasse, ms. du Roi 7936 [ms. franç. 2048]. — 12, 335 et 24 feuillets.

1685. IX. Tome II. « Copie du ms. du livre de la Chasse, par Gaston Phebus, appartenant à M. le duc de Penthièvre » [ms. franç. 616]. xvi et 415 pages, — « Poème des Déduits, par Gace de la Bigne », même ms. 154 pages. — « Le Trésor de Vénerie, composé, en 1394, par Hardouin, seigneur de Fontaine-Guérin, ms. de Cangé » [ms. franç. 855]. — ii et 67 pages.

1686 (8¹). XII¹. Copie de différents ouvrages de Christine de Pisan, d'après le ms. 625 du Supplément français [ms. franç. 12779]. — 304 feuillets.

1687-1689 (8²⁻⁴). XIII-XV. Copies de chansons françaises contenues dans les mss. 389 et 231 de Berne.

La copie des chansons du ms. 389 de Berne se trouve dans les volumes 1687-1688 ; à la fin du second de ces volumes sont transcrites les chansons du ms. 231. — 259 et 290 feuillets.

Le ms. 1689 contient : « Table des anciennes chansons françoises contenues dans le ms. de Berne n° 389. » — 57 feuillets. — « Anciens mots françois tirez du recueil des chansons françoises copiées sur le ms. de Berne n° 389. » — 105 feuillets.

1690 (9). XVI. « Anciennes traductions françoises des quatre livres des Roys et des deux livres des Machabées, copiées sur le ms. des Grands Cordeliers de Paris » [Bibl. Mazarine, ms. 70]. — 414 feuillets.

1691 (10). XVII. Copie d'une partie des pièces contenues dans le ms. N. 2 de Notre-Dame [ms. franç. 25545]. — 292 feuillets.

1692 (11). XVIII. « Copie de la chronique des chevaliers catalans, écrite en catalan, faite sur le ms. de la reine de Suède au Vatican, n° 792. » — 284 feuillets.

1693 (12). XIX. « Extraits historiques de divers auteurs, par M. de Foncemagne. » Rois mérovingiens (fol. 1). — Extraits de Procope, Joinandès et Isidore (fol. 74). — « Extrait

---

1. Le ms. X de Mouchet, contenant différents ouvrages de Christine des Pisan (xv° s., parch.), porte aujourd'hui le n° 12779 du fonds français (anc. Suppl. fr. 6259). — Il faut lire XI et non XII. Le n° XII n'existe pas ; le relieur avait considéré par erreur le ms. 1686 comme formant le premier volume de copies des chansons de Berne (n° 1687).

chronologiqne des *Res Franciæ* d'Adrien de Valois, fait par M. de Foncemagne », suivi de différents extraits d'ouvrages géographiques et historiques (fol. 132). — 295 feuillets.

1694-1695 (13). XX-XXI. Extraits destinés à entrer dans les grands recueils alphabétiques de La Curne de Sainte-Palaye.

1694. XX. Extraits de romans de chevalerie, Lancelot du Lac et Perceforest. — 305 feuillets.

1695. XXI. Extraits de l'Histoire de J.-A. de Thou, en français. — 416 feuillets.

1696-1714 (14). XXII-XL. Mélanges de Secousse.

Voy. plus haut deux autres exemplaires de cette collection sous les nos 1450-1469 et 1470-1485.

1696 (I). Années 1109-1354.   — 441 feuillets.
1697 (II).   —   1355-1357.   — 502   —
1698 (III). —   1358, janv.-juill.   — 392   —
1699 (IV).   —   1358, août-déc.   — 418   —
1700 (V).   —   1359, janv.-sept.   — 436   —
1701 (VI).   —   1359, oct.-1360, sept.   — 501   —
1702 (VII). —   1360, oct.-1361, août.   — 543   —
1703 (VIII). —   1361, sept.-1363, avril.   — 556   —
1704 (IX).   —   1363, avril-1369, mars.   — 409   —
1705 (X).   —   1369, avril-1383, févr.   — 266   —
1706 (XI).   —   1383, mai-1752, et sans dates,   389 ff.
1707 (XII). Noms de lieux : Abbeville-Lavaur.   — 329 —
1708 (XIII).   —   Liget-Paris.   — 399 —
1709 (XIV).   —   Périgord-Villeneuve.   — 332 —
1710 (XV). Noms de matières : Aides-Comptes.   — 284 —
1711 (XVI).   —   Concile-Marine.   — 517 —
1712 (XVII).   —   Milice-Ribauds.   — 315 —
1713 (XVIII).   —   Rois-Université.   — 485 —
1714 (XIX). Noms d'hommes : Albret-Urgel.   — 432 —

1715-1719 (15). XLI-XLV. Copie de deux mss. appartenant au marquis Noblet de La Clayette.

Voy. la notice détaillée de ces mss. de La Clayette, aujourd'hui perdus, publiée par M. P. Meyer, dans les *Notices et extraits des mss.*, t. XXXIII, 1re partie (1890), p. 1-90, et tirage à part (1888). — La copie du premier ms. forme les volumes 1715-1718 et 1719, fol. 1-334 ; le reste du volume 1719 contient la copie du second manuscrit. — 304, 277, 368, 311 et 336 feuillets, plus 92 pages.

1720-1721 (17). XLVI-XLVII. Copie du ms. 354 de Berne.

Le premier volume contient la copie de différents fabliaux et d'un fragment du roman de Dolopathos. — 420 feuillets. Le second volume renferme une copie du roman de Perceval. — 153 feuillets.

1722-1726 (18). XLVIII-LI *bis*. Notes et extraits, la plupart de Mouchet et de La Curne de Sainte-Palaye, sur différents sujets d'histoire et de philologie.

1722. XLVIII. Notes diverses d'histoire littéraire, de philologie, de diplomatique et de paléographie. — 601 feuillets.

1723. XLIX. Notes et extraits de Sainte-Palaye pour ses glossaires. — 335 feuillets.

1724. L. Notes et extraits divers de Sainte-Palaye pour ses glossaires. — Extraits du Saint-Graal (fol. 209), — du roman d'Erée et Enide, de Chrestien de Troyes (fol. 302), — du Chevalier au lion, du même auteur (fol. 322) ; — « Notices des anciens mss. françois conservez au château de Darnetal (si je ne me trompe), appartenant à M. le duc de La Rochefoucault » (fol. 345) ; — Notice du roman de Thésée, ms. d'Urfé [ms. franç. 22543] (fol. 355), — de plusieurs mss. français du château de Pontchartrain (fol. 362), — du ms. Lit. 113 de Berne (fol. 374), — et de quelques mss. français de la Bibliothèque du roi (fol. 388) ; — Note de Du Cange au sujet de quelques mss. de Saint-Martin de Tournay (fol. 401). — 402 feuillets.

1725. LI. Notices de différents mss. de Turin (fol. 1), — Cambrai (fol. 4), — Amiens (fol. 7), — du Collège de Navarre (fol. 9) ; — « Dit des rues de Paris », de Guillot (fol. 49) ; — « Response des Oracles d'Apollo à la Sibile Cumée, en 1531 » (fol. 63) ; — « Copie d'un ms. sans titre appartenant à Mr de Bourlamaque, c'est une Épître d'un amant à sa dame » (fol. 89) ; — « Noel en languauge savoyard » (fol. 112) ; — « Poésies auvergnates de feu messire Gabriel Pastourel, chantre de l'église collégiale de Montferrand en Auvergne, en 1665 » (fol. 124) ; — « Noei, ... en patois Dijonnois. Tôte les neu les

Ainge... » (fol. 131); — Romance de Raoul de Crequy » (fol. 134); — « Copie de vers françois tirez d'une paire d'Heures, ms. du xiii° siècle, ... communiquées par M. du Meziere » (fol. 147); — « Inventaire des joyaux et autres biens meubles de feu Madame la duchesse de Bourgogne, Marguerite de Flandres, ... » 1405 (fol. 172); — Lettre de Dreux du Radier à Sainte-Palaye au sujet de ses Mémoires sur l'ancienne chevalerie, 1753 (fol. 278); — « Fragmens du roman de Guarin le Loherain ... » (fol. 281); — « Mémoire sur les manuscrits de M. Du Cange, 1752 », par Dufresne d'Aubigni; in-4, impr. (fol. 317). — 333 feuillets.

1726. LI *bis*. « Copie d'un ms. contenant des poésies. Ce ms. est du règne de Charles huit, environ vers 1495, il contient l'Épître d'une Demoiselle de la cour à son amant, qui servoit dans l'armée d'Italie, et la réponse de l'amant à la demoiselle. » In-8. — 135 pages.

1727 (19). LII. Extraits de mss. de Paris, Berne et Turin. « Vers sur la mort, par Hélinand, et autres vers sur le même sujet, en langage Walon » (fol. 1, 106 et 185); — « Propriétéz de plusieurs pierres, » ms. de Berne 113 (fol. 94); — « Vie des rois de France, » même ms. (fol. 96); — « Complainte de Jérusalem contre la cour de Rome, » même ms. (fol. 97); — Henri d'Andely, « Bataille des vins, » même ms. (fol. 112); — « Roman de la Riôte dou monde, » même ms. (fol. 118); — — « Doctrinal sauvage, » même ms. (fol. 124); — « Fablel de Paradis, » même ms. (fol. 132); — Règle de Saint-Benoît, en français, ms. F. 19 de Bouhier, collationné avec les mss. de Beauvais et de Notre-Dame, n° E, 6 (fol. 137); — « Copie de plusieurs poésies françoises du ms. de Turin, G. I. 19 » (fol. 195), — et de plusieurs pièces du ms. de Notre-Dame, E. 6 [ms. franç. 25405] (fol. 376). — 459 feuillets.

1728 (20). LIII. Copies de plusieurs pièces du ms. de Baluze 572, du Roi 7989, 2 [ms. franç. 2168] (fol. 1 et 149); — « du Lucidaire en vers, ms. de M. Gibert, qui termine l'ancienne coutume d'Amiens » (fol. 53); — « des fabliaux qui se trouvent à la suite des Congez de Jehan Boudel, dans le ms. de M. le Mis de Paulmy » [Arsenal, ms. 3142] (fol. 261). — 281 feuillets.

1729 (21). LIV. « Copie de quelques pièces ... qui se trouvent dans un ms. de l'abbaye de Saint-Yved de Braine, intitulé *Vita Karoli magni* ... » — 178 pages. — « Confession de Robert de Wourdreton, valet de Watier Le Herpeur, menestrier anglois ... 1384. » 16 pages. — « Mémoire responsif pour M. le cardinal de la Rochefoucauld, archevêque de Rouen, ... contre le sieur J.-B. Gacon ... 1784, » relatif à la forêt des Bois-francs située à Blanzy; in-4°, impr. — 286 pages.

1730 (22). LV. Honoré Bonnet, « l'Arbre des batailles, copié sur un ms., ... communiqué par M^r le comte de Chastellus. » — vi-206 feuillets. — « Livre de l'instruction de chevalerie et exercice de guerre; » même ms. — 14 feuillets.

1731 (23). LVI. Copies et extraits de divers ms.; parmi lesquels différentes pièces d'un ms. des Vies des Saints, bibliothèque de Sorbonne [ms. français 23112] (fol. 29), du ms. 1864 de la reine de Suède au Vatican, sur la translation des reliques des saints de l'abbaye de Saint-Médard de Soissons (fol. 204), — du ms. 450 de la reine de Suède au Vatican, « Precepta synodalia episcopatus Suessionensis » (fol. 233). — 279 feuillets.

1732 (24). LVII. « La Storia del re Giannino di Francia, ... da Girolamo Gigli, gentiluomo Sanese. — 1717. — Copié à Rome sur le ms. de la bibliothèque Chigi, n° 165 et 166, en 1740. » — 276 feuillets.

1733 (25). LVIII. Extraits de différents ouvrages imprimés de Du Cange (fol. 1), — de Laroque (fol. 63), — et Brussel (fol. 169). — 237 feuillets.

1734 (26). LIX. Extraits du Traité de la Pairie de Le Laboureur. — 292 feuillets.

XX

1735-1834. Répertoires divers du Cabinet des Chartes, etc.

1735-1778. Répertoire alphabétique par fonds d'Archives des pièces de la collection du Cabinet des chartes. — Fiches copiées par Glier; 44 cartons.

1735. Abbeville-Arbois. . . . . — 405 feuill[s].
1736. Argelès-Bar-sur-Seine . . . . . . — 272 —
1737. Barbeaux . . . . — 442 —
1738. Barcelone-Bellevaux . . . . — 362 —
1739. Bellevaux . . . . — 439 —
1740. Belpuig-Besançon. . . . . — 385 —
1741. Besançon. . . . . — 449 —
1742. Besançon-Bonlieu . . . . — 445 —
1743. Bonnefontaine-Bourg-Achard. . . . — 260 —
1744. Bourgogne. . . . . — 408 —
1745. Bousonville-Chalade. . . . . — 340 —
1746. Chalon-Charlieu. . . . . — 394 —
1747. Chartres-Clerval. . . . . — 430 —
1748. Cluni. . . . . — 608 —
1749. Cluni. . . . . — 392 —
1750. Cluni-Cormery . . . . — 453 —
1751. Corneux-Elne . . . . — 562 —
1752. Envermeu-Fleurance. . . . . — 430 —
1753. Foigny-Gy. . . . . — 389 —
1754. Ham-La Noe. . . . . — 415 —
1755. Lausanne . . . . — 388 —
1756. Lavaix-Lyre . . . . — 429 —
1757. La Madelaine-Marmoutier. . . . . . — 527 —
1758. Marmoutier . . . . — 637 —
1759. Maroilles-Montieramé . . . . — 603 —
1760. Montier-en-Der-Mont-Saint-Quentin. — 494 —
1761. Mont-Sainte-Marie-Neubourg . . . . — 326 —
1762. Neufchâtel-Noaillé. . . . . — 429 —

1763. Nogent-Paris . . . . — 394 ff.
1764. Paray-Provins . . . . — 620 —
1765. Ray-Saint-Benoist. . . . . — 603 —
1766. Saint-Bertin-Saint-Clément. . . . . — 599 —
1767. S¹-Corneille-de-Compiègne-S¹-Hippolyte. — 442 —
1768. S¹-Jean-d'Angély-S¹-Jean-des-Vignes . . — 505 —
1769. S¹-Jouin-de-Marnes-S¹-Maur-des-Fossés. — 696 —
1770. S¹-Maurice-S¹-Père-de-Chartres . . . . . — 512 —
1771. S¹-Père-de-Chartres-S¹-Symphorien. . . — 432 —
1772. S¹-Thiébault-S¹-Vincent-de-Laon . . . . — 309 —
1773. S¹-Vincent-du-Mans. . . . . — 600 —
1774. S¹-Vincent-du-Mans-Tilly . . . . — 572 —
1775. Toulouse-Vendôme . . . . — 552 —
1776. Verdun. . . . . — 546 —
1777. Verdun. . . . . — 554 —
1778. Vergaville-Villers. . . . . — 386 —

1779-1784. Répertoire alphabétique par pays et villes des lettres de papes recueillies par La Porte du Theil. — Fiches copiées par Glier; 6 cartons.

 1779. Abbeville-Bordeaux. — Feuillets 1-1245.
 1780. Bordeaux-Empire. — —. 1246-2490.
 1781. Empire-Laon. — — 2491-3735.
 1782. Laon-Noyon. — — 3736-4980.
 1783. Olmütz-Sens. — — 4981-6225.
 1784. Sens-Zalex. — — 6226-7471.

1785-1794. Répertoire chronologique (696-1718, et s. d.) d'une partie des pièces copiées pour le Cabinet des chartes (vol. 1-283 de la Collection Moreau). — Analyses copiées par Glier; 10 cartons.

 1785. Années 696-1061. — 703 feuillets.
 1786. — 1061-1103. — 671 —
 1787. — 1103-1155. — 744 —
 1788. — 1155-1190. — 747 —
 1789. — 1190-1208. — 618 —
 1790. — 1208-1226. — 705 —
 1791. — 1226-1249. — 682 —
 1792. — 1249-1276. — 720

1793. Années 1276-1339. — 624 feuillets.
1794. — 1339-1718, et sans dates. — 649 —

1795. « Mémoire sur les recherches [relatives] à l'histoire de France, faites à Londres par M. de B[réquigny]. » 1766. — Fol. 7. « Exposé des recherches littéraires relatives à l'histoire de France, que M. [La Porte] du Theil a faites à Rome... depuis le mois d'octobre 1776 jusqu'au mois d'août 1783. » — Fol. 28. Note sur les travaux de La Porte du Theil. — 32 feuillets.

1796. Notes pour le supplément de la Table chronologique des Diplômes. — 641 et 421 feuillets.

1797-1798. Papiers de La Curne de Sainte-Palaye.

1797. Article *Aide* du Glossaire (beaucoup plus ample que l'imprimé), de la main de Bréquigny; avec deux lettres, l'une de Malesherbes, l'autre de Dionis Duséjour, et un fragment d'épreuves du Glossaire, in-fol. (fol. 71); — Notes diverses de Sainte-Palaye (fol. 85). — 243 feuillets.

1798. « Mémoires historiques sur la chasse », par La Curne de Sainte-Palaye. Minute et notes. (Cf. les n 1684-1685). — 286 feuillets.

1799. « Ordre du Cabinet des chartes et diplômes de l'histoire de France, à la Bibliothèque du roi, au 1er janvier 1828. » — « État des départements où il existait des dépôts publics ou particuliers auxquels on peut avoir recours pour la recherche des anciennes chartes... » (page 27). — VI et 40 pages.
Voici la table de cet inventaire :

		Pages.
C. O.	Chartes en original.	1
C. C.	Copies de chartes par ordre chronologique	3
C. I.	Chartes imprimées. (Table chronologique.)	5
O.	Table par ordre de matières des Ordonnances des rois	5
L. B.	Collection de Londres, par Bréquigny	5
R. L.	Collection de Rome, par La Porte du Theil	7
F. T.	Collection de Fevret de Fontette	9
P. B.	Collection tirée des Archives des Pays-Bas	23
M.	Mélanges historiques sur la France	9 et 11
P.	Collections sur les provinces de France	11

	Pages.
A. P. Inventaire des archives des provinces	17
A. E. Inventaires d'archives étrangères	19
S. P. Manuscrits de Ste-Palaye sur l'histoire de France.	19
S. S. — Secousse —	21
F. — Foncemagne —	21
O. D. Ouvrages divers sur l'histoire de France	21

1800-1833. Trente-quatre boîtes contenant des fiches pour les Glossaires de La Curne de Sainte-Palaye.

La boîte, cotée 1828, contient un relevé des différentes formes des articles, pronoms et particules de l'ancienne langue française. — La boîte, cotée 1831, renferme les matériaux d'un glossaire pour le poëme de la Guerre des Albigeois.

1834. Bulletins du catalogue de la bibliothèque du Cabinet des chartes. — Un carton.

APPENDICE

I

État sommaire de ce qui compose les Dépôts de Législation et des Chartes, *réunis sous le nom de* Bibliothèque de la Chancellerie.

La *Bibliothèque de la Chancellerie* composée des Dépôts réunis de la Législation et des Chartes avoit été formée pour offrir au Ministère et à l'Administration tous les renseignemens et toutes les lumières qui peuvent diriger la législation et l'exercice de la justice, et, en éclairant notre histoire, nous donner les bases de notre droit public.

Ces deux dépôts qui se complettent mutuellement, dont la formation progressive et la tenue exigeoient des travaux journaliers et étendus, ont été enrichis de manuscrits et de livres propres à faciliter et à hâter ces travaux, et particulièrement de la bibliothèque que feu M. de Sainte-Palaye s'étoit formée sur l'histoire de France, et qui fut achetée par le Gouvernement et attachée à ces deux dépôts [1].

La partie même de cette bibliothèque qui étoit étrangère à l'histoire servit à un échange qu'on en fit avec M. de Paulmy contre la collection de pièces historiques successivement rassemblées par M. le président de La Marre et par M. de Fonttete. (Les titres d'acquisition de cette bibliothèque et de cet échange forment un carton du secrétariat du Dépôt. Voy. l'inventaire, n° XI [2].)

---

1. En 1781; Sainte-Palaye les avait cédés au roi dès l'année 1765, mais en avait gardé la jouissance jusqu'à sa mort. Cf. n° x de l'Appendice.
2. Cf. n° vii de l'Appendice.

Cette bibliothèque ainsi que les deux dépôts auxquels elle fut réunie fut attachée au département de la Chancellerie sous le nom spécial de *Bibliothèque de la Chancellerie*.

Mgr. l'archevêque de Bordeaux [1], devenu garde des sceaux dans le moment le plus difficile de l'administration, désira avoir plus immédiatement sous sa main la portion de cette bibliothèque ministérielle dont l'usage pouvoit lui être d'une utilité plus directe, plus habituelle. Il fit donc placer dans son cabinet les extraits des registres du Parlement faits par le président Le Nain [2], d'autres registres du parlement de Bourgogne, plusieurs recueils mss. d'arrêts du Conseil, doubles au Dépôt, et les livres imprimés provenant de la bibliothèque de M. de Sainte-Palaye.

Ces livres cependant n'y furent pas placés en totalité, mais seulement ceux de format in-folio et in-4°, à l'exception de quelques uns de ces mêmes formats restés au Dépôt; dont la notice est sous le n° 7, et de ceux qui, prêtés à M. Mouchet [3] pour la composition du *Glossaire françois*, sont compris sous le n° [10]. Monseigneur ayant remis à un autre moment d'y faire venir ceux de format in-12, ils sont restés et sont encore au Dépôt, mais il n'en est pas moins nécessaire de les réunir à la Bibliothèque, dont ils font partie, et qui, si ils y faisoient lacune, seroit incomplette et perdroit toute sont importance et tout son prix.

De tous ces objets transportés à la Chancellerie on a fait un catalogue très détaillé dont il existe trois copies : deux de ces copies sont entre les mains de Mgr. le Garde des sceaux et de M. Moreau; la troisième sera remise à M. le Bibliothécaire du Roi. (Voy. ce catalogue sous le n° 6.)

Indépendamment de ce transport à la Chancellerie de Paris, il en a été fait un autre par le même motif, à la Chancellerie de Versailles, de ceux des autres livres du Dépôt qui faisoient double avec ceux placés à la Chancellerie de Paris. Il en a été fait un catalogue détaillé dont il existe trois copies qui ont la même destination que celles ci-dessus. Ce catalogue contient de plus les livres qui, appartenant à M. Moreau, avoient été compris dans le Catalogue général du Dépôt,

---

1. Jérôme-Marie Champion de Cicé, archevêque de Bordeaux (1781-1790), garde des sceaux (1789-1790).

2. Voy. la notice de M. Grün, en tête de *Actes du Parlement de Paris* (1863), dans la collection des *Inventaires et Documents* des Archives nationales.

3. Les manuscrits de Sainte-Palaye laissés à Mouchet, et dont la liste est imprimée plus loin, n'entrèrent à la Bibliothèque qu'après la mort de Mouchet, en 1807.

dans l'intention où étoit M. Moreau d'en faire donation à l'établissement s'il eût subsisté. (Voy. ce catalogue sous le n° 9.)

Ce qui compose maintenant le Dépôt, c'est :

1° Les Livres restans de la bibliothèque Sainte-Palaye. (Voy. les catalogues n°⁵ 7 et 8.) Pour les livres prêtés à M. Mouchet, voy. sa reconnoissance sous le n° 10.

2° La Collection de nos Loix dont l'état détaillé est à la suite du catalogue désigné sous le n° 2.

3° Le Dépôt des Chartes. (Voyez en l'état sous le n° 3.)

4° Les Cartons du Secrétariat contenant ce qui concerne l'historique de l'établissement : correspondance avec le Ministre, celle avec les savans, et toutes les pièces relatives aux fonds accordés à l'établissement et à sa comptabilité. (Voy. l'inventaire sous le n° XI.)

5° La Collection vendue au Gouvernement par feu M. Genée de Brochot, en six cartons et plusieurs registres in-folio [1]. Ces derniers sont placés à la Chancellerie de Paris. (Il y a un catalogue particulier de cette collection [2].)

6° Le Dépôt des exemplaires de la *Table chronologique des chartes et diplômes imprimés*, pour lesquels le Roi a souscrit à l'effet de les distribuer aux savans employés aux recherches. (On donnera un état particulier du nombre d'exemplaires qui restent de chacun des trois volumes.)

7° Enfin un ancien dépôt provenant de la Finance, considérable par la quantité des liasses, mais nul par l'importance. Ce sont des dossiers de lettres et de requêtes aux Intendans et aux Ministres, et les décisions de ces derniers sur des affaires passagères. La partie des registres les plus précieux de ce Dépôt a été placée à la Chancellerie de Paris. Il existe de ce Dépôt un inventaire en deux volumes in-folio [3].

MOREAU.

(*Collection Moreau*, vol. 1439, anc. *Catalogue* 155, p. 1-2.)

---

1. Cette collection forme aujourd'hui 35 volumes, dispersés sous différents numéros dans le fonds français de la Bibliothèque nationale. Cf. Delisle, *Cabinet des mss.*, I, 574, note 1.

2. *Catalogue*, n° 299.

3. Les papiers du Contrôle des finances, conservés à la Bibliothèque nationale, ont été remis, avec les deux volumes d'inventaire, aux Archives nationales, le 19 avril 1862, en vertu d'un arrêté du Ministre d'État.

II

Inventaire des cartons qui composent le Secrétariat des Dépôts des Chartes et de Législation, *lesquels cartons sont relatifs à l'administration de cet établissement.*

Nombre de cartons.

1° Les *Bons du Roi* et les Arrêts du Conseil concernant la formation des Dépôts et les fonds qui leur ont été successivement accordés, cy. 1

2° Les *Décisions* des Ministres relativement aux travaux littéraires, au régime de l'Établissement et à la Comptabilité, cy. 1

3° Les *Comptes* rendus au Ministre de l'administration des fonds et les pièces justificatives de ces comptes, cy. . . . 3

4° Divers mémoires, inventaires, lettres, instructions sur les chartes et les travaux relatifs à leurs recherches et aux envois faits au Dépôt, cy. 4

5° L'Établissement du Comité des savans attaché au Dépôt et l'objet de leurs conférences, cy. 1

6° La *Correspondance* des savans et des personnes en dignités et en places avec M. Bertin, ministre, cy 2

7° *Idem* avec Mgrs. les Gardes des sceaux, cy 1

8° *Idem* avec M. Moreau, cy. 1

9° La *Correspondance* des Bénédictins des congrégations de St-Maur et de St-Vanne, relative à leurs recherches et à leurs envois, cy. 2

10° Distribution des exemplaires de la *Table chronologique des Chartes imprimées*, cy. 1

11° *Lettres* et mémoires relatifs à l'universalité des travaux littéraires soumis à la surveillance de Mgr. le Garde des sceaux, cy. 1

12° Ce qui concerne la transcription des *Olim* et des *Judicata*, et des Rouleaux du Parlement, cy. 1

13° La remise faite au Dépôt de la collection des extraits des Registres du Parlement et celle de M. Genée de Brochot, cy. . 1

14° L'échange fait avec M. de Paulmy, l'acquisition de la collection de M. de Fontette et la donation au Roi de la Bibliothèque de M. de Ste-Palaye, cy. 1

15° Pièces de renseignement relatifs au Dépôt de Législation

et correspondance relative aux envois à y faire par les tribunaux
des règlemens qui en émanent, cy. 1

16° Correspondance avec le Comité des finances de l'Assemblée nationale, cy. 1

17° Correspondance avec les Provinces. 18

Nombre de cartons.

Auvergne.	1	Guienne.	1
Alsace.	1	Languedoc.	1
Béarn et Navarre. . .	1	Lorraine, Trois-Évêchés	2
Bretagne.	1	Le Maine.	1
Belgiques (Provinces) .	1	Normandie.	1
Cluny.	1	Picardie.	1
Flandre, Hainaut, Artois	1	Provence.	1
Franche-Comté. . . .	1	Roussillon.	1

18° Plus cinq registres de correspondance, savoir : . . . 5

Nombre de cartons.

1759 à 1778.	1	Nov. 1787 à janv. 1789.	1
1782 à 1785.	1	Févr. 1789 à oct. 1790.	1
1786 à nov. 1787. . .	1		

Plus un carton contenant la correspondance relative au traitement accordé à M. Desmaretz sur les fonds du Dépôt pour l'acquisition de sa collection de sceaux et monogrammes.

MOREAU.

(*Collection Moreau*, vol. 1439, ancien *Catalogue* 155, p. 519-520.)

III

État du Dépôt des Chartes.

Nombre de cartons.		Nombre de pièces.
320	Cartons contenant 30,239 copies dont la date s'étend depuis l'origine de la Monarchie françoise jusqu'à l'an 1743, cy	30,329
80	Cartons concernant la Franche-Comté, contenant plus de 2,400 copies et les inventaires de plus de 3,600 pièces, depuis 824 jusqu'au 16° siècle, non compris les inventaires de la Maison du Châlons, de celle de Beaufremont, etc., cy 2,400	
	Lauzanne, Évêché, sans les extraits . . 464	3,429
400	Neufchâtel (Maison de) 565	
	A reporter.	33,758

	Nombre de pièces.
Report.	33,758
Copie des cartulaires de l'évêché d'Agde, de l'abbaye de Morienval, de celle de Saint-Quentin-en-l'Isle et du prieuré de Saint-Laurent d'Envermeu, contenant 508 copies, cy	508
Copies du *Registrum tenue* et du *Registrum veterius* au Trésor des chartes, contenant plus de 100 pièces	100
Pièces intercalées dans les cartons ci-dessus depuis le relevé qui en a été fait. [Copies provenant des chartriers et cartulaires de diverses abbayes]	3,517

Lettres des Papes[1].

M. de La Porte du Theil en a fait copier à Rome 8,782, dont 50 ou environ antérieures à Innocent III, et les autres des papes du 13ᵉ siècle et du commencement du 14ᵉ, cy... 8,782

Plus huit cartons contenant le suplément des envois de M. du Theil, notices et instructions des Papes. — 1 carton contenant l'état des envois de M. du Theil.

Originaux.

Nombre de cartons.			
19	221 pièces reçues anciennement du Bureau des Affaires étrangères, cy	221	
	Plus 799 achetées du sieur Blondeau de Charnage, avec deux Cartulaires et un Nécrologe, cy	799	1,042
	Plus 22 données au Dépôt par diverses personnes, la pluspart inutiles et en mauvais état, cy	22	
	Total des pièces qui composent le Dépôt.		47,707

Il résulte de l'état de l'autre part que le nombre des pièces qui composent le Dépôt des Chartes se monte à la quantité de quarante-sept mille sept cent sept.

Observations.

Outre les 100 pièces que nous avons dit plus haut être entre les mains de M. de Bréquigny, on lui en a encore remis quelques-unes.

M. du Theil a conservé chez lui les Lettres de Grégoire X, qu'il a fait copier à Rome.

---

1. Elles sont intercalées dans les 400 cartons ci-dessus. (*Note de Moreau.*)

On n'a point compris dans l'énumération précédente une infinité de notices, d'extraits, d'états, d'inventaires et de renseignemens envoyés au Dépôt, non plus que beaucoup d'articles qui ne doivent point être rangés dans la classe des chartes et autres monumens de cette espèce.

Outre les articles ci-dessus, qui forment l'essentiel du Dépôt des Chartes, on y trouve : 1° la nomenclature de tous les dépôts de la France par généralités, en 5 cartons; 2° une copie de cette même nomenclature de dépôts rangés de suite en 1 carton[1].

Inventaires du Dépôt des Chartes.

	Nombre de pièces.
Il en a été fait un de 19,150 pièces par ordre chronologique depuis le 6° siècle jusqu'au 15°, cy.	19,150
7,000 notices de ces pièces avoient déjà été faites plus au long avec les tableaux des noms de lieux et de personnes, etc.	
Depuis on a fait les notices de 24,758 pièces envoyées au Dépôt après la confection dudit inventaire, ou qui n'avoient pû y être comprises, cy.	24,758
Ce qui donne au total 43,908 extraits, non compris les 7,000.	43,908

(*Collection Moreau*, vol. 1439, ancien *Catalogue* 155, p. 117-120.)

IV

Table alphabétique des dépôts du royaume dans lesquels on a travaillé pour enrichir le Dépôt général des chartes, ou dont les titres ont été copiés d'après les cartulaires qui sont dans la Bibliothèque du Roi, à Paris.

Abbeville,	St-Jean-des-Prés, collégiale.	Abbeville,	Hôtel de ville.
		Acey,	Abbaye.
—	St-Vulfran, collégiale.	Agde,	Évêché.
		Ager, en Catalogne,	Collégiale.
—	St-Pierre, prieuré.		
—	Hôtel-Dieu.	Amiens,	Évêché.

---

1. Cf. la lettre de Le Brun au Garde des sceaux, et les réponses, relatives au cabinet de Moreau, publiées par M. X. Charmes dans *Le Comité des Travaux historiques*, I, 439-444.

Amiens,	Hôtel de ville.	Besançon,	St-Paul, abbaye.
—	Bureau des finances.	Bèze,	Abbaye.
Anchin,	Abbaye.	Blois,	St-Laumer, abbaye.
Angers,	St-Maurice, chapitre.	Boheries,	Abbaye.
		Bonnefontaine,	Abbaye.
—	St-Serge, abbaye.	Bonneval,	Abbaye.
Aranda, dans le Conflant,	Château.	Bordeaux,	Hôtel de ville.
Ardres,	Abbaye.	—	Intendance.
Arles,	Abbaye.	Bossut	(Archives du vicomte de).
Arras,	Évêché.		
—	St-Waast, abbaye,	Bouillon	(Cour souveraine de).
—	St-Jean, hôpital.		
Arrouaise,	St-Nicolas, abbaye.	Bourges,	St-Sulpice, abbaye.
Auchy,	Abbaye.	Bouxonville,	Abbaye.
Aurillac,	Abbaye.	Bouxières,	Chapitre.
—	Hôtel de ville.	Brantosme, en Perigord,	Abbaye.
Avesne,	Chapitre.		
—	Hôtel de ville.	Breteuil,	Abbaye.
		Buillon,	Abbaye.
Bapaume,	Hôtel de ville.		
Barbeau,	Abbaye.		
Barcelone,		Cambrai,	Église.
Bar-sr-Aube,	St-Maclou, collégiale.	Camprodon, en Catalogne,	Abbaye.
—	St-Nicolas, hôpital.		
Beaugency,	Abbaye.	Catalogne	(Divers lieux en)
Béarn et Navarre,		Chalis,	Abbaye.
		Chanteau,	(Célestins de).
Beaupré,	Abbaye.	Charroux,	Abbaye.
Beauvais,	Évêché.	Chartres,	Évêché.
—	Église.	—	Église.
—	St-Lucien, abbaye.	—	St-Père, abbaye.
—	St-Quentin, abbaye.	Chartreuve,	Abbaye.
—	Hôtel-Dieu.	Château,	Abbaye.
Bellevaux,	Abbaye.	Châtillon,	Abbaye.
Bertaucourt,	Abbaye.	Chauny,	Hôtel de ville.
Besançon,	Archevêché.	Cherbourg,	Hôtel-Dieu.
—	Église.	—	Hôtel de ville.
—	La Madeleine, chapitre.	Choisy-au-Bac,	Prieuré.

Clermont-en-Auvergne,	Église.	Elan,	Abbaye.
—	Cathédrale.	Elne,	Église.
—	St-Allyre, abbaye.	Envermeu (St-Laurent d'),	Prieuré.
Clermont-en-Beauvoisis,	Hôtel-Dieu.	Epternach,	Abbaye.
Cléry,	Doyenné.	Esserent (St-Leu d'),	Prieuré.
Cluny	(St-Pierre de), abbaye.	Etrun,	Abbaye.
Compiègne,	St-Corneille, abbaye.	Fécamp,	Abbaye.
		Fervaques,	Abbaye.
—	Hôtel de ville.	Flavigny,	Prieuré.
Corbie,	Abbaye.	Flines,	Abbaye.
—	Hôtel de ville.	Foigny,	Abbaye.
Corneux,	Abbaye.	Fontaines,	Prieuré.
Craon, en Lorraine,	Château.	Fontenelles, en Flandre,	Abbaye.
Creil (Saint-Evremont de),	Chapitre.	Fouilloy (St-Matthieu de),	Collégiale.
Crémadelles, en Roussillon.	(Maison de).	Froimont,	Abbaye.
Crépin,	Abbaye.	Gand (Saint-Pierre de),	Abbaye.
Crépy-en-Valois,	Ste-Anne, collégiale.	Gerry, en Espagne,	Abbaye.
—	St-Thomas, collégiale.	Gorze,	Abbaye.
—	Confrérie des prêtres.	Gorzelies	(Religieuses Récolettes de).
—	St-Arnoul, prieuré.	Gouiz,	Prieuré.
Cuissy,	Abbaye.	Grenoble,	Église.
Cuxa (St-Michel de),	Abbaye.	Guienne	(Divers lieux de).
		Hasnon (St-Pierre de),	Abbaye.
Dauphiné	(Divers lieux de).	Hautmont,	Abbaye.
Dieppe,	Hôtel de ville.	Havrincourt,	Château.
Dijon,	St-Bénigne, abbaye.	Homblières,	Abbaye.
Donchery,	Prieuré.	Jumièges,	Abbaye.

11

L'Annoy,	Abbaye.	Lieu-Restoré,	Abbaye.
L'Aumone,	Abbaye.	Limoges,	St-Étienne, chapitre.
La Bande, en Champagne,	Château.	—	St-Augustin, abbaye.
La Castoire, en Hainaut,	Château.	—	La Vicomté de Turenne.
		Lisques,	Abbaye.
La Chalade,	Abbaye.	Longeville,	Abbaye.
La Chapelle-aux-Planches,	Abbaye.	Longpont,	Abbaye.
		Longpré,	Abbaye.
La Cour-Dieu,	Abbaye.	Longueville-en-Caux,	Prieuré.
La Grasse,	Abbaye.	Lorraine	(Divers lieux de).
La Noë,	Abbaye.	Loz,	Abbaye.
Laon,	Évêché.	Luzarches,	Chapitre.
—	Église.	Luxeuil,	Abbaye.
—	St-Corneille, collégiale.	Marchienne,	Abbaye.
—	St-Jean, abbaye.	—	Hôtel de ville.
—	St-Martin, abbaye.	Mareuil,	Abbaye.
—	St-Vincent, abbaye.	Marmoutier,	Abbaye.
—	Cordeliers.	Maroilles,	Abbaye.
—	Subdélégation.	Mauléon,	La Trinité, abbaye.
La Rochelle,	Évêché.	Mauriac,	St-Pierre, abbaye.
—	Église.	Metz,	Évêché.
Las Tours,	Château.	—	St-Thibaud, collégiale.
La Trinité de Caen,	Abbaye.	—	St-Arnoul, abbaye.
Lauzanne,	Évêché.	—	St-Clément, abbaye.
La Victoire,	Abbaye.		
Le Mans,	Église.	—	Ste-Glossinde, abbaye.
—	St-Vincent, abbaye.		
Le Moncel,	Abbaye.	—	St-Pierre, abbaye.
Le Parc-aux-Dames,	Abbaye.	—	St-Symphorien, abbaye.
Le Quesnoy (Ste-Elisabeth du),	Abbaye.	Molême,	Abbaye.
		Monchy-le-Pierreux,	Abbaye.
Le St-Mont,	Prieuré.	Monestier,	St-Chaffre, abbaye.
Le Vigeois,	Abbaye.	Mont-Saint-Eloy,	Abbaye.
Liéramont	(Châtau de).		

Mont-Saint Martin,	Abbaye.		Notre-Dame de Ham,	Abbaye.
Mont-Saint-Michel,	Abbaye.		— de Liessies,	Abbaye.
Mont-Saint-Quentin,	Abbaye.		— de Lyre,	Abbaye.
Montdidier,	Hôtel-Dieu.		— de Romorantin,	Abbaye.
Montfaucon,	Chapitre.		— de Saintes,	Abbaye.
Montieramé,	Abbaye.		— du Verger,	Abbaye.
Montierender,	Abbaye.		— de Vicogne,	Abbaye.
Montierneuf,	Abbaye.		Novy,	Prieuré.
Montreuil,	Ste-Austreberte, abbaye.		Noyers,	Abbaye.
			Noyon	Évêché.
—	St-Sauve, abbaye.		—	Église cathédrale.
—	Hôtel-Dieu.		—	St-Éloy.
—	Hôtel de ville.		—	St-Barthélemy.
Montferrat, en Catalogne,	Abbaye.		—	Hôtel-Dieu.
			—	Hôtel de ville.
Morienval,	Abbaye.		Oisy,	Château.
Mortagne,	St-Pierre, prieuré.		Orchies,	Hôtel de ville.
Mouzon,	Hôtel de ville.		Orléans,	Ste-Croix.
Moyenmoutier,	Abbaye.		—	St-Aignan, collégiale.
Münster, en Alsace,	Abbaye.		—	St-Euverte, abbaye.
			—	Bibliothèque publique.
Nancy,	Primatiale.			
Néelle,	Notre-Dame.		—	Divers dépôts.
Neufchâtel	(Maison de).		Orval,	Abbaye.
Nevers,	Église.		Ourscamp,	Abbaye.
Noaillé,	Abbaye.			
Nogent-sous-Coucy,	Abbaye.		Panthemont,	Abbaye.
			Paray,	Prieuré.
Normandie	(Divers lieux de).		Paris,	Évêché.
Notre-Dame d'Aspira,	Prieuré.		—	St-Magloire, abbaye.
— de Capelle,	Abbaye.		—	St-Martin-des-Champs, prieuré.
— de Bricol,	Abbaye.			
— d'Eaucourt.	Abbaye.		—	Chambre des comptes.

Paris,	Trésor des chartes.	Rome,	Autres bibliothèques.
—	Bibliothèque du roi.	Rosières,	Abbaye.
Périgord,	Divers articles.	Rouen,	St-Ouen, abbaye.
Péronne,	St-Fursy, collégiale.	Roussillon,	Divers.
		Royal-Lieu,	Abbaye.
—	Hôtel de ville.	Roye,	St-Florent, chapitre.
—	Divers.		
Perpignan,	Notre-Dame de la Réale, collégiale.	St-Amand,	Abbaye.
—	St-Jean, collégiale.	—	Hôtel de ville.
—	St-Jean, hôpital.	St-André-de-Cateau,	Abbaye.
—	Archives du Temple.	St-Avold,	Abbaye.
—	Hôtel de ville.	St-Benoît-sur-Loire,	Abbaye.
—	Domaine.		
Poitiers,	Ste-Radegonde, collégiale.	St-Bertin,	Abbaye.
		St-Cibard (d'Angoulême),	Abbaye.
—	Ste-Croix, abbaye.		
—	St-Cyprien, abbaye.		
—	St-Hilaire-le-Grand, abbaye.	St-Claude,	Abbaye.
		St-Denis-en-France,	Abbaye.
—	St-Hilaire-de-la-Celle, abbaye.	St-Epvre-lès-Toul,	Abbaye.
—.	La Trinité, abbaye.		
—	St-Nicolas, prieuré.	St-Fuscien-au-Bois,	Abbaye.
Pontlevoy,	Abbaye.		
Pont-Sainte-Maxence,	Prieuré.	St-Georges-de-Boscherville,	Abbaye.
Poursais,	Abbaye.		
Provins,	St-Ayoul.	St-Germer-de-Flaix,	Abbaye.
—	Hôtel-Dieu.		
		St-Hubert-en-Ardennes,	Abbaye.
Reims,	St-Nicaise, abbaye.		
—	St-Thierry-les-Reims, abbaye.	St-Jean-d'Angely,	Abbaye.
Ressons,	Abbaye.		
Ribemont,	St-Nicolas, abbaye.	St-Josse-sur-Mer,	Abbaye.
Rodas, en Catalogne,	(St-Pierre de), abbaye.		
		St-Jouin-de-Marnes,	Abbaye.
Rome,	Le Vatican.		

St-Lô-de-Bourg-Achard,	Prieuré.	Seclin,	Collégiale.
		Selincourt,	Abbaye.
		Senlis,	Église.
St-Loup,	Abbaye.	—	St-Frambourg, collégiale.
St-Maixent,	Abbaye.		
St-Martin-d'Alairac,	Prieuré.	—	St-Rieul, collégiale.
		—	St-Vincent, abbaye.
St-Martin-au-Bois,	Abbaye.	—	St-Christophe, abbaye.
St-Martin-de-Château,	Abbaye.	—	Hôtel-Dieu.
		—	St-Lazare.
St-Maur-des-Fossés,	Abbaye.	Serrateix, en Catalogne,	Abbaye,
St-Mesmin,	Abbaye.	Sézanne,	St-Julien.
St-Mihiel,	Abbaye.	—	Hôtel de ville.
St-Nicolas-d'Acy,	Prieuré.	Soissons,	Évêché.
		—	Église.
St-Nicolas-au-Bois,	Prieuré.	—	Notre-Dame, abbaye.
St-Oricole-de-Senuc,	Abbaye.	—	Saint-Crépin-le-Grand, abbaye.
St-Pierre-de-Chezy,	Prieuré. Abbaye.	—	Saint-Crépin-en-Chaye, abbaye.
St-Prix,	Abbaye.		
St-Quentin,	Collégiale.	—	St-Jean-des-Vignes, abbaye.
—	St-Quentin-en-l'Isle, abbaye.	—	St-Léger, abbaye.
—	Hôtel de Ville.	—	St-Médard, abbaye.
St-Riquier,	Abbaye.	—	St-Waast, abbaye.
—	Hôtel de ville.	—	St-Pierre-au-Parvis,
St-Urbain,	Abbaye.		
St-Valery-sur-Somme,	Abbaye.	—.	Cordeliers.
		—	Bureau des finances.
St-Wandrille,	Abbaye.	Solignac,	Abbaye.
St-Yrieix,	Chapitre.	Soucillanges	Abbaye.
Samer-au-Bois,	Abbaye.	Stulzbronn,	Abbaye.
Saumur,	St-Florent, abbaye.	Thenailles-en-Thiérache,	Abbaye.
Sauvoir-sous Laon,	Abbaye.		

Thouars,	Château.	Valois,	Archives du comté.
Theuley,	Abbaye.	Vauclair,	Abbaye.
Toulouse,	Cartulaire de Raymond VII.	Vendœuvre,	Baronie, château.
		Vendôme,	La Trinité, abbaye.
Tournai,	Les Prés, abbaye.	—	Prieuré.
—	Archives du comte de Ste-Aldegonde.	Verdun,	Évêché.
		—	Église.
Tours,	St-Martin, chapitre.	—	La Madeleine, collégiale.
—	St-Julien, abbaye.		
Trémilly,	Cure.	—	St-Airy, abbaye.
		—	St-Vannes, abbaye.
Urgel,	Église cathédrale.	—	Ste-Claire.
		—	Hôtel de ville.
Val-Chrétien,	Abbaye.	Vergaville,	Abbaye.
Val-de-Bugny,	Léproserie.	Vic, en Catalogne,	Cathédrale.
Valenciennes,	St-Gery, chapitre.	Vienne, en Dauphiné,	Cathédrale.
—	Beaumont, abbaye.		
—	St-Jean, abbaye.	Villefranche,	
—	Chartreuse.	Voisins,	Abbaye.
—	Carmes.		
—	Dominicains.	Wariville,	Prieuré.
Valoires,	Abbaye.	Willaucourt,	Abbaye.

Cette table contient les noms de 394 dépôts qui ont fourni peu ou beaucoup de copies, sans parler de quelques-uns dont on n'a point fait mention à cause du petit nombre de pièces qu'on en a tiré.

MOREAU.

Résultat du travail fait dans les bureaux de M. Moreau sur le Dépôt des Chartes.

1° 10 cartons contenant 7,000 notices anciennes, par M. Glier.

2° 24 cartons contenant 25,000 notices et plus, par ordre chronologique, par M. Glier.

3° 4 cartons contenant l'inventaire de 19,150 pièces, par ordre chronologique, par M. Glier.

4° 2 cartons contenant des renseignemens divers sur le Dépôt des Chartes.

5° 4 cartons contenant les 22 originaux portés dans l'état ci-dessus, États, Inventaires, Collections et Renseignemens divers.
(*Collection Moreau*, vol. 1439, anc. *Catalogue* 155, p. 121-127.)

V

Catalogue des manuscrits faisant partie du Dépôt des Chartes[1].

	Nombre de volumes.
Commentarium in Apocalypsim, suivi de plusieurs chartes concernant Saint-Sever-Cap-de-Gascogne, ms. sur vélin, avec dessins, du XIIe siècle [*Ms. latin* 8878]	1
Ordonnance de Blois, 1576, ms. in-fol.	1
Les ordonnances appartenant à l'office d'armes, les couleurs appartenant aux blasons et la manière de la fondation de l'ordonnance des Héraulx, ms. in-fol.	1
Statuta civitatis Avenionensis, anno 1244, ms. in-4°. . .	1
Statuta Massiliæ, ms. sur vélin, in-4° [*Ms. latin* 11079] .	1
Consuetudines Tolosanæ, ms. sur vélin, du XVe siècle, in-fol. [*Ms. latin* 9187].	1
Coutumes de Toulouse, ms. in-fol. [*Ms. latin* 9993]. . .	1
Arrêts du Parlement. On avoit omis dans ce catalogue une copie des registres du Parlement connus sous le nom de *Rouleaux du Parlement*, contenant des arrêts et jugemens entre particuliers depuis le commencement du XIVe siècle. Cette copie remplit cinq cartons qui pourroient composer six volumes in-fol. [*Moreau*, 1075-1086].	
Autorité des Empereurs, ms. in-fol.	1
Autorité des Parlemens, ms. in-fol.	1
Testament du cardinal de Richelieu, ms. in-fol. [*Arsenal*, 3853]	1
Le grand Propriétaire et le livre des Propriétés des choses, traduit par Jean Corbechon, dont il y a deux manuscrits à la Bibliothèque du Roi, ms. in-fol. [*Ms. français* 12332] . . .	1
A reporter.	11

[1]. Le ms. de la Chronique de Frédégaire, provenant du collège de Clermont (ms. latin 10910), a fait aussi un moment partie des collections du Cabinet des Chartes, avant d'entrer à la Bibliothèque du roi. Voy. une lettre de Bertin à Bignon, de nov. 1770, publiée dans *Le Comité des travaux historiques*, I, 133.

	Nomb. de vol.
Report.	11

Pouillé des bénéfices du diocèse de Lyon et évêchés suffragans, ms. in-4°, sur vélin, du xv° siècle [*Ms. latin* 10031]. . 1

La première décade de Tite-Live, en françois, par Pierre Berceur, dédiée à Jean, roi de France, ms. in-f°. [*Ms. français* 6441]. 1

Copie de plusieurs morceaux historiques d'un ms. de la Bibliothèque de Berne, concernant la Terre-Sainte, la conquête de la Sicile, la terre du prêtre Jean, ms. in-fol. [*Ms. nouv. acq. fr.* 3537] 1

Histoire de France.

Recueil alphabétique des noms de lieux de la France avec les passages des auteurs qui en ont parlé, ou du moins leur indication, mss. in-fol. [*Moreau*, 1495-1504]. 13

Table des noms de lieux compris dans la *Notice des Gaules* de M. de Valois, plus ample que celle qui est à la fin de l'ouvrage, mss. in-fol. [*Moreau*. 1486-1490] 9

Chronologie des rois de France depuis Francion jusqu'à Charles VII, ms. du xiii° siècle, rouleau de 20 pieds 1

Extraits des historiens de la 1ʳᵉ race, depuis 591 jusqu'à 763. 2 ⎫
— de la 2ᵉ race, depuis 741 jusqu'à 964 . 3 ⎬ 7
— de la 3ᵉ race, depuis 927 jusqu'en 1284. 2 ⎭

Par M. de Foncemagne. — On observe qu'il y a des doubles, qui porte le nombre des volumes jusqu'à 9, quoiqu'il ne soit porté que pour 7. [*Moreau*, 1441-1449.]

Chronique françoise de Guillaume de Nangis, copiée sur les mss. de la bibliothèque de Saint-Germain-des-Prés, et le Catalogue des livres de Charles V [*Ms. français* 13567] . . . 1

L'histoire du siège d'Orléans et le procès de la Pucelle d'Orléans, ms. sur vélin. C'est celui qui a appartenu à M. Honoré d'Urfé, et depuis à M. de Fontette, et dont il est fait mention dans la *Bibliothèque historique de la France*; ms. in-fol. [*Ms. latin* 8838]. 1

Procès du pape Jean XXIII (Balthazard Cossa), ms. in-fol. 1

Procès de Jacques Cœur, copié sur l'original en parchemin, ms. in-fol. [*Ms. français* 7613]. 1

Chronique de France par Jean d'Auton, depuis l'année 1501 jusqu'à 1506, ms. in-fol. [*Ms. français* 10155] 1

Mémoires de Robert de la Marck, seigneur de Fleurange,

A reporter. 49

	Nomb. de vol.
Report.	49

contenant l'histoire des choses advenues sous les règnes de Louis XII et de François Ier, depuis 1503 jusqu'en 1521, ms. in-fol. [*Arsenal*, 3743]. — 1

Lettres de Henry IV à Corisandre d'Andoins, ms. in-fol. [*Ms. français* 10244]. — 1

Mémoires du duc de Rohan sur les troubles advenus en France depuis la mort de Henry-le-Grand jusqu'à la paix faite avec les Réformés, au mois de juin 1629, ms. in-fol. [*Ms. français* 6696]. — 1

États généraux de 1613, ms. in-fol. — 1

Histoires des derniers troubles de France, depuis 1642 jusqu'en 1652, ms. in-fol. — 1

Recueil des pièces originales relatives à la guerre de la Fronde, à la prison des Princes et à la détention du duc de Guise au château de Ségovie, ms. in-fol., intitulé : Condé. — 1

Histoire des provinces.

BOURGOGNE

Histoire ms. de Bourgogne, ms. in-fol. — 1

Manuscrit contenant : 1° le traité d'Arras de 1435, écriture du même temps ; 2° Chartes et privilége de la Sainte-Chapelle de Dijon ; 3° la table des matières du 1er registre des édits et chartes concernant les trois états de la province de Bourgogne ; 4° Pouillé des bénéfices à la nomination du Roi, avec les taxes de la Chambre apostolique pour les annates et provisions ; 5° Andreæ, episcopi Magoriensis, tractatus qui dicitur *Gubernaculum conciliorum* ; ms. in-fol. [*Ms. latin* 9868]. — 1

Privilége de Bourgogne, ms. in-4°. — 1

Extraits d'anciens registres et autres enseignemens trouvés en la trésorerie de Poligny, touchant les rois, princes, et autres saintes personnes issues de la très noble et très ancienne maison de Bourgogne ; ms. in-4°, relié en maroquin. [*Moreau*, 922]. — 1

FRANCHE-COMTÉ

Manuscrits de feu M. Desnans contenant pièces relatives à l'histoire de Franche-Comté ; mss. in-4° [*Moreau*, 909 et suiv.]. — 49

Pièces relatives à l'histoire de Franche-Comté, faisant partie des mss. de feu M. Desnans, en onze cartons, in-fol. — 11

A reporter. — 119

	Nomb. de vol.
Report.	119

Ordonnances anciennes du Parlement de Dôle, depuis l'an 1439 jusqu'en 1667, faisant partie des manuscrits de feu M. Desnans, in-4° [*Moreau*, 934-951] 18

Inventaire des titres de la Chambre des comptes de Dôle; mss. in-fol. [*Moreau*, 375-377]. 3

Généalogie des sieurs d'Albret, contenant quelques traits d'histoire, ms. sur vélin, du XII° siècle, relié en velours pourpre, in-4° [*Ms. français* 14424] 1

Contrat de mariage entre la maison de France et celle d'Espagne, ms. in-fol 1

Analyses des mss. du cardinal de Granvelle, contenant ses négociations et ambassades, l'apologie de Charles V, mémoires et instructions au sujet des différends entre ce prince et François Ier; mss. in-fol. [*Moreau*, 906-907]. 2

Cartulaire de l'évêché d'Agde, ms. in-fol. [*Ms. latin* 9999]. 1
Cartulaire de Dijon, ms. in-fol. [*Ms. latin* 9871] 1
Cartularium Insulanum, ms. in-fol. [*Ms. latin* 10116]. . . 1
Cartulaire de l'église de Genève, ms. in-fol. [*Ms. latin* 10182]. 1
Cartulaire de Montpellier, ms. in-fol. [*Ms. français* 11795]. 1
Cartulaire de Morienval, ms. in-fol. [*Ms. latin* 9987]. . . 1
Cartulaire du prieuré de Saint-Laurent d'Envermeu, ms. in-fol. [*Ms. latin* 10058] 1

Inventaire des chartes d'Artois, provenant de la bibliothèque de M. Secousse, ms. in-fol. 1

Inventaire du Dépôt des chartes des anciens comtes d'Artois à Arras, par M. Godefroy, garde des archives de l'ancienne Chambre des comptes de Lille; ledit dépôt transféré du palais du conseil provincial d'Artois à l'abbaye de Saint-Waast. Tome I, ms. in-fol. [*Moreau*, 396]. 1

N^a. Le tome II n'est pas fini; ce travail a été suspendu par le nouvel ordre de choses.

Inventaire des titres de la Chambre des comptes de Blois, mss. in-fol. [*Moreau*, 405-406] 2

Inventaire des titres de la Cour des comptes de Dijon, mss. in-fol. [*Moreau*, 383-384] 2

Inventaire des titres de Saint-Bénigne de Dijon, ms. in-fol. [*Moreau*, 386] 1

Inventaire de la Chambre des comptes de Dôle, mss. in-fol. [*Moreau*, 373-382]. 5

A reporter. 163

DÉPOTS DES CHARTES ET DE LÉGISLATION

	Nomb. de vol.
Report.	163

Inventaire des titres de l'ancienne Chambre des comptes de Lille par M. Godefroy, garde de ce dépôt; tomes I, II, III et IV, et deux volumes de tables des tomes I et II, lesquelles en sont séparées; mss. in-fol. [*Moreau*, 397-402]. 6

N^a. Le tome V est fort avancé; ce travail a été suspendu par le nouvel ordre de choses.

Inventaire des titres des duchés de Bar et de Lorraine; tome V, ms. in-fol. [*Moreau*, 404]. 1

N^a. Ce volume a été envoyé seul au Dépôt par Dom Colloz, Bénédictin de Saint-Vannes; on ignore ce que sont devenus les quatre premiers.

Notice abrégée et inventaire des titres et monumens historiques de l'église collégiale de Montfaucon-en-Argonne, par M. Derosne, chanoine de cette église; ms. in-fol. [*Moreau*, 407]. 1

Inventaire des titres de la maison de Navarre, mss. in-fol. [*Moreau*, 368-374]. 7

Mss. intitulés : Archives des Pays-Bas, provenant du Bureau des Affaires étrangères, mss. in-4° [*Moreau*, 1000-1043]. . . 44

Inventaire des titres de la Chambre des comptes de Provence, mss. in-fol. [*Moreau*, 387-393] 10

Copie de l'inventaire du Trésor des Chartes; mss. de M. Dupuis, in-fol. 7

Copies du *Registrum veterius* et du *Registrum tenue* du Trésor des Chartes, ou plutôt de l'extrait qu'en a fait Pierre d'Étampes; ms. in-fol. 1

Copies de titres tirés du Trésor des Chartes, et autres pièces concernant l'histoire de France de la 3e race, depuis 1354 jusqu'en 1752, recueillis par M. Secousse, mss. in-4° [*Moreau*, 1450-1460]. 11

Copies d'autres titres tirés du Trésor des Chartes, communiqués par M. Secousse, contenant des mélanges ou antiquités françoises rangés par ordre alphabétique, mss. in-4° [*Moreau*, 1464-1467]. 4

Copies d'autres titres tirés du Trésor des Chartes, communiqués par M. Secousse, concernant plusieurs personnes, rangés par ordre alphabétique, ms. in-4° [*Moreau*, 1468] . . . 1

Un carton contenant les sceaux et monogrammes dessinés par M. Desmaretz, avec 7 volumes de tables desdits sceaux, contenant les notices des chartes originales auxquelles ils appartiennent, mss. in-4°. [*Mss. latins* 9976-9982] ......

| *A reporter*. | 263 |

	Nomb. de vol.
Report.	263

Copie de la table des manuscrits de Brienne, faite sur celle de M. Secousse, ms. in-fol 1

Copie du catalogue des mss. de Béthune, ms. in-fol . . . 1

Extraits des dissertations de M. Du Cange, à la suite de Joinville. Item, du traité de la Noblesse, par La Roque, et de l'Examen de l'usage des fiefs de Brussel, ms. in-4° [*Moreau*, 1733] . 1

Table des matières du traité de la Pairie par le Laboureur, ms. in-4° [*Moreau*, 1734]. 1

Table générale des devises rapportées par le Père Menetrier dans sa *Philosophie des images*, ms. in-fol. 1

Histoire littéraire.

Notices des mss. françois de la Bibliothèque du Roi et autres, faites en France, mss. in-4° [*Moreau*, 1654-1657 et 1662-1669] 16

Ces notices sont doubles ; le Dépôt en possède la minute en 8 volumes et le mis au net en 8 volumes.

Notices des mss. d'Italie, mss. in-4° [*Moreau*, 1658-1661 et 1670-1676] 14

Elles sont doubles ; savoir la minute et le mis au net, l'un et l'autre en 7 volumes in-4° . . . .

Notices des mss. d'Italie, mss. de Peiresc, in-4° 1

Cabinet de Peiresc, ou catalogue de ce qui le composoit, in-4°. 1

Belles-Lettres.

Glossaire provençal. — Recueil alphabétique des mots provençaux ou des provinces au delà de la Loire, tirés des auteurs qui ont écrit la plupart en prose, mss. in-fol. [*Moreau*, 1568-1571]. 4

Autre recueil alphabétique des mots provençaux tirés des anciens troubadours, mss. in-fol. [*Moreau*, 1572-1581]. . . . 10

Extrait des poésies des Troubadours, mss. in-fol. [*Moreau*, 1584-1587] 8

Noms de lieux des poésies des Troubadours, ms. in-fol. [*Moreau*, 1583] 1

* Recueil des poésies modernes, ms. in-4° 1

Le Roman du noble roi Ponthus, fils du roi de Galice et de la belle Sidoine, fille du roi de Bretaigne, ms. in-fol. [*Arsenal*, 3001] 1

A reporter. 325

	Nomb. de vol.
Report.	325

Adversaria.

Recueil contenant le dépouillement d'un grand nombre d'auteurs avec les passages qui intéressent tous les points de nos *Antiquités françoises*, mss. in-fol. [*Moreau*, 1511-1523].	26
Recueil alphabétique contenant les passages ou les indications d'un grand nombre d'auteurs sur toutes les matières d'arts et de sciences, ms. in-fol. [*Moreau*, 1510].	1
Recueil alphabétique de plusieurs noms propres françois avec les passages des auteurs qui en ont parlé, ou du moins leur indication, mss. in-fol.	9
*Catalogue des extraits des notices et des recueils sur diverses matières, ms. in-4°.	1
	362

**On croit que c'est par erreur que ces deux articles marqués d'une étoile ont été portés sur ce catalogue.

Moreau.

(*Collection Moreau*, vol. 1439, anc. *Catalogue* 155, p. 133-143.)

VI

I

Catalogue de ceux des livres et manuscrits de la Bibliothèque de Législation, histoire et droit public, *confiée à M. Moreau, historiographe de France, lesquels ont été transportés en décembre 1789, à l'hôtel de la Chancellerie.*

Ces livres sont ceux de la bibliothèque Sainte-Palaye.

Catalogue des manuscrits.

	Nomb. de vol.
Registres du Parlement. Copie entière des 4 registres *Olim*, commençant à l'année 1254, et allant jusqu'à l'an 1319, in-fol. [*Moreau*, 1135-1140].	8
Copie entière des 12 premiers registres des Jugés, appelés *Judicata*, qui s'étendent depuis l'an 1319 jusqu'à l'an 1352, in-fol. [*Moreau*, 1141-1160]	32
A reporter.	40

	Nomb. de vol.
Report	40
Copie des registres des Testamens, in-fol. [*Moreau*, 1161-1162][1]	3
Stylus Parlamenti, in-fol. [*Ms. latin* 9844].	1
Registres du Parlement, où collection chronologique d'extraits des registres du Parlement, acquis par le Roi de MM. les Maîtres des requêtes, depuis l'année 1254 jusques et compris 1766, avec une table des matières, in-fol.[2].	222
Registres du Parlement, Conseil secret, savoir : Mercuriales et délibérations, etc., in-4°.	1
Registre des assemblées des chambres	8
Registre criminel, in-fol.	1
Table des matières de tout ce que contient le greffe du Parlement de relatif aux chanceliers et gardes des sceaux de France, au Conseil, aux maîtres des requêtes, — à la grand'chambre du Parlement, aux présidens, conseillers, à ceux des Enquêtes et requêtes, au Parquet, au greffe, aux huissiers et aux assemblées des chambres et lits de justice, — aux avocats, procureurs et bazoche, in-fol.	8
Recherches historiques sur MM. les Maîtres des requêtes, par M. Bertrand de Molleville, in-fol.	1

Histoire de Bourgogne.

Registres du parlement de Bourgogne et de la chambre des comptes de Dijon.	8
Registres et pièces historiques relatifs à la ville de Dijon, à la Bourgogne, à la Dombe, le tout en 22 vol. in-fol.[*] . . .	22
Recueils concernant la province et les bailliages de Bourgogne et de Bresse, savoir, ceux de Beaune, Nuitz, Semur-en-Auxois, Châlons, Autun, et Montcénis, le comté d'Auxerre, Mâcon et Bar, et la table des communautés de Bourgogne, in-fol.	7

Tous ces recueils sur la Bourgogne proviennent de la collection de M. Fevret de Fontette et le catalogue détaillé s'en trouve dans le 3ᵉ volume [p. 460 et suiv.] de la *Bibliothèque historique de la France.*

A reporter.	322

---

1. La 1ʳᵉ partie manque. (*Note de Moreau*.)
2. Cette collection se trouve à la bibliothèque du Ministère de la Justice.

DÉPOTS DES CHARTES ET DE LÉGISLATION

Nomb. de vol.

Report. 322

Registres du conseil et actes concernant l'administration. — Registres des minutes d'arrêts du conseil depuis 1666 jusques et compris 1715, in-fol. 30

Suite aux mêmes registres depuis 1718 jusques à 1753, in-fol. 6

Registres d'arrêts et décisions du Conseil royal (le 41e vol. manque) 43

Recueil de différens mémoires présentés au Roi depuis 1723 jusques à 1726, in-fol. 5

Recueil des lettres de M. Desmarets, de 1704 à 1722. . . 33

Procès-verbaux de réformation des Eaux-et-forêts et des aménagements des forêts des maîtrises de :

	Nomb. de vol.		Nomb. de vol.
Abbeville et Hesdin.	1	*Report.*	38
Amboise	1	Dreux	1
Angoulême	2	Laigues	1
Auvergne	1	L'Ile-de-France	1
Beaugé	1	L'Ile-Jourdain	2
Beaufort	1	Loches	1
Béarn	2	Maine, Touraine et Anjou	1
Beaumont-sur-Oise	1		
Bellême	1	La Marche	1
Berry	2	Metz	1
Blois	1	Montpellier	1
Boulonnois	3	Mortagne	1
Bourgogne et Bresse	4	Navarre	1
Bourbonnois et Calaisis	1	Nemours	1
Castelnau	2	Pamiers	2
Champagne	2	Poitou	1
Château-du-Loir	1	Pressigny	1
Châteauneuf	1	Quillan	3
Chauny	1	Rhodez	1
Chinon	1	Rouen	3
Comminges	3	Senlis	2
Compiègne	1	Saint-Pons	3
Coucy	1	Tarbes	1
Crécy	1	Toulouse	3
Dijon	1	Valois	2
Dourdan	1	Villemur	3
A reporter	38	Total	76

76

A reporter 515

	Nomb. de vol.
Report.	515
Procès-verbal de la liquidation des dettes de Bourgogne, in-fol.	1
Registres des tontines depuis 1760 jusqu'en 1768, in-fol.	18

Tous ces registres, recueils et procès-verbaux font partie du dépôt d'abord confié à M. Ménard de Gonichard et depuis tranféré par économie à la bibliothèque de la Chancellerie.

Recueil relatif à la finance.

Registre des fonds, états, recette et dépense des finances du Royaume depuis 1662 jusqu'en 1683, in-fol.	50
Procès-verbal de la population et de la richesse de la Bourgogne, in-fol.	1
Total des manuscrits, cy :	585

(*Collection Moreau*, vol. 1439, anc. *Catalogue* 155, p. 159-166.)

II

Note sur la rédaction du catalogue de la bibliothèque du Ministère de la Justice.

Le Directeur général de l'Instruction publique ayant invité le Conseil de conservation à procéder par quelqu'un de ses membres à la confection du Catalogue des livres qui restent à la Bibliothèque du ministère de la Justice, suivant le désir du ministre, conjointement avec les citoyens Malingre et Benazet, employés du Bureau des bibliothèques, le Conseil, par sa délibération du 6 ventose, a chargé les citoyens Poirier et Barbier de se concerter avec les citoyens désignés par le Directeur général pour faire cet inventaire dans le plus court délai possible.

En conséquence ce travail a été commencé le 13 ventose et terminé le 4 germinal, et le catalogue remis le même jour au Ministre de la Justice.

Cette bibliothèque est composée des livres qui ont été apportés à la ci-devant Chancellerie en décembre 1789 et décembre 1790 du Dépôt des Chartes et de Législation, alors situé même place Vendôme et depuis réuni à la Bibliothèque nationale.

Elle se trouve naturellement divisée en trois parties :

La 1re contient les livres imprimés de la bibliothèque de La Curne [de] Sainte-Palaye; elle est bien fournie en ce qui concerne l'histoire de France et comprend plus de 3,000 volumes.

La 2de, les imprimés autres que ceux de la bibliothèque de Sainte-Palaye, au nombre de 276 volumes.

La 3e comprend 557 manuscrits, qui sont pour la plupart des copies et des tables des Registres du Parlement de Paris et de celuy de Bourgogne, des Registres du Conseil, surtout pour les Finances, parmi lesquels on peut distinguer 50 vol. in-fol. richement reliés de l'administration de Colbert depuis 1662 à 1683, une suite de 76 volumes de la Réformation des Eaux et forêts sous Louis XIV et une autre suite des réponses faites aux questions du gouvernement, sous le même règne, sur l'état, la population, etc. de la Bourgogne, de la Bresse et du pays de Gex.

(Bibl. nat., ms. franç. 20844 [D. Poirier, 44], fol. 76.)

III

Bibliothèque du Ministère de la Justice.

MANUSCRITS

Tablette entre la cheminée et la croisée.

Extrait des Registres du Parlement, dits *Olim*, 1254 à 1319, 1 vol. in-fol. v. dos maroq. r.

Petitiones, articuli et concordiæ Parlamenti Parisiensis, 1319-1357, 1 vol. *idem*.

Jugés, Lettres et Arrêts, 1319-1377, trois tomes en quatre volumes ; estampille de la Chancellerie, 4 vol. *idem*.

Registres du Conseil, etc. du Parlement, 1364 à 1738. (Il en manque plusieurs.) 167 vol. *idem*.

Extrait des Registres du Parlement, par ordre alphabétique des matières, 1254-1672, 15 vol. *idem*.

Index ou table des titres, chapitres et paragraphes contenus en l'extrait précédent, 1 vol. *idem*.

Extraits, notes et remarques tirées du Recueil criminel, ms. de la bibliothèque du chancelier Daguesseau, par Richard, greffier en chef criminel. Tome Ier, 1 vol. veau.

Recherches historiques sur le service des maîtres des requêtes, par Bertrand de Molleville, 1780, 1 vol. *idem*.

Table des matières contenues dans la copie des Registres du Parlement, 8 vol. *idem*.

Le premier intitulé au dos : Chancelier et Maîtres des requêtes.

Le second, Parlement.

Le 3e, Premiers Présidens et Conseillers.

Le 4°, Chambre des Enquêtes.

Le 5e, Greffier, Parquet et Huissiers.

Le 6e, Requêtes du Palais.

Le 7e, Avocats, Procureurs, Bazoche.

Le 8e, Assemblées de Chambres, Lits de justice, Ordonnances et Règlemens.

Registres du Parlement, 1752-1766, 32 vol. peau verte.

Registres du Parlement, mai 1659-août 1663, 1 vol. carton gris.

Registres du Parlement, Conseil secret, 1660-1699. Portefeuilles veau.

Assemblées des Chambres et Actes du Parlement de Paris, 1340-1368. 7 portefeuilles veau.

Autre portefeuille contenant les Assemblées de Chambre et l'historique du Parlement de Paris en 1753 et 1754. *Item*, Actes concernant les refus de sacremens en 1750 et 1751, 1 portefeuille veau.

Registres, etc. du Parlement de Dijon, 1607-1617, 1 vol. couv. parchemin.

Parlement de Dijon, Tournelle, 1er registre, 1 vol. couv. parch.

Table de quatre volumes d'Extraits des Registres du Parlement de Dijon, 1 vol. veau.

Chambre des comptes de Dijon, ordonnances et journal, 1 vol. veau.

Chambre des comptes de Dijon, règlemens, 1 vol. couv. parchemin.

Dijon, Instructions sur les Chambre des comptes, 1 vol. veau.

Recueil d'extraits des Registres du Parlement de Dijon par matières, en 21 portefeuilles, parchemin verd.

Inqueste reddite et deliberate Parisius in Parlemento, octav. Candelosæ 1256. — Arrestationes factæ in Parlamento Purificationis B. M. 1254, etc. Estampille de la Chancellerie, 1 vol. veau.

Judicia et Consilia facta Parisiis in Parlamento Pentecostes 1261, etc., portant au dos : 1256. Estampille de la Chancellerie, 1 vol. veau.

Deuxiesme registre *Olim* du Parlement de Paris; déchiffrement fait pour le Roy, remis au net. Estampille de la Chancellerie, 1 vol. veau.

Troisième registre *Olim*, 1299-1318. *Idem*, 1 vol.

Quatrième et dernier *Olim*, Inquestæ et Processus, 1299-1318, 4 vol. *idem.*

Judicata du Parlement, depuis 1319 à 1354. (*Nota.* La copie du second registre des *Judicata* manque.) 32 vol. *idem.*

Testamens, depuis 1391 à 1421, 3 vol. *idem.*

État des bailliages du duché de Bourgogne et de la Bresse, par ordre de Bouchu, intendant en 1675, 1 vol. veau.

Table des communautés de Bourgogne et des bailliages dont elles dépendent; 1 vol. veau, armoiries de France et de Navarre et de la province de Bourgogne.

Bailliages d'Arnay-le-Duc et d'Avallon.
— d'Autun, de Moncenis, Bourbon-Lancy, Semur-en-Briennois et Charolois.
— d'Auxerre, Mâcon et Bar-sur-Seine.
— de Beaune et de Nuitz.
— de Belley et de Gex. (Les armes de la province seulement.)
— de Bourg-en-Bresse. (*Idem.*)
— de Chalon-sur-Saone.
— de Chastillon.
— de Dijon, Auxonne et Saint-Jean-de-Losne.
— de Semur-en-Auxois.

Procès-verbal de la province de Bourgogne, en 1737 et 1738, par Helvetius, 1 vol. in-4°.

Procès-verbaux de réformation et plans des eaux et forêts, maîtrises de la France, en 76 volumes, d. s. tr., maroquin rouge.

	Nombre de vol.		Nombre de vol.
Abbeville et Hesdin	1	*Report*	18
Amboise	1	Bourbonnois et Berry, plans	
Angoulesme	2	sur vélin	1
Auvergne	1	Bourgogne et Bresse	4
Beaufort	1	Castelnau	2
Beaugé	1	Champagne	2
Béarn	2	Château-du-Loir	1
Beaumont-sur-Oise	1	Châteauneuf	1
Bellesme	1	Chauny	1
Berry	2	Chinon	1
Blois	1	Comminges	3
Boulonnois et Calaisis	1	Compiègne	1
Bourbonnois	3	Coucy	1
A reporter	18	*A reporter*	36

Report	Nombre de vol. 36	Report	Nombre de vol. 50
Crécy	1	Nemours	1
Dijon	1	Pamiers	2
Dourdan	1	Perseigne	1
Dreux	1	Poitou	1
Isle-de-France	1	Quillan	3
Laigues	1	Rodez	1
L'Isle-Jourdain	2	Rouen, Caen, Alençon	3
Loches	1	Saint-Pons	3
Maine, Touraine, Anjou, Poitou et la Marche	1	Senlis	2
		Tarbes	1
Metz	1	Toulouse	3
Montpellier	1	Villemur	3
Mortagne	1	Villers-Cotterets	2
Basse-Navarre	1		76
A reporter	50		

Registres des finances depuis 1662 jusqu'en 1683, 50 vol. d. s. tr. maroq. rouge.

Principales délibérations du Conseil des finances depuis son establissement jusqu'en 1716, 2 portef. parch.

Conseil des finances. Affaires rapportées à ce Conseil depuis 1722 jusqu'en 1759, 43 tomes en 42 vol., dont le 41e manque; 41 vol. rel. parchemin.

Arrêts du Conseil concernant les Finances, 1718, 1 vol. *idem.*

—   —   1719   —
—   —   1721   —
—   —   1722   —
—   —   1723   —
—   —   1752-1753   —

Lettres de M. Desmaretz, contrôleur-général depuis 1708 jusques et compris 1713, 2 vol. *idem.*

Divers arrêts; recueil depuis 1666 à 1715, 9 vol. *idem.*

Table des dits neuf volumes, 1 vol. parchemin.

Mémoires rapportés au Roi depuis le 3 mars 1723 jusques et compris le 10 juin 1726, 5 portef. *idem.*

Registres des Tontines, 1760-1769, 18 vol. veau.

Traité de l'autorité du Roy dans l'administration de l'Église Gallicane, 1 vol. couv. parch.

Notes dites de M. Boivin, président au parlement de Dôle, sur les Coutumes du comté de Bourgogne, 1 vol. veau.

Notes de M. Jobelot sur la Coutume du comté de Bourgogne, 1 vol. veau.

Recueil des arrêts de M. Terrier, conseiller au parlement de Dôle, 1639, etc. 1 vol. veau.

(Ms. français 20844 [D. Poirier, 44], fol. 77-79.)

VII

I

Index des Manuscrits de M. [Fevret] de Fontette.

				Années.
Portefeuille 1er.	Pieces historiques.	. . . .	de	1293—1516
—	2.	—	—	1517—1546
—	3.	—	—	1547—1563
—	4.	—	—	1564—1576
—	5.	—	—	1577—1588
—	6.	—	—	1589—1602
—	7.	—	—	1603—1613
—	8.	—	—	1614
—	9.	—	—	1615—1618
—	10.	—	—	1619—1627
—	11.	—	—	1628—1633
—	12.	—	—	1634—1640
—	13.	—	—	1641—1645
—	14.	—	—	1646—1654
—	15.	—	—	1655—1666
—	16.	—	—	1667—1673
—	17.	—	—	1674—1680
—	18.	—	concernant la regale—	1673—1683
—	19.	—	—	1681—1715
—	20.	—	—	1715—1756

— 21. { Pieces historiques sans dates.
Louis XI — Henry III.
Henry IV — Louis XV.
Religion pretendue reformée.

		Années.
Portefeuille 22. { Pieces historiques sans dates. Allemagne. Angleterre. Espagne. Hollande. Italie.		
— 23. Recueil de Lettres servant a l'histoire.		1494—1619
— 24. { Recueil de lettres servant a l'histoire. Autres sans dates.		1613—1685
— 25. { Proces d'estat et historiques. — sans dates.		1378—17..
— 26. Traités et ouvrages servans à l'histoire de France.		
— 27. Pouillé des Dioceses de France .	AB	
— 28. Pouillé des Dioceses de France .	BG	
— 29. Pouillé des Dioceses de France .	GO	
— 30. Pouillé des Dioceses de France .	PV	
— 31. Histoire des provinces, villes, monasteres, eglises de France.	AI	
— 32. Histoire des provinces, villes, monasteres, eglises de France.	LV	
— 33. Histoire genealogique, heraldique, vies particulieres, erections, infeodations, brevets, epitaphes.	AF	
— 34. Histoire genealogique, heraldique, vies particulieres, erections, infeodations, brevets, epitaphes.	GO	
— 35. Histoire genealogique, heraldique, vies particulieres, erections, infeodations, brevets, epitaphes.	PZ	
— 36. Pieces de l'histoire de Bourgogne .		1364—1575
— 37. Pieces de l'histoire de Bourgogne .		1576—1601
— 38. Pieces de l'histoire de Bourgogne .		1602—17..
— 39. { Pieces de l'histoire de Bourgogne. Arriere ban . Pendant la Ligue. Sans dates.		1551—1553 1587—1589

		Années.
Portefeuille 40.	{ Lettres concernant l'histoire de Bourgogne	1528—1651
	Sans dates.	
	Neutralité et affaires entre la Duché et la Comté.	
—	41. Province de Bourgogne, limites, etats et elus, privileges du pays.	
—	42. Fiefs, arriere fiefs de Bourgogne, droits et domaines du roy.	
—	43. Ville de Dijon, privileges, maires et echevins, police, eglises, monasteres.	
—	44. Ville de Dijon, eglise de Saint-Jean-Baptiste, ordre de Citeaux, Notre-Dame de Tart.	
—	45. Histoire des bailliages, villes, eglises, monasteres de Bourgogne et Bresse . . . . AG	
—	46. Histoire des bailliages, villes, eglises, monasteres de Bourgogne et Bresse . . . . . GV	
—	47. Parlement de Dijon. Privileges et interieur de la Compagnie.	1476—1699
—	48. Parlement de Dijon. Privileges et interieur de la Compagnie.	1699—17..
—	49. Parlement de Dijon. Demelés entre les trois Chambres pour leur jurisdiction.	
—	50. Parlement de Dijon. Demelés entre les trois Chambres pour leur jurisdiction.	
—	51. Parlement de Dijon. Demelés avec la Chambre des comptes, Bureau des finances, bailliages.	
—	52. Parlement de Dijon. Lettres de cachet	1540—1660
	Lettres de princes, ministres . . .	1532—1683
	Lettres sans dates.	
—	53. Parlement de Dijon. Lettres de princes, ministres . . .	1692—1744

Années.

Portefeuille 54. Marechaussées et prevosts de Bourgogne, prisonniers, prisons, maisons de force.
— 55. Chambre des comptes de Dijon, Bureau des finances. Autres cours et jurisdictions du royaume.
— 56. Proces historiques et singuliers en Bourgogne et autre part. 1447-1727
— 57. Geographie, voyages, histoire etrangere.
— 58. Matieres ecclesiastiques, canoniques, de morale.
— 59. Matieres ecclesiastiques, canoniques, de morale.
— 60. Belles lettres, lettres de sçavans, philologie, miscellanea.
— 61. Ouvrages de Leonardus Brunus d'Arezzo, dit Leonard Aretin, non imprimés.
Catalogues de manuscrits de différentes bibliothèques ou cabinets.
— 62. Pieces de poesie françoise, italienne et latine.
— 63. Histoire des provinces (Supplement à l').
— 64. Relevé des registres du Parlement de Bourgogne, et un extrait chronologique des affaires de diverses natures depuis juin 1725.
— 65. Suite des mêmes extraits des registres du Parlement de Dijon.
— 66. Les reglemens du Parlement et les affaires du dedans du Palais.
— 67. Registres du Parlement faisant suite aux reglemens et affaires du dedans du Palais et concernant les sindics et direction, les privileges des officiers, les greffes et greffiers, procureurs et Chambres des vacations.
— 68. Registres du Parlement concernant les premiers presidents, les receptions d'officiers de la Cour, les procès et arrêts généraux, sceau et chancellerie, eaux et forests, domaines.
— 69. Registres du Parlement relativement à la police, au passeport des grains, aux maires et echevins, aux hopitaux, aux greniers a sel.
— 70. Registres du Parlement relatif à la paix et guerre, aux gens de guerre, aux limites, au guet et garde, aux edits, à la religion pretendue reformée, à la Chambre des comptes, aux etats elus, etc.

Portefeuille 71. Registres du Parlement relatif aux entrées de rois et reines, aux gouverneurs, aux lieutenans-generaux, aux princes et seigneurs, aux chanceliers et gardes des sceaux, aux archeveques, eveques et abbés.
— 72. Registres du Parlement concernant les entrées de plusieurs officiers de la Cour, deputation, obseques, processions, *Te Deum*.
— 73. Registres de la Chambre de la Tournelle, du Parlement de Bourgogne, depuis 1649.
— 74. Portefeuille faisant suite au relevé des registres de la Chambre de la Tournelle.
— 75. Reponses aux questions de M. le chancelier, etc., arrests criminels.
— 76. Registres de la Chambre de la Tournelle relatif aux matieres criminelles et à la pratique des affaires de Tournelle.
— 77. Registres contenant des memoires et proces, des renseignemens de jurisprudence, un recueil d'arrests, etc., registres, etc.
— 78. Affaires de la ville de Dijon et un relevé des registres de l'Hotel de ville de Dijon, avec un inventaire des papiers du Cabinet en la Grand Chambre.
— 79. Pieces relatives aux limites entre la comté et la duché de Bourgogne avec des memoires extraits de la Chambre des comptes et un inventaire de titres de la dite Chambre.
— 80. Relevé des registres des decrets des etats de Bourgogne.
— 81. Extrait des registres du Parlement, un précis des privileges de la province, avec une table tant des privileges que des decrets des etats.
— 82. Pieces relatives aux etablissemens et aux affaires des colleges de Bourgogne.
— 83. Proces fameux, entre autres celui du president Giroux.
— 84. Pieces historiques relatives à la ville de Dijon, à la Bourgogne et à la province de Dombes.
— 85. Pieces manuscrites, rares et singulieres du temps de la Ligue.
— 86. Suite des mêmes pieces rares et singulieres.
— 87. Pieces manuscrites et anecdotes relatives à plusieurs familles et personnes de Dijon.

Portefeuille 88. 89. 90. } Trois recueils reliés de pieces manuscrites concernant la Bourgogne.

— 91. Recueil relié de pieces manuscrites relatives a l'histoire de Bresse et d'Autun.

— 92. Recueil relié contenant l'inventaire des papiers étant en la tour dessous le trésor de la Chambre des comptes de Dijon, avec des pieces genealogiques.

— 93. Recueil relié contenant des Extraits manuscrits d'anciens rapports faits à la Chambre des comptes de Dijon.

— 94. Recueil grand in-f° relié contenant un etat des grains.

— 95. Pieces manuscrites du proces de Condé.

— 96. Recueil relié contenant d'anciens Extraits de la Cour du Parlement de Dijon.

— 97. Recueil grand in-folio relié contenant l'histoire manuscrite du siege d'Orleans et du proces de Jeanne d'Arc.

— 98. Recueil grand in-f° relié de pieces et etats des bailliages d'Autun, de Mont Cenis, de Bourbon Lancy, etc.

— 99. Recueil in-fol. relié des etats et renseignemens du bailliage de Semur-en-Auxois.

— 100. Recueil in-f° relié des etats et renseignemens du bailliage de Chatillon.

— 101. Recueil in-f° relié des etats et renseignemens des bailliages de Dijon, d'Auxonne, de St-Jean-de-Lone.

— 102. Recueil in-fol. relié des etats et renseignemens du bailliage de Chalons.

— 103. Recueil in-f° relié des bailliages d'Arnay-le-Duc et d'Avalon.

— 104. Recueil in-f° des etats et renseignemens des bailliages de Beaune et de Nuits.

— 105. Recueil in-fol. des bailliages d'Auxerre, Mascon et Bar-sur-Seine.

— 106. Recueil in-fol. relié contenant la Table des communautés de Bourgogne.

— 107. Recueil in-fol. relié du bailliage de Bourg.

— 108. Recueil in-fol. relié du bailliage de Belley et Gex.

— 109. 110. 111. } Trois recueils in-fol. de recherches et notes faites par M. l'abbé Dangeau, avec des cartes manuscrites, plans, etc., sur les provinces de Champagne, de Bretagne et de Languedoc.

Portefeuil^e 112.
— 113. } Trois recueils in-fol. concernant la Chambre des comptes de Bourgogne.
— 114.

— 115.
— 116. Recueils in-fol. concernant le Parlement, etc.
— 117. 1° Ordinationes antiquæ regiæ ex Registris Cameræ computorum Parisiensis ; ensuite, Arrests et re-
— 118. montrances du Parlement de Paris et des autres
— 119. Parlemens relativement à differentes ordonnances et edits.

    2° Pieces sur la vraie origine des Parlemens et Cours souveraines; ensuite, un relevé des registres du Parlement de Bourgogne.

    3° Extrait des deliberations et arretés de la Chambre criminelle du Parlement de Bourgogne.

    4° Inventaire des titres, chartres et papiers des etats de Bourgogne.

    5° Table generale, chronologique et alphabétique des quatre volumes precedens extraits et rediges par M. le président de Lamare.

— 120. Un volume in-fol. manuscrit contenant : 1° Le catalogue de differentes bibliotheques et de cabinets de France, d'Italie, du cabinet de Peiresc, un extrait de son testament, et de ceux de Jacques Dupuy et de Chapelain ; enfin un traité de la puissance du Pape envers les roys, par le P. Claude d'Angennes de Rambouillet.

II

Index de la collection de MM. le président de La Marre et de Fontette, tant sur l'histoire générale de France que sur l'histoire particulière de Bourgogne, laquelle collection fait partie du Dépôt des chartes.

Observation.

Les volumes compris sous les n°s 64 et suivans jusques et compris celui 84, sous ceux 94 et suivans jusqu'à celui 108, enfin sous le n° 112 jusques et compris le 119e ont été placés à la Chancellerie de Paris comme faisant suite naturelle à la Collection des Registres du Parlement de Paris.

Histoire générale de France

Numéros des volumes.		Nombre des volumes.
1 à 20.	Pièces historiques depuis 1293 jusqu'en 1756, en 20 volumes in-folio, cy	20
21.	Pièces historiques sans date et autres concernant particulièrement les règnes de Louis XI, Henry III, Henry IV, Louis XV et la Religion prétendue réformée, cy.	1
22.	Pièces historiques concernant l'Allemagne, l'Angleterre, l'Espagne, la Hollande, l'Italie	1
23 et 24.	Lettres servant à l'histoire depuis 1494 jusqu'en 1685, et autres sans date, cy	2
25.	Procès d'Etat et historiques, et autres, sans date, de 1378 à 17... , ...	1
26.	Traités et ouvrages servant à l'histoire de France . .	1
27 à 30.	Pouillés des diocèses de France par ordre alphabétique des noms de ville, cy	4
31 et 32.	Histoire des provinces, villes, monastères, églises de France, par ordre alphabétique, cy	2
33 à 35.	Histoire généalogique, héraldique, vies particulières, érections, inféodations, brevets, épitaphes, par ordre alphabétique de noms propres.	3

Histoire de Bourgogne

La notice détaillée de ce que contient cette partie de la collection est imprimée dans la *Bibliothèque historique de la France* (éd. Fevret de Fontette, t. III, p. 460 et suiv.).

36 à 38.	Pièces relatives à l'histoire de Bourgogne depuis 1364 jusqu'en 17.., 3 vol., cy..	3
39.	Pièces relatives au ban et arrière-ban de Bourgogne et aux troubles de la Ligue depuis 1551 jusqu'en 1589, et autres sans date	1
40.	Lettres concernant l'histoire de Bourgogne, les affaires entre la duché et la comté, depuis 1528 jusqu'en 1651, et autres sans date	1

A reporter. 40

Report.	40
41. Limites de la province, ses états, ses élus, ses privilèges.	1
42. Fiefs et arrière-fiefs de Bourgogne, droits et domaines du Roi dans cette province.	1
45 et 46. Histoire des bailliages, villes, églises, monastères de Bourgogne et Bresse, par ordre alphabétique, cy.	2

Histoire de Dijon.

43 et 44. Privilèges de Dijon, ses maires et échevins, sa police, ses églises et monastères, Notre-Dame-du-Tard, etc.	2

Parlement de Dijon.

47 et 48. Pièces concernant son établissement, ses privilèges, la discipline intérieure de la compagnie, les complimens et harangues, depuis 1476 jusqu'en 17.., et autres pièces sans date	2
49 et 50. Pièces relatives aux démêlés entre les trois chambres de ce parlement pour leur juridiction	2
51. Démêlés du parlement de Dijon avec la chambre des comptes, le bureau des finances, les bailliages.	1
52 et 53. Lettres de cachet envoyées au parlement de Dijon, depuis 1540 jusqu'en 1660; Lettres de princes et ministres, depuis 1532 jusqu'en 1744, et autres sans date.	2
54. Pièces concernant les maréchaussées et prévôts de Bourgogne, les prisons, les maisons de force et les prisonniers.	1
55. Pièces concernant la Chambre des comptes de Dijon, le Bureau des finances, autres cours et juridictions du Royaume	1
56. Procès historiques et singuliers tant en Bourgogne qu'ailleurs, depuis 1447 jusqu'en 1727.	1

Mélanges.

57. Géographie, voyages, histoire étrangère	1
58 et 59. Matières ecclésiastiques, canoniques et de morale	2
A reporter	59

Numéros des volumes.		Nombre des volumes.

Report. 59

60. Belles-Lettres, lettres de savans, philologie, miscellanea 1
61. Ouvrages de Leonardus Brunus d'Arezzo, dit Léonard Aretin, non imprimés 1
61. Catalogues de manuscrits de différentes bibliothèques ou cabinets. 1
62. Pièces de poésie françoise, italienne et latine . . . 1
63. Supplément à l'histoire générale et particulière, et notes pour la nouvelle édition de la *Bibliothèque historique de la France.* 1

Supplément acquis par M. de Fontette.

N. B. Les articles suivants eussent pû et dû être intercalés avec ceux qui précèdent, mais nous avons crû devoir les laisser sous les n^{os} par lesquels ils sont désignés dans la *Bibliothèque historique.*

85 et 86. Pièces manuscrites rares et singulières du temps de la Ligue, satyres, chansons, pamphlets, ménippées . . 2
87. Pièces manuscrites et anecdoctes relatives à plusieurs familles et personnes de Dijon. 1
88 à 90. Journal historique et événemens arrivés notamment en Bourgogne, et pièces historiques. (C'est un journal comme celui de l'Etoile; il commence de même à l'époque de la Ligue.) 3
91. Recueil relié de pièces manuscrites relatives à l'histoire de Bresse et d'Autun. 1
92. Recueil contenant l'inventaire des papiers étant en la tour, dessous le Trésor de la Chambre des comptes de Dijon, avec des pièces généalogiques. 1
93. Recueil contenant des extraits mss. d'anciens rapports faits en la Chambre des comptes de Dijon 1
109 à 111. Recueil de recherches et notes faites par M. l'abbé Dangeau, avec des cartes manuscrites, plans sur les provinces de Champagne, de Bretagne et de Languedoc. 3

76

MOREAU.

(*Collection Moreau*, vol. 1439, anc. *Catalogue* 155, p. 149-153.)

VIII

Notice sur la collection d'Esnans, par Godard, de Clamecy.
Préface ou discours liminaire pour mettre à la tête du recueil des 180 volumes d'inventaires et de copies de pièces tirées des archives des Pays-Bas Autrichiens, en 1746, 1747 et 1748, déposés à la Bibliothèque du Roi en 1754 [1].

Un recueil de 180 volumes in-folio de manuscrits, dont la Bibliothèque du Roi a été enrichie en dernier lieu [2], peut être compté entre les avantages que le Roi a remportés de ses dernières campagnes, et regardé comme un monument propre à en conserver la mémoire à la postérité.

Quelques détails feront connaître dans quelle occasion il a été fait, les raisons qui ont donné lieu de le former, les dépôts d'où il a été tiré, les pièces importantes qu'il renferme et le travail auquel on a été engagé pour lui donner la forme qu'il a aujourd'hui.

M. Colbert, toujours attentif à ce qui pouvoit contribuer au bien de l'État, à la gloire du Roi et à l'avantage de ses sujets, fit faire, vers l'année 1666, beaucoup de recherches dans les provinces de Guïenne, de Languedoc, du comté de Foix et dans les dépôts de la Chambre des comptes de Lille, et il y a, à la Bibliothèque du Roi, 440 volumes in-folio de manuscrits qui en sont le fruit [3].

Lorsque le Roi se fut rendu maître de Bruxelles, au commencement de l'année 1746, un ministre, M. de Machault, garde des sceaux, et alors contrôleur-général des finances, successeur et émule du grand Colbert, crut devoir profiter de l'occasion qui rendoit S. M. maîtresse des dépôts qui se trouvent dans cette ville, pour faire chercher un grand nombre de titres qui concernent plusieurs des provinces des Païs-Bas, cédés à la France, en différents tems, par la maison d'Autriche.

1. La correspondance de Courchetet d'Esnans avec les ministres, Trudaine, Machault, etc., pendant les années 1746-1748, se trouve dans le ms. français 12122 (anc. Suppl. fr. 2468).
2. En avril 1751.
3. Ce sont aujourd'hui les collections de Colbert-Flandre (195 volumes) et de Languedoc-Doat (258 volumes).

Il ne crut point que, dans l'exécution de ce projet, il y eût rien de contraire à l'article de la capitulation de Bruxelles, par lequel on s'étoit engagé à ne rien soustraire ni transporter des archives et dépôts hors de cette ville ; puisqu'une pareille stipulation ne pouvoit pas détruire la maxime du droit des gens, qui autorise à prendre son bien partout où on le trouve. D'ailleurs l'esprit de cette convention n'avoit pas été d'empêcher que le Roi ne se mit en possession de ce qui lui appartenoit à si juste titre, dont la délivrance auroit dû avoir été faite à S. M. depuis longtemps, si la cour de Vienne s'étoit prêtée à remplir l'engagement qu'elle en avoit contracté par l'article 54 du traité des Pirennées, et par le plus grand nombre de ceux qui ont été faits depuis.

Comme ce Ministre sentit que pour l'exécution de son projet on seroit obligé de faire des recherches considérables dans tous les dépôts, il crut qu'il seroit aussi simple d'ordonner qu'on en fît le dépouillement en entier ; ce qui fourniroit infailliblement l'occasion d'y faire des découvertes qui pourroient tourner à l'avantage du commerce, servir au maintien des droits et à la conservation des domaines de S. M., et procurer aux savants des ressources pour l'avancement et le progrès de l'histoire et des lettres.

Il fut fortifié dans cette pensée et aidé dans l'exécution de ce dessein par un illustre magistrat, M. Trudaine, intendant des finances, aussi zélé qu'éclairé, qu'il trouve toujours disposé à se charger d'une partie de ce que le Ministère a de plus pénible, qui avoit alors, dans son département, le détail de ce qui concernoit les finances dans les provinces nouvellement conquises. M. Courchetet-Desnans, conseiller au parlement de Bezançon, aiant été choisi pour ce travail, se transporta à Bruxelles dans le mois de mai 1746 et fut, depuis, par arrêt du Conseil, du 2 mai 1747, nommé commissaire du Roi en cette partie.

Ce laborieux commissaire qui, en réunissant les connaissances de l'homme de lettres, et les lumières et les vertus du magistrat, a dû, depuis longtems, se concilier une estime générale, fit bien connaître qu'il étoit digne de la confiance que le ministre lui avoit marquée dans cette occasion.

Dès l'instant de son arrivée, il mit la main à l'œuvre, sans être effraié par le travail que lui faisoit envisager l'immensité des dépôts de cette ville, et le désordre dans lequel se trouvoient la plus grande partie d'entre eux, à cause du déplacement qui en avoit été fait à l'occasion du siége. Ses premiers soins furent d'examiner, les unes après les autres, toutes les pièces qui se trouvoient dans les dépôts et d'en former des inventaires, dans lesquels il donnoit un précis de toutes celles qui avoient quelque rapport au droit public, et principalement à ce qui pouvoit intéresser la France. Quand il avoit fini le dépouillement d'un dépôt, il en adressoit l'inventaire au Ministre, qui le remettoit à un académicien habile, M. Secousse, connu par plusieurs ouvrages de littérature, et principalement par le nouveau recueil des Ordonnances de nos Rois, dont il enrichit notre droit françois. Celui-ci, après l'avoir examiné, marquoit les pièces qui devoient être tirées des dépôts en originaux, et celles dont il suffisoit de tirer des copies, et le tout étoit exécuté sur les lieux, par les ordres et sous les yeux du commissaire.

M. Desnans employa quinze mois à ces opérations, dans la seule ville de Bruxelles, et il y fit, dans ce court intervalle, le dépouillement :

1°, du dépôt général des archives anciennes des Païs-Bas, qui sont dans une tour à quatre étages, vulgairement appelée la Grosse Tour, située dans l'enceinte du Palais, où siège la Chambre des comptes;

2°, des registres des chartres de la Chambre des comptes de Brabant;

3°, du dépôt des chartres anciennes et modernes de Luxembourg, qui se trouvent à la même Chambre;

4°, des registres et archives de Gueldres, déposés au même lieu;

5°, des registres des chartres de la Chambre des comptes de Flandres, qui sont au même dépôt;

6°, des avis qui se trouvent aux greffes des dittes Chambres;

7°, des registres, chartres et mémoires de l'Audience, dont le dépôt est au palais, où le Conseil d'État tient ses séances, appelé l'hôtel de Grandvelle;

8°, du dépôt de la Secrétairie d'État et de Guerre, qui est au même hôtel;

9°, des greffes des Conseils d'État privé et des Finances, qui se trouvent aussi au même hôtel;

10°, du dépôt de la chapelle de Grandvelle, situé dans un des greniers de l'hôtel de même nom, lequel est fort considérable par le nombre et par l'importance des pièces qui s'y trouvent;

11°, de celui qui étoit pour lors chez le Sr Ferrary, ancien secrétaire d'État;

12°, de celui qu'on nomme la Contadorerie, qui est un bureau de Trésorerie des affaires anciennes, lequel se trouve dans la Cour Brûlée;

13°, des greffes et archives des États de Brabant;

14°, et enfin des greffes du Conseil de la même province.

13

Quand il n'y eut plus rien dans la ville de Bruxelles qui pût fournir matière à ses recherches, il se transporta successivement à Gand, à Bruges, à Malines, à Louvain, à Ostande, à Nieuport, à Ypres, à Furnes, à Tournai, à Mons, à Charleroi et à Namur, et il fit, dans ces différentes villes, les mêmes opérations qu'il avoit faites à Bruxelles, parcourant tous les greffes des conseils de Flandres, de Mons et de Namur, des Chambres des officiers municipaux, et tous les autres dépôts qui s'y trouvent.

Il y en eut un, entr'autres, dans la ville de Namur, qui contenoit un grand nombre de pièces originales et fort anciennes, qui fournirent une ample matière à ses découvertes. Ce dépôt avoit été conservé, depuis plusieurs siècles, dans une des tours du château de cette ville, et peu de temps avant le siège, il avoit été remis en la garde d'un particulier chez lequel on crut qu'il seroit plus en sûreté, mais quand on en eut connu l'importance, il fut, après la réduction de la place, transféré aux archives mêmes du Conseil de Namur.

Ce fut dans Maestricht que le commissaire fit ses dernières opérations; il se transporta dans cette ville, peu de jours après que les troupes françoises y furent entrées; et il y fit ses recherches dans les archives des États, et dans celles du Conseil de ville.

Il emploïa à faire ces différens voyages, encore quinze mois ou environ, pendant le cours desquels il fit, ainsi qu'il avoit fait à Bruxelles, exactement collationner toutes les copies qu'il avoit fait faire par les officiers et gardes des archives des différens dépôts d'où elles étoient tirées; et il se trouve, à la fin de chaque pièce, un premier acte, signé de ces officiers, qui atteste ces collations.

Enfin, M. Desnans lui-même, en exécution de l'arrêt du Conseil, du 2 mai 1747, qui l'avoit commis, les collationna de nouveau, avec le S^r baron de Lados, secrétaire de l'État de la reine de Hongrie, qui avoit été préposé à la garde des archives des Païs-Bas, en exécution de la capitulation de Bruxelles, et ils signèrent conjointement, les seconds actes qui se trouvent à la fin de ces pièces, qui leur donnent le plus grand degré d'authenticité dont elles étoient susceptibles.

Il retourna ensuite, pour faire mettre à part, dans la même ville de Bruxelles, les titres originaux qui lui avoient été demandés, et, après avoir envoyé à Paris ses inventaires et les copies qu'il avoit fait faire, et à Lille les titres originaux, renfermés dans huit caisses fisselées de son cachet et de celui du S^r baron de Lados, il revint à Paris dans le mois de novembre 1748, pour y rendre compte de la commission qui lui avoit été confiée.

On ne peut encore rien dire des pièces originales qui ont été transportées à Lille, et qui y sont restées en dépôt aux archives de la Chambre des comptes, parce que la cour de Vienne, depuis le traité conclu à Aix-la-Chapelle, en 1748, a demandé qu'elles fussent de nouveau examinées avant d'être déplacées, et qu'il lui fût fait restitution de celles auxquelles elle auroit plus d'intérêt que la cour de France.

A l'égard de ce qui compose le recueil déposé à la Bibliothèque du Roi, ce sont les inventaires faits dans tous les dépôts des Pays-Bas, qui en sont la première et la plus précieuse partie, attendu que par leur secours, on est en état de connoître en tous temps, les titres et les pièces les plus importantes qui se trouvent dans ces dépôts ; et même de reconnoître toutes celles qui composent les 155 volumes qui font la seconde partie du recueil, puisque c'est sur ces inventaires même, que celles qui ont été copiées ou tirées en original, ont été désignées par M. Secousse par ces mots (à copier et à enlever) mis à la marge, lesquels se trouvent partout à côté de chaque pièce copiée ou enlevée. D'ailleurs ces inventaires sont dans la meilleure forme, exactement collationnés et vérifiés par les officiers mêmes des tribunaux des Pays-Bas, ce qui leur donne pareillement le plus grand degré d'authenticité.

Aussi cet objet n'échappa point à l'œil perçant du Ministre, et le commissaire lui-même fut chargé d'y faire ce qui étoit nécessaire, pour mettre à portée d'en tirer les secours qu'on en peut attendre dans la suite. Pour remplir cet objet M. Desnans y fit d'abord les tables alphabétiques des matières, qui sont à la fin de chacun de ces inventaires, mais les ordres du Ministère l'ayant obligé de se transporter ailleurs, un homme de lettre, M. de Clamecy, auquel on avoit confié les copies de pièces, qui composent la seconde partie du recueil dont on parlera bientôt, ayant été chargé d'achever de les arranger, il les distribua d'abord suivant l'ordre des dépôts dans lesquels ils avoient été faits, et en composa vingt-un volumes in-folio. Au moyen de cette nouvelle distribution, plusieurs de ces inventaires se sont trouvés rassemblés dans un seul volume, et chaque volume avoit par conséquent différentes tables, ce qui étoit d'un usage embarassant. Pour faciliter les recherches qu'on y pouvoit faire, la personne qui en avoit été chargée refondit toutes les tables particulières faites par M. Desnans, et en composa la table générale qui fait la matière des 22e et 23e volumes de cette première partie. Il y ajouta au commencement du premier volume cet avertissement, ou préface, dans laquelle il fait connoître l'origine de ces inventaires, ce qui a été fait pour mettre à portée d'en faire usage, et tout ce qui peut y avoir rapport.

A l'égard des copies de pièces, qui font la seconde partie du recueil, et qui composent les 154 derniers volumes, elles ont été remises à la même personne qui a fini ce qui concernoit les inventaires.

Il les a arrangées d'abord par ordre de matières, et chaque matière par ordre de dates. Il a mis pour cela, dans la première classe, tout ce qui a rapport au *Gouvernement en général* ; et sous ce titre se trouvent comprises les loix, les ordonnances et les réglemens généraux, et tout ce qui concerne l'administration de la justice et de la police, et les correspondances avec les cours et les ministres étrangers. Et ces pièces composent les neuf premiers volumes du recueil. Il a rassemblé ensuite tout ce qui concerne la *Paix* et la *Guerre*, et sous ce titre sont comprises les déclarations de guerre, les conventions faites pour le payement des contributions, pour le rachat des prisonniers, les traités de paix et autres actes qui peuvent avoir trait aux mêmes objets ; et ce second article contient depuis le 9e jusqu'au 19e volume. Dans le 19e se trouvent les *Baux* des différentes *Fermes*, droits et revenus qui appartiennent au souverain dans les provinces des Pays-Bas Autrichiens.

Le 20e contient tout ce qui regarde les *Chemins et Chaussées* ; et là se trouvent les réglemens, adjudications pour les constructions et réparations, les concessions de péages, pour subvenir à l'entretien des dits ouvrages, et d'autres actes qui peuvent y avoir rapport.

On a fait un volume particulier, qui est le 21e, de tout ce qui concerne la nouvelle *Route de Sedan à Liége*, que la France a depuis longtemps si fort à cœur d'établir sans passer sur les terres dépendantes du gouvernement des Pays-Bas, et l'on a pensé qu'il seroit utile de trouver réuni, sous un même point de vue, tout ce qui pourroit donner des lumières sur ce sujet, et faire connoître les contestations différentes qui se sont élevées à l'occasion de cette route.

Le 22e rassemble tout ce qui concerne la *Cour de Rome* et le *Clergé*.

Dans la 23e on trouvera tout ce qui regarde le *Commerce*.

Le 24e n'est composé que de quelques *Contrats de mariages*, *Testamens* et codicils de différens princes et de quelques autres actes qui y ont rapport.

Les 25e et 26e volumes contiennent tous les contrats d'acquisitions, d'aliénations ou d'échanges de *Domaines* faits par les souverains dans l'étendue des mêmes provinces.

On a réuni dans les dix volumes qui suivent, depuis le 26e jusqu'au 37e, tout ce qui a rapport aux *Droits d'entrées*, de sorties, et de thonlieux ; et là se trouvent tous les arrêts, tarifs et réglemens, et en général tout ce qui peut regarder les différentes branches de la finance, et les impositions et revenus du Souverain dans les Pays-Bas.

Les 37, 38 et 39ᵉ volumes rassemblent différentes pièces qui concernent les *Hérésies* et l'*Inquisition*.

Depuis le 39ᵉ jusqu'au 47ᵉ volume, on trouve ce qui a rapport aux *Limites* des différentes provinces des Pays-Bas françois *en général* ; et depuis le 48ᵉ jusqu'au 66ᵉ, tout ce qui a rapport à ces mêmes *Limites en particulier*. Dans ces deux articles se trouvent rassemblés les procès-verbaux des conférences tenues en différens temps pour régler ces limites, grand nombre d'instructions secrètes données ou demandées par les commissaires qui y ont assisté, dont on pourra tirer de grandes lumières, lorsqu'il sera question d'entrer encore en discussion sur les mêmes matières.

Depuis le 66ᵉ jusqu'au 71ᵉ volume, on trouvera toutes les pièces qui concernent les *Monnoies*.

Depuis le 71ᵒ jusqu'au 76ᵉ, on a rassemblé tout ce qui regarde les *Offices* dans les différentes provinces des Pays-Pas, et principallement les offices créés héréditaires par la France dans les pays rétrocédés, que la maison d'Autriche a été obligée de conserver tels, ainsi qu'ils avoient été créés, en conséquence de l'engagement qu'elle en a contracté par le traité de Baden, qui a confirmé à cet égard ce qui avoit été stipulé dans le traité d'Utrecht.

On a aussi composé un volume particulier, qui est le 76ᵒ, de tout ce qui concerne les *Postes* et les *Voitures publiques*.

Les 77, 78 et 79ᵉ volumes renferment tout ce qui a rapport aux *Rentes* dues par les différentes administrations des Pays-Bas, et principallement tout ce qui s'est passé à l'occasion des contestations fréquentes qui se sont élevées entre les Souverains et les Provinces mêmes pour régler les quantités de ces rentes, qui devoient rester à la charge de chacune d'elles, lorsqu'il est arrivé quelque changement ou division des dites provinces, par les cessions qui ont été faites de partie d'icelle, par les traités ou autrement.

Enfin les 80 et 81ᵉ volumes comprennent tout ce qui concerne les *Terres franches*, qui se trouvent répandues dans les mêmes administrations des Païs-Bas.

Après l'arrangement de ces matières générales, on a rassemblé ce qui a rapport à chacune des Provinces, en particulier, et aux Souverains par lesquels elles ont été gouvernées.

L'on trouve d'abord dans les 82, 83, 84 et 85ᵉ volumes ce qui regarde les *Pays rétrocédés, en général*.

Dans le 86ᵉ, tout ce qui a rapport aux comtes et au comté de *Bar* et aux ducs et duché de *Lorraine*.

Le 87ᵉ comprend tout ce qui concerne les ducs, duché, comtes et comté de *Bourgogne* et les ducs et duché de *Gueldres*.

Le 88ᵉ tout ce qui concerne les ducs et duché de *Brabant*.

Le 89ᵉ et 90ᵉ ce qui regarde les comtes et comté de *Flandres*.

La 1ʳᵉ partie du 91ᵉ tout ce qui a rapport aux ducs et duché de *Limbourg* ; la 2ᵉ partie du 92ᵉ, et les 93ᵉ et 94ᵉ comprennent tout ce qui a rapport aux ducs et duché de *Luxembourg*.

Et enfin le 95ᵉ tout ce qui concerne les comtes et comté de *Namur*.

On a ensuite rangé par ordre alphabétique, sous les noms de chacune des villes, bourgs et villages des Pays-Bas, d'Allemagne ou de France, toutes celles de ces pièces qui avoient rapport à quelques-uns de ces lieux ; et cette dernière partie comprend les 58 derniers volumes du recueil, dans lesquels la seule ville de *Tournay* en fournit 22. Dans chacun de ces articles, tant pour ce qui concerne les Pays-Bas en général que pour ce qui regarde les provinces, villes, bourgs et paroisses en particulier, toutes les pièces ont été pareillement rangées par ordre de dates quand on y en a trouvé, et on a mis à la tête de chaque article, toutes celles qui n'en ont point.

On a formé ensuite de ces pièces des volumes particuliers, qui contiennent 500 feuillets, ou environ, un peu plus ou un peu moins, selon que l'exigeoit l'étendue plus ou moins grande des pièces qui se trouvoient à la fin, ou leurs différentes dates ; attendu que l'on a observé, autant qu'il a été possible, de faire finir les volumes avec un siècle, ou au moins à une époque fixe, comme à la 25ᵉ, 50ᵉ ou 75ᵉ année de chaque siècle.

Ces volumes ont ensuite été chiffrés au haut et dans le milieu des recto de chaque feuillet, afin que ce chiffre pût être distingué de celui qui avoit été mis par les copistes, au haut et à l'extrémité des feuillets de chaque pièce en particulier ; puis on a rassemblé, à la tête de chaque volume, les notices de toutes les pièces qui se trouvent dans le volume.

Quand cette longue opération fut finie, sur chacun des 153 volumes en particulier, on composa la *Table des matières* qui se trouve au commencement du 154ᵉ et dernier volume. On ne donne pas cette table comme une table bien détaillée, et l'on n'a pas eu pour objet d'indiquer en particulier tout ce qui se trouve dans chacun de ces 153 volumes. Le temps que l'on se proposoit d'employer à cet ouvrage ne permettoit pas de former un aussi vaste projet ; mais tout ce qui concerne les mêmes matières, villes, lieux et provinces, se trouvant déjà, par la première opération, réuni pour la plus grande partie dans les mêmes volumes, l'on s'est contenté, dans cette table, de renvoyer en gros aux volumes où l'on trouve tout ce qui regarde les différens sujets dont on a parlé, et l'on indique ensuite en détail, tout ce qui les concerne, qui ne se trouve pas dans les premiers volumes auxquels on a renvoyé d'abord. Par exemple, à l'article d'Agimont, voyez les 47e et 48e volumes, qui contiennent quelques particularités ou quelques pièces qui ont rapport aux dites ville et comté.

A cette *Table* on en a joint une autre *chronologique* qui compose le surplus du 154e et dernier volume; dans cette table on a rangé, suivant l'ordre des temps, toutes les pièces datées qui se trouvent dans les 153 volumes.

On a observé, dans cette table, de commencer l'année au jour de Pasques, jusqu'en l'an 1567[1], comme cela s'est pratiqué presque universellement jusqu'à cette époque en France, en Allemagne et dans les Pays-Bas, et l'on s'est servi utilement pour cela du livre intitulé l'*Art de vérifier les dates*, que deux P. P. Bénédictins de Saint-Maur viennent de mettre au jour, cet ouvrage donnant d'amples éclaircissemens sur cette matière.

Quoique on ait employé à ce travail plus de quatre années, on n'aura pas de peine à convenir qu'il auroit pu être porté à une plus grande perfection, si l'on eût été maître d'y donner le temps que paraissoit demander l'utilité qu'on peut tirer de ce recueil.

On se formera aisément une idée de cette utilité, si l'on est bien persuadé que nous ne devons jamais regarder comme indifférent tout ce qui se passe chez nos voisins, et si nous voulons prendre en cela pour modèle ce qui se pratique chez eux, et en particulier dans le gouvernement de Bruxelles.

On n'ignore pas, et le commissaire lui-même en a rendu un nouveau témoignage, qu'on y a recueilli de tous temps, avec un soin extrême, tous les édits, déclarations, arrêts et réglemens qui sont publiés en France, et qu'il s'en est trouvé un nombre prodigieux rassemblés dans les dépôts de cette ville. Si cette précaution peut passer pour sage, de quelle considération ne doit pas être à notre égard, une compilation dans laquelle on trouve rassemblé, sous un coup d'œil, tout ce qui s'est passé de plus considérable depuis cinq ou six siècles, dans le gouvernement des Pays-Bas. On sait que nos

---

1. L'édit de Roussillon qui a fixé le commencement de l'année au 1er janvier est de 1564, mais il n'a été enregistré au Parlement qu'en 1567, et ses dispositions n'ont été universellement suivies en France qu'après cet enregistrement.

souverains y ont pris de tout temps un grand intérêt, puisque plusieurs de ces provinces ont fait en différens temps partie de leur domaine, et que le droit de suzeraineté qu'ils ont conservé sur quelques-unes d'entre elles, les a mis souvent dans le cas de prendre part aux affaires qui les concernoient.

On n'entrera pas dans un plus grand détail pour prouver que l'on ne doit pas regarder comme infructueux ce qui a été fait à ce sujet, tant dans les provinces conquises qu'en France, même depuis le retour du commissaire, et que le ministre aura toujours au contraire à se féliciter d'avoir profité pour prendre des éclaircissemens si intéressans, d'une conjoncture qui pouroit bien ne se rencontrer jamais, puisqu'il a déjà été question plus d'une fois, de faire transporter à Vienne toutes les archives des Pays-Bas, et que des nouvelles récentes, venues de ces provinces, semblent annoncer que ce projet est à la veille d'être exécuté.

Comme les copies de pièces qui composent la seconde partie de ce recueil et les inventaires qui en font la première sont également le fruit du travail de M. Desnans, on a cru qu'il seroit à propos de mettre, à la tête de ce premier volume, les titres de ces inventaires, distribués sous les noms des villes où se trouvent les dépôts dans lesquels ils ont été faits, et ce qui peut être utile, même pour les copies, le dépôt dans lequel se trouve la pièce originale sur laquelle elle a été tirée. On y a joint aussi une copie de l'arrêt du Conseil qui a commis M. Desnans, et qui l'a revêtu du caractère public en vertu duquel il a rendu authentique tout ce qu'il a fait pour l'exécution de sa commission.

On fera encore ici un aveu dicté par la modestie du commissaire.

Il annonce lui-même que l'on trouvera, dans tout ce qui est sorti de ses mains, des fautes et des erreurs; mais comment lui auroit-il été possible de les éviter, dans la nécessité où il étoit de travailler toujours avec précipitation, dans un pays dont la possession pouvoit n'être, et n'a été en effet que d'une courte durée. Pressé par le travail dont il avoit toujours devant les yeux l'immensité, et incertain s'il auroit assez de temps pour l'achever, l'événement même a assez justifié en cela sa conduite, puisque malgré la diligence dont il a usé, il ne s'est trouvé en état de revenir en France, qu'après la signature du traité de paix.

Cet aveu ne tournera certainement pas à son désavantage, puisqu'il a donné d'ailleurs assez de preuves de son intelligence, et de son travail infatigable, et qu'il aura toujours le mérite d'avoir fait, en cette occasion, peut-être au-delà de ce que tout autre auroit pu faire dans de pareilles circonstances.

(*Collection Moreau*, vol. 408, fol. i-viii).

IX

Mémoires de La Curne de Sainte-Palaye, sur ses travaux et sa bibliothèque.

I

Mémoire.

M. de Sainte-Palaye a entrepris deux ouvrages considérables dont l'utilité ne se borne pas à la simple littérature, et qui sont tellement liés que l'un semble être la suite naturelle de l'autre. Les matériaux sont également assemblés et préparés pour tous les deux en sorte qu'il ne s'agit plus que de les mettre en œuvre.

Le premier est un *Glossaire* ou vocabulaire de tous les anciens mots françois dont on a vu le Prospectus[1], et dont le public paroit désirer l'impression avec impatience. Des quatre volumes qu'il doit contenir, il y en a déjà un auquel on a mis la dernière main[2]. Le second sera terminé à Pâques prochain, temps auquel doit commencer l'impression. Enfin, on s'engage à donner dans quatre ou cinq ans la totalité de l'ouvrage imprimé. M. de Sainte-Palaye demande pour les peines de M. l'abbé Guiroy, dont le secours lui est absolument nécessaire, une gratification annuelle de cinquante Louis jusqu'à la fin de l'ouvrage[4].

1. *Projet d'un Glossaire françois* (Paris, 1756, in-4°, 2 ff. et 30 pages). Il a été réimprimé en tête du premier volume de l'édition Favre (1875). — Une « Idée générale de la composition du Glossaire françois », avec corrections autographes de Sainte-Palaye, mais différente du *Projet* de 1756, se trouve aux fol. 214-217 du vol. 62 de la *Collection Bréquigny*.

2. Le tome Ier seul a été imprimé (735 pages in-fol.) et s'arrête au mot *Asseureté*. Quelques exemplaires seulement ont échappé à la destruction.

3. Voy. la longue lettre de Bréquigny à Mercier de Saint-Léger (26 déc. 1793) publiée par H.-L. Bordier dans le *Bulletin de la Société de l'histoire de France*, 2e série, t. III (1863), p. 21-29.

L'autre travail entrepris par M. de Sainte-Palaye est un *Dictionnaire des antiquités françoises*[1]. Il demande une pareille gratification pour M. l'abbé Laugier, qui se chargera de s'y consacrer entièrement; mais comme un ouvrier seul ne suffit pas pour une entreprise aussi étendue, et que le terme de la gratification du *Glossaire* sera expiré dans peu d'années, il désireroit qu'alors elle fût prolongée en faveur du même abbé Guiroy, qui, par les connoissances que lui aura donné le *Glossaire françois*, aura de grandes avances pour le *Dictionnaire des antiquités*. Ces deux auteurs, réunissant leurs lumières et leurs travaux sur le même objet, seront plus en état que personne d'accélérer et de perfectionner la composition de ce grand ouvrage. Les volumes en paraîtront successivement comme ceux du *Glossaire*. Par ce moyen on verra d'année en année les progrès du travail, et alors les bontés du Roy pourront se borner et se mesurer sur la diligence et les talens des auteurs.

Outre ces deux gratifications, M. de Sainte-Palaye auroit encore une autre grâce à demander, s'il ne craignoit de se rendre importun.

Le Sr Barbasan[2] a lû un grand nombre de titres et de manuscrits anciens, principalement ceux de nos premières traductions françoises des livres du Droit romain ; il en a recueilli de vieux mots françois dont un grand nombre ne se trouvant point ailleurs pourroient fournir des augmentations très utiles et même nécessaires au *Glossaire françois*. M. de Sainte-Palaye désireroit que le Roy voulût bien faire l'acquisition de ce recueil : elle ne seroit pas onéreuse, le Sr Barbasan et sa femme, tous deux âgés et infirmes, se contenteroient d'une pension de six cens livres sur la tête de l'un et de l'autre.

(*Collection Moreau*, vol. 1436, fol. 5-6.)

II

M. de Sainte Palaye fut reçeu, en 1724, associé de l'Académie des Belles-Lettres. En 1725, il fut nommé par le Roi, sous le ministère de M. le Duc, pour résider auprès du roi de Pologne, à la cour duquel il résida dix-huit mois, chargé de la correspondance entre ce prince,

---

1. *Moreau*, 1511-1523, et *Bibliothèque de l'Arsenal*, 4277-4377. Cf. le ms. 260 (65 volumes) de sir Th. Phillipps à Cheltenham.

2. *Bibliothèque de l'Arsenal*, mss. 3081-3084 et 3123-3125.

la Reine et les ministres ; ses appointemens étoient de deux mille écus. M. le cardinal de Fleury estant parvenu au Ministère et s'occupant à faire des réformes dans les dépenses du Roi jugea à propos de supprimer ces appointemens en lui laissant la liberté de rester. M. de Sainte-Palaye, à qui ce secours estoit nécessaire, ne pouvant soutenir l'estat qu'il avoit pris et qui l'engageoit à une dépense considérable, tant pour ses domestiques que pour sa table, ses chevaux, etc., demanda au roi de Pologne la permission de se retirer. Ce prince qui l'honoroit de ses bontés lui offrit sa recommandation pour le faire passer à d'autres emplois dans les cours estrangères, ou ailleurs suivant son inclination.

Le désir de retourner dans le sein de sa famille et de se livrer entièrement à son goust pour les lettres l'emporta sur toutes les idées de fortune et d'ambition ; il ne songea plus qu'à se faire un genre de vie libre et tranquile, mais cependant tousjours occupé. C'est à cette époque, vers la fin de 1726, qu'ayant quitté l'estude des antiquités, grecques et romaines, auxquelles il s'estoit adonné, il commença un nouveau plan d'estude sur l'histoire de France, dont on a veu la distribution dans le mémoire qu'il a présenté [1]. Les objets n'y sont point exagérés, il n'y a aucune des parties qu'il a détaillées sur lesquelles il ne puisse faire voir des recueils, si non complets, du moins très amples, et rangés dans un ordre très méthodique [2]. Les notices de plusieurs de nos historiens, les *Mémoires sur la Chevalerie* et *sur la Chasse* [3], qu'il a donnés à l'Académie, et son essai sur le *Glossaire françois* [4] en sont des preuves qu'il ose croire suffisantes, si l'on y joint encore plus de 4,000 notices de manuscrits, dont la plus grande partie ont esté les fruits de deux voyages qu'il a faits en Italie en 1739 et en 1749 [5]. Il n'auroit pu fournir tout seul au travail que demandoient tant de recherches sans le secours d'un grand nombre de copistes, qui, avec ses voyages et les livres dont il avoit besoin, ont absorbé plus de 25 mille écus de son patrimoine.

Son amour pour les lettres et le désir de se rendre utile l'ont soutenu pendant 30 ans, sans importuner d'aucune demande les ministres, qui dans tous les temps lui ont donné des marques de leur bienveillance. Il a même essuyé des retranchemens considérables dans ses rentes, tant foncières que viagères, sur l'Hôtel-de-Ville, sans

1. Voyez le mémoire précédent.
2. Paris, 1759-1781; 3 vol. in-12.
3. *Moreau*, 1798 ; cf. les n°ˢ 1684-1685.
4. Cf. plus haut.
5. *Moreau*, 1654-1676.

rien témoigner du préjudice que sa fortune en avoit souffert. Sa passion pour l'étude le dédomageoit et lui tenoit lieu de tout ce qu'il perdoit.

Il n'a plus aujourd'hui les mêmes ressources : son âge et ses infirmitez exigent des secours dont il pouvoit se passer autrefois, ses facultez diminuées ne lui permettent pas de continuer les mêmes dépenses, enfin sa teste fatiguée et presque épuisée ne peut plus supporter un long travail et une application trop continue.

Ce qui le touche plus sensiblement c'est de penser que les collections faites avec tant de frais, de soins et de peines periront peut estre entre ses mains sans que lui ni d'autres puissent en faire usage. Il ne lui reste qu'une ressource pour prévenir cette perte. Mgr. le comte d'Argenson pourroit choisir des gens de lettres pour le seconder dans ses entreprises et le mettre en estat de les effectuer. Sainte-Palaye offre non seulement de leur communiquer tous ses portefeuilles, toutes ses veues, ses projects et sa méthode, mais encore de travailler de concert avec eux tant que ses forces le lui permettront en suivant tousjours le plan qu'il a exposé dans son mémoire.

Par ce moyen il pourroit se flatter que ses travaux ne seroient point infructueux et qu'ils seroient même capables de répandre beaucoup de lumière sur les divers points d'histoire qu'il s'est proposé de traiter ; c'est l'unique objet de son ambition.

Il commence à espérer que le *Glossaire françois* qui doit faire la base de touttes les estudes en ce genre ne restera pas sans exécution ; il a trouvé dans la bonne volonté de M. l'abbé Guiroy tous les secours qu'il pouvoit souhaiter. Il voudroit encore procurer à nos *Antiquitez françoises* le même avantage et se voir en estat d'employer les matériaux qu'il a rassemblez également pour la composition d'un dictionnaire universel de ces Antiquitez, expliquées dans toutes leurs parties, suivant le modèle du dictionnaire de Pitiscus pour les Antiquitez romaines [1].

C'est principalement pour mettre la dernière main à cet ouvrage qu'il a besoin d'estre aidé. Il espère que Mgr. le comte d'Argenson [2] voudra bien lui en suggérer ou lui en faciliter les moyens.

« *(Au dos)* : Mémoire de M. de Sainte-Palaye écrit de sa main pour exposer ses travaux et ses besoins. »

(*Collection Moreau*, vol. 1436, fol. 1-4).

---

1. *Lexicon antiquitatum romanarum.* (La Haye, 1737, 3 vol. in-fol.)
5. *D'Argenson* a été biffé et remplacé par *de Saint-Florentin* dans une copie de ce mémoire, qui se trouve aux fol. 205-206 du vol. 62 de la *Collection Bréquigny*.

III

Le sieur de la Curne de Sainte-Palaye, de l'Académie des inscriptions et belles-lettres et l'un des quarante de l'Académie françoise, a depuis sa jeunesse consacré ses études aux recherches sur l'histoire des antiquités françoises, des usages et coutumes de la nation et de son droit public ; ses lectures, ses extraits et ses remarques continuées sans interruption depuis près de quarante ans ont composé les recueils suivants :

1°, une collection complete de matériaux pour servir à un corps d'*Antiquités françoises*[1] ; on n'a pas besoin d'expliquer le rapport de cet ouvrage avec le droit public françois dont il fait la base essentielle. Cette collection est renfermée dans vingt-cinq volumes in-folio et 80 volumes in-4°.

2°, un *Dictionnaire géographique*[2] contenant tous les noms anciens et modernes *de la France*, avec les passages les plus instructifs des auteurs imprimés ou manuscrits qui en ont parlé ; il est encore inutile d'indiquer la liaison de ce travail avec les questions qui intéressent le domaine du Roy. Ce dictionnaire forme 20 volumes in-folio.

3°, une *Table alphabétique de noms propres*[3] parmi lesquels se trouvent les principaux personnages qui ont figuré dans l'histoire et qui ont possédé de grandes seigneuries ; chaque nom est accompagné de passages ou renvoys aux auteurs qui en ont parlé. Cette table est contenue en 9 volumes in folio.

4°, une *Bibliotèque alphabétique* de tous les *auteurs françois*[4], ou qui ont écrit sur l'histoire de France, tant manuscrits qu'imprimés, avec des détails sur la vie de quelques-uns d'entre eux ; cette bibliothèque indique les sources principales de notre histoire et sert à fortifier ou à infirmer l'autorité des écrivains qu'on employe dans les diverses contestations. Elle contient 25 volumes in-folio, auxquels on doit joindre les notices de 4.000 manuscrits tant de France que d'Italie[5], qui y sont relatifs et qui forment 30 volumes in-4°.

5°, les matériaux d'un *Glossaire françois*[6], destiné à servir à l'in-

---

1. *Moreau*, 1511-1523 et *Bibliothèque de l'Arsenal*, mss. 4276-4377.
2. *Moreau*, 1495-1504.
3. *Moreau*, 1505-1509.
4. *Bibliothèque de l'Arsenal*, mss., 5836-5859 et 4371.
5. *Moreau*, 1654-1676.
6. *Moreau*, 1524-1554

telligence des anciens écrivains et des anciens titres françois. L'ouvrage même pour lequel ces matériaux avoient été rassemblés est prêt à être imprimé, mais les matériaux même n'ayant pas été épuisés par la rédaction de cet ouvrage, conservent encore à beaucoup d'égards une utilité spéciale. Ils forment 70 volumes in-folio, y compris les auteurs manuscrits qui ont été extraits.

6°, ce *Glossaire françois*[1] lui-même, qu'il est sur le point de faire imprimer et qui sera à ce qu'il espère, de la plus grande utilité pour la connoissance du droit public françois et servira pour l'étude de nos antiquités de supplément au *Glossaire de la basse latinité* de Ducange.

7°, un *Glossaire provençal*[2], et les manuscrits d'auteurs provençaux qui ont servi à le composer. Ce Glossaire et les manuscrits contiennent 60 volumes in-folio, y compris les auteurs manuscrits qui y ont été extraits. Si le *Glossaire françois* est utile, [il en est de même du *Glossaire provençal*] pour l'intelligence des titres des pays situés au-delà de la Loire, titres d'autant plus importants que ces pays, par rapport aux droits de la couronne, donnent lieu à un plus grand nombre de questions, aïant resté plus longtemps que les autres dans les mains des puissances étrangères.

RÉCAPITULATION

Antiquités françoises.
Dictionnaire géographique.
Table des noms propres, 226 in-fol.
Bibliothèque des auteurs, et manuscrits y joints, 150 in-fol.
Glossaire françois.
Glossaire provençal, et manuscrits y joints.

Il faut joindre à ces manuscrits 400 volumes in-fol., 700 in-4°, et environ 1.800 in-douze imprimés, auxquels renvoyent tous les extraits, mémoires et recüeils, dont il a été parlé plus haut; les manuscrits et les livres forment une collection très importante et également utile soit pour les recherches purement historiques, auxquelles l'administration peut avoir recours, soit pour celles qui peuvent intéresser les principes du droit public françois.

Cette réflection lui a fait concevoir l'idée d'offrir à Sa Majesté la totalité de ces richesses littéraires pour les joindre au Cabinet qu'elle a cru devoir, en 1759, attacher au Controlle général de ses finances[3].

1. *Moreau*, 1588-1648.
2. *Moreau*, 1568-1581 et 1582-1587.
3. Dans le vol. 62 (fol. 234) de la *Collection Bréquigny* se trouve au sujet

Le Sʳ de Sainte-Palaye espère que Sa Majesté voudra bien, en acceptant ce don, lui accorder pour récompense de ses études et des travaux auxquels il s'est toujours livré une rente viagère de 4.000 l. sur sa tête et sur celle du Sʳ de La Curne, son frère ; ils ont l'un et l'autre 66 ans, étant jumaux.

Si Sa Majesté même vouloit bien se charger de l'impression du *Glossaire françois* et en prendre sur elle les frais et le débit, le Sʳ de Sainte-Palaye, qui préfère l'avantage des lettres à son propre bien, ne demandroit à Sa Majesté qu'une rente viagère de 3.000 l. et la supplieroit de lui accorder 200 exemplaires de l'ouvrage[1].

Bon et approuvé :

A. M. DE BOULLONGNE.

Juin 1763.

Pour ampliation :

DE L'AVERDY.

(*Collection Moreau*, vol. 1436, fol. 12-15.)

X

Manuscrits de La Curne de Sainte-Palaye.

I

Catalogue des manuscrits soit originaux soit copies.

Sermons de saint Bernard, en françois, copiés sur le ms. des Feuillants, 1 vol. in-fol. [*Moreau*, 1678.]

---

des papiers et de la bibliothèque de Sainte-Palaye, une note dont voici quelques extraits : « On propose : 1° d'acheter au nom du Roy le fonds et la propriété des mss. et notices de M. de Sᵗᵉ-Palais et de la portion de livres de sa bibliothèque qui concernent le droit public, l'histoire et les antiquitez de la France... 2° Le fonds de ce dépôt sera uni au dépôt de la *Bibliothèque des finances*... 3° Par un arrêt du conseil on confiera à M. de Bréquigny ce dépôt et on lui fera pour cela un titre qui sera convenu avec le ministre... » Il y a plus loin dans le même volume (fol. 249-251) la copie et la minute d'un projet d'arrêt du Conseil en ce sens.

1. Le contrôleur général se décida pour la première proposition et ordonna la constitution d'une somme de 50.000 l., formant 4.000 l. de rente viagère sur la tête de Sainte-Palaye et de son frère (2 août 1763). *Collection Bréquigny*, vol. 131, fol. 12.

Le Brut d'Angleterre, ms. en vers sur vélin, composé par M. Wistace, en l'an 1155, in-fol. [*Arsenal*, 2982.]

Le Roman de Rou et des Ducs de Normandie, en vers françois, par Vace, ms. in-fol. [*Arsenal*, 3323.]

Recueil de plusieurs poètes françois jusqu'à 1300, in-fol., mss. 4 vol. [*Arsenal*, 3303-3306.]

Recueil des plus anciens poëtes françois, copiés sur un ms. du Vatican, n° 1490. [*Arsenal*, 3101.]

Autre recueil des plus anciens poëtes françois, copiés sur le ms. du Vatican, n° 1522. [*Arsenal*, 3102.]

Chansons du comte Thibault de Champagne, copieés sur divers mss., 1 vol. in-fol. [*Moreau*, 1679.]

Histoire de France, en vers françois, jusqu'en 1242, par Phil. Mouskes, in-fol. ms. [*Arsenal*, 3298.]

La Branche aux roïaux lignages, contenant les faits des François depuis l'an 1165 jusqu'en 1306, en vers, par Guil. Guiart, ms. in-fol. [*Arsenal*, 3299.]

Roman de Gérard de Roussillon, en vers françois, copié sur un ms. françois de M. le président Bouhier, conféré avec un ms. de Sens, in-fol. [*Arsenal*, 3322.]

Recueil d'anciennes poësies provençales, copiées sur les mss. du Roy n° 7614 [français 1592], 7225 et 7698 [français 854 et 1759], sur un ms. de M. d'Urfé [français 22543] et autres tant de France que d'Italie, avec un grand nombre de variantes et d'explications; mss. in-fol. 15 vol. [*Arsenal*, 3091-3100 et 3281-3285.]

Recueil d'ouvrages écrits en vers provençaux, sçavoir: La dernière partie du *Breviari d'Amor*. — Épître de Matfres. — Histoire de la sainte Croix. — Libre de Senequa. — Enfant sage. — Vita B. Trophimi, 1 vol. in-fol. [*Arsenal*, 3309.]

Pareils ouvrages, en vers provençaux, mss., sçavoir: Le Roman de Gérard de Roussillon. — Histoire des Albigeois par M. W. de Tudela, 1 vol. in-fol. [*Arsenal*, 3321.]

Le grand Propriétaire, en françois, ms. sur vélin, du xiv® siècle, n° 67. [*Ms. français*, 12332.]

Le Roman du Roi Ponthus, fils du Roi de Galice et de la Belle Sidoine, fille du Roi de Bretagne, ms. du xv® siècle, sur papier, in-fol., n° 165. [*Arsenal*, 3001.]

Trésor de philosophie de Brunet, in-fol., ms. sur papier, n° 63. [*Arsenal*, 2679.]

Roman d'Atys et Porphilias, copié sur le ms. de M. l'év. d'Auxerre, avec les variantes tirées du ms. du Roi, 1 vol. in-fol. [*Arsenal*, 3312.]

Le Roman de Cleomades, suivi de plusieurs autres ouvrages en vers, du même temps, 2 vol. in-fol. [*Moreau*, 1680-1683.]

Poésies françoises historiques et autres pièces mss. à la suite du Roman de Fauvel, ms. du Roy n° 6812 [ms. français 146], fol., ms. [*Moreau*, 1677.]

Poésies de Jean Froissart, copiées sur deux mss. du Roi, n°s 7214-7215 [ms. français 830-831], in-fol. ms. [*Arsenal,* 3296.]

La 1re Décade de Tite-Live, en françois, par Pierre Berteure, dédiée à Jehan, roi de France, ms. in-fol , n° 227. [*Ms. français*, 6441.]

Poésies mss. d'Eustache des Champs, dit Morel, in-fol. 3 vol. [*Arsenal*, 3291-3293.]

Poésies de Guillaume Machault, copiées en partie sur le ms. du Roy n° 7609' [ms. français 1585], fol. [*Arsenal*, 3297.]

Le Champion des Dames, ou critique du Roman de la Rose par Martin le Francq, ms. de 1481, in-fol. [*Ms. français* 12476.]

Christine de Pisan, ms. sur vélin. in-fol. [*Arsenal*, 3295.]

Diverses ordonnances des rois de France concernant la coutume de Normandie et Coutumes de cette province, mises en rimes françoises, in-fol. ms. [*Arsenal*, 2467.]

Procès de Jacques Cœur, fidèlement copié sur l'original en parchemin, 1 vol. fol. [*Arsenal*, 2469.]

La Chronique de France de l'an 1501 jusqu'à 1506, par Jean d'Auton, 1 vol. fol. [*Ms. français* 10155.]

Mémoires de Robert de la Mark, seigneur de Fleuranges, contenant l'histoire des choses advenues sous les règnes de Louis XII et de François Ier, depuis 1503 jusqu'en 1521, in-fol. ms. [*Arsenal*, 3743.]

Testament politique du cardinal de Richelieu. Ms. in-fol. [*Arsenal*, 3853.]

Histoire des derniers troubles de France depuis 1642 jusqu'en 1652, in-fol. ms. [*Arsenal*, 3881.]

Négociation de Jean Jacques de Jant, envoyé du Roi en Portugal, en 1655 et 1656, décrite en 1685, ms. in-fol.

Copie de l'Inventaire du Trésor des Chartes, mss. de M. Du Puis, 10 tom. en 7 vol. in-fol.

Copie du Catalogue des mss. de M. le comte de Bethune, 1 vol. in-fol. [*Arsenal*, 6111.]

Autre copie de la Table des mss. de Brienne, faite sur celle de M. Secousse, 1 vol. in-fol. [*Arsenal*, 6112.]

Les Ordonnances appartenant à l'office d'armes, les couleurs appartenant aux blasons et la manière de la fondation de l'ordonnance des héraulx, fol. ms.

État des bailliages du duché de Bourgogne en Bresse et des villes, bourgs et villages qui en dépendent, dressé par l'ordre de M. Bouchet, intendant de cette province en 1675. Ms. in-fol.

Catalogue des Recueils alphabétiques sur diverses matières.

Glossaire françois.

Recueil alphabétique de tous les mots de l'ancienne langue françoise, avec les passages ou du moins l'indication des auteurs qui les ont employés. 54 vol. in-fol.

Premier supplément au même Glossaire contenant pareil recueil de mots tirés de plusieurs auteurs que j'ai lûs postérieurement, dont les bulletins ne sont pas encore collés, qui feront au moins 10 vol. in-fol.

2. Supplément tiré des auteurs et des titres des xie, xiie et xiiie siècles jusqu'en 1270, dont les bulletins ne sont point encore collés et qui formeront au moins 8 vol. in-fol.

3. Supplément tiré encore de quelques auteurs que j'ai dépouillés nouvellement tels que le Roman d'Atys, ms., de Gérard de Roussillon, ms., de Guillaume Machaut et du Roman de la Rose, imprimé, in-12. 4 vol., et les œuvres de Jean Lemaire, aussi imprimé, in-fol., fait trois vol. fol.

Antiquités françoises.

Recueil contenant le dépouillement d'un grand nombre d'auteurs, avec les passages qui intéressent tous les points de nos Antiquités françoises. 26 vol. in-fol. [*Moreau*, 1511-1523.]

Géographie.

Recueil alphabétique des noms de lieux de la France, avec les passages des auteurs qui en ont parlé ou du moins leur indication. 13 vol. in-fol. [*Moreau*, 1495-1504.]

Table des noms de lieux compris dans la *Notice des Gaules* de M. de Valois, plus ample que celle qui est à la fin de l'ouvrage. 9 vol. in-fol. [*Moreau*, 1486-1490.]

Bibliothèque françoise.

Recueil alphabétique contenant le nom des auteurs françois et le titre de leurs ouvrages. 24 vol. in-fol. [*Arsenal*, 5836-5859.]

Noms propres françois.

Recueil alphabétique de plusieurs noms propres françois, avec les passages des auteurs qui en ont parlé ou du moins leur indication. 9 vol. in-fol. [*Moreau*, 1505-1509.]

Matières diverses.

Recueil alphabétique contenant les passages ou les indications d'un grand nombre de nos auteurs sur toutes les matières des Sciences et des Arts. 1 vol. fol. [*Moreau*, 1510.]

Table générale des devises rapportées par le P. Ménestrier dans sa Philosophie des Images.

Glossaire provençal.

Recueil alphabétique des mots provençaux ou des provinces au-delà de la Loire tirés des auteurs qui ont écrit la plupart en prose. 4 vol. in-fol. [*Moreau*, 1568-1571.]

Autre recueil alphabétique des mots provençaux tirés des anciens Troubadours. 10 vol. in-fol. [*Moreau*, 1572-1581.]

Extraits des Troubadours.

Extraits des poésies des Troubadours. 8 vol. in-fol. [*Moreau*, 1584-1587.]

Copie au net des mêmes extraits. 8 vol. in-fol. [*Arsenal*, 3091-3098.]

Noms propres contenus dans les poésies des Troubadours. 2 vol. fol. [*Arsenal*, 3099-3100.]

Noms propres contenus dans les extraits des poésies des Troubadours. 2 vol. fol. [*Moreau*, 1582.]

Noms de lieux des poésies des Troubadours. 1 vol. fol. [*Moreau*, 1583.]

Portefeuilles non reliés contenant plusieurs tables et quelques recueils concernant les Troubadours. 7 vol. fol.

Livres mss. in-4°, soit originaux, soit copies.

Copie des trois ouvrages suivants recueillis de trois mss., savoir : 1 Histoire de la sainte Croix. — 2° Ouvrages en vers françois tirés des vies des Saints, ms. de Sorbonne. — 3° Pièces latines concernant l'église de Soissons, ms. du Vatican, 1 vol. in-4°. [*Moreau*, 1731.]

Chronique françoise de Guillaume de Nangis, copiée sur le ms. de la bibliothèque de S. Germain-des-Prés, 1 vol. in-4°. [*Ms. français* 13567.]

Copie des Fabliaux, ms. de S. Germain-des-Prés, 5 vol. 4°, dont le dernier contient le Roman d'Estrubert copié sur le ms. du Roi n° 7996 [ms. français 2188]. [*Arsenal*, 2771-2775.]

Copie des Fabliaux, ms. du Roy n° 7218 [ms. français 837], 5 vol. in-4°. [*Arsenal*, 2763-2767.]

Copie des Fabliaux, ms. du Roy n° 7615 [ms. français 1593], 2 vol. in-4°. [*Arsenal*, 2768-2769.]

Copie des Fabliaux, ms. du Roy n° 7989², Baluze, n° 572 [ms. français 2168], 1 vol. 4°. [*Arsenal*, 2770.]

Livre de médecine et de chirurgie par Gui de Chauliac, en provençal, copié sur le ms. du Vatican n° 4804, 2 vol. in-4°. [*Arsenal*, 2523-2524.]

Divers traités de médecine et de chirurgie, en catalan ou provençal, par différents auteurs, copiés sur un ms. du Vatican, 1 vol. in-4°. [*Arsenal*, 2525.]

La Danse aux Aveugles, en vers, par Michault; — le Purgatoire de l'amour, en vers et en prose; — Vers sur Philippe de Bourgogne, sur Charles VII et sur Henry de Lancastre. Ms. sur velin, 1 vol. in-4°, avec fig. [*Arsenal*, 5113.]

L'Arbre des batailles et Instruction de chevalerie ou exercice de guerre, copié, page pour page, sur un ms. in-4°, sur papier, d'une écriture du XVI° siècle commençant, communiqué par Mʳ de Chastellus, 1 vol. in-4°. [*Moreau*, 1730.]

Copie du Jouvencel introduit aux armes, faite page pour page sur le ms. de M. d'Herouville, comparé avec le ms. du Roy n° 6852 [ms. français 192], 1 vol. in-4°. [*Arsenal*, 2697.]

Copies de titres tirés du Trésor des Chartes et autres pièces concernant l'histoire de la 3ᵉ race depuis 1354, jusqu'en 1752, recueillis par M. Secousse, 11 vol. in-4°. [*Moreau*, 1696-1706.]

Copies d'autres titres tirés du Trésor des Chartes communiqués par M. Secousse, contenant des mélanges ou antiquités françoises, rangés par ordre alphabétique, 4 vol. in-4°. [*Moreau*, 1710-1713.]

Copies d'autres titres tirés du Trésor des Chartes communiqués par M. Secousse, concernant plusieurs personnes, rangés par l'ordre alphabétique des mêmes noms, 1 vol. in-4°. [*Moreau*, 1714.]

Recueil de poésies modernes, 1 vol. in-4°.

Catalogue des extraits, des notices et des recueils sur diverses matières, in-4º.

Extraits des historiens de la 1re race depuis 591 jusqu'à 768, 2 vol. in-4°. [*Moreau*, 1441-1443.]

Extraits des historiens de la 2e race depuis 741 jusqu'à 964, 3 vol. in-4°. [*Moreau*, 1444-1446.]

Extraits des historiens de la 3e race depuis 927 jusqu'à 1284, 2 vol. in-4°. [*Moreau*, 1447-1449.]

Notices des mss. françois de la Bibliothèque du Roi et autres faites en France, 8 vol. in-4°. [*Moreau*, 1654-1657.]

Autres notices de mss. d'Italie, 7 vol. in-4°. [*Moreau*, 1658-1661.]

Copie des notices précédentes, 15 vol. in-4°. [*Moreau*, 1662-1676.]

Copie in-4° du recueil in-fol. des *Antiquités françoises*. Cette copie est rangée dans un ordre de division plus méthodique que l'in-folio ; il contient 77 vol. in-4°. [*Arsenal*, 4276-4353.]

Recueil alphabétique des Antiquités françoises communiquées par M. Secousse en 1747, 6 vol. in-4°. [*Moreau*, 1464-1467.]

Supplément à mon recueil des Antiquités françoises, 17 vol. in-4°. [*Arsenal*, 4354-4370.]

Recueil de matières diverses tirées des lectures que j'ai faites depuis 1727, 1 vol. in-4°. [*Arsenal*, 4371.]

Extraits des Dissertations de M. Ducange à la suite de Joinville. Item, du traité de la Noblesse par la Roque et de l'examen des Fiefs par Brussel, 1 vol. in-4°. [*Moreau*, 1733.]

Table des matières du traité de la Pairie par Le Laboureur, 1 vol. in-4°. [*Moreau*, 1734.]

RÉCAPITULATION : In-fol. . . 62   In-4°. . . . 38
                             75   138
                             26
                             22   TOTAL : In-4° . 176
                             24
                              9
                              2
                             14
                             28
                             38

TOTAL : In-fol. . . 300

(*Collection Moreau*, vol. 1436, fol. 41-44.)

II

État des manuscrits de M. de Sainte-Palaye, vendus au Roy et que M. le marquis de Paulmy désireroit échanger pour pareil nombre de manuscrits anciens relatifs à l'histoire de France, suivant l'état cy-contre[1] :

80   1° Quatre-vingt volumes tant in-fol°, qu'in-4° de manuscrits détaillés dans la note cy-jointe.

15   2° Quinze volumes in-4°, dont huit contenant les copies de notices de manuscrits françois de la Bibliothèque et autres faits en France, et sept de pareilles notices de manuscrits d'Italie[2]. *Nota.* Le double[3] de ces quinze volumes est dans la bibliothèque de M. de Sainte-Palaye et y restera.

101   Recueil sous le titre d'*Antiquités françoises*, copié sur celui en 26 volumes in-fol., qui restera dans la bibliothèque de M. de Sainte-Palaye[4]. Celui-cy est in-4°, divisé en quatre parties : la 1re de 77 volumes rangés par ordre alphabétique[5] ; la 2° formant un premier supplément en 17 volumes[6] ; la 3°, un second supplément, venant de M. Secousse, en 6 volumes[7] ; la 4° est un volume sous le titre de *Matières diverses tirées des lectures que j'ai faites depuis* 1727[8].

Nota. Ce recueil est déjà entre les mains de M. le marquis de Paulmy, à qui il a été prêté, mais il y manque 4 volumes qui n'ont pas été trouvés lorsque les autres ont été prêtés. S'ils ne se retrouvent pas, on pourra les faire copier sur l'autre exemplaire qui restera chez M. de Sainte-Palaye.

33   4° Autre recueil par ordre alphabétique, sous le titre de *Bi-*

---

229 *à reporter.*

---

1. Le marquis de Paulmy avait adressé au garde des sceaux, Hue de Miromesnil, en même temps que le double état qui suit, un mémoire sur l'échange qu'il proposait et qui devait être ratifié moins d'un mois après. Ce mémoire, daté du 11 mai 1780, se trouve dans le vol. 1097 (fol. 41) de la *Collection Moreau* et a été publié dans *le Comité des Travaux historiques*, I, 154-155.

2. *Moreau*, 1654-1661.
3. *Moreau*, 1662-1676.
4. *Moreau*, 1511-1523.
5. *Arsenal*, 4276-4353.
6. *Arsenal*, 4354-4370.
7. *Moreau*, 1710-1713.
8. *Arsenal*, 4371.

229 *reportés*.

bliothèque françoise, divisé en deux parties : la 1re contenant le nom des auteurs françois et le titre de leurs ouvrages, en 24 volumes in-fol.[1] ; la 2e, Recueil des noms propres françois, aussi par ordre alphabétique, avec les passages des auteurs qui en ont parlé, en 9 vol. in-fol.[2].

1   5° Recueil de vers modernes, in-4°.

230   Total des manuscrits demandés.

(*Collection Moreau*, vol. 1436, fol. 20 *bis*.)

III

État des recueils et volumes manuscrits, tous concernant l'histoire de France, et utiles au nouveau Dépôt des chartes, que M. le marquis de Paulmy offre en échange de pareil nombre de volumes manuscrits tirés de la bibliothèque cédée au Roy par M. de Sainte-Palaye, sçavoir :

74   1° Un recueil très précieux de pièces historiques, autrefois formé par Valentin Conrard, premier secrétaire de l'Académie françoise, qui a passé dans la bibliothèque du cardinal Du Bois et enfin dans celle de M. le marquis de Paulmy ; il y a une très bonne table à la fin de chaque volume. Ce recueil est composé de 74 volumes tant in-fol. qu'in-4°[3].

63   2° Soixante-trois gros portefeuilles contenant beaucoup de pièces originales, et copies authentiques, et chartes, titres et mémoires relatifs à l'histoire de France, formant tout le contenu au premier volume du catalogue des précieux manuscrits de M. de Fontette acquis par M. le marquis de Paulmy.

63   3° Plus, soixante-trois autres volumes formant presque tout le second volume du catalogue susdit de M. de Fontette, tous manuscrits relatifs à l'histoire de France ; quelques autres articles

200   *à reporter*.

---

1. *Arsenal*, 5836-5859.
2. *Moreau*, 1505-1509.
3. *Arsenal*, 4106-4129.

200 *reportés*.
de ce recueil ne sont composés que de pièces littéraires et modernes, étrangères à l'objet du nouveau Dépôt des chartes [1].

30   4° Trente volumes tirés de la bibliothèque de M. le marquis de Paulmy contenant des chartes et titres anciens, authentiques, manuscrits originaux ou copies, toutes pièces précieuses relatives à l'histoire de France, et achevant de former un nombre de volumes égal à celui demandé.

230   Total du nombre des volumes offerts pour l'échange proposé.

M. le marquis de Paulmy a dans sa bibliothèque plusieurs autres recueils manuscrits et livres précieux, dont il se propose de faire don au nouveau Dépôt des chartes, se faisant un mérite de contribuer à un établissement si utile et si bien dirigé. On peut s'en rapporter à cet égard à son zèle et à ses promesses, après qu'il aura pris une connoissance plus particulière de ce qu'il peut encore abandonner.

Approuvé, le treize juin mil sept cent quatre-vingt.

HUE DE MIROMÉNIL.

(*Collection Moreau*, vol. 1436, fol. 20 *ter*.)

IV

Lettre du marquis de Paulmy à Moreau.

Ce mardi 27 juin [1780].

Puisque vous couchés cette nuit à Paris, vous pourrés, Monsieur, envoyer chercher chés moy dès demain des volumes manuscrits à compte de l'échange convenu. J'en ay cent vingt in-folio à vous offrir, et si vous vouliés venir dîner avec moy demain vous les verriés mis à part, et vous pourriés convenir de l'heure et de la voiture pour les faire enlever le lendemain. J'en ay encor dix autres que je comptois porter chés M. le Garde des sceaux, si j'eusse été à la séance d'aujourd'huy, car ce sont des chartes précieuses que je crois qu'il sera bon de donner à examiner à nos savants Bénédictins ; ce sera pour la première assemblée [2]. Quant aux cent volumes restants, je vous les

---

[1] *Moreau*, 734-861.
[2] L'assemblée du Comité des chartes, qui se tenait à la Chancellerie.

remettray successivement à mesure que j'auray fait les dépouille-
mens des articles, qui pourront m'être utiles dans mes propres travaux. Mais je peux vous livrer sur le champ les 130 premiers et les
autres ne se feront pas attendre si vous en êtes pressé.

J'espère qu'on aura la même complaisance pour me mettre en possession prompte des articles que je dois retirer de chés M. de Sainte-
Palaye, surtout d'après l'assurance que j'ai donné à Mrs de Bréquigny et Mouchet de les ayder en tout temps de tout ce qui peut être
utile à la confection du Glossaire. J'ay même déjà envoyé hier à
Mr Mouchet cinq gros volumes contenant le Glossaire de feu M^r de
Barbazan[1], et ces cinq volumes là en valent pour son travail beaucoup de ceux que je demande...

R. DE PAULMY.

(*Collection Moreau*, vol. 1436, fol. 16.)

V

Lettre de Moreau au garde des sceaux, Hue de Miromesnil.

28 février 1781.

Je dois compte à Monseigneur de tout ce qui se passe de relatif à
mes dépôts et à mes fonctions.

Le pauvre Sainte-Palaye est mourant depuis quelques jours et ne
passera pas vraysemblablement la journée[2].

Monseigneur se rappelle qu'en 1763 le Roy acquit pour notre Dépôt des chartes et du droit public les manuscrits et les livres de cet
honête homme de lettres. On lui donna comme à son frère une rente
viagère de 4.000 l., et lui de son côté fit une donation au Roy. Je
fus nommé commissaire du Roy par un arrêt du Conseil pour la rece-
voir, et j'ay entre les mains le bon du Roy.

L'année passée, Monseigneur consentit l'échange d'une partie de
ces manuscrits contre d'autres manuscrits que M. le marquis de
Paulmy fit transporter à notre dépôt. Aujourd'hui il est question de
nous mettre en possession de ce qui nous appartient.

M. de Bréquigny est exécuteur testamentaire[3]. Il propose de faire

---

1. Cf. plus haut, p. 202.
2. Il mourut le lendemain 1er mars 1781.
3. Le testament original de Sainte Palaye est relié aux fol. 230-233 du vol.
62 de la *Collection Bréquigny*.

mettre les scellés au moment du décès, et, lorsqu'il s'agira de les lever, je me présenteray pour réclamer ce qui est à nous. J'ay entre les mains le catalogue.

. . . .

(*Collection Moreau*, vol. 291, fol. 231.)

VI

Note des livres manuscrits in-fol. et in-4° qui sont chez M. de Sainte-Palaye, qui les a vendus au Roy, et qui ont été accordés à M. le marquis de Paulmy en échange des manuscrits historiques dont il a remis le catalogue à M. le Garde des sceaux, et qu'il livrera à M. Moreau à sa première réquisition.

IN-FOLIO

1   Sermons de St Bernard, en françois, copiés sur le manuscrit des Feuillans. [*Moreau*, 1678.]

1   Le Brut d'Angleterre, ms. en vers, sur velin, composé par M. Wistace en l'an 1155. [*Arsenal*, 2982.]

1   Le Roman de Rou et des Ducs de Normandie, en vers françois, par Vace. [*Arsenal*, 3323.]

4   Recueil de plusieurs poëtes françois jusques à l'an 1300. [*Arsenal*, 3303-3306.]

2   Deux recueils des plus anciens poëtes françois, copiés sur un manuscrit du Vatican, s'il y a quelques différences entre eux, ou un des deux seulement s'ils sont conformes l'un à l'autre. [*Arsenal*, 3101-3102.]

1   Chansons du comte Thibault de Champagne, copiées sur divers manuscrits. [*Moreau*, 1679.]

1   Histoire de France, en vers françois, jusqu'en 1242, par Phil. Mouskes. [*Arsenal*, 3298.]

1   La Branche aux Royaux lignages, contenant les faits des François depuis l'an 1165 jusqu'en 1306, par Guil Guiart. [*Arsenal*, 3299.]

1   Roman de Gérard de Roussillon, en vers françois, copié sur un manuscrit françois de M. le Président Bouhier, conféré avec un manuscrit de Sens. [*Arsenal*, 3322.]

---

13   *à reporter.*

13   *reportés.*

15   Recueil d'anciennes poésies provençales, copiées sur les mss. du Roy n°ˢ 7614, 7225 et 7698, sur un ms. de M. d'Urfé et autres tant de France que d'Italie, avec un grand nombre de variantes et d'explications. [*Arsenal*, 3091-3100 et 3281-3285.]

1   Recueil d'ouvrages écrits en vers provençaux, sçavoir: La dernière partie du Breviari d'Amor. — Epitre de Matfres. — Histoire de la sainte Croix. — Libre de Senequa. — Enfant sage. — Vita B. Trophimi. [*Arsenal*, 3309.]

1   Pareils ouvrages en vers provençaux, sçavoir : Le Roman de Gérard de Roussillon. — Histoire des Albigeois, par M. W. de Tudela. [*Arsenal*, 3321.]

1   Le grand Propriétaire en françois, manuscrit sur velin, du xiv° siècle, in-fol., 67. [*Ms. français* 12332.]

1   Le Roman du roy Ponthus, fils du roy de Galice et de la belle Sidoine, fille du roy de Bretagne, ms. du xv° siècle, sur papier. [*Arsenal*, 3001.]

1   Trésor de philosophie de Brunet, manuscrit sur papier, in-fol., 63. [*Arsenal*, 2679.]

1   Roman d'Atys et Porphilias, copié sur le ms. de M. l'évêque d'Auxerre, avec les variantes tirées du ms. du Roy. [*Arsenal*, 3312.]

2   Le Roman de Cleomades, suivi de plusieurs autres ouvrages en vers du même tems. [*Moreau*, 1680-1683.]

1   Poésies françoises historiques et autres pièces manuscrites à la suite du Roman de Fauvel, ms. du Roy, n° 6812 [ms. français 146]. [*Moreau*, 1677.]

1   Poésies de Jean Froissart, copiées sur deux mss. du Roy, n°ˢ 7214 et 7215 [ms. français 830 et 831]. [*Arsenal*, 3296.]

3   Poésies manuscrites d'Eustache Deschamps, dit Morel. [*Arsenal*, 3291-3293.]

1   Poésies de Guillaume Machault, copiées en partie sur le ms. du Roy, n° 7609ᵃ [ms. français 1585]. [*Arsenal*, 3297.]

1   Le Champion des Dames, ou critique du Roman de la Rose, par Martin Le Francq. [*Ms. français* 12476.]

1   Christine de Pisan, manuscrit sur vélin. [*Arsenal*, 3295.]

1   Diverses ordonnances des roys de France concernant la coutume de Normandie et Coutumes de cette province, mises en rimes françoises. [*Arsenal*, 2467.]

---
45   *à reporter.*

Matières diverses.

45 reportés.

1 Recueil alphabétique contenant les passages ou les indications d'un grand nombre de nos auteurs sur toutes les matières des Sciences et des Arts. [*Moreau*, 1510.]

Extraits des Troubadours.

8 Copie au net des extraits des poésies des Troubadours. [*Arsenal*, 3091-3098.]

2 Noms propres contenus dans les extraits des poésies des Troubadours. [*Arsenal*, 3099-3100.]

7 Quelques recueils concernant les Troubadours.

Livres manuscrits in-4°.

1 Copie des trois ouvrages suivants, recueillis de trois manuscrits, sçavoir : 1° Histoire de la sainte Croix. — 2° Ouvrages en vers françois tirés des vies des Saints, ms. de Sorbonne. — 3° Pièces latines concernant l'église de Soissons, ms. du Vatican. [*Moreau*, 1731.]

5 Copie des Fabliaux, ms. de St-Germain-des-Prez. 5 vol., dont le dernier contient le roman d'Estrubert copié sur le ms. du Roy n° 7996 [ms. français 2188]. [*Arsenal*, 2771-2775.]

5 Copie des Fabliaux, ms. du Roy n° 7218 [ms. français 837]. [*Arsenal*, 2763-2767.]

2 Livre de médecine et de chirurgie par Guy de Chauliac, en provençal, copié sur le ms. du Vatican n° 4804. [*Arsenal*, 2523-2524.]

1 Copie du Jouvencel introduit aux armes, faite page pour page sur le ms. de M. d'Herouville, comparé avec le ms. du Roy n° 6852 [ms. français 192]. [*Arsenal*, 2697.]

1 Divers traités de médecine et de chirurgie, en catalan ou provençal, par différens auteurs, copiés sur un ms. du Vatican. [*Arsenal*, 2525.]

1 La Danse aux Aveugles, en vers, par Michault; le Purgatoire de l'amour, en vers et en prose; vers sur Philippe de Bourgogne, sur Charles VII et sur Henri de Lancastre, mss. sur velin, avec fig. [*Arsenal*, 5113.]

1 L'Arbre des batailles et Instruction de chevalerie ou exercice de guerre, copié, page pour page, sur un ms. in-4°, sur papier,

80 à reporter.

80   *reportés*.
d'une écriture du xvie siècle, communiqué par M. de Chastellus. [*Moreau*, 1730.]

Notices et recueils sur diverses matières.

15   Copie des notices des manuscrits de la Bibliothèque du Roy, et autres faites en France, et des manuscrits d'Italie. [*Moreau*, 1662-1676.]

Nota. Le double de cet ouvrage restera chez M. de Sainte-Palaye. [*Moreau*, 1654-1661.]

Livres manuscrits in-fol. — Bibliothèque françoise.

24   Recueil alphabétique contenant le nom des auteurs françois et le titre de leurs ouvrages. [*Arsenal*, 5836-5859.]

Noms propres françois.

9   Recueil alphabétique de plusieurs noms propres françois, avec les passages des auteurs qui en ont parlé, ou du moins leur indication. [*Moreau*, 1505-1509.]

Nota. S'il n'y a pas chez M. de Sainte-Palaye des doubles de deux articles cy-dessus, on en donnera une copie à M. Moreau, ou on en prendra une, ou on en donnera des extraits à M. Moreau s'il croit qu'ils puissent lui être utiles.

100   Le recueil des *Antiquités françoises*, qui doit être en tout de cent volumes in-4°, est déjà chez M. de Paulmy à trois ou quatre volumes près que M. Le Grand a retenus. [*Arsenal*, 4276-4377.]

Nota. Il y a de ce recueil un double, in-folio, qui doit rester chez M. de Sainte-Palaye.

228

(*Collection Moreau*, vol. 1436, fol. 21-22.)

XI

Catalogue des livres imprimés et manuscrits appartenant au Dépôt des chartes et confiés au sieur Mouchet, rédacteur et continuateur du Glossaire françois.

Manuscrits in-folio.

	Volumes.
1° Recueil d'anciens mots françois, en cartons reliés.	54
2° Recueil alphabétique, en bulletins	»
3° Recueil alphabétique, en bulletins.	»
4° Recueil alphabétique, en cartons reliés et non reliés	11
Sermons françois de St Bernard. [*Moreau*, 1678.]	1
Roman de Brut. [*Arsenal*, 2982.]	1
Carton composé de chansons françoises, ms. de Bouhier; — de chansons françoises, ms. de Modène; — d'extraits d'un ms. de S. Martial de Limoges; — et d'un ms. de S. Benoit-sur-Loire	1
Chansons du roi de Navarre. [*Moreau*, 1679.]	1
Anciens auteurs françois sur la chasse. [*Moreau*, 1684-1685.]	2
Roman de Cleomades, Enfances d'Ogier le Danois, Berte aux grands pieds (ms. de Gaignat). [*Moreau*, 1680-1683.]	4
Chansons françoises (ms. de Berne, n° 389). [*Moreau*, 1687-1689.]	2
Notice des ouvrages contenus dans le ms. du Roi n° 7534 [ms. français 1444], et copie de quelques pièces des fragments tirés du même manuscrit (non relié).	1
Poésies de Charles, duc d'Orléans, en un carton (non relié). [*Arsenal*, 3294.]	1
	79

N. B. — En comparant cet état à celui des mss. in-folio vendus au Roi, on verra que, depuis la vente, la partie manuscrite de la bibliothèque de M. de Sainte-Palaye s'est accrue de quantité de volumes, entre autres de deux volumes Roman de Cleomades, etc.; — de deux volumes Chansons françoises, ms. de Berne n° 389; — d'un volume, note et copie du ms. du Roi n° 7534; — d'un volume Poésies de

Charles, duc d'Orléans; — d'un supplément en 8 cartons au 4ᵉ Recueil alphabétique d'anciens mots françois. Dans ce supplément sont compris trois cartons de mots tirés du ms. du Roi n° 6987, copié en 5 vol. in-folio, autre accroissement qui se trouve actuellement dans la bibliothèque de M. de Paulmy.

Manuscrits in-4°.

	Volumes.
Histoire de la sainte Croix. [*Moreau*, 1731.]	1
Arbre des batailles. [*Moreau*, 1730.]	1
	2

Accroissement à la partie in-4° de la bibliothèque de M. de Sainte-Palaye.

Livres des Rois et des Machabées (ms. des Cordeliers). [*Moreau*, 1690.]	1
Notices et copies ou fragment du ms. de Notre-Dame n° E, 6 (non relié). [*Moreau*, 1727.]	1
Notices et copies de plusieurs ouvrages, pièces ou fragmens, tant en vers qu'en prose (ms. de Notre-Dame N. 2). [*Moreau*, 1691.]	1
Copie de vers sur la mort, par Hélinand, et d'autres vers sur le même sujet, en langage wallon (ms. de Noailles, non relié). [*Moreau*, 1727.]	1
Recueil de pièces telles que : le Lucidaire en prose, ms. du Roi, n° 7989¹ [ms. français 2718]; Lucidaire en vers (ms. de Gibert, non relié). [*Moreau*, 1728.]	1
Copie de la règle de Sᵗ Benoît (ms. de Bouhier, non relié). [*Moreau*, 1727.]	1
Copie de plusieurs pièces françoises (ms. de Turin, non relié). [*Moreau*, 1727.]	1
Copie de plusieurs ouvrages, pièces ou fragmens, tant en vers qu'en prose (ms. de Berne n° 113, non relié). [*Moreau*, 1727.]	1
Fabliaux et autres pièces (ms. de Berne, n° 354). [*Moreau*, 1720.]	1
Roman de Perceval (ms. de Berne n° 354). [*Moreau*, 1720.]	1
Copie d'un manuscrit de la Clayette. [*Moreau*, 1715-1719.]	5
Copie d'un autre manuscrit de la Clayette. [*Moreau*, 1719.]	1
	16

(*Collection Moreau*, vol. 1439, pages 508-510.)

XII

Ordre du Cabinet des chartes et diplômes de l'histoire de France à la Bibliothèque du Roi (1er janvier 1828).

I. — Chartes originales.

C. O.	1-10.	Moreau,	1044-1052.
—	11.	—	1073.
—	12.	—	1074.
—	13.	—	1062.
—	14-16.	—	1063-1065.

II. — Copies de chartes, par ordre chronologique.

C. C.	1-362.	Moreau,	1-284.
—	363-389.	—	1735-1778.
—	390-399.	—	1785-1794.
—	400-401.	—	1127-1134.

III. — Chartes imprimées (Table chronologique des).

C. I.	1-20.	Moreau,	1098-1125.
—	21.	—	1126.
—	22-28.	—	«

IV. — Table par ordre de matières des Ordonnances des rois de France.

O.	1-22.	Moreau,	1386-1421.

V. — Collection de Londres, par Bréquigny.

L. B.	1-3.	Moreau,	625-633.
—	4.	—	680-682.
—	5-10.	—	634-664.
—	11-16.	—	665-679.
—	17-22.	—	634-664.
—	23.	—	683-685.
—	24.	—	686.
—	25-40.	—	687-732.
—	41-44.	—	315.
—	45-46.	—	1434.

VI. — Collection de Rome, par La Porte du Theil.

R. L. 1-75, puis Suppl. latin, 1562-1668.	Moreau, 1163-1259.

VII. — Collection de Fevret de Fontette.

F. T.	1-20.	Moreau,	734-769.
—	21-22.	—	770-773.
—	23-24.	—	774-777.
—	25.	—	778-779.
—	26.	—	780-781.
—	27-30.	—	782-789.
—	31-32.	—	790-795.
—	33-35.	—	796-801.

F. T.	36-42.	Moreau,	802-814.
—	43-44.	—	815-818.
—	45-46.	—	819-822.
—	47-55.	—	823-838.
—	56.	—	839-840.
—	57.	—	841-842.
—	58-59.	—	843-845.
—	60-62.	—	846-850.
—	63.	—	851.
—	64-66.	—	852-856.

VIII. — *Mélanges historiques.*

1. Tables pour les registres de Philippe-Auguste.

| P. A. | 1-2. | Moreau, 1797-1798. |

2. Copies des rouleaux du Parlement de Paris.

R. P.	3-7.	Moreau, 1075-1086.
—	8.	— 344.

3. Pièces diverses sur l'histoire de France, jusqu'en 1602.

| P. D. | 9-10. | « |

4. Mémoires concernant la Pairie de France.

| P. F. | 11. | Moreau, 1734. |

5. Testament politique du cardinal de Richelieu.

| R. T. | 12-13. | Ms. fr., 10219-10220. |

6. Extraits des manuscrits de Granvelle.

| G. | 14-15. | Moreau, 906-907. |

7. Pièces relatives aux finances sous Louis XIV et Colbert.

| G. B. | 16-21. | Ms. fr., 7753-7756. |

8. Extraits historiques, jusqu'à la mort de Louis XIII, et histoire de Louis XI (Anonyme), 1688.

F. A.	23-27.	Ms. fr., 13391-13395.
—	28.	Ms. fr., 13758.

IX. — *Collection sur les Provinces.*

1. Description des provinces par généralités.

| P. P. | 1-23. | Moreau, 977-999. |

2. Collection de l'abbé Dangeau.

| D. | 24-26. | Ms. français, 22598, 22599 et 22606. |

3. Recueil de pièces sur l'histoire de Bourgogne et de Franche-Comté.

| B. F. | 27-92. | Moreau, 909-976. |

4. Recueil historique sur Dijon.

| D. J. | 93-96. | Moreau, 857-860. |

5. Collection Droz sur la Bourgogne et la Franche-Comté.

B. F. D.	97-140.	Moreau, 862-905.
—	141-182.	Collection de Bourgogne.

6. Histoire de Bresse et Bugey.

| B. R. | 183. | Moreau, 861. |

7. Recueil de pièces sur l'histoire de Paris.

| P². | 184-193. | Moreau, 1053-1072. |

X. — *Inventaires des archives des Provinces.*

A. P.	1-7.	Moreau, 359-366.
—	8-10.	— 368-370.

A. P.	11.	Moreau,	371.
—	12.	—	372.
—	13.	—	373.
—	14.	—	374.
—	15-20.	—	375-382.
—	22-23.	—	383-384.
—	24.	—	385.
—	25.	—	386.
—	26-29.	—	387-390.
—	30-31.	—	391-392.
—	32.	—	393.
—	33.	—	394.
—	34.	—	395.
—	35.	—	396.
—	36-41.	—	397-403.
—	42.	—	404.
—	43-44.	—	405-406.
—	45.	Catalogue,	151, EE.
—	46.	Moreau,	407.
—	47.	Ms. latin,	10934.

XI. — *Archives étrangères.*

A. E. 1-44. | Moreau, 1000-1043.

XII. — *Copies de pièces tirées des archives des Pays-Bas, par Desnans.*

P. B. 1-210. | Moreau, 408-624.

XIII. — *Manuscrits de Sainte-Palaye.*

S. P.	1-47	}	
—	48-76.	}	Moreau, 1588-1648.
—	77-82.	}	
—	83-85.		— 1649-1653.

XIV. — *Manuscrits de Secousse [et de Sainte-Palaye].*

S. S.	1-7.	Moreau,	1654-1661.
—	8-14.	—	1662-1676.
—	15.	Ms. latin,	10393.

XV. — *Mss. de Foncemagne.*

F.	1-9.	Moreau,	1441-1449.
—	10-17.	—	1582-1587.

XVI. — *Ouvrages divers.*

O. D. 1. Le Grand Propriétaire [*Ms. français* 12332].
— 2. Le roman du roi Ponthus [*Ms. français* 12579].
— 3. Poésies diverses (XVIe siècle). [*Ms. français* 12489].
— 4-5. Censure de l'édition des Conciles du P. Hardouin [*Mss. fr.* 6268-6270].
— 6. Liberté de l'Église gallicane [*Ms. français* 7031].
— 7. Formules de subscriptions, provisions, etc. de la cour de France [*Ms. français* 8242].
— 8. Traité des Grands Jours, par Dongois [en déficit].
— 10. Idée des finances de France (1712-1750) [*Ms. fr.* 14096].
— 11-12. Recueil de citations historiques, par ordre alphabétique [*Ms. français* 13737].
— 13-15. Mémoires sur l'Italie [*Mss. français* 12171-12173].

TABLE ALPHABÉTIQUE

A

Abbans (Franchises d'), 888.
A B C de Plantefolie, 1683; — Glossaire, 1561.
Ablon (Le P. d'). Relation de la découverte de la mer du Sud, par les rivières de la Nouvelle-France, 841.
Académie de peinture et de sculpture. Intentions du roi pour la nomination de ses officiers, 847.
Académie de Dijon (Pièces relatives à l'), 815.
Acey (Pièces concernant l'abbaye d'), 872.
Acqs (Pouillé du diocèse d'), 782.
Acta sanctorum des Bollandistes, 307; — Circulaire, 845.
Adalberonis, Laudunensis episcopi, Fulconi, Ambianensi episcopo, epistola, 1277.
Adanson (État du cabinet d'histoire naturelle de M.), 308.
Adenet Le Roi. Roman de Cleomades, Enfances Ogier le Danois, Berte as graus piés, Bueves de Comarchis, 1680-1682; — Glossaires, 1563.
Adrien II (Lettres du pape), 1231; — Index et notices des lettres, 1260.
Adrien IV (Lettres du pape), 1231.
Afforty. Correspondance avec le Cabinet des chartes, 291, 319, 336.
Afrique (Voyage de la *Mazarine* sur les côtes d'), 841. — Voy. Madagascar.
Agde (Pouillé du diocèse d'), 782.
Agen (Pièces concernant), 790.
Agimont (Pièces relatives au comté d'), 454, 455.

Aguesseau (Lettres de H.-F. d'), 834, 835, 901.
Aide. Article du Glossaire de Sainte-Palaye, 1797.
Airald (Vie du bienheureux), évêque de Maurienne, 796.
Aire (Pièces concernant), 502; — Pouillé du diocèse d'Aire, 782; — Pouillé de l'abbaye de Saint-Sever d'Aire, 782.
Aisail (Pièces concernant), 502.
Aix (Chartriers de la généralité d'), 362; — Pouillé du diocèse d'Aix, 782; — Inventarium bonorum Johannis [II, Piscis], archiep. Aquensis, 1273. — Voy. Provence.
Aizerey (Bouillet d'). Correspondance avec le Cabinet des chartes, 323.
Alamartine. Généalogie, 796.
Alars de Cambrai. Moralité des philosophes, 1681; — Glossaire, 1563.
Albemarle. Généalogie, 796.
Albi (Pouillé du diocèse d'), 782; — Notes chronologiques sur Bernard de Castanet, évêque d'Albi, 1277; — Notes relatives à Pierre de Via, évêque d'Albi, 1260.
Albigeois (Procédures contre les), 1274.
— Matériaux d'un glossaire du poème de la Guerre des Albigeois, 1831.
Albret (Inventaire des titres d'), 370-372.
Alcuin (Lettres d') et de Charlemagne, ms. Harley 208, copie de Bréquigny, 733.

ALENÇON (Chartriers de la généralité d'), 362; — Mémoire sur la généralité, 977; — Pièces concernant Alençon, 1047.
ALET (Pouillé du diocèse d'), 782.
ALEXANDRE III (Lettres d'), 1231.
ALEXANDRE IV (Lettres d'), 1204-1206, 1231, 1232; — Table des lettres, 1233, 1244, 1245, 1257.
ALEXANDRE VI (Lettres d'), 1232.
ALEXANDRE VII. Affaire des Corses et du duc de Créquy, 1265; — Bref au sujet des visiteurs des Carmélites de France, 844.
ALEXANDRINO (Vincenzo). Relatione di Persia, 841.
ALIGNY. Généalogie, 796.
ALIX (Pierre). Synopsis rerum gestarum circa decanatum majorem ecclesiæ metrop. Bisuntinæ, 970; — Pamphlets concernant le chapitre de Besançon, 971.
ALLACI (Lettres de Leone), 846.
ALLAMAND. Généalogie, 796.
ALLANCOURT DE DROMÉNIL (Discours de M. C.-F. d') à l'ouverture des États de Bourgogne (1712), 806.
ALLEMAGNE (Diplômes des empereurs d'), 863; — Pièces relatives à l'histoire d'Allemagne, 772, 773; — Instructions du cardinal Ginetti, nonce en Allemagne, 1270, 1272; — Lettres relatives à l'ambassade de M. de Sainte-Catherine en Allemagne, 775, 777; — Voyage de M. Baltazar en Allemagne, 841.
ALLESNES (Mémoire de Dom Josio d'), sur les titres de l'abbaye de Saint-Bertin, 1097; — Correspondance avec le Cabinet des chartes, 319.
ALMANACH. Avis d'un astrologue aux dames sur l'Almanach de 1610, 858.
ALOST (Pièces concernant), 502.
ALSACE (Pièces concernant l'), 790; — Correspondance de l'Intendance d'Alsace avec le Cabinet des chartes, 318; — Mémoire sur la généralité d'Alsace, 978.
AMBASSADEURS (Advis aux), 781; — État du train d'un ambassadeur à Rome, 781.

AMBLANS (Mémoire succinct d'), 901.
AMBOISE (Pièce concernant), 1047.
AMÉRIQUE. Mémoire de M. Sainte-Catherine pour faire des colonies françoises ès Terres neuves, 781; — pour la carte de l'Amérique, 841; — Relations des Jésuites d'Amérique, 841-842; — Voy. Ablon, Brun, Eudemare, Galiet, Grillet, Hallay, La Bauchère, Motel, Pierron, Poiresson, Thomas, Verbiest.
AMIENS (Ordonnances touchant le bailliage d'), 1844.
— Pièces concernant Amiens, 502; — Pouillé du diocèse d'Amiens, 782.
— Intendance d'Amiens. Correspondance avec le Cabinet des chartes, 319; — Chartriers de la généralité d'Amiens, 362.
— Notes sur les dépôts de la généralité d'Amiens, par Dom Grenier, 359; — Notes de Du Cange sur des mss. d'Amiens relatifs à l'histoire de Bourgogne, 847; — Autres, 1725.
AMMIANI MARCELLINI (In) historiarum libros Cl. Salmasii notæ, 847.
AMMIRATO (Lettres de Scipione), 846.
AMMONIUS. In Aristotelis librum περὶ ἑρμηνείας, 847.
ANASTASE IV (Lettres d'), 1231.
ANCERVILLE (Pièces concernant la baronnie d'), 1049.
ANCHIN (Pièces concernant l'abbaye d'), 455.
ANCRE (Procès du maréchal d'), 779.
ANDELOT (Pièces concernant l'abbaye de la Creste, près), 791.
ANDREINI (Poésies italiennes de G.-B.), 850.
ANGERS. Chronicon Andegavense, 1260; — Pièces concernant Angers, 790, 1047.
— Pouillé du diocèse d'Angers, 782; — Pouillé des abbayes de Saint-Aubin et de Saint-Serge d'Angers, 782; — Pouillé de l'abbaye de Toussaints d'Angers, 783.
ANGLETERRE. Copies de chartes de Cluny relatives à l'Angleterre, 283; — Pièces relatives à l'Angleterre recueillies par Bréquigny, 686.

ANGLETERRE. Pièces relatives aux négociations du duc de Bourgogne avec le roi d'Angleterre, 1423-1426.
— Copies de lettres relatives aux affaires d'Angleterre, en 1548-1561, 847 ; — Pièces relatives à l'histoire d'Angleterre, 772, 773.
— Lettres du maréchal d'Effiat, ambassadeur en Angleterre, 851.
— Pièces originales relatives à la maison de Henriette-Marie de France, reine d'Angleterre, 1073, 1074.
— Instructions pour le nonce en Angleterre, 1272.
— Voyage de M. Baltazar par l'Angleterre, 841.
ANGOULÊME (Pouillé du diocèse d'), 782 ; — Pièces concernant Angoulême, 1047, 1271.
ANHALT (Lettres de Christian, prince d'), 775.
ANIANE (Pièces concernant l'abbaye d'), 1049.
ANJOU ET MAINE (Mémoire sur la généralité de Tours), 998.
ANNE D'AUTRICHE (Lettres d'), 777.
ANNECY (Pièces concernant Sainte-Catherine-lez-), 790.
ANNOIRE (Franchises d'), 887.
ANNONCIADES de Paris (Pièces concernant les), 790.
ANSTRUDE. Généalogie, 796.
ANTIQUE, près la Martinique (Articles accordés aux habitants de l'île d'), 841.
ANTOINE-DE-VIENNOIS (Pouillé des préceptoreries de l'ordre de Saint-),782.
ANTOING (Pièces concernant), 455.
ANVERS (Pièces concernant), 502.
APOLLO (Copie de la Response des Oracles d') à la Sibille Cumée, 1725.
APPROVISIONNEMENTS en vivres et munitions de différentes villes de Bourgogne, 803.
APT (Pouillé du diocèse d'), 782.
ARAGONUM (Acta legationis Petri cardinalis de Fuxo ad Alphonsum regem), 1260.
ARBOIS (Inventaire des titres du prieuré d'), 876 ; — Extraits du cartulaire d'Arbois, 888 ; — Statuts de la maladrerie d'Arbois, 888 ; — Franchises d'Arbois, 887 ; — Industrie du bailliage d'Arbois, 901 ; — Généalogie de Guénebault d'Arbois, 798.
ARC (Remarques historiques sur Jeanne d'), 800.
ARCEY (Relation de l'incendie du village d'), 909.
ARCIER (Extraits du livre des délibérations et ordonnances de Besançon, par M. d'), 921.
ARDRES (Pièces concernant), 794.
ARETINI (Apparatus ad editionem operum Leonardi Bruni), 847, 848.
ARGENSON (Lettres de M.-R. d'), 834, 835.
ARGUEL (Franchises d'), 888.
ARISTON (La Diaphorie) réformée, 845.
ARISTOTE. Commentarius Ammonii in Aristotelis περὶ ἑρμηνείας, 847.
ARLAY (Cartulaire des sires d'), 889-890 ; — Franchises d'Arlay, 888.
ARLES (Statuts municipaux de la ville d'), 346 ; — Qualiter et quotiens civitas Arelatensis fuit acquisita per Christianos, 1274 ; — Inventarium bonorum archiepiscopi Arelatensis (1341), 1265 ; — Informaciones super fructibus... ordinis S. Johannis Jerosolymitani in civitate et diocesi Arelatensi, 1273.
ARLON (Pièces concernant), 502.
ARMAGNAC (Inventaire des titres d'), 370, 374 ; — Pièces concernant l'Armagnac, 1048.
ARMAGNACS (Pièces relatives aux), 1423-1426.
ARMENONVILLE (Lettres de Fleuriau d'), 834, 835.
ARRAS (Pièces concernant), 790. — Voy. Artois.
ARRIÈRE-BAN (Pièces relatives à la convocation de l'), en Bourgogne, 806, 807.
ART DE VÉRIFIER LES DATES, 307.
ART MILITAIRE. Auctores rei militaris, e mss. bibl. Vaticanæ, 849.
ARTOIS (Chronique d'), 922 ; — Inventaire des chartes de la province d'Artois, 395 ; — Inventaire chronologique des archives des comtes

d'Artois, à Lille, par Godefroy, 396-403 ; — Note sur les dépôts de la généralité d'Artois, par Dom Queinsert, 359 ; — Mémoire sur la généralité d'Artois, 992 ; — Pièces concernant l'Artois, 493, 685, 1044, 1423-1426 ; — Généalogie, 796.

Aspect (Inventaire des titres concernant), 370.

Aspremont. Généalogie, 796.

Assemani. Instrumenta ex archivo S. Petri collecta, 1271.

Ath (Pièces concernant), 455.

Aubrée (Dom). Mémoire sur la renonciation du roi d'Espagne au trône de France, 1087.

Audebert (Circulaire de D. Bernard) au sujet des mss. de saint Augustin, 847.

Auch (Chartriers de la généralité d'), 362 ; — Pouillé du diocèse, 782.

Audiguier (Glossaire du roman d'), 1558.

Augustin (Circulaire de D. Bernard Audebert au sujet des mss. de saint), 847.

Augustin (Pouillé des abbayes de l'ordre de Saint-), 782, 783 ; — Augustinensium cardinalium calculus, 845.

Aumont, lieutenant du roi en Bourgogne (Lettres adressées à M. d'), 809.

Aurigny (Pièces relatives à l'île d'), recueillies par Bréquigny, 684.

Aurillac (Inventaire des titres de l'abbaye d'), 347 ; — Montre des nobles d'Aurillac, 347.

Ausone (Minute de l'article sur), dans l'*Histoire littéraire*, 1096.

Autriche (Pièces relatives à l'histoire d'), 772 ; — Traité de paix des Suisses avec l'Autriche, 910 ; — Généalogie, 796. — Voy. Maximilien.

Autriche (Lettres d'Anne d'), 777.

Autriche (Lettres d'Éléonore d'), 774, 833.

Autriche (Instructions de Marguerite d'), à ses envoyés en Suisse pour la neutralité de la Bourgogne, 924.

Autun (Pièces mss. et impr. relatives à l'histoire d'), 819 ; — Mémoire du siège d'Autun en 1591, 858 ; — De antiquis Bibracte... monimentis (annoté), 819 ; — Histoire d'Autun, par Edme Thomas, 861 ; — Supplicatio N. episcopi Eduensis ad papam, 1274 ; — Pouillé du diocèse d'Autun, 783 ; — Decreta synodalia Eduensis diocesis, 819 ; — Lettre écrite à l'abbé Papillon, sur les reliques de saint Lazare, 859.

Auvergne (Notes sur les dépôts de la généralité d'), par Dom Deschamps, 359 ; — Mémoire sur la généralité d'Auvergne, 980 ; — Mémoire sur les États d'Auvergne, 1427 ; — Pièces concernant l'Auvergne, 1048 ; — Biens de Jeanne, dauphine d'Auvergne, attribués aux frères du duc de Bourbon, 778.

Auxerre (Pouillé du diocèse d'), 783.

Auxonne (Pièces concernant), 794, 819 ; — Franchises d'Auxonne, 887 ; — Bénéfices du bailliage d'Auxonne, 783 ; — Possession des Ursulines d'Auxonne, 819, 858.

Avesnes (Pièces concernant), 502.

Avignon (Note sur le subside demandé en 1402 à l'évêque d'), 1262 ; — Procès-verbal des États tenus en 1557 à Avignon, 1278 ; — Pièces concernant Avignon, 790 ; — Consultation pour les Juifs d'Avignon, 1278.

Avioth, près Montmédy (Pièces concernant), 794.

Avranches (Pouillé du diocèse d'), 783.

TABLE ALPHABÉTIQUE

. B

BABOU DE LA BOURDAISIÈRE (Lettre de), 774.

BACCETIUS (Lettre de Nicolaus), 846.

BADE (Lettres de Georges-Frédéric, margrave de), 775.

BAGNI (Lettres du cardinal), 777; — Catalogus mss. cardinalis J.-F. a Balneo, 849.

BAILLEUL (Pièces concernant), 502.

BAILLY, de Dijon (Mémoire des mss. de M.), 849.

BALANDA (Abbé de). Correspondance avec le Cabinet des chartes, 321.

BALE (Lettres d'Adelbert von Kirch, maire de), 777. — Voy. Baluze.

BALERNE (Inventaire des titres de l'abbaye de), 874.

BALME. Généalogie, 796.

BALTAZAR (Voyage de M.) depuis Venise par l'Allemagne, les Pays-Bas et l'Angleterre, 841.

BALUZE (Lettre d'Étienne), 846; — Catalogue de traités sur le concile de Bâle envoyé à Baluze, 849.

BAMBIEDERDORFF (Pièces concernant), 502.

BAPAUME (Pièces concernant), 502.

BAR (Inventaire des titres du duché de), 404; — Pièces concernant le comté de Bar, 493.

BAR-SUR-AUBE (Titres de la collégiale de Saint-Maclou de), 325; — Pièces concernant Saint-Nicolas de Bar-sur-Aube, 790.

BARBARIE (Remarques sur l'histoire de), du P. Dan, 842.

BARBAZAN ET ESPARROS (Inventaire des titres concernant), 370.

BARBERINI (Lettre du cardinal), 846.

BARBIER. Généalogie, 796.

BARNEVELT (Procès du grand pensionnaire), 779.

BARON. Correspondance avec le Cabinet des chartes, 323.

BARONNAT. Généalogie, 796.

BARROIS (Recueil de pièces concernant le), 1435.

BARTHÉLEMY (Dom). Correspondance avec le Cabinet des chartes, 326; — Recherches sur l'expression *Librata terre*, 308.

BASNAGE (Lettre de), 846.

BASOLI (De vita S.), 1260.

BASSOMPIERRE. Généalogie, 796.

BATAILLE. Généalogie, 796.

BATAVIA (Lettres de), 842.

BATTENEY. Correspondance avec le Cabinet des chartes, 291, 343.

BAUDINOT DE LA SALLE. Généalogie, 796.

BAUDOUIN DE CONDÉ (Dit de), 1683; — Glossaire, 1558.

BAUDOUIN DE FLANDRE (Glossaire du roman de), 1558.

BAUFFREMONT (Inventaire des titres de la maison de), 899.

BAUME (Industrie du bailliage de), 901.

BAUME-LES-DAMES (Inventaire des titres de l'abbaye de), 874; — Franchises de Baume-les-Dames, 887.

BAUME-LES-MOINES (Inventaire des titres de l'abbaye de), 874.

BAVAY, en Hainaut (Pièces concernant), 794.

BAYEUX (Pouillé du diocèse de), 783.

BAYF (Lettre de Lazare de), 774.

BAYONNE (Pouillé du diocèse de), 784.

BAZAS (Pouillé du diocèse de), 783.

BÉARN (Intendance de). Correspondance avec le Cabinet des chartes, 320, 321; — Notes sur les dépôts de Béarn, 359.

— Inventaire des titres concernant le Béarn et Bigorre, 368-370.

— Mémoire sur la généralité de Béarn, 979; — Pièces concernant le Béarn, 790.

BEAUBENS (Dom). Correspondance avec le Cabinet des chartes, 322.

BEAULIEU, près Roanne (Pièces concernant le prieuré de), 1049.

BEAUMANOIR (Bouhier de). Généalogie, 796.

BEAUMONT (Pièces concernant), 502, 503.

BEAUMONT (Pièces concernant l'abbaye de), 970.

BEAUNE (Pièces concernant). 820; — Fondation et règle de l'hôpital de Beaune, 820.

BEAUREPAIRE (Franchises de), 887.

BEAUVAIS (Pouillé du diocèse de), 783; — Pièces concernant Beauvais, 790.

BEAUVAIS (Lettre de Guillaume), 846.

BECODIANI (Metamorphosis parasiti), 850.

BÉGAT (Vers latins de), 850; — Généalogie, 796.

BÉGUILLET. Correspondance avec le Cabinet des chartes, 323.

BÉJOT. Correspondance avec le Cabinet des chartes, 343.

BELGICA (Diplomata). 308.

BELIN. Généalogie, 796. — Voy. Saint-Belin.

BELLEAU (Vers de Remi), 850.

BELLEGARDE. Généalogie, 796.

BELLEGARDE (Procès du duc de), 779.

BELLEVAUX (Titres et cartulaire de l'abbaye de), 870-871.

BELLINGHEM (Pièces concernant l'abbaye de), 456.

BELLON (Lettre de Léon), 774.

BELVOIR (Cartulaire de), 899; — Franchises de Belvoir, 887.

BÉNÉDICTINS. Voy. Benoît (S.).

BÉNÉDICTINS DE LA CONGRÉGATION DE SAINT-MAUR (Correspondance avec les) pour le Cabinet des chartes, 285-306.

— Plan d'études pour la Congrégation de Saint-Maur, 305.

— Instructions pour les Bénédictins au sujet du travail des chartes, 305, 1432.

— Liste des Bénédictins employés au travail des chartes, 305, 1097, 1432.

— Notes sur les Bénédictins employés pour le Cabinet des chartes, 290.

— Principaux ouvrages relatifs à l'histoire de France, composés par les Bénédictins, 307.

— Collections historiques et littéraires entreprises par les Bénédictins, 307.

— Liste alphabétique des auteurs bénédictins et de leurs ouvrages, 1096.

BÉNÉDICTINS DE LA CONGRÉGATION DE SAINT-VANNE (Correspondance avec les) pour le Cabinet des chartes, 306.

BÉNÉVENT (Pièces concernant), 790.

BENOIT (Copie de la règle de saint), en français, 1727; — Glossaire, 1559.

— Pouillé des abbayes de l'ordre de saint Benoît), 783, 784.

BENOIT XII (Lettres de), 1230, 1232.

BENOIT (Négociations du Sr) en Suisse, 910.

BERARD de Naples. Index dictaminum Berardi de Napoli, 1233.

BERBIS. Généalogie, 796.

BERGER (Abbé). Correspondance avec le Cabinet des chartes, 347.

BERGERON. Mémoires de la Mirandole, etc., 842.

BERGUES (Pièces concernant), 456.

BERMONT (Négociation en France de M. de), 910.

BERNARD (Copie du texte français des Sermons de saint), 1678; — Glossaire de la lettre de saint Bernard, 1562; — Ex probationibus ad genus declarandum S. Bernardi, 796.

BERNARD. Généalogie, 796.

BERNARD DE GENÈVE (Recueils de pièces concernant Th. Gautier, dit le P.), 798.

BERNARD GUI (Notice du ms. Palatin des œuvres de), 1274.

BERNE (Extraits de mss. de) pour Sainte Palaye, 1727.

— Glossaire des fragments, publiés par Sinner dans le t. II du Catalogue des mss. de Berne, 1558; — du ms. de Berne 113, 1559; — Notice de ce ms., 1724; — Glossaire du ms. 354 de Berne, 1560; — du ms. 389, 1689.

BERNIS (Discours de Pie VI après la consécration de Msr de), 1096.

BERRY (Histoire de), par Dom Turpin, 307.

BERRY (Acte relatif aux joyaux du duc de), 1422.

BERTE AUX GRANS PIÉS (Roman de). Glossaire, 1563, 1681.

BERTHEREAU (Dom). Lettres, 307.

BERTHOD (Dom). Correspondance avec le Cabinet des chartes, 327, 329; —

Analyse des mss. du cardinal de Granvelle, 906 ; — Mémoire sur quelques mss. de Saint-Vincent de Besançon, 329, 906, 908 ; — Testaments de l'officialité de Besançon, 865 ; — Voyage littéraire dans les Pays-Bas, 332.

BERTIN. Lettres, 291 ; — Mémoires sur les finances, 1088.

BERTRAND. Généalogie, 796.

BERTRANDI (Lettres du cardinal Jean), 833.

BERTRY, en Luxembourg (Pièces concernant), 456.

BÉRULLE. Généalogie, 796.

BESANÇON (Chronique de), 903 ; — Mémoires pour servir à l'histoire de Besançon, 919, 920 ; — Privilèges de Besançon, 920, 921 ; — Franchises de Besançon, 887.

— Pièces relatives à la mairie et vicomté de Besançon, 972 ; — Pièces concernant les fortifications de Besançon, 882.

— Traité de garde pour la cité impériale de Besançon, 903.

— Mémoires relatifs au parlement de Besançon, 883, 903, 912, 1093.

— État des revenus de Besançon, 901 ; — Hôpitaux de Besançon, 901 ; — Industrie du bailliage de Besançon, 901.

— Histoire des archevêques de Besançon, 925.

— Cartulaire et titres de l'archevêché de Besançon, 862-864.

— Nécrologe de l'église métropolitaine de Besançon, 864.

— Inventaires des titres de l'archevêché de Besançon, 864, 968.

— Pièces relatives à l'archevêché et au chapitre de Besançon, 866, 901, 970-972.

— Matières ecclésiastiques et bénéficiales du diocèse de Besançon, 965-969.

— Juridiction ecclésiastique à Besançon, 919.

— Testaments de l'officialité de Besançon, 865.

— Pouillé du diocèse de Besançon, 784 ; — Pièces concernant Besançon 790, 791, 886, 887, 901, 903.

BESANÇON. Comédie jouée à l'entrée du cardinal de Granvelle à Besançon, 903, 920. — Voy. Boisot et Granvelle.

— Cartulaire de la collégiale de la Magdelaine de Besançon, 876.

— Memorialia ad historiam abbatiæ S. Pauli Bisuntinæ, par Dom Bruant, 868, 973 ; — Nécrologe, 869.

— Pièces concernant l'abbaye de Saint-Paul de Besançon, 868, 869 ; — Franchises, 919.

— Chartes de l'abbaye de Saint-Vincent de Besançon, 867.

— Mémoire sur quelques mss. de Saint-Vincent de Besançon, par Dom Berthod, 329, 906-908.

— Statuts, nécrologe et cartulaire de la confrérie des Saints-Antoine et Éloi de Besançon, 864.

— Pièces relatives aux chevaliers de Saint-Georges de Besançon, 974. — Voy. Saint-Georges.

BESSEY. Généalogie, 796.

BESTIAIRES (Glossaire de différents), 1559.

BÉTHUNE (Pièces concernant), 503.

BÉZIERS (Pouillé du diocèse de), 784.

BIBLIOTHÈQUE des finances, 285 ; — Note sur la Table de la Bibliothèque de législation, par Moreau-Dufourneau, 1097.

BICHI (Lettre du cardinal), 776, 777.

BILLY (Lettre de Jacques de), 846.

BIRAGUE (Sacremore de). Généalogie, 801.

BIRON (Lettres du maréchal de), 833 ; — Son procès, 779.

BITHAINE (Cartulaire de l'abbaye de), 872.

BLAIMONT (Pièces concernant), 456.

BLANCS-MANTEAUX (Pouillé des prieurés de l'ordre des), 784.

BLANMONT (Mémoire concernant), 912.

BLANZY (Mémoire pour les bois francs de), 1729.

BLÉSOIS. Notes sur les dépôts du Blésois, 359.

BLETTERANS (Franchises de), 888.

BLOIS (Inventaire des archives de la

Chambre des comptes de), 405, 406. — Voy. États.

BLOIS (Extrait du cartulaire de N.-D· de), 1268.

BLONDEAU DE CHARNAGE (Inventaire des titres choisis pour le Trésor des chartes dans le cabinet de), 312; — Pièces originales provenant de Blondeau de Charnage, 1047-1051, 1422; — Lettres, 312.

BODEL (Jean). Congé et chanson de geste de Guiteclin de Sassoigne, 1682; — Glossaire, 1561.

BOÈCE (Glossaire du ms. de), 1562.

BOHIER. Généalogie, 796.

BOHIER (Lettre de Henri), 774.

BOILEAU, doyen de Sens (Lettres de), 846.

BOIS-LE-DUC (Privilèges de), 585.

BOISOT, abbé de Saint-Vincent de Besançon (Lettres de), 846, 912, 975.

BOISSIEU (Lettre de Denys Salvaing de), 846.

BOITOUS. Généalogie, 796.

BOLLANDISTES (Circulaire des) pour les *Acta sanctorum*, 845; — *Acta sanctorum* continués par les Bénédictins, 307.

BOLOGNE. Généalogie, 796.

BONAMY. Correspondance avec le Cabinet des chartes, 343.

BONEFON (Vers latins de), 850.

BONIFACE VIII (Lettres de), 1228, 1229.

BONLIEU (Archives de la Chartreuse de), 876.

BONNET (Copie de l'Arbre des batailles d'Honoré), 1730.

BONNIVET (Lettre de l'amiral), 774; — Lettres adressées à l'amiral Bonnivet, 774, 809.

BORDEAUX (Intendance de). Correspondance avec le Cabinet des chartes, 322; — Chartriers de la généralité de Bordeaux, 362.

— Pièces relatives à l'histoire de Bordeaux, recueillies par Bréquigny, 659-662; — Pièces concernant Bordeaux, 790.

— Mémoire sur la généralité de Bordeaux, 980.

— Mémoires relatifs au parlement de Bordeaux, 1093.

BORDEAUX. Informatio vicariorum generalium Heliæ, archiepiscopi Burdegalensis, super resolutione procurationum, 1273.

BOSCAUDON (Pièces concernant l'abbaye de), 791.

BOUCHARD (Lettre d'Amaury), 777.

BOUCHERAT (Lettres de), 834.

BOUCHOUX (Inventaire des titres du prieuré des), 876.

BOUCLANS (Franchises de), 887.

BOUDIER (Dom). Lettres, 291, 306.

BOUDREAU. Extraits des registres de l'Hôtel de ville de Paris, 1066.

BOUHIER (Notices des mémoires généalogiques... de Bourgogne, recueillis par le président), 385.

BOUHIER DE BEAUMANOIR. Généalogie, 796.

BOUILLET D'AIZEREY. Correspondance avec le Cabinet des chartes, 323 359.

BOUILLON (Copie d'un petit cartulaire de l'abbaye de), 332; — des titres de l'abbaye de Bouillon, 332.

BOUILLON (Lettres d'Henri de la Tour, duc de), 775.

BOUILLON (Procès du maréchal de), 779.

BOULLON (Mss. de M. Motman, donnés par les Jésuites de Liège au cardinal de), 849.

BOULOGNE (Pouillé du diocèse de), 784.

BOULONNAIS (Inventaire de titres concernant le), rapportés des Pays-Bas par Pfeffel, 314; — Pièces concernant le Boulonnais, 1423-1426.

BOUQUET (Dom). Lettre, 291.

BOURBON. Généalogie, 296.

BOURBON (Biens de Jeanne, dauphine d'Auvergne, attribués aux frères du duc de), 778.

BOURBON (Procès pour la succession de Susanne, duchesse de), 778.

BOURBON (Lettres d'Antoine de), 833.

BOURBON (Lettre de Charles de), 774.

BOURBON (Lettres de Henri de), 833.

BOURBON (Lettres de Louis de), 777, 833, 834.

BOURBON (Lettres de Louis-Antoine de), 835.

BOURBON (Lettre de Nicolas), 846.

BOURDELOT (Lettre de Pierre), 809.

TABLE ALPHABÉTIQUE 235

Bourganeuf (Note sur), 336.
Bourgeois (Dom). Correspondance avec le Cabinet des chartes, 326.
Bourges (Intendance de). Correspondance avec le Cabinet des chartes, 324; — Chartriers de la généralité de Bourges, 362. — Notice sur la collection des demoiselles Labbé, à Bourges, 359; — Mémoire sur la généralité de Bourges, 989; — Pouillé du diocèse de Bourges, 785.
Bourgogne (Mémoire sur la généralité de), 981, 982; — Extraits, 999.
— Mémoire sur l'administration de la Bourgogne, en 1739, 857.
— Dissertation de M. de Courbouson sur les États de Bourgogne, 884.
— Intendance de Bourgogne. Correspondance avec le Cabinet des chartes, 323.
— Projet d'une collection générale des chartes de Bourgogne, 329.
— Chartriers de la généralité de Bourgogne, 359, 362.
— Inventaire des chartes et diplômes des ducs de Bourgogne, conservés à la Chambre des comptes de Dijon, 383-385.
— Pièces relatives à l'histoire de Bourgogne recueillies par Philibert de La Mare et Fevret de Fontette (XIII°-XVII° siècles), 734-773.
— Recueil de Fevret de Fontette relatif à l'histoire de Bourgogne, 857-859.
— Recueil chronologique de pièces sur l'histoire de Bourgogne, 802-808.
— Recueil de lettres originales relatives à l'histoire de la Bourgogne, 809-810.
— Pièces relatives à différentes villes ou abbayes de Bourgogne, 314, 494, 791, 821, 822, 1046, 1423-1426.
— Pièces relatives aux frontières et limites de la Bourgogne, 811, 812.
— Notes de Du Cange sur des mss. d'Amiens relatifs à l'histoire de Bourgogne, 847.
— Chronique bourguignonne (1382-1465), 780.

Bourgogne (Chronique des rois et comtes de), 919.
— Liste des ducs de Bourgogne, 808.
— Généalogie des ducs et comtes de Bourgogne, 796, 919, 922, 925.
— États de la maison de différents ducs de Bourgogne, 808.
— État de la maison du duc Philippe de Bourgogne, 802; — Épitaphe du duc Philippe, 800.
— Inventaire des joyaux, tapisseries, etc. du duc de Bourgogne, 802.
— Copie de l'inventaire des joyaux de Marguerite de Flandre, duchesse de Bourgogne, 1725.
— Mémoires généalogiques de diverses familles de Bourgogne, recueillis par le président Bouhier, 385.
— Recueil alphabétique de généalogies la plupart relatives à la province de Bourgogne, 796-801.
— Revue de la noblesse de Bourgogne, 385.
— Pièces relatives aux négociations du duc de Bourgogne, avec le roi d'Angleterre, 1423-1426.
— Traités de paix des Suisses avec la Bourgogne, 910.
— Pièces relatives aux querelles des ducs de Bourgogne et d'Orléans, 1423-1426.
— Domaine du roi, fiefs, etc., en Bourgogne, 813, 814.
— Privilèges du duché de Bourgogne, 811, 812.
— Actes relatifs à différents fiefs des ducs de Bourgogne, 1423-1426.
— Pièces relatives aux finances et à la Chambre des comptes de Bourgogne, 837, 838.
— Pièces, mss. et impr. relatives aux Élus de Bourgogne, 812.
— Gabelles en Bourgogne, 811, 812.
— Mémoires relatifs au parlement de Bourgogne, 1093.
— Commission de Charles IX pour assembler les États de Bourgogne, et Mémoires sur ces États, 1427.
— Registre des États de Bourgogne tenus à Semur en 1590-1598, 804, 805.

BOURGOGNE (Cahiers du tiers-état des États généraux de Bourgogne, 812.
— Discours d'ouverture des États de Bourgogne, en 1712, 806.
— Approvisionnements en vivres et munitions de différentes villes de Bourgogne, 803.
— Pièces relatives à la convocation de l'arrière-ban en Bourgogne, 806, 807.
— Pièces relatives aux affaires de la Ligue en Bourgogne, 805, 808.
— Pièces relatives au Protestantisme en Bourgogne, 803.
— Histoire du procès des Quiétistes de Bourgogne, 859.
— Chasses et Louveteries de Bourgogne, 797.
— Entrées des ducs de Bourgogne à Dijon, 815.
— Catalogus auctorum utriusque Burgundiæ, 847.
— Ordonnances du comté de Bourgogne, 883, 888.
— Répertoire de droit public du comté de Bourgogne, 883.
— Généalogie des comtes de Bourgogne, 796, 919, 925.
— Extraits et copie d'un cartulaire du comté de Bourgogne, 877.
— Garde des privilèges du comté de Bourgogne, 910.
— Conservation du comté de Bourgogne, 901.
— Domaines du comté de Bourgogne, 878, 879, 901, 903.
— Terres franches, Eaux et Forêts du comté de Bourgogne, 903.
— Extraits des comptes du comté de Bourgogne, 900.
— Comptes rendus des fermiers de différentes seigneuries de Bourgogne, 882.
— Traités de paix concernant le comté de Bourgogne, 924.
— Cession faite à l'infante d'Espagne du comté de Bourgogne, 910.
— Statuts de l'ordre de Saint-Georges, au comté de Bourgogne, 901.
— Maréchaussée du comté de Bourgogne, 903.

BOURGOGNE (Forges, etc., du comté de), 901.
— Haras du comté de Bourgogne, 901.
— Histoire naturelle du comté de Bourgogne, 911.
— Histoire de l'Université du comté de Bourgogne, 902.
— Table alphabétique des auteurs du comté de Bourgogne, 901. — Voy. Dijon, Franche-Comté.
BOURGOGNE (Lettre de Marguerite, duchesse douairière de), 809.
BOURGUEIL (Pouillé de l'abbaye de), 782.
BOURLAMAQUE (Copie de l'Épître d'un amant à sa dame, ms. de M. de), 1725.
BOURSEIGNES (Pièces concernant), 456.
BOUTILLIER DE CHAVIGNY. Catalogus mss. Leonis Butillerii, comitis Chavignei, 849.
BOYER. Paraphrase sur le Psaume LXXII, 850.
BRABANT (Inventaires de la Chambre des comptes de), à Bruxelles, 579-588; — Doubles, 602-611; — Tables, 600-601; — Doubles, 623-624; — Autres inventaires, 1009-1013, 1020, 1026, 1027, 1034, 1036, 1043.
— Inventaire des placards de Brabant, 1022; — Pièces tirées des registres des chartes de Brabant, 574-577, 1044, 1046.
— Chronicon ducum Brabantiæ, 308; — Discours de l'origine de Brabant, 568; — Pièces concernant le Brabant, 495.
BRAINE (Copies de quelques pièces d'un ms. de Saint-Yved-de-), 1729.
BRANCION. Généalogie, 796.
BRASMÉNIL (Pièces concernant), 456.
BRÉGIS (Copie d'une lettre de Mme de) à Mme de Longueville, avec la réponse, 847.
BRÉQUIGNY. Notes pour le Comité des chartes. Projet d'un Rymer français, 290, 1097; — Mémoire sur la Table des chartes et diplômes, 285, 304, 315.
— Mémoires et notes sur le recueil des Ordonnances, 315.
— Collection de pièces relatives à

l'histoire de France, tirées des archives d'Angleterre, 625, 733.

BRÉQUIGNY. Pièces historiques, tirées des archives d'Angleterre, rangées par ordre chronologique (1066-1702), 687-726.

— Correspondance, notes, etc., relatives aux travaux de Bréquigny et à sa mission à Londres, 315, 1795.

— Pièces relatives à la généralité de Paris et à différentes provinces, 683-685.

— Pièces relatives à l'histoire de Guyenne, 634, 663 ; — Rôles gascons, 664.

— Pièces relatives à l'histoire de Normandie, 665-680.

— Pièces relatives à l'histoire de Picardie, 680-682.

— Documents relatifs à la paix de Nimègue, 727-732.

— Pièces relatives à l'Italie, 686.

— Histoire ecclésiastique, 625-632.

— Conciles, 633.

— Ordres militaires, 633.

— Lettres d'Alcuin et de Charlemagne, copie du ms. Harley 208, 733.

— Article *Aide* du Glossaire de Sainte-Palaye, 1797.

— Lettres de Bréquigny, 1434.

BRÉSIL (Journal du voyage du général van Goch au), 841 ; — Voyage projeté de Jean Dennebault, 841.

BRESSE ET BUGEY (Notice sur les archives de), 343 ; — Mémoire sur la généralité de Bourgogne et de Bresse, 981, 982 ; — Extraits, 999.

— Pièces relatives aux assemblées de Bresse et Bugey, 806.

— Pièces concernant la Bresse et Bugey, 794, 820, 861.

BRESSIUS (Catalogue des mss. et impr. de M.), 849.

BRETAGNE (Intendance de). Correspondance avec le Cabinet des chartes, 324 ; — Notes sur les dépôts de Bretagne, 359 ; — Chartriers de la généralité de Bretagne, 362.

— Pièces relatives à la Bretagne, recueillies par Bréquigny, 684 ; — Pièces concernant la Bretagne, 790.

BRETAGNE (Mémoire sur la généralité de), 983.

— Mémoires relatifs au Parlement de Bretagne, 1093.

— Acte concernant Bérard de Montferrant, ambassadeur près le duc de Bretagne, 1422.

BRETEUIL (Lettres de M. de), 835.

BRÉTIGNY (Pièce relative au traité de), 1047.

— Pièces concernant Saint-Bénigne de Brétigny, 790.

BRETON (Lettre de J.), 774.

BRÉVIL (Pièces concernant), 503.

BRIAL (Dom). Lettres, 307.

BRIGANSON. Généalogie, 796.

BRINCOURT (Dom). Correspondance avec le Cabinet des chartes, 326.

BRION. Généalogie, 796.

BRIOUDE (Inventaire des titres du chapitre de), 347.

BRISSAC. Généalogie, 796.

BROESBRINGHE (Pièces concernant), 503.

BROU (Histoire de l'église et monastère de), 861.

BRUANT (Dom A.-F.). Chronique de l'abbaye de Saint-Paul de Besançon, 868, 973.

BRUGES (Inventaires des archives de), 596, 1035, 1037 ; — Pièces concernant Bruges, 503, 504.

BRUN (Lettre du P. Jacques), du pays des Arécarets, 841.

BRUNET. Généalogie, 796.

BRUNO (Négociation en France de M.), 910.

BRUNI ARETINI (Apparatus ad editionem operum Leonardi), 847, 848.

BRUSSEL (Extraits de), 1733.

BRUXELLES (Inventaires des archives de l'Audience, etc., à), 592-595, 1004, 1007, 1008, 1020, 1023-1026 ; — Notices des chartes de Bruxelles, 294 ; — Pièces concernant Bruxelles, 504 ; — Privilèges de Bruxelles, 585 ; — Chambre des comptes de Bruxelles. — Voy. Brabant (Chambre des comptes de).

BUEIL (Acte concernant Jean de), 1422.

BUEVES DE COMARCHIS, 1682.

BUGEY. Mémoire de la généralité de

Bourgogne, etc., 981, 982; — Extraits, 999.
Bureau des réunions d'offices, 1094.
Busche (Pièces concernant), 504.
Bussy. Généalogie, 796.
Bussy-Rabutin. — Voy. Rabutin.

C

C. E. B. Le bon Bourguignon, réponse au *Bellum Sequanicum* de J. Morelet, 913.
Cabeoli (Informatio super unione prioratus) cum prioratu S. Marcelli Diensi, 1274.
Cabinet des chartes (Archives du), 285-407, 1097.
— Répertoire alphabétique par fonds d'archives, 1735-1778; — Répertoire chronologique, 1127-1134; 1785-1794; — Répertoire alphabétique par villes des bulles de papes, 1779-1784.
— Correspondance relative aux travaux exécutés dans les différentes généralités pour le Cabinet des chartes, 318-350.
— Correspondance avec les Intendances 318-350.
— Journal de la correspondance du Cabinet des chartes, 351.
— Journal des livres, chartes et ordonnances entrés au dépôt, 356-358; — Comptes du dépôt des chartes, 298-303.
— Travail du Cabinet des chartes, 291, 295-297, 309, 1432; — Pièces relatives au Cabinet des chartes, 305, 343, 1432.
— Catalogue des différentes collections qui composent le Cabinet des chartes, 1439, 1440.
— Bulletins du catalogue de la bibliothèque du Cabinet des chartes, 1834.
Cabochiens (Pièces relatives aux), 1423-1426.
Caen (Chartriers de la généralité de) 362; — Mémoire sur la généralité de Caen, 984; — Pièces concernant Caen, 1047, 1052.
Caffiaux (Dom). Correspondance avec le Cabinet des chartes, 348.

Calais (Ordonnance de 1298 pour), 568.
— Pièces concernant Calais, 466, 504, 562, 1044.
Cambrai (Pièces concernant), 504, 505, 794; — Notices de mss. de Cambrai, 1725.
Camps (Abbé de). Notice de la seconde partie des mss. de Chantereau-Le Fèvre, 1095.
Camusat. Observations sur le nécrologe de Saint-Paul de Besançon, 869.
Canal. Généalogie, 797.
Canal maritime de Norouse (Pièces concernant le), 792.
Canali (Lettres d'Angelo), 777.
Canasoer (Articles accordés à la garnison portugaise de), 841.
Canaut. Vie d'Alfonse d'Ornano, 799.
Canise (Notes de Sainte-Palaye sur le fabliau de la), 1653.
Capitulaires des rois de France, 307.
Capucins de Thionville, 577.
Capy (Pièces concernant) 562.
Carcassonne (Pouillé du diocèse de), 785.
Carentan (Pièce concernant), 1047.
Carmélites de France (Bref d'Alexandre VI au sujet des visiteurs des), 844.
Carolingiens. Acta historiæ regum Francorum secundæ stirpis, 1095.
Carpentier (Dom). Lettre, 291.
Carrière (Dom). Correspondance avec le Cabinet des chartes, 322.
Cartier (Voyage de Jacques), 841.
Casaubon (Lettre de Méric), 846.
Casbois (Lettres de Dom), 306.
Cassel (Pièces concernant), 505.
Castanet (Notes chronologiques sur Bernard de), évêque d'Albi, 1277.

TABLE ALPHABÉTIQUE 239

CASTELBON (Inventaire des titres concernant), 370.
CASTELJALOUX (Inventaire des titres d'Albret conservés au château de), 371.
CASTILLON. Généalogie, 796.
CASTRES (Pouillé du diocèse de), 785.
CATALANS (Copie de la chronique des chevaliers), 1692.
CATALOGUES DE MANUSCRITS (Recueil de), 849.
CATEAU-CAMBRÉSIS. Ex libro privilegiorum monasterii S. Andreæ in Castro Cameracensi, 1095.
CATEAU-CAMBRÉSIS (Préliminaires du traité de), 566; — Lettres de François II ordonnant au parlement de Dijon d'enregistrer le traité de Cateau-Cambrésis, 739.
CATIMPRÉ (Pièces concernant l'abbaye de), 456.
CATIN DE RICHEMONT. Généalogie, 796.
CAUDEBEC (Pièces concernant), 1047.
CAULET. Généalogie, 797.
CAYENNE (Lettre du P. Jean Grillet, de), 842.
CÉLESTIN III (Lettres de), 1231.
CÉLESTIN V (Lettres de), 1232.
CÉLESTINS (Pouillé des monastères de l'ordre des), 785.
CERCAMPS (Pièces concernant l'abbaye de), 563, 566.
CERNEAU, près Beaumont (Pièces concernant), 457.
CHAALIS (Pièces concernant), 790.
CHABANES. Généalogie, 797.
CHABOT. Généalogie, 797.
CHABOT (Lettre de l'amiral), 774.
CHADALEU (Causa prioratus de), 1264.
CHAHU (Copie d'une lettre du P. Philippe) sur la mort du P. Petau, 847.
CHAISE-DIEU (Pièces concernant), 760.
CHAISE-DIEU. Généalogie, 797.
CHAIX DE LOCHE. Correspondance avec le Cabinet des chartes, 327.
CHALAIS (Procès de), 779.
CHALLANT (Lettre de), 774.
CHALON-SUR-SAÔNE (Pièces concernant), 794, 820; — Pouillé du diocèse de Chalon, 785; — Note sur les évêques et doyens de Chalon, 820.

CHALON-SUR-SAONE (Rôle de la noblesse du bailliage de), 796.
— Nomina quorumdam nobilium ex cartulario S. Vincentii Cabilonensis, 796.
CHALON (Cartulaire de Hugues de), 889, 890.
— Pièces relatives aux possessions de la maison de Chalon, 882, 892-897;
— Table de l'inventaire des titres de la maison de Chalon, 902.
CHALONS (Intendance de). Correspondance avec le Cabinet des chartes, 325, 326; — Pouillé du diocèse de Châlons, 785.
— Pièces concernant Châlons-sur-Marne, 1052.
CHAMBRES ARDENTES (Mémoire sur les), 1089.
CHAMBRE DES COMPTES. — Voy. Aix, Artois, Blois, Brabant, Dijon, Dôle, Flandre, Franche-Comté, Lille, Paris, Provence.
CHAMBRE CRIMINELLE DE NANTES (Pièces concernant la), 779.
CHAMILLY. Généalogie, 797.
CHAMOUX (Dom). Correspondance avec le Cabinet des chartes, 338, 343; — Ordonnances des rois de France conservées à Saint-Martin-des-Champs 1430, 1431.
CHAMPAGNE (Chartriers de la généralité de), 362; — Mémoire sur la généralité, 997.
— Pièces relatives à la Champagne, recueillies par Bréquigny, 684; — Pièces concernant la Champagne, 790.
— Limites de la Franche-Comté et de la Champagne, 914, 915.
— Généalogie, 797.
— Copie des chansons de Thibaud de Champagne, 1679.
CHAMPAGNEY (Analyse des mémoires de M. de), par Vandenesse, 907.
CHAMPIGNOL (Le Brun de). Généalogie, 796.
CHAMPLITTE (Archives du chapitre de), 876.
CHAMPOLLION-FIGEAC. État général des chartriers de France, par départements, 367, 1799; — Ordre du Ca-

binet des chartes et diplômes de l'histoire de France à la Bibliothèque du roi (1828), 1799.

CHANSONS mss. (*Initia* des anciennes), copiées pour Sainte-Palaye, 1564; — Copie des chansons françaises contenues dans les mss. 389 et 231 de Berne, 1687-1689.

CHANTEREAU LE FÈVRE (Notice de la seconde partie des mss. de), 1095.

CHANTEREYNE. État des chartes concernant Cherbourg, 342.

CHANTONNAY (Analyse de lettres de M. de), par Vandenesse, 907.

CHARBON DE TERRE (Contrat relatif au commerce du), 1074.

CHARITÉ (Le Roman de), 1682.

CHARLEMAGNE (Lettres d'Alcuin et de), copie du ms. Harley 208, par Bréquigny, 733.

— Copies de quelques pièces qui se trouvent dans la *Vita Karoli magni*, ms. de Saint-Yved de Braine, 1729.

CHARLEMONT (Pièces concernant), 505.

CHARLEROI (Inventaire des registres de l'Hôtel de ville de), 596; — Pièces concernant Charleroi, 505.

CHARLES V. Ordonnance sur la majorité des rois, 1044.

CHARLES VIII (Lettres de), 774, 777, 798.

CHARLES IX (Lettres de), 809, 832.

CHARLES-QUINT (Analyse du Journal des voyages de), par Vandenesse, 907; — Différends de François Ier et de Charles-Quint, 1032.

CHARLES LE MAUVAIS (Procès de), 778.

CHARLIEU (Pièces concernant), 821, 1047.

CHARNEUX (Pièces concernant), 505.

CHARNOT. Généalogie, 797.

CHARNY (Lettres de), 809.

CHAROLAIS (Pièces concernant le), 821, 882; — Rôle des nobles et roturiers du comté de Charolais, 797.

CHARTES. Voy. Cabinet des chartes; — Dépôt des chartes.

CHARTES ET DIPLÔMES RELATIFS A L'HISTOIRE DE FRANCE, 1-284; — Rangés par ordre chronologique, 1-273; — Supplément rangé par ordre alphabétique des dépôts d'où ces copies ont été tirées, 274-282; — Pièces omises dans le classement chronologique, 284.

CHARTRES (Pouillé du diocèse de), 785; — Pièces concernant Chartres, 1049.

CHARTREUSES de France (Taxe des), 845.

CHARTRIERS du royaume (Correspondance des intendants au sujet des), 361.

— État des chartriers, dressé par ordre des généralités, 362-364.

— État général des chartriers, 365; — Table de l'état général des chartriers, 366.

— État général des chartriers, disposé par départements et arrondissements, 367.

CHASSE (Mémoires historiques sur la), par La Curne de Sainte-Palaye, 1798; — Copies d'anciens ouvrages sur la chasse, pour Sainte-Palaye, 1684, 1685; — Mémoire sur la chasse, 1094.

CHASSES et louveteries de Bourgogne, 797.

CHASSENEUS (Lettres de François Ier en faveur du président), 778.

CHASSEPIERRE, en Luxembourg (Pièces concernant), 458.

CHASTELOT (Mémoire concernant), 912.

CHATEAU-CHALON (Inventaire des titres de l'abbaye de), 872.

CHATEAU-LAMBERT (Articles pour les mines de), 917.

CHATEAUDUN (Pièces concernant Saint-Avy-lez-), 790.

CHATEAUVIEUX (Lettres de M. de), 777.

CHATEAUVILLAIN. Généalogie, 796.

CHATELBLANC (Franchises de), 888.

CHATELNEUF (Franchises de), 888.

CHATILLON (Lettres de l'amiral de), 833.

CHATILLON-SOUS-MESCHE (Pièces concernant), 791.

CHATILLON-SUR-SEINE (Pièces concernant), 794, 795, 821, 1049.

CHAUMONT (Pièces concernant), 790.

CHAUMONT-EN-BASSIGNY (Pièces concernant), 791, 795.

CHAUMONT-EN-VEXIN (Pièces concernant), 791.
CHAUNES (Pièces concernant le fief de), 562.
CHAUVELIN (Lettres de M. de), 777, 835.
CHAUVIGNY. Généalogie, 1260.
CHAUVIGNY (Abbé de). Chartes du chapitre de Besançon, 866.
CHAUX (Inventaire des titres du prieuré de), 876 ; — Note sur la glacière de Chaux, 910.
CHAVANRAC (Lettres de M. de), 777.
CHAVIGNY. Catalogus mss. Leonis Butillerii, comitis Chavignei, 849.
CHEMINS et chaussées des Pays-Bas, 427, 428.
CHENU. Correspondance avec le Comité des chartes, 350.
CHERBOURG (État des chartes concernant), 342.
CHERLIEU (Inventaire des titres de l'abbaye de), 873, 874 ; — Cartulaire de l'abbaye de Cherlieu, 874.
CHEVALERIE (Copie du livre de l'Instruction de), 1730. — Voyez Dreux du Radier et Sainte-Palaye.
CHEVALIER AU LION (Extraits du), 1724.
CHEVALIER DE SOURIVIÈRE. Notice des registres de Philippe-Auguste, 343.
CHEVANCY (Pièces concernant), 505.
CHEVANES (Lettres de M. de), 846 ; — Notes sur la diplomatique, 847.
CHEVANEUS (Nic.). David Christianus, 850.
CHEVREUIL. Correspondance avec le Cabinet des chartes, 343 ; — Lettres relatives à la copie des registres du parlement de Paris, 344.
CHEVREUX (Dom). Lettres, 291, 306.
CHIMAY (Pièces concernant), 505.
CHINE (Mémoire des affaires de la), en 1664, 841 ; — Lettres du P. Claude Motel, du P. Ferd. Verbiest, Jésuites, et du P. Vict. Riccio, Dominicain, écrites de Chine, 841.
CHINIAC (De). Correspondance avec le Cabinet des chartes, 291, 307, 336 ; — Capitulaires des rois de France, 307.
CHINY (Pièces concernant), 469, 470, 505, 586.

CHIRAT. Généalogie, 797.
CHIRURGIE (École de) de Paris, 1070.
CHOISEUL. Généalogie, 796, 797.
CHORIER (Lettres de Nicolas), 846.
CHRESTIEN DE TROYES (Extraits de), 1724.
CHRISTINE DE PISAN (Copies de différents ouvrages de), 1686.
CHRISTINE DE SUÈDE. Catalogus mss. Alexandri Petavii, a quo ad Christinam, Sueciæ reg., pervenerunt, 849.
CHRONIQUE de Nicolas d'Amiens (Notice du ms. de la), 1277.
— Andegavense (Chronicon), 1260.
— d'Artois, 922.
— de Besançon, 903.
— des rois et comtes de Bourgogne, 919.
— bourguignonne (1382-1465), 780.
— des chevaliers catalans (Copie de la), 1692.
— franc-comtoise, 921, 922.
— de Saint-Denis (Glossaire des), 1563.
CHYPRE (Derniers rois de), 797.
CICERONIS (Francisci Philelphi de laudibus), 847.
CINQ-MARS (Lettre de d'Effiat de), 777 ; — Son exécution à Lyon, 779.
CÎTEAUX (Pièces concernant l'abbaye de), 818 ; — Lettres d'abbés de monastères allemands à l'abbé de Cîteaux, 818 ; — Description des anciens monuments de Cîteaux, par Moreau de Mautour, 859 ; — Pouillé des abbayes de l'ordre de Cîteaux, 785.
CLAIREFONTAINE (Inventaire des titres de l'abbaye de), 874.
CLAIRVAUX (Pièces concernant), 791 ; — Personnages inhumés à Clairvaux, 797 ; — Catalogus aliquot mss. bibliothecæ Clarævallensis, 849 ; — Franchises de Clairvaux, 887.
CLEFMONT (Franchises de), 888.
CLÉMENT IV (Lettres de), 1211, 1212, 1231, 1232 ; — Table des lettres, 1233, 1247-1251, 1257 ; — Épitaphe, 1264.
CLÉMENT V (Lettres de), 1230, 1232.
CLÉMENT VI (Lettres de), 1230, 1232.
CLÉMENT VII (Lettre autogr. de), 774.
CLÉMENT (Dom François). Lettres, 291, 307.

16

CLÉMENT (Guillaume). Inventaire des titres de l'Hôtel de ville de Paris, 1053.

CLEOMADES (Roman de), 1630; — Glossaire, 1563.

CLERGÉ de France (État des chambres des bureaux du), 845; — Mémoires sur le clergé, 1094.

CLERGUET (Vers de S.), 850.

CLERMONT. Généalogie, 797.

CLERMONT-FERRAND (Pièces concernant), 791; — Extraits du chartrier de Saint-Allyre, par Dom Deschamps, 347.

CLERMONT-TONNERRE (Lettres du comte de), 805.

CLÈVES. Généalogie, 797.

CLÈVES (Lettre de François de), 774.

CLUGNY. Généalogie, 797.

CLUNY (Copies de chartes de), par Lambert de Barive, 283, 339; — Pièces concernant Cluny, 821; — Pouillé des abbayes de l'ordre de Cluny, 786.

COCHIM (Relation de l'évêque de), aux Indes orientales, 841.

COL (Dom). Correspondance avec le Cabinet des chartes, 336; — Notes sur les dépôts de Limoges, 359.

COLIGNY (Franchises de), 887.

COLIGNY. Généalogie, 797.

COLLOZ (Dom). Correspondance avec le Cabinet des chartes, 350.

COLOGNE (Pièces relatives à la légation du cardinal Ginetti à), 1267, 1268; — Ms. des Capitulaires des rois de France, de Cologne, 307.

COLOMBAT (Domaines de Mᵉ Jacques) en Bourgogne, 903.

COLONNA (Poésies italiennes de Mario), 850.

COMEAU. Généalogie, 797.

COMINES (Pièces concernant le village de), 458.

COMINES. Généalogie, 797.

COMMINGES (Pouillé du diocèse de), 786.

COMNÈNE (Lettre de l'empereur Manuel) au pape, 1277.

CONCILES de France (Nouvelle collection des), 307; — Copies de Bréquigny concernant les conciles, 633.

CONCILE de Bâle (Catalogue de traités mss. concernant le), 849.

— de Florence (Note sur la traduction latine des actes du concile), 1096.

— de Trente (Recueil de pièces relatives au concile), 1033; — Pièces relatives à sa promulgation en Bourgogne, 903.

CONCINI (Procès du maréchal d'Ancre), 779.

CONDÉ (Pièces concernant), 506.

CONDÉ (Mémoires et lettres du prince de) sur la conquête de la Franche-Comté, 909.

CONDÉ (Lettres de Louis de Bourbon, le grand), 777; — Catalogue des mss. du prince de Condé, 849. — Voy. Bourbon.

CONDOM (Pièces concernant), 1048.

CONFLANS (Pièces concernant), 506.

CONIGANT. Généalogie, 797.

CONSEIL du Roi (Recueil de pièces sur le), 1089; — Registre du Conseil, en 1567, 778.

CONSERANS (Pouillé du diocèse de), 786; — Super vacatione ecclesiæ Conseranensis, 1273.

CONSTANTINOPLE. Relation du bail de Venise à la Porte du Grand Seigneur, 842; — État de l'empire du Grand Seigneur, par M. du Ryer, 842; — Relation de Constantinople, en 1552, 842; — État de la mission de Constantinople, 842.

CONVULSIONNAIRES (Pièces diverses relatives aux), 844.

COPENHAGUE. « Commonefactio de sacramento cœnæ Dominicæ », par les « professores academiæ Hafniensis », 843.

CORAIL DE SAINTE-FOY. Correspondance avec le Cabinet des chartes, 334.

CORBIE (Pièces concernant), 506; — Pouillé de l'abbaye de Corbie, 782.

CORGENON. Généalogie, 796.

CORNEUX (Inventaire des titres et cartulaire de l'abbaye de), 875.

CORREGGIO (Mémoires de), par Bergeron, 842.

CONSINI (Lettere d'Ottavio) nella sua nunziatura di Francia, 1260.

Cosia, en Savoie (Pièces concernant), 793.
Cosmographie. Traité des mesures du monde, 841.
Cotton (Lettre du P.) sur le caractère de Louis XIII, 1278.
Cour des Aides (Recueil de pièces sur la), 1089.
Courbouson (De). Dissertation sur les États de Bourgogne, 884.
Courcelles. Généalogie, 797.
Courchetet d'Esnans. Voy. Esnans (Courchetet d').
Court (Lettres de M. de), 846.
Courtefontaine (Inventaire des titres du prieuré de), 876.
Courtrai (Pièces concernant), 506.
Cousin - Despréaux. Correspondance avec le Cabinet des chartes, 342.
Coustelier (Copie du recueil des Chansons de Thibaud de Champagne, formé par), 1679.

Coutances (Pouillé du diocèse de), 786.
Coutumes de France (Mémoires sur les), 1087.
Coutumier général de France (Projet d'un), 1087.
Créquy (Lettres du maréchal de), 776 ; — Affaire des Corses et du duc de Créquy, 1265.
Crescembeni (Table alphabétique des poésies provençales imprimées par), 1582.
Creuzot (Pièces concernant le), 1049.
Croisades (Copies du ms. 113 de Berne relatives à l'histoire des), 1565 ; — Glossaire, 1565.
Cugon, en Luxembourg (Pièces concernant), 458.
Cuxa, près Prades (Notes sur les archives du monastère de), 348.
Cussigny (Saint-Belin de). Généalogie, 796.
*Cygiranni abbatis (Vita S.), 797.

D

Daelhem (Pièces concernant), 506.
Damas. Généalogie, 796, 797.
Damne (Pièces concernant), 506.
Dan (Remarques sur l'histoire de Barbarie du P. Pierre), 842.
Daniel (Mémoire de MM.) sur la conquête de la Franche-Comté, 909.
Danvillers (Pièces concernant), 507.
Darnetal (Notices des anciens mss. français du château de), 1724.
Dauphin. Voy. Viennois.
Dauphiné (Intendance de). Correspondance avec le Cabinet des chartes, 327 ; — Ordonnances relatives à la Chambre des comptes de Dauphiné, 1428 ; — États du Dauphiné sous Louis XI, 1278 ; — Pièce concernant le Dauphiné, 1048 ; — Gravamina Ebredunensi ecclesiæ per Delphinenses illata, 1274.
Delbene (Lettre d'Albisse), 774.
De Lorme (Computum bullarum monasterii de Yvreo pro D. Philiberto), 844.

Demesmay. Relation du comté de Bourgogne, 901.
Dende (Pièces concernant), 507.
Denisot. Généalogie, 797.
Dennebault (Voyage projeté au Brésil, de Jean), 841.
Deoulx (Généalogie des Chauvigny, fondateurs du couvent du bourg de), 1260.
Dépôts des chartes et de législation. Voy. Cabinet des chartes.
Derosne (L.-M.). Inventaire des titres et notice historique de la collégiale de Montfaucon-en-Argonne, 350, 407.
Des Barres. Généalogie, 797.
Deschamps (Notes de Sainte-Palaye pour un mémoire sur Eustache), 1653.
Deschamps (Dom). Correspondance avec le Cabinet des chartes, 340 ; — Extraits du chartrier de Saint-Allyre de Clermont, 347 ; — Notes sur les dépôts de la généralité d'Auvergne, 359.

Des Cortolz (Libelles d'Alexandre), 779.

Des Hayes (Journal du second voyage en Levant du Sr), 841.

Desmaretz (Lettres de), 834.

Desmaretz, de Senlis. Travaux sur les sceaux et monogrammes, 308.

Destein. Généalogie, 797.

Deulemont (Pièces concernant), 458.

Devienne (Dom). Correspondance avec le Cabinet des chartes, 291, 319, 322.

De Witte (Dom Charles). Correspondance avec le Cabinet des chartes, 291, 319.

Dictaminum Berardi de Napoli (Index), 1233.

Didron, gouverneur d'Avallon (Lettres adressées à M.), 809.

Die (Pouillé du diocèse de), 789; — Informatio super unione prioratus Cabeoli cum prioratu S. Marcelli Diensi, 1274.

Dieppe. Lettre de Charles IX relative à l'occupation du Havre et de Dieppe par les Anglais, 809.

Digne (Pouillé du diocèse de), 786.

Dijon (Description de), 780.

— Cartulaire de la ville de Dijon, 923.

— Privilèges concédés par Hugues, duc de Bourgogne, à la ville de Dijon, 923.

— Recueil de lettres adressées au bailli de Dijon, 808.

— Remarques historiques sur Dijon, de 1650 à 1669, 858.

— Pièces concernant Dijon, 795, 815-818, 858, 859.

— Lettre de Louis XIV relative aux fortifications de Dijon, 815.

— Sédition de 1630, Lanturelu, 858.

— Pièces sur l'hôpital de la Charité de Dijon, 816.

— Règlement contre la peste de Dijon, en 1631, 806.

— Pièces relatives aux prisons de Dijon, 836.

— Recueil de pièces relatives au parlement de Dijon, 823-835.

— Profession de foi [autogr.] des présidents et conseillers du parlement de Dijon, 802.

Dijon (Lettres adressées au parlement de), 810, 832, 833.

— Procès historiques, la plupart jugés au parlement de Dijon, 839, 840.

— Lettres d'amortissement et légitimation de la Chambre des comptes de Dijon, 796.

— Registre original des correcteurs de la Chambre des comptes de Dijon, 860.

— Liste des nobles du bailliage de Dijon, 385.

— Cahier du tiers-état du bailliage de Dijon, en 1576, 804.

— Entrées des ducs de Bourgogne à Dijon, 815.

— Mémoire sur la statue de Louis XIV érigée à Dijon, 858.

— Recueil de pièces sur la Mère-Folle de Dijon, 856.

— Pièces de vers satyriques, chansons, etc. sur divers personnages de Dijon, 856.

— Pièces relatives à la Sainte-Chapelle de Dijon, 815.

— Pièces concernant la Chartreuse de Dijon, 816.

— Inventaire des titres anciens de l'abbaye de Saint-Bénigne, par Dom Villevielle, 386 ; — Pièces concernant l'abbaye de Saint-Bénigne, 816 ; — Bibliotheca Janiniana S. Benigni Divionensis, 849.

— Réponse aux prétendus Jésuites de Dijon, 844.

— Pièces relatives à l'Université de Dijon, 815.

— Panégyrique en l'honneur du chancelier Séguier par le collège des Godrans de Dijon, 850.

— Pièces relatives à l'Académie de Dijon, 815.

— Étrennes de M. le maire de Beaune en faveur de l'Académie des sciences de Dijon, 1741, 856 ; — Inventaire de la bibliothèque de l'Académie de Dijon, par M. Goujet, 856.

— Noei, en patois dijonnais, 1725.

Dilo (Pièces concernant), 791.

Diplomata, chartæ, etc. Voy. Bréqui-

gny, Jacquier, Rymer français, Table chronologique des diplômes.
DIPLOMES concernant l'histoire de France (Conférences littéraires pour l'examen des), 292.
DIPLOMATIQUE (Recueils de pièces sur la), 1095 ; — Notes de M. de Chevannes sur la diplomatique, 846 ; — Notes sur la diplomatique et la paléographie, 1722.
DIXMUDE (Pièces concernant), 507.
DOCTRINAL SAUVAGE (Copie du), 1727.
DÔLE (Mémoires pour servir à l'histoire de la ville de), 918 : — Recueil des plus notables délibérations du conseil de la ville, 888 ; — Pièces concernant Dôle, 791, 882.
— Capitulation accordée à la ville de Dôle, 901 ; — Franchises de Dôle, 887.
— Mémoires relatifs au parlement de Dôle, 1093 ; — Nominations des officiers du parlement de Dôle, 952, 953 ; — Lettres écrites aux rois et ministres par le parlement de Dôle, et au parlement par les rois et ministres, 901, 954-956 ; — Remontrances et pièces concernant le parlement de Dôle, 903, 957.
— Inventaires et extraits des titres de la Chambre des comptes de Dôle, 375-377 ; — Copie, 378-382 ; — Autre, 879-882 ; — Autre, 959, 960.
— Recueil de pièces relatives à l'Université de Dôle, 902.
— Titres de la collégiale de Dôle, 876.
— Industrie du bailliage de Dôle, 901.
DOLOPATHOS (Copie d'un fragment de), 1720.
DOMAINE du roi en Bourgogne, etc., 813, 814.
DOMBES (Pièces concernant les), 791.
DOMINIQUE (Pouillé des monastères de filles de l'ordre de Saint-), 786.
DONAT (Vers de Jean), 850.
DORNE (Lettres de), 774.
DOROZ, procureur général du parlement de Dôle. Lettre, 901.
DOUAI (Pièces concernant), 507.
DOUANES (Mémoire historique sur les), par Moreau, 1088.

DOUBS (Notes sur le saut du), 910.
DOYEN. Correspondance avec le Cabinet des chartes, 343.
DREUX (Acte concernant Jeanne de), 1422.
DREUX DU RADIER. Lettre sur la chevalerie, 1725.
DROIT (Règles de), 923 ; — Juris civilis Græcorum ὑπομνήματα, 847.
DROMÉNIL. Voy. Allancourt de Droménil.
DROZ. Correspondance avec le Cabinet des chartes, 291, 307, 328, 329, 330.
— Notes pour la Table chronologique des diplômes, 294.
— Collection de pièces historiques sur la Franche-Comté, recueillies par Droz, 862-905.
— Notice sur le recueil des édits publié par Droz et sur les registres du parlement de Besançon, 883.
— Mémoire de Droz sur le cartulaire de l'abbaye de Rosières, 871.
DU BELLAY. Généalogie, 796.
DU BELLAY (Lettres de Guillaume), 774.
DU BIÉ (Arrêt contre Oudart), 778.
DU BLÉ. Généalogie, 796.
DU CANGE (Lettres de), 846 ; — Notes sur des mss. d'Amiens relatifs à l'histoire de Bourgogne, 847 ; — Notes sur quelques mss. français de Saint-Martin de Tournai, 1724 ; — Extraits de divers ouvrages de Du Cange, 1096, 1733 ; —Mémoire sur les mss. de Du Cange, 1725.
DUCHESNE. Lettres relatives à la copie des registres du parlement de Paris, 344.
DUCREST. Généalogie, 797.
DUCS ET PAIRS (Arrêts contre les), en 1631-1633, 779.
DUFRESNE D'AUBIGNY. Mémoire sur les mss. de Du Cange, 1725.
DUGAY (Inventaire des papiers du feu président), 385.
DU MAILLÉ (Lettre de), 774.
DUMAY (Lettre de Paul), 846.
DUMAY (Vers de Pierre), 846, 850.
DUMAY (Dom Pierre et Laurent). Correspondance avec le Cabinet des chartes, 326.

Du Mezière (Copies de vers français tirées d'Heures de M.), 1725.
Dunand (Le P.). Correspondance avec le Cabinet des chartes, 330.
Dunkerque (Pièces concernant), 507.
Dunois (Pièces concernant le), 1047.
Du Prat (Lettre d'Antoine), 774, 1268.
Dupré de Saint-Maur (Correspondance de) relative au Cabinet des chartes, 306.
Dupuis. Généalogie, 797.
Dupuy (Mémoire des testaments, vies, éloges, lettres, dans la bibliothèque de M.), 801.
Durbuy (Pièces concernant), 507.
Du Ryer-Malezair (Etat de l'empire du Grand Seigneur, par M.), 842.
Du Saussay (Épitaphe de Mme), par Pacart, 850.
Duséjour (Lettre de Dionis), 1797.
Du Tillet (Lettres de), 833.
Du Val (Gaubert). Inventarium bonorum archiepiscopi Arelatensis [Gaubert du Val] (1348), 1265.

E

Ecclésiastique (Pièces relatives à l'histoire), 767 ; — Recueil de pièces sur diverses matières ecclésiastiques, 843-845.
Écosse (Copies de lettres relatives aux affaires d'Angleterre et d'), en 1548-1561, 847.
Effiat (Maréchal d'), ambassadeur en Angleterre. Lettres au roi et au cardinal de Richelieu, 851.
Effiat de Cinq-Mars (Lettre de d'), 777 ; — Exécution de Cinq-Mars, 779.
Églises grecque et latine (Pièces relatives à l'union des), 1277.
Egmont (Arrêt contre le comte d'), 779.
Elbene (Lettre d'Albisse d'), 774.
Éléonore d'Autriche (Lettre d'), 833.
Elne (Notes sur le cartulaire de la cathédrale d'), 348.
Embrun (Pouillé du diocèse d'), 782 ; — Gravamina Ebredunensi ecclesiæ per Delphinenses illata, 1274.
Empereur (Instructions pour le nonce près de l'), 1272. — Voy. Allemagne.
Enfances Ogier le Danois, 1681 ; — Glossaire, 1563.
Enghien (Pièces concernant), 507.
Entragues. Généalogie, 797.
Eon (Note sur les mss. de la chevalière d'), 1097.
Épernon (Lettre du duc d'), 833.
Épitaphes de personnages français, recueillies à Rome, 1261.
Épitre d'un amant à sa dame et d'une demoiselle à son amant (Copies de l'), 1725, 1726.
Érasme (Copie d'une lettre d') sur le collège de Navarre, 850.
Érec et Énide (Extraits du roman d') 1724.
Erre (Pièces concernant), 507.
Escale-Dieu (Pièces concernant l'abbaye de l'), 791.
Escaut (Pièces relatives aux débordements de l'), 546.
Esnans (Correspondance relative aux travaux de Courchetet d') dans les archives des Pays-Bas, 314, 330.
— Collection d'Esnans. Copies tirées des archives des Pays-Bas autrichiens, 408-624 ; — Pièces doubles de la Collection, 569-573 ; — Supplément de la Collection, 574-577 ; — Tables de la Collection, 558-561, 578 ; — Tables des Inventaires, 600-601 ; — Doubles, 623-624.
— Inventaires des archives des Pays-Bas autrichiens, 579-601, 1000-1043 ; — Copies doubles, 602-622 ; — Tables des inventaires, 600, 601, 623, 624.
Esnans. Notes sur les dépôts de Franche-Comté, 359 ; — Recueil de pièces sur la Franche-Comté, 900 ; — Col-

lection de pièces relatives à l'histoire de la Franche-Comté, 909-976.
— Recueil de pièces sur l'Université de Dôle, par Courchetet d'Esnans, 902.
— Catalogue des mss. de feu M. Courchetet d'Esnans, 314.

Ésope (Glossaire des fables d'), 1558.

Espagne. Copies de chartes de Cluny relatives à l'Espagne, 283.
— Pièces relatives à l'histoire d'Espagne, 773.
— Mémoire sur la renonciation au trône de France du roi d'Espagne, 1087.
— Cession, faite à l'infante d'Espagne, des Pays-Bas et du comté de Bourgogne, 910.

Esparros (Inventaire des titres concernant), 370.

Esseneuls (Pièces concernant), 507.

Estouteville (Pièce concernant), 1048.

Estrun-le-Feron (Pièces concernant), 458.

Étalans (Franchises d'), 888.

États. Voy. aux noms des différentes provinces.

États généraux (Collection des), 307;
— Recueil de pièces sur les États généraux, 1070, 1427.

Étienne (Dom Séb.). Correspondance avec le Cabinet des chartes, 337.

Eudemare (Lettre de Richelieu, en la Nouvelle-France, du P. Georges d'), 841.

Eugène III (Lettres de), 1231.

Eugène IV (Lettres de), 1230, 1232.

Évreux (Pouillé du diocèse d'), 786; —
Pièces concernant Évreux, 791, 793.

Eyme (Dom). Correspondance avec le Cabinet des chartes, 349.

F

Fablel de Paradis (Copie du), 1727.

Fabliaux (Catalogue alphabétique des), copiés pour Sainte-Palaye, 1564; — Glossaire de plusieurs fabliaux du ms. de M. de Paulmy, 1559; — Copies de fabliaux du ms. 354 de Berne, 1720; — Fabliaux à la suite des Congés de Jean Bodel, copies, 1728.

Fagnolles, près Marienbourg (Pièces concernant), 508.

Failloel (Pièces concernant), 508.

Faix (Pièces concernant la forêt de), 508.

Falaise (Pièces concernant), 1047.

Falconet (De). Omissions, corrections, etc., à la *Bibliothèque de la France*, du P. Lelong, 847.

Fallerans (Franchises de), 888.

Falmignol (Pièces concernant), 458.

Faucogney (Mémoire succinct de), 901; — Franchises de Faucogney, 888.

Fauquemont (Pièces concernant), 508.

Faure. Généalogie, 797.

Fauverge. Généalogie, 797.

Faverney (Pièces concernant l'abbaye de), 871.

Faverolle. Généalogie, 797.

Fécamp (Chartes de l'abbaye de), copiées par Dom J. Le Noir, 341.

Felton (Billet de Jean), 779.

Fermes des Pays-Bas (Baux des), 426.

Ferrare (Lettre de Giovanni Salviati, cardinal de), 774.

Ferrari (Lettre de Fr.-Bernardino), 846.

Fescheux. Correspondance avec le Cabinet des chartes, 320, 321; — Inventaires du Trésor des chartes de Pau, 368-374.

Fesnes (Voyage aux Indes, du Sr de), 841.

Fêtes de Paris (Recueil de pièces sur les), 1068-1070.

Fevret de Fontette. Portefeuilles de pièces sur l'histoire de Bourgogne, etc., 734-861; — Liste des portefeuilles, 1436, 1439; — Recueil de pièces sur les États généraux et particuliers, 1427; — Lettre sur les dépôts de Bourgogne, 359; — Vers latins sur la bibliothèque de Fevret de Fontette, 816.

FINAL (Mémoires de), par Bergeron, 842.

FINANCES de la France (Recueil de pièces sur les), 781, 1088 : — Tableau du progrès des revenus et dettes du royaume (1514-1777), 1435.

FINANCES de Bourgogne (Pièces relatives aux), 837, 838.

FLANDRES (Intendance des). Correspondance avec le Cabinet des chartes, 327; — Notes sur les dépôts des Flandres, 359.

— Inventaires de la Chambre des comptes de Flandre, 589-591, 1000-1006.

— Inventaire des archives des États et du Conseil de Flandres, 597; — Inventaires des placards de Flandres, 1025, 1041, 1042.

— Table chronologique des ordonnances des comtes de Flandre, 1095; — Pièces concernant le comté de Flandre, 496, 497, 565, 1423-1426.

— Traité des Antiquités de Flandres, par Ph. Wielant, 577.

FLANDRE FLAMINGANTE (Mémoire sur la généralité de), 979.

FLANDRE GALLICANE (Mémoire sur la généralité de), 985.

FLANDRES (Copie de l'Inventaire des joyaux de Marguerite de), 1725.

FLAVIGNY (Pièces concernant), 821.

FLEURIAU D'ARMENONVILLE (Lettres de), 834, 835.

FLOBECQ (Pièces concernant la forêt de), 508.

FLORENCE (Pièces concernant), 791; — Notices de mss. de Florence, par Sainte-Palaye, 1658, 1670.

FLORIDE (Lettre du P. Claude Galiet, de la), 841.

FODÉRÉ (Jacques). Extraits relatifs à la confrérie de Saint-Georges, à Besançon, 974.

FOIRES de Paris (Pièces sur les), 1061.

FOISSY. Généalogie, 797.

FOIX ET CASTELBON (Inventaire des titres concernant), 370.

FOIX (Cardinal Pierre de). Acta legationis ad Alphonsum, Aragonum regem, 1260.

FOIX (Dessin du tombeau de Gaston de), 1567.

FOIX (Paul de). Épitaphe, par Jacques Guyon, 797.

FONCEMAGNE. Extraits et notes sur l'histoire de France, 1441-1449, 1693; — Lettres, 291, 307.

FONCINE (Franchises de), 888.

FONTAINE (Titres concernant le prieuré de), 876.

FONTAINE-L'ÉVÊQUE (Pièces concernant), 458.

FONTAINES (Pièces concernant), 821.

FONTENAY-LE-COMTE (Pièce concernant), 1048.

FONTENEAU (Dom). Correspondance avec le Cabinet des chartes, 343, 345; — Notes sur les dépôts de Poitou, 360; — Inventaire des papiers de Dom Fonteneau, 1435.

FONTENELLES, près Valenciennes (Notes sur l'abbaye de), 332; — Épitaphes de l'abbaye de Fontenelles, 333.

FONTETTE (Fevret de). Voyez Fevret de Fontette.

FORGES et fourneaux de Franche-Comté, 911; — Forges du comté de Bourgogne et du bailliage de Vesoul, 901.

FORMULAIRE d'actes de la cour de Rome, 845; — Formularii curiæ Romanæ Marini de Ebolo excerpta, 1234; — Extraits de différents formulaires du fonds Ottoboni au Vatican, 1268.

FORTIA (Lettre de M. de), 776.

FOSSA. Correspondance avec le Cabinet des chartes, 320, 321.

FOUCHERANS (Franchises de), 888.

FOUDRAS. Généalogie, 797.

FOUGEROLLES (Mémoire succinct de), 901.

FOUQUET (Pièces relatives au procès du surintendant), 779.

FOURGS (Franchises des), 888.

FOURNIER (Dom). Correspondance avec le Cabinet des chartes, 325.

Foy (Abbé de). Lettres, 291, 1567.
France (État de la), en italien, 781.
— Ordinationes regni Galliæ, 1268.
— Copie de la Vie des rois de France, ms. 113 de Berne, 1727.
— Notices de mss. relatifs à l'histoire de France conservés dans diff. bibliothèques de France, par Sainte-Palaye, etc., 1654-1657; — Copies, 1662-1669.
— Tragicum argumentum de miserabili potu regni Francie, 1260.
— Priviléges concédés par différents papes, aux rois et reines de France, 1274.
— Instructions pour les nonces en France, 1272.
— Traité de paix des Suisses avec la France, 910.
— Recueil des pièces relatives à la renonciation de Philippe V à la couronne de France, 1429.
— Index archiepiscoporum, episcoporum, decanorum, abbatum et abbatissarum Galliæ in regestis paparum sæc. XIII allegatorum (Albi-Reims), 1258.
— Pouillé des archevêchés, évêchés et abbayes de France, 782.
— Pièces sur les finances de la France, 781, 1088.
— Voyage en France, 841. — Voy. Gaules.
France (Lettre de Renée de), 774.
Francesco Saverio (Relatione d'un miracolo in Roma da S.), 844.
Franche-Comté (Histoire de), 901.
— Chronique franc-comtoise, 921, 922.
— Mémoire sur la généralité de Franche-Comté, 996; — Extraits, 999.
— Mémoire concernant la province de Franche-Comté, 903, 910.
— Recueil de documents sur la Franche-Comté, 791, 1046.
— Intendance de Franche-Comté. Correspondance avec le Cabinet des chartes, 328-330; — Chartriers de la généralité de Franche-Comté, 363.
— Notes sur les dépôts de Franche-Comté, par d'Esnans, 359.
— Collection de pièces historiques sur la Franche-Comté, recueillies par Droz, 862-905.
Franche-Comté (Collection de pièces relatives à l'histoire de la), formée par Courchetet d'Esnans, 909-976.
— Anciennes ordonnances de la province de Franche-Comté, 934-951.
— Actes relatifs aux guerres et traités de paix de Franche-Comté, 888.
— Neutralité de la Franche-Comté, 924.
— Actes relatifs aux fiefs de Franche-Comté, 888.
— Mémoire de la guerre de 1636, en Franche-Comté, 911.
— Pièces sur la conquête de la Franche-Comté, 909, 913.
— La Franche-Comté de Bourgogne au Roi, vers, 901.
— Franchises de différentes villes de Franche-Comté, 887, 888; — Limites de la Franche-Comté, 468, 914-917.
— Dissertation sur les États de Franche-Comté, 884, 1427; — Procès-verbaux, etc. des États de Franche-Comté, 885.
— Remontrances aux États de Franche-Comté, 911.
— Histoire du parlement de Franche-Comté, 902; — Extraits des registres du parlement de Franche-Comté, 900, 927-958.
— Inventaires des titres de la Chambre des comptes de Dôle, 879-882, 959, 960.
— Recueil de généalogies de la noblesse de Franche-Comté, 961-964.
— Pièces concernant la noblesse de Franche-Comté, 865, 866, 900, 901, 1043.
— Actes relatifs aux gardes d'églises et de monastères de Franche-Comté, 888.
— Mémoire pour servir à la vie des saints de Franche-Comté, 926.
— Curiosités naturelles de la Franche-Comté, 910.
— Mémoires pour servir à l'histoire des auteurs de Franche-Comté, 925.
— Voy. Bourgogne (Comté de).
Francheville, près Mézières (Pièces concernant), 508.

FRANCHISES de différentes villes de Franche-Comté, 887, 888.

FRANCISCI (Generales ordinis S.), 843.

FRANÇOIS Ier (Lettres de), 774, 778, 832, 1260; — Différends de François Ier et de Charles-Quint, 1032.

FRANÇOIS II (Lettres patentes de), 739, 802, 832, 833.

FRANÇOIS-CHARLES DE SAINT-BERNARD (Lettre du P.), relative à une édition des œuvres de Léonard Aretin, 848.

FRANÇOIS DE SALES (Copies de lettres de saint), 843.

FRÉDÉGAIRE (Extraits du ms. de la Chronique de), 308.

FREMYOT. Généalogie, 797.

FREMYOT (Lettre de), 775.

FRIBOURG (Alliance de Besançon avec), 919.

FRISE (Pièces concernant les affaires de), 585.

FRONDE (Pièces sur la), 1070.

FUMAY ET REVIN (Pièces concernant), 459-465.

FURNES (Pièces concernant), 509, 510.

G

GACE DE LA BIGNE (Copie du poème des Déduits de), 1684.

GACHON. Généalogie, 798.

GADDI (Lettres de Jacopo), 846.

GALAS. Lettre sur le siège de Saint-Jean-de-Losne, 858.

GALIET (Lettre de la Floride, du P. Claude), 841.

GAND (Inventaire des registres de l'Hôtel de ville de), 597; — Pièces concernant Gand, 570.

GARIN LE LOHERAIN (Fragment du roman de), 1725.

GARNERII (Vita), præpositi S. Stephani de Divione, 816.

GASCONS (Rôles), copies de Bréquigny, 664.

GASSENDI (Lettres de Pierre), 846.

GASTON PHÉBUS (Copie du livre de la Chasse de), 1685.

GAULES MODERNES (Lettre de Dom Lièble sur la Notice des), 291.

GAUFIIIER (Lettre du P.), de l'Oratoire, mort de la peste à Marseille, 843.

GAUTIER (Recueil de pièces concernant Théodore), 798.

GAVI (Arrêt du Parlement de Provence au sujet de la reddition de), 779.

GEMBLOUX (Pièces concernant), 510.

GENEBRARDO, archiep. Aquensis (De Gilherto), 798.

GÉNÉRALITÉS (Mémoires sur les) de la France, rédigés par les Intendants pour l'instruction du duc de Bourgogne, 977-999.

GENÈVE (Pièces concernant), 791.

GENÈVE. Généalogie, 798.

GÉOGRAPHIE (Traité de), 841.

GEORGENTHAL (Pièces concernant), 791.

GÉRARD DE ROUSSILLON (Glossaire du roman de), 1562.

GERMIGNY. Généalogie, 798.

GEROU (Dom). Correspondance avec le Cabinet des chartes, 349; — Notes sur les dépôts de l'Orléanais, 360.

GERRI, en Catalogne (Notes sur les archives de l'abbaye de), 348.

GERRIN (Dom). Correspondance avec le Cabinet des chartes, 337.

GERVAISE (Recueil de pièces concernant la Lorraine et le Barrois, formé par le président de), 1435.

GEVREY (Pièces concernant), 821.

GEX. Mémoire sur la généralité de Bourgogne, etc., 981, 982; —Extraits, 999. — Pièces concernant le pays de Gex, 821.

GIANTAN (Lettre de), 774.

GIGLI (Girolamo). Storia del re Giannino di Francia, 1732.

GINETTI (Pièces relatives à la légation à Cologne du cardinal), 1267, 1268; — Instructions du cardinal Ginetti, 1270.

TABLE ALPHABÉTIQUE

GINY (Pièces concernant), 791.
GIRARD (Relation de la mort de Baltasar), 779.
GIRONE (Pièces concernant), 791.
GIROU (Procès de M. le président), 859.
GIVET (Pièces concernant), 510.
GIVRY (Lettre de Claude, cardinal de), 774, 809.
GLANDÈVE (Pouillé du diocèse de), 786.
GLIER. Répertoire du Cabinet des chartes, 1127-1134, 1735-1794.
GOA (Lettre du P. Nicolas Motel, de), 841 ; — du P. Alain de La Bauchère, 841 ; — du P. Thomas, 842.
GODART, de Clamecy. Tables des Inventaires des archives des Pays-Bas, de Courchetet d'Esnans, 600, 601 ; — Doubles, 623, 624 ; — Lettre, 294.
GODEFROY. Correspondance avec le Cabinet des chartes, 331, 332 ; — Inventaire chronologique des archives des comtes d'Artois, à Lille, 396-403.
GODRAN (Lettres de Odinet), 833.
GOLLUT. Extraits relatifs à la confrérie de Saint-Georges, à Besançon, 974.
GONTIER (Lettre de Palamède), 809, 833 ; — Généalogie, 798.
GONZAGUE. Généalogie, 798.
GORREVOD (Inventaire des titres de la maison de), 899.
GOUJET. Inventaire de la bibliothèque de l'Académie de Dijon, 856.
GOULET (Flor.). Les pleurs et regrets sur le trépas de Mgr Christophe de Thou, 801.
GOULU (Vers de Nicolas), 850.
GOUVERNON (Arrêt contre les Srs de), 779.
GRACE. Prosper redivivus, sive de gratia universali dialogi quatuor, 844.
GRACE-DIEU (Inventaire des titres de l'abbaye de la), 874.
GRÆVIUS (Lettres de J.-G.), 846.
GRAIN. Généalogie, 798.
GRAMONT (Franchises de), 888.
GRAMONT (Lettres de Ant.-Pierre de), archev. de Besançon, 901.
GRAMMONT (Lettre de M. de), 775.
GRANDIDIER (Abbé). Correspondance avec le Cabinet des chartes, 318.

GRANDIER (Arrêt de mort contre Urbain), 779.
GRAMDMONT (Pouillé des maisons de l'ordre de), 786.
GRANDSELVE (Pièces concernant l'abbaye de), 1049.
GRANDVAUX (Franchises de), 888.
GRANGÈRES (Arrêt contre le sieur de), 779.
GRANVELLE (Analyse des mss. du cardinal de), par Dom Berthod, 906, 907.
— Documents relatifs au cardinal de Granvelle, 975, 976 ; — Lettre de Boisot à Pélisson sur l'histoire de Granvelle, 912.
— Comédie jouée à l'entrée du cardinal de Granvelle à Besançon, 903, 920.
— Catalogus mss. bibliothecæ Granvellanæ, 849.
— Généalogie, 800.
GRAPPIN (Dom). Correspondance avec le Cabinet des chartes, 329 ; — Chartes de Luxeuil, 869 ; — Mémoire sur les troubles des Pays-Bas au XVIe siècle, 906.
GRASSE (Pouillé du diocèse de), 786.
GRAVELINES (Pièces concernant), 466, 562.
GRAY (Pièces concernant les fortifications de), 882 ; — Franchises de Gray, 887 ; — Industrie du bailliage de Gray, 901.
GRÉGOIRE IX (Lettres de), 1184-1193, 1231, 1232 ; — Table des lettres, 1233, 1238-1241 ; — Lettres citées dans Rinaldi, 1259.
GRÉGOIRE X (Lettres de), 1213-1217, 1232, 1257 ; — Vita et gesta Gregorii X, 1264, 1265.
GRÉGOIRE XI (Lettres de), 1232.
GRENIER (Dom). Correspondance avec le Cabinet des chartes, 319, 326 ; — Notes sur les dépôts d'Amiens, 359 ; — sur les dépôts de Soissons, 360.
GRENOBLE (Chartriers de la généralité de), 363 ; — Pouillé du diocèse de Grenoble, 786 ; — Pièces concernant Grenoble, 791.
GREY (Inventaire des archives du gou-

vernement, au château de), 1032, 1043.

Grillet (Le P. Jean). Relation de la Guyane, 841, 842.

Grimont-sur-Poligny (Inventaire des chartes tirées du château de), 878, 879.

Grosley. Correspondance avec le Cabinet des chartes, 291, 325.

Gueldre (Pièces concernant le duché de), 494, 587, 1019.

Guénard (Chartes du chapitre de Besançon, tirées du cartulaire de), 866.

Guenebault d'Arbois. Généalogie, 798.

Guernesey (Pièces relatives à l'île de), recueillies par Bréquigny, 684.

Guerre. Voy. Approvisionnements; — Arrière-ban.

Gui (Notice du ms. Palatin des œuvres de Bernard), 1274.

Guillaume (Abbé). Testaments de l'officialité de Besançon, 865.

Guillot. Copie du Dit des rues de Paris, 1725.

Guines (Pièces relatives au comté de), 1044.

Guise (Extraits du cartulaire de), 1268.

Guise. Généalogie, 798.

Guise (Lettre de Charles de Lorraine, cardinal de), 774, 809, 833. — Voy. Lorraine.

Guiteclin de Sassoigne (Chanson de géste de), 1682; — Glossaire, 1561.

Guyane (Relation de la), par le P. Jean Grillet, 841.

Guyenne (Pièces relatives à l'histoire de), recueillies par Bréquigny, 634-663; — Rôles gascons, 664.

Guyon (Lettres de Jacques), 846; — Pauli Foxii et Fabri Pibracii tumulus, 797; — Togati heroes, vers, 850; — Généalogie, 798.

Gy (Franchises de), 888.

H

Habert de Montmaur (Vers de Henri-Louis), 850.

Haillet de Couronne. Lettre, 291.

Hainaut (Intendance de). Correspondance avec le Cabinet des chartes, 331-333.

— Inventaire des registres des États de Hainaut, 596, 1028.

— État des rentes viagères de la province de Hainaut appartenant aux sujets d'Espagne, 483.

— Mémoire sur la généralité de Hainaut, 985.

— Pièces concernant le Hainaut, 498; — Pièces concernant le conseil de Hainaut, 518.

Hallay (Relation des îles de la Martinique et de Saint-Christophe, par le P. Jean), 841.

Halles et marchés de Paris, 1061.

Hanau. Généalogie, 798.

Hanse à Paris, 1061.

Haras du comté de Bourgogne, 901.

Hardouin de Fontaine-Guérin (Copie du Trésor de vénerie de), 1685.

Hauy (Chiffre envoyé en défi au sieur), 337.

Hayances (Pièces concernant), 511.

Helinand. Vers sur la mort, 1227; — Glossaire, 1559.

Hennin. Généalogie, 798.

Henri II (Lettres de), 774, 832, 833.

Henri III (Lettres de), 809, 832.

Henri IV (Lettres de), 809, 810, 833; — Lettre du nonce à Paris sur l'assassinat de Henri IV, 1278.

Henri d'Andely (Copie de la Bataille des vins, de), 1727.

Henriette-Marie de France, reine d'Angleterre (Pièces originales relatives à la maison de), 1073, 1074.

Héricourt (Mémoire concernant), 912; — Franchises de Héricourt, 888.

HÉROUVAL ET VYON D'HÉROUVAL (Lettres de), 846.
HERSTAL (Mémoire au sujet de l'affaire de), 466.
HESSE (Lettres de Maurice, landgrave de), 775.
HILDEBERTI Cenomanensis epistolæ et sermones, 1277.
HINCMARI, archiep. Remensis, decreta, 1277.
HISTOIRE LITTÉRAIRE (Minute de l'article sur Ausone dans l'), 1096.
HISTORIENS DE FRANCE (Recueil des), 307.
HISTORIENS DES CROISADES (Recueil des), 307.
HOLLANDE (Pièces relatives à l'histoire de), 773.
— État de la persécution des catholiques en Hollande, 1260.
HOMÈRE et Virgile (Dissertation sur), 847.
HONFLEUR (Pièce concernant), 1047.
HONORIUS III (Lettres de), 1178-1183, 1231, 1232; — Table des lettres, 1236-1239; — Lettres citées dans Rinaldi, 1259.
HONORIUS IV (Lettres de), 1223, 1224, 1232; — Table des lettres, 1256.
HÔPITAL DE BEAUNE (Fondation et règles de l'), 820.
HÔPITAL DE LA CHARITÉ DE DIJON (Pièces sur l'), 816.
HOPPERUS (Analyse de lettres de), par Vandenesse, 907.
HORN (Arrêt contre le comte de), 779.
HOTELS-DIEU (Pouillé des), 786.
HOUTHULST (Pièces relatives à la forêt de), 466, 467.
HOUARD (David). Correspondance avec le Cabinet des chartes, 342; — Opuscules diplomatiques et juridiques, 308.
HOUSSEAU (Dom). Table des chartriers de Tours, 360.
HUET (Copies de lettres de Saumaise à), 816.
HULST (Pièces concernant), 511.
HUSSON, de Verdun (Catalogue des mss. de M.), 849.

I

IMPRIMERIE et librairie des Pays-Bas (Règlement de l'), 565.
INDES ORIENTALES (Relation de l'évêque de Cochim, aux), 841. — Voyage du sieur de Fesnes aux Indes, 841.
INDULGENCES (Traité sur les), en latin, 845.
INITIA des anciennes chansons françaises mss., par Sainte-Palaye, 1564.
INNOCENT II (Lettres d'), 1231.
INNOCENT III (Lettres d'), 1163-1177, 1262; — Lettres citées dans Rinaldi, 1259.
INNOCENT IV (Lettres d'), 1194-1203, 1231, 1232; — Table des lettres, 1242, 1243; — Notes de La Porte du Theil sur l'histoire d'Innocent IV, 1234; — Lettres citées dans Rinaldi, 1259.
INNOCENT V (Lettres d'), 1230; — Tables des lettres, 1252, 1257.
INNOCENT VI (Lettres d'), 1232.
INSCRIPTIONS. Testamenti veteris fragmentum, Nemausi, 847.
INTENDANTS (Mémoires sur les généralités de la France, rédigés pour l'instruction du duc de Bourgogne par les), 977-999; — Correspondance avec les Intendants pour le Cabinet des chartes, 289.
INVENTAIRES des joyaux, tapisseries, etc. des ducs de Bourgogne, 802; — de Marguerite de Flandres, 1725.
ISABELLE-CLAIRE-EUGÉNIE, infante d'Espagne. Remontrances aux États de Franche-Comté, 911.
ISENGHIEN (Pièces concernant), 557.
ITALIE (Lettres politiques et pièces relatives aux affaires d'), xviie siècle, 773, 776; — Pièces relatives à l'Italie, recueillies par Bréquigny, 636; —

Journal d'un voyage d'Italie, en 1606, 841.

ITALIE. Notices de mss. relatifs à l'histoire de France conservés dans diff. bibliothèques d'Italie, par Sainte-Palaye, 1658-1661; — Copies, 1670-1676.

ITZICH (Pièces concernant), 468.

IVOIX (Pièce concernant), 511.

IVRY-LA-BATAILLE. Computum bullarum monasterii de Yvreo pro D. Philiberto de Lorme, 844.

J

JACQUIER (Le P.), Minime. Projet d'un Rymer français, 294.

JAMETS (Pièces concernant), 511.

JAMETZ (Pièces concernant), 795.

JAMIN (Tombeau d'Amadis), 850.

JANIN (Pierre). Généalogie, 798.

JANIN. Bibliotheca Janiniana S. Benigni Divionensis, 849.

JANSÉNISME (Pièces diverses relatives au), 844.

JAQUEMARDS sur la conquête de la Franche-Comté, 909.

JAUCOURT. Généalogie, 798.

JEAN (Lettre du prêtre) à l'empereur de Constantinople, 842.

JEAN XXI (Lettres de), 1218, 1231; — Table des lettres, 1252, 1257.

JEAN XXII (Lettres de), 1230, 1232.

JEAN XXIII (Lettres de), 1230, 1274.

JEAN Ier. Storia del re Gianniuo di Francia, da G. Gigli, 1732.

JEAN DE DOUAI. Dit de la vigne, 1683.

JEAN DE JÉRUSALEM (Pouillé des grands prieurés de l'ordre de Saint-), 786; — Pièces concernant l'ordre de Saint-Jean de Jérusalem, 798; — Informationes super fructibus... ordinis S. Johannis Jerosolymitani in civitate et diocesi Arelatensi, 1273.

JEANNIN (Lettre du président), 809, 833.

EANNIN (Dom). Correspondance avec le Cabinet des chartes, 326.

JERSEY (Pièces relatives à l'Ile de), recueillies par Bréquigny, 684.

JÉRUSALEM (Voyage de) depuis Sayde, par mer, 842; — Copie de la Complainte de Jérusalem contre la cour de Rome, 1727. — Voy. Jean de Jérusalem (S.).

JÉSUITES (Pouillé des bénéfices unis aux collèges de), 786.

— d'Amérique et de Chine (Relations des), 841, 842; — Voy. Ablon, Brun, Eudemare, Galiet, Grillet, Hallay, La Bauchère, Motel, Pierron, Poicresson, Thomas, Verbiest.

— de Dijon (Réponse aux prétendus), 844.

— de Liège (Mss. de M. Motman, donnés au cardinal de Bouillon par les), 849.

— de Lyon. Mss. collegii Lugdunensis Societatis Jesu, 849.

JOB (Paraphrase rimée du livre de), 1681; — Glossaire, 1561.

JOINGUES (Pièces concernant), 468.

JOINVILLE (Pièces concernant), 1049.

JOLY. Correspondance avec le Cabinet des chartes, 323, 336.

JOLY (Testament de Claude), 798.

JOLY (Georges), baron de Blaisy. Généalogie, 798.

JOLY (Pierre de). Généalogie, 798.

JOLY DE FLEURY. Correspondance avec Pitorre, au sujet des archives du parlement de Paris, 344.

JONVELLE (Franchises de), 887.

JOSEPH DU TREMBLAY (Lettre du P.), 777.

JOURNAL DE TRÉVOUX (Répertoire du), 1653.

JOURNAL DE VERDUN (Répertoire du), 1653.

JOURSANVAULT (Baron de). Lettre, 291.

JOYAUX (Inventaires des) des ducs de Bourgogne, 802; — de Marguerite de Flandres, 1725.

JUGEMENT (Glossaire des Quinze signes du), 1559.

Juifs d'Avignon (Consultation légale pour les), 1278.
Julien. Généalogie, 798.
Jumet (Pièces concernant), 468, 511.
Juris civilis Græcorum ὑπομνήματα, 847.

Jussey (Industrie de la subdélégation de), 901.
Justiniani imp. privilegium pro Titionum familia, 847.

K

Kirch (Lettres d'Adelbert von), maire de Bâle, 777.

L

La Bauchère (Lettre de Goa, du P. Alain de), 841.
La Baume (Inventaire des titres de la maison de), 899.
La Baume (Lettre du cardinal Claude de), 809, 833.
Labbat (Dom). Minute de l'index du tome I des Diplomata, 1433 ; — Lettres, 291, 307, 1434. — Voy. Conciles de France.
Labbé (D^{lles}). Notice sur la collection des demoiselles Labbé, à Bourges, 359.
La Berchère (Le Goux de). Généalogie, 798.
La Bigne (Copie du poème des Déduits de Gace de), 1684.
La Briffe. Généalogie, 796.
Laceron (Pièces relatives à Dom), 349.
La Chambre (Inventaire des titres de la maison de), 899.
La Chapelle (Franchises de), 888.
La Charité (Inventaire des archives de l'abbaye de), 873.
La Chaux-Neuve (Franchises de), 888.
La Clayette (Copies de mss. du marquis de), 1715-1719.
La Cluse (Franchises de), 888.
La Creste, près Andelot (Pièces concernant l'abbaye de), 791.
La Curne de Sainte-Palaye. Voy. Sainte-Palaye.
La Doye (Papeterie de), 901.

La Ferté (Pièces concernant), 821.
La Garde (Procès du baron de), 778.
La Garde. Généalogie, 798.
La Guiche. Généalogie, 796.
Lallemant. Généalogie, 798.
La Magdeleine. Généalogie, 798.
La Marche. Généalogie, 798.
La Mare (Recueil de lettres adressées à Philibert de), 846, 847 ; — Catalogue de sa collection de pièces historiques, 1439 ; — Apparatus ad editionem operum Leonardi Bruni Aretini, 847, 848. — Voy. Fevret de Fontette (Portefeuilles de).
Lambert de Barive. Correspondance avec le Cabinet des chartes, 338, 339 ; — Copies de chartes de Cluny, 283.
La Mirandole (Mémoires de), par Bergeron, 842.
Lamoignon. Généalogie, 798.
La Motte (Pièces concernant), 468.
La Motte, sur le lac Champelain (Lettre du P. Jean Pierron, de), 842.
La Motte-au-Groyng (Lettre de), 774.
Lamprias. Πίναξ τῶν λόγων τοῦ Πλουτάρχου, 849.
Lancelot du Lac (Extraits de), 1694.
Langermann (Lettres de Lucas), 846.
Langlet (Table alphabétique du Glossaire de l'abbé) sur le Roman de la Rose, 1558.
Langres (Pièces concernant), 792 ; —

Pouillé du diocèse de Langres, 787; — Procès pour cause d'impuissance devant l'officialité de Langres, 856.

LANGUEDOC (Intendance de). Correspondance avec le Cabinet des chartes, 334; — Chartriers de la généralité de Languedoc, 363; — Pièces relatives au Languedoc, recueillies par Bréquigny, 684; — Mémoire sur la généralité de Languedoc, 986; — Procès-verbal des États de Languedoc, en 1422, 1278.

LANGUET. Généalogie, 798.

LANGUET DE GERGY (Mémoire pour M.), sur les droits de lotz et ventes, 1094.

LANNION (Pièce concernant), 1048.

LA NOUE (Lettres de), 775.

LANTHENANS (Titres concernant le prieuré de), 868, 876.

LANTIN (Lettres de J.-B.), 846.

LAON (Pouillé du diocèse de), 787.

LA PALUD (Inventaire des titres de la maison de), 899; — Généalogie, 800.

LA PEYRÈRE (Is. de). Exercitatio de Præadamitis, 845; — Lettres, 846.

LA PORTE DU THEIL (Correspondance, notes, etc., relatives aux travaux de), à Rome, 316, 1795; — Copies des registres des papes, 1163-1259; — Notices et extraits de mss. de Rome, 1260-1278; — Notices des pièces copiées à Rome, 1277, 1279-1281; — Notes relatives à l'histoire du pape Innocent IV, 1235; — Notes pour la Table chronologique des Diplômes, 294.

LA RIVIÈRE (Franchises de), 888.

LA RIVIÈRE. Généalogie, 800.

LA ROCHAFERMA (Lettre de), 774.

LA ROCHEFOUCAULD. Généalogie, 800.

LA ROCHEFOUCAULD. (Mémoire pour le cardinal de), au sujet des bois francs de Blanzy, 1729; — Évocation pour le cardinal de La Rochefoucauld, 779.

LA ROCHEFOUCAULD (Notice des anciens mss. français du duc de), 1724.

LA ROCHELLE (Mémoire sur la généralité de), 995; — Chartriers de la généralité de La Rochelle, 363; — Pièces concernant La Rochelle, 511; —

Pouillé du diocèse de La Rochelle, 788; — Quæstiones quodlibeticæ huic tempori accommodatæ ...dedicatæ cardinali de Richelieu, 1096.

LA ROCHETTE (Pièces concernant), 468.

LA ROE (Pouillé de l'abbaye de), 782.

LA ROQUE (Extraits de de), 1733.

LA SALLE (Baudinot de). Généalogie, 796.

LASCARIS. Généalogie, 798.

LA TOUR. Généalogie, 801.

LA TOUR, duc de Bouillon (Lettres de Henri de), 775.

LATOUR (Dom). Nomenclature des chartriers de l'élection de Mauriac, 1435.

LA TRÉMOÏLLE. Généalogie, 801.

LAUBE. Généalogie, 798.

L'AUBESPINE (Lettre de M. de), 774.

LAUD (Relation de la mort de W.), archevêque de Cantorbéry, 779.

LAURAGAIS (Pièces concernant), 792.

LAUSANNE (Recueil de pièces relatives à l'évêché de), 904, 905.

LAUTREC (Inventaire des titres concernant), 370.

LAVALLIÈRE (Lettre du duc de), 291.

LAVAUD (Lettres de Testaud du Bois de), 1567.

LAVAUR (Pièces concernant), 792; — Pouillé du diocèse de Lavaur, 787.

LA VRILLIÈRE (Lettres de M. de), 833, 834, 835.

LAW (Lettres de), 834.

LAZARE (Lettre à l'abbé Papillon sur les reliques de saint), 859.

LEBOUCQ, doyen de Saint-André de Chartres. Correspondance avec le Cabinet des chartes, 291, 343.

LE BOURGEOIS D'ORIGNY. Généalogie, 796.

LE BRUN DE CHAMPIGNOL. Généalogie, 796.

LECKZINSKY (Stances sur la promotion à l'ordre du Saint-Esprit du roi Stanislas, et sur le mariage de sa fille avec Louis XV, 850.

LECLERC (Vers de Nicolas), 850.

LE CLERC DE BOURON (Dom). Correspondance avec le Cabinet des chartes, 342.

L'Écluse (Pièces concernant), 511.
Le Coigneu (Abbé). Notes diverses, 308.
Le Compasseur. Généalogie, 797.
Lectoure (Pouillé du diocèse de), 787; — Inventaire des titres d'Armagnac, conservés au château de Lectoure, 374.
Léger (S.). Voy. Leodegarius (S.).
Le Goux de La Berchère. Généalogie, 798.
Le Grand (Abbé). Observations sur le Recueil des historiens de France, 307.
Le Havre. Lettre de Charles IX relative à l'occupation du Havre et de Dieppe par les Anglais, 809.
Le Jau (Procès-verbal de M.) au sujet du duc de Nevers, 779.
Le Laboureur (Extraits du Traité de la Pairie de), 1734; — Extraits relatifs au cardinal de Granvelle, 976.
Lelong (Omissions, corrections, etc., à la *Bibliothèque de la France* du P.), par M. de Falconet, 847.
Le Maire (Dom). Correspondance avec le Cabinet des chartes, 347.
Le Mans (Pièces concernant), 792; — Pouillé de l'abbaye de la Couture, 787.
Le Moyne Gasneays (Lettre de), 775.
Lendit (Pièces sur le), 1061.
Le Noir (Dom J.). Correspondance avec le Cabinet des chartes, 291, 307, 342, 343; — Notes sur les dépôts de Normandie, 360; — Chartes de l'abbaye de Fécamp, 341; — Sommaire des titres de la Chambre des comptes de Paris concernant la Normandie, 341.
Lens (Pièces concernant), 511.
Leodegarius (S.). Epistola ad genitricem suam post obitum germani sui Guayreni, 845.
Léon (Pouillé du diocèse de), 787.
Le Peletier des Forts (Lettres de), 834.
Le Pertuois, en Champagne (Pièces concernant), 792.
Le Petit (J.-F.). Grammatica hebraïca, 847.
Le Prieur. Voy. Passionei (Cardinal).

Le Puy (Pouillé du diocèse de), 785, 788; — Pièces concernant le Puy, 793.
Lérins (Pièces concernant l'abbaye de Saint-Honorat de), 791.
Le Roi (Adenet). Voy. Adenet Le Roi.
Lescars (Pouillé du diocèse de), 787.
Les Planches (Franchises de), 888.
L'Estrade. Généalogie, 797.
Le Tourneur. Vers sur un portrait de M. de Sacy, 801.
Levant (Journal du second voyage en), du Sr Des Hayes, 841.
L'Hospital. Généalogie, 798.
L'Hospital (Lettres du chancelier), 833.
Librairie (Règlement de l'imprimerie et) des Pays-Bas, 565.
Liéble (Lettre de Dom), 291.
Liège (Chemin de Sedan à), 428; — Droits des ducs de Brabant sur Liège, 585; — Pièces concernant Liège, 511, 1047; — Mss. de M. Motman donnés au cardinal de Bouillon, par les Jésuites de Liège, 849.
Lieu-Croissant (Inventaire des titres de l'abbaye de), 874.
Ligny (Pièces concernant), 511.
Ligue (Recueil de copies de pièces en prose et en vers sur l'histoire de la), 852-855, 1070.
— (Pièces relatives aux affaires de la), en Bourgogne, 805, 808, 857, 858.
Lihons en-Santerre (Pouillé du prieuré de), 782.
Lille (Chartriers de la généralité de), 363; — Inventaires de la Chambre des comptes de Lille, 1014-1018, 1043; — Extraits des mêmes registres, 1044; — Liste des maîtres extraordinaires de la Chambre des comptes de Lille, 577; — Pièces concernant Lille, 512, 513.
Limbourg (Pièces concernant le), 499.
Limoges (Mémoire sur la généralité de), 993; — Intendance de Limoges. Correspondance avec le Cabinet des chartes, 335, 336; — Chartriers de la généralité de Limoges, 363; — Notes sur les dépôts de Limoges, par Dom Col, 359; — Pouillé du diocèse de Limoges, 785, 787; —

17

Notes sur le cartulaire de l'église Saint-Étienne, 336; — Pièces concernant Limoges, 792.

LIMOUSIN (Inventaires de titres concernant le), 370, 373; — Pièces relatives au Limousin, recueillies par Bréquigny, 684; — Revenu de la vicomté de Limousin, 385.

LIONNE (Lettre d'Artus de), 777.

LISIEUX (Pouillé du diocèse de), 787.

LOCHES (Acte concernant N.-D. de), 1422.

LODÈVE (Pouillé du diocèse de), 787.

LOISY (De). Histoire des chevaliers de Saint-Georges, à Besançon, 974.

LOMBEZ (Pouillé du diocèse de), 787.

LONDRES (Mission de Bréquigny à). Voy. Bréquigny.

LONGJUMEAU (Pièces concernant), 821.

LONGUAY (Pièces concernant l'abbaye de), 792.

LONGUEVILLE (Lettres de M. de), 777; — Copie d'une lettre de Mme de Longueville, 847.

LONGUEVILLE. Généalogie, 798.

LONGWY (Lettre de Françoise de), 774.

LONS-LE-SAULNIER (Inventaire des titres de l'abbaye de), 874; — Franchises de Lons-le-Saulnier, 887; — Salines, 1094; — Industrie du bailliage, 901.

Loo (Pièces concernant), 468, 513.

LOREDANO (Che la donna sia più fedele all' huomo, e vice-versa, del Sr Gio-Francesco), 850.

LORRAINE (Intendance de) Correspondance avec le Cabinet des chartes, 337; — Inventaire des titres du duché de Lorraine, 404; — Mémoire sur la généralité, 987.

— Notice des mss. de Chantereau-Le Fèvre touchant les droits du roi sur le duché de Lorraine, 1095.

— Fragment d'un recueil de copies d'ordonnances des ducs de Lorraine, 1435.

— Mémoire sur les États de Lorraine, 1427.

— Limites de la Franche-Comté et de la Lorraine, 917.

— Pièces concernant la Lorraine, 493, 1032, 1435; — Ducs et duché de Lorraine, 798; — Recueil sur la noblesse de Lorraine, 1031.

LORRAINE (Lettres du cardinal Charles de), 774, 809, 833.

LORRAINE (Lettre de Claude de), 777, 833.

LORRAINE (Lettres de François de), 833.

LORRAINE (Lettre de Henri de), 809, 833.

LOUDUN (Possession des Ursulines de), 779.

LOUHANS (Pièces concernant), 821.

Louis VII (Lettres adressées au roi), 1260.

Louis XII (Lettres de), 774, 810, 822.

Louis XIII (Lettres de), 775-777, 833; — Lettre du P. Cotton sur le caractère de Louis XIII, 1278.

Louis XIV (Lettres de), 777, 815, 833; — Mémoire sur la statue de Louis XIV érigée à Dijon, 858.

Louis XV (Lettres de), 835; — Mémoire sur la renonciation du roi d'Espagne, au trône de France 1087.

LOUVAIN (Pièces concernant), 513; — Privilèges de Louvain, 585.

LOUVETERIES (Chasses et) de Bourgogne, 797.

LOUVOIS (Mémoires et lettres de) sur la conquête de la Franche-Comté, 909.

LOUZOUX, près Clermont (Pièces concernant), 792.

LUCIDAIRE (Copie du), en vers, 1728; — Glossaire, 1559.

LURE (Mémoire sur la ville et l'abbaye de), 910, 911; — Inventaire des titres de l'abbaye de Lure, 874; — Mémoire succinct de Lure, 901; — Industrie et mines du bailliage, 901.

LUSY. Généalogie, 798.

Lux (Pièces concernant), 821.

LUXEMBOURG (Chartes de), 493-501; — Pièces concernant le Luxembourg, 500, 501, 586, 792, 1021; — Inventaire de titres relatifs au Luxembourg, 1038; — Dénombrement de la province de Luxembourg, 499; — Limites de la France et du Luxembourg, 468.

LUXEMBOURG (Lettres de la princesse de), 774.

LUXEUIL (Mémoire succinct de), 901 ; — Chartes, recueillies par Dom Grappin, 869 ; — Franchises de Luxeuil, 888 ; — Droits de l'abbé sur Montureux-sur-Saône, 917 ; — Notes sur les bains de Luxeuil, 910.

LYON (Intendance). Correspondance avec le Cabinet des chartes, 338, 339 ; — Chartriers de la généralité de Lyon, 363 ; — Notices sur les archives de Lyon, 343, 359 ; — Pièces concernant Lyon et le Lyonnais, 792 ; — Généalogies, 798 ; — Pouillé du diocèse de Lyon, 787 ; — Mss. collegii Lugdunensis Societatis Jesu, 849 ; — Procédures contre les Pauvres de Lyon, 1274.

M

MABILLON (Lettres de), 846.

MACHABÉES (Copie de la traduction des deux livres des), 1690.

MACHAUT (Glossaire des poésies de Guillaume de), 1562.

MAC-MAHON. Généalogie, 798.

MACON (Pièces concernant), 821, 822, 1047.

MADAGASCAR (Voyage de la « Mazarine » à), 842.

MADRID (Voyage de Paris à), 841 ; — Pièces concernant l'hôpital de Saint-Louis, 793.

MAËSTRICHT (Discours de l'origine de), 568 ; — Inventaire des archives de Maëstricht, 596.

MAGIUS (Description des tableaux en miniatures qui représentent le voyage de Charles), 847.

MAGNIEN. Généalogie, 798.

MAILLEZAIS (Pouillé du diocèse de), 787, 788 ; — Pièces concernant Maillezais, 792.

MAILLY. Généalogie, 796.

MAILLY (Lettres de Louis de), 846.

MAINE (Mémoire sur la généralité de Tours, Anjou et), 998 ; — Pièces relatives au Maine, recueillies par Bréquigny, 684.

MAIRE DE SAINTE-FAULLE. Généalogie, 798.

MAJORITÉ DES ROIS (Ordonnance de Charles V sur la), 1044.

MALADRERIES (Pouillé des), 786.

MALESHERBES (Lettre de), 1797.

MALTE (Pièces relatives à l'ordre de), 798.

MANTES (Pièce concernant), 1047.

MANTOUE. Généalogie, 798.

MANTOUE (Lettre de Marie, duchesse de), 776.

MANUEL COMNÈNE (Lettre de l'empereur) au pape, 1277.

MARAUGUES (Pièces concernant), 513.

MARCHANT. Généalogie, 798.

MARCIGNY (Pièces concernant), 822.

MARCOUSSIS. Fundatio monasterii Cælestinorum de Marcossiaco, 1260.

MARESCHAL (Dom). Correspondance avec le Cabinet des chartes, 325.

MARGUERITE DE FLANDRES (Copie de l'inventaire des joyaux de), 1725.

MARIDAT (Lettre de M.) relative à une édition des œuvres de Léonard Arétin, 847 ; — Mémoire des mss. de M. Maridat, 849.

MARIE. Prières et saluts de Notre-Dame, 1683.

MARIE DE FRANCE. Fables, 1683.

MARIE DE SAINT-GEORGE. Correspondance avec le Cabinet des chartes, 291, 322.

MARIE DES VALLÉES (Lettre sur), 793.

MARIENBOURG (Pièces concernant), 513.

MARIMONT (Pièces concernant), 513.

MARINI DE EBOLO formularii curiæ Romanæ excerpta, 1234.

MARMANDE (Anciennes coutumes de), 340.

MARMOUTIER (Pouillé de l'abbaye de), 787, 789, 1095 ; — Chartes royales, 349.

MARNAY (Franchises de), 888.

MARNES (Pouillé de l'abbaye de Saint-Jouin de), 782.

Marsan (Inventaire des titres concernant), 370.
Marseille (Pouillé de la cathédrale de), 787; — Pièces concernant l'abbaye de Saint-Victor de Marseille, 793; — Lettre du P. Gauthier, de l'Oratoire, mort de la peste à Marseille, 843.
Martin IV (Lettres de), 1221, 1222, 1232; — Table des lettres, 1233, 1254, 1255.
Martin V (Lettres de), 1268, 1274.
Martin (Dom). Correspondance avec le Cabinet des chartes, 322.
Martinique (Relation de la), par le P. Jean Hallay, 841.
Marville (Pièces concernant), 514.
Marye. Généalogie, 798.
Massol. Généalogie, 798.
Mathay (Franchises de), 888.
Mathématiques (Liste d'instruments et de livres de), 849.
Mathurins (Pouillé des monastères de l'ordre des), 787.
Matthieu. Généalogie, 798.
Maubeuge (Pièces concernant), 513.
Maugard. Correspondance avec le Cabinet des chartes, 350.
Maulde (Pièces concernant), 513.
Maurepas (Lettres de M. de), 835.
Mauriac (Nomenclature des chartriers de l'élection de), par Dom Latour, 1435; — État des pièces tirées de l'abbaye de Mauriac, 1435; — Extraits du cartulaire de l'abbaye de Mauriac, 347.
Maximilien (Lettres de l'empereur) au sujet de la neutralité de la Bourgogne, 924.
Mayenne (Duc de). Voy. Lorraine (Henri de).
Mazarin. Généalogie, 799.
Mazarin (Lettre de), duc de Réthel, 776.
Mazaugues (Lettre de Thomassin de), 846.
Meaux (Pouillé du diocèse de), 787.
Médicis. Généalogie, 799.
Médicis (Lettres de Catherine de), 774, 777, 832, 833.
Médicis (Lettres de Marie de), 775-777.
Melun (Pièce concernant), 1047.

Ménage (Lettres de), 846.
Mende (Pouillé du diocèse de), 787.
Ménil-Saint-Blaise (Pièces concernant), 456, 513.
Menin (Pièces concernant), 514-516.
Menthon. Généalogie, 799.
Mercier de Saint-Léger. Correspondance avec le Cabinet des chartes, 330.
Mercure de France (Répertoire du), 1653.
Merey. Généalogie, 799.
Merle. Généalogie, 799.
Merle (Dom). Lettres, 291, 307.
Mérovingiens. Acta historiæ regum Francorum primæ stirpis, 1095.
Merville (Pièces concernant), 468.
Meslé. Extraits des rouleaux du parlement de Paris, 1075-1086.
Metz (Chartriers de la généralité de), 303; — Pouillé du diocèse, 787; — Pièces concernant Metz, 513, 792; — Nomina sanctimonialium S. Mariæ Metensis, 1260. — Voy. Trois-Évêchés.
Mézières (Pièces concernant), 795.
Michel (Pièces sur l'ordre de Saint-), 799.
Michiele (I biasmi d'amore, discorso di Pietro), 850.
Micy (Pièces concernant Saint-Mesmin de), 792.
Mierlo (Pièces concernant), 517.
Migette (Inventaire des titres de l'abbaye de), 874.
Milan (Notices de mss. de), par Sainte-Palaye, 1658, 1670; — Dessin du tombeau de Gaston de Foix, à Sainte-Marthe de Milan, 1567.
Millotet. Mémoires pour l'histoire de Bourgogne pendant la Ligue, 858.
Millotet Généalogie, 799.
Milly. Généalogie, 799.
Mimeure. Généalogie, 799.
Mines de Château-Lambert (Articles pour les), 917.
Minimus (J.-F.). Grammatica hebraïca, 847.
Mirepoix (Pouillé du diocèse de), 787.
Mirlonvaux (Pièces concernant la forêt de), 469, 470.

Miromesnil (Hue de). Correspondance avec le Cabinet des chartes, 291.
Miserere du reclus de Moliens, 1682.
Modène (Notices de mss. de), par Sainte-Palaye, 1658, 1670.
Modus (Copie du livre du roi) et de la reine Racio, 1684.
Moland. Généalogie, 799.
Molesmes (Pièces concernant), 822.
Moliens (Miserere du reclus de), 1682.
Monaco (Mémoires de), par Bergeron, 842.
Moncels (Pièces concernant l'abbaye de), 792.
Monnaies (Pièces sur les), à Paris, 1061.
Monnaies de Flandres et des Pays-Bas (Pièces relatives aux), 473-477, 589, 1025; — Confirmation du privilège de battre monnaie accordé à l'archevêque de Besançon, 972.
Mons (Inventaire des archives de), 596, 1028; — Pièces concernant Mons, 518.
Mont (Franchises de), 888.
Mont-d'Or (Note sur le), 910.
Mont-Saint-Jean. Généalogie, 796.
Mont-Saint-Michel (Acte concernant le), 1422.
Mont-Sainte-Marie (Cartulaire et inventaire des titres de l'abbaye du), 872.
Montagu. Généalogie, 799.
Montauban (Mémoire sur la généralité de), 988; — Correspondance avec le Cabinet des chartes, 340; — Chartriers de la généralité, 313; — Notes sur les dépôts de Montauban, 359; — Pouillé du diocèse, 787.
Montbard (Pièces concernant), 814, 822.
Montbéliard (Pièces concernant), 518, 792, 903, 912; — Franchises de Montbéliard, 887.
Montbenoit (Inventaire des titres de l'abbaye de), 874.
Montchal, archiep. Tholos. (Catalogus mss. bibliothecæ Caroli de), 849.
Montconis. Généalogie, 799.
Montcoups. Généalogie, 799.
Montdoré (Vers de Pierre), 850.

Montfaucon (Cartulaire de la seigneurie de), 891.
Montfaucon-en-Argonne (Note sur les archives de la collégiale de), par l'abbé Derosne, 350, 407.
Montferrant (Acte concernant Bérard de), 1422.
Monfort (Pièces concernant), 518.
Montholon. Généalogie, 799.
Montier-en-Der (Pièces concernant), 327, 791.
Montigny (Inventaire des titres de l'abbaye de), 874.
Montmahoux (Franchises de), 888.
Montmaur (Vers de Henri-Louis Habert de), 850.
Montmédy (Pièces concernant), 518.
Montmorency (Lettres de), 774, 809, 833.
Montmorency (Relation de la mort à Toulouse du duc de), 779.
Montmorot (Franchises de), 887; — Salines de Montmorot, 1094.
Montpellier (Pouillé du diocèse de), 787; — Pièces concernant l'hôpital du Saint-Esprit, 791.
Montpensier. Généalogie, 799.
Montreuil (Mémoire sur un ms. de Jean de), 1096.
Montureux-sur-Saone (Droits de l'abbé de Luxeuil sur), 914-917.
Moreau. Correspondance relative au travail des chartes, 291, 295-297, 309, 1432; — Registre de la correspondance, 352-355; — Supplément, 1097.
— Travail avec le ministre, 290.
— Progrès des travaux littéraires en 1787, 1097.
— Lettres de Moreau, 1434.
— Mémoires historiques sur les parlements et les secrétaires d'État, 1090; — Mémoire sur le dixième, 1088.
— Mémoire historique sur les douanes, 1088.
— Catalogues des différentes collections qui composent les Dépôts des chartes et de législation, 1439, 1440.
Moreau (Dom). Généalogie, 799.
Moreau (Pierre). Journal du voyage du général Van Goch au Brésil, 841.

MOREAU DUFOURNEAU. Note sur la Table de la Bibliothèque de législation, 1097; — Table de la Bibliothèque de législation, 1386-1421.

MOREAU DE MAUTOUR. Description des anciens monuments de Citeaux, 859.

MORELET (Jean). Bellum Sequanicum, avec la réponse de C. E. B., 913.

MORILLON (Analyse des mémoires de Maximilien), par Vandenesse. 907.

MORIMOND (Pièces concernant), 822.

MORIN (Abrégé du procès de Simon), 779.

MORLAIX (Pièces concernant), 795.

MORTAIGNE (Pièces concernant), 471.

MORTEAU (Inventaire des titres du prieuré de), 876; — Franchises de Morteau, 888.

MORUS (Procès de Thomas), 778.

MOTEL (Lettre de Chine, du P. Claude), 841.

MOTEL (Lettre de Goa, du P. Nicolas), 847.

MOTMAN (Extrait du catalogue des mss. de M.), 849.

MOUCHET. Copies d'anciens mss. français, annotées par La Curne de Sainte-Palaye, 1677-1734; — Notes historiques et philologiques, 1722-1726; — Catalogue des mss. de Sainte-Palaye prêtés à Mouchet, 1439.

MOULINS (Chartriers de la généralité de), 363; — Inventaire des chartriers de La Voûte, 340.

MOURMAL (Pièces concernant la forêt de), 471.

MOUTHE (Franchises de), 888.

MOY DE LA MEILLERAIE (Lettres de), 774.

MULEY (Dom). Correspondance avec le Cabinet des chartes, 348.

MUNDE (Pièces concernant), 519.

MUNEAU (Pièces concernant), 519.

MUSIQUE. Auctores de musica, e mss. bibl. Vaticanæ, 849.

MUTTE, doyen de Cambrai. Correspondance avec le Cabinet des chartes, 327.

N

NAGUT. Généalogie, 799.

NAMUR (Inventaires des archives de), 598, 1029, 1030. — Pièces concernant Namur, 501.

NANCY (Chartriers de la généralité de), 364; — Mémoires relatifs à la cour souveraine de Nancy, 1093.

NANT (Franchises de), 888.

NANTES (Pouillé du diocèse de), 787; — Pièces concernant Nantes, 795; — Pièces concernant la chambre criminelle de Nantes, 779.

NANTUA (Pièces concernant), 822.

NAPLES (Pièces concernant), 792; — Notices de mss. de Naples, par Sainte-Palaye, 1658, 1670.

NARBONNE (Pouillé du diocèse de), 787; — Pièces concernant Narbonne, 795; — Consilium 105 super quodam negocio per R. P. D. Franciscum, Narbonensem archiep., dato, 1262;

— Sur la primatie de l'archevêque de Bourges, 1262.

NASSAU (Avertissement du duc de) à l'ambassadeur de l'Empereur, 799.

NASSAU (Lettres d'Ernest-Casimir, comte de), 775.

NASSOIGNE (Pièces concernant), 472, 519.

NAVARRE (Mémoire sur la généralité de Béarn et Basse), 979; — Inventaire des titres concernant la Navarre), 370; — Notes sur les dépôts de Navarre, 359; — Pièces concernant la Navarre, 792.

NAVARRE (Lettres de Marguerite de), 833.

NEBOUSAN (Inventaire des titres concernant), 370.

NÉLIS (Lettres de l'abbé de), 314.

NÉRAC (Inventaire des titres d'Albret conservés au château de), 371.

Nero (Orazione in lode di Agostino del), di Francesco Nori, 847.
Neublans (Franchises de), 887.
Neufchatel (Suisse). Mémoires et pièces diverses sur la mouvance du comté de Neufchâtel, mss. et impr., 313.
Neuchatel-en-Comté (Cartulaire de la maison de), 898 ; — Inventaire des titres de la maison de Neuchâtel-en-Comté, 899 ; — Franchises de Neufchâtel-en-Comté, 888 ; — Mémoire concernant la souveraineté de Neufchâtel, 912.
Nevers (Généalogie des comtes de), 797.
Nevers (Lettre du duc de), 776 ; — Procès-verbal de M. Le Jau, au sujet du duc de Nevers, 779.
Nicolas Ier (Lettres de), 1231 ; — Index et notices des lettres, 1260.
Nicolas III (Lettres de), 1219, 1220, 1232 ; — Table des lettres, 1233, 1253.
Nicolas IV (Lettres de), 1225, 1226, 1232 ; — Table des lettres, 1233.
Nicolas V (Lettres de), 1230.
Nicolas. Imitation du dialogue d'Alcante et de Pégase, de Pélisson et du sonnet de Molière, sur la conquête de la Franche-Comté, 909.
Nicolas, d'Amiens (Notice du ms. du Vatican de la Chronique de), 1277.
Nicolay, d'Arles. Correspondance avec le Cabinet des chartes, 327.
Niellus (Ludovicus), S. J. De magnanimitate civili, oratio, 845.
Nieppe (Pièces concernant la forêt de), 468, 520.
Nieuport (Inventaire des registres de l'Hôtel de ville de), 599, 1043 ; — Pièces concernant Nieuport, 520.
Nilly (Pièces concernant), 520.
Nimègue (Documents relatifs à la paix de), recueillis par Bréquigny, 727-732.
Nimes (Pouillé du diocèse de), 787 ; — Testamenti veteris fragmentum, Nemausi, 847.
Nittel (Pièces concernant), 472.

Nivelles (Pièces concernant), 520.
Noblesse. Recueil alphabétique de généalogies, la plupart relatives à la province de Bourgogne, 796-801.
— de Franche Comté, 961-964, 1043.
— Lettres de noblesse des Pays-Bas, 562-567, 577, 1020.
Noire (Franchises de), 887.
Nori (Francesco). Orazione in lode di Agostino del Nero, 847.
Normandie (Intendance de). Correspondance avec le Cabinet des chartes, 341, 342.
— Sommaire des titres de la Chambre des comptes de Paris, concernant la Normandie, par Dom Le Noir, 341.
— Note sur les dépôts de Normandie, par Dom Le Noir, 360 ; — Histoire de Normandie, par Dom Le Noir, 307.
— Pièces relatives à l'histoire de Normandie, recueillies par Bréquigny, 665-680 ; — Pièces concernant la Normandie, 792.
— Montres normandes du xive siècle, 1422.
— Mémoire sur les États de Normandie, 1427.
— Fragment de la Coutume latine de Normandie, 1271.
Noroy (Franchises de), 888.
Norouse (Pièces concernant le canal maritime de), 792.
Notaires et secrétaires du roi (Privilège des), 781.
Notaires (Registres de), du xive siècle, 336.
Notre-Dame (Prières et saluts de), 1683.
Nouvelle-France (Lettre du P. Georges d'Eudemare, de Richelieu, en) 841 ; — Lettre du P. d'Ablon sur la découverte de la mer du Sud, 842.
Noyers (Table des dépôts du doyenné de), 360 ; — Pièces concernant Noyers, 795 ; — Généalogie, 796.
Noyon (Pouillé du diocèse de), 787.
Nozeroy (Franchises de), 888.
Nuits (Pièces concernant), 822.

O

Octrois (Mémoire concernant les), 1088.
Offices (Bureau des réunions d'), 1093.
Ogier le Danois (Enfances), 1681; — Glossaire, 1563.
Ogimont (Pièces concernant), 472.
Oing-en-Lyonnais. Généalogie, 799.
Oléron (Pouillé du diocèse d'), 787.
Olim (Copies des registres), 1135-1139.
Olivier (Lettres d'), 774.
Opans (Franchises d'), 888.
Oracles d'Apollo (Copie de la Responce des) à la Sibille Cumée, 1725.
Oraison dominicale (Poésie chrétienne sur l'), 850.
Orange (Procès du prince d'), 778.
Oratoire (Institut et règlement des prêtres de l'), 844.
Orchies (Pièces concernant), 472.
Orchimont (Pièces concernant), 520.
Orderici Vitalis Historiæ ecclesiasticæ fragmentum, e cod. Vatic., 1275.
Ordonnances (Recueil alphabétique d'), sur le droit public français, formé pour le Cabinet des chartes, partie ms., 1282-1385. — Table alphabétique du recueil complet, ms. et impr., 1386-1421.
— Notes pour la table des Ordonnances des rois de France, 310, 311; — Notes de Bréquigny, 315.
— Ordonnances des rois de France, conservées à Saint-Martin-des-Champs, 1430, 1431. — Voy. Bréquigny.
Ordres militaires. Copies de Bréquigny, 633. — Voy. Georges (S.), Jean de Jérusalem (S.), Malte, Michel (S.), Toison d'or.
Ordres religieux. Si l'on peut exiger de l'argent pour entrer en religion, 845. — Voy. aux noms des différents ordres.
Orembeck (Pièces concernant), 520.

Orgelet (Franchises d'), 887; — Industrie du bailliage d'Orgelet, 901.
Origny (Le Bourgeois d'). Généalogie, 796.
Orléans (Mémoire sur la généralité d'), 989.
— Intendance d'Orléans. Correspondance avec le Cabinet des chartes, 343.
— Chartriers de la généralité d'Orléans, 364; — Notes sur les dépôts de l'Orléanais, par Dom Gérou, 360.
— Notice d'un cartulaire de l'abbaye de Saint-Euverte d'Orléans, 343; — Pièces concernant Orléans, 792, 1052.
Orléans (Pièces relatives aux querelles des ducs de Bourgogne et d'), 1423-1426.
— Jugements contre les partisans du duc d'Orléans, en 1633, 779.
Orléans (Glossaires des poésies de Charles d'), 1558.
Orléans (Lettres de Françoise d'), 774.
Orléans (Lettres de Gaston d'), 777: — Tutelle de sa fille par le duc d'Orléans, 779.
Ornano (Vie d'Alfonse d'), par Canaut, 799.
Ornans (Industrie du bailliage d'), 901.
Orthez (Pièces concernant), 790.
Orvieto. De miraculo quodam super hostia consecrata quod Urbe Veteri contigit, 1264.
Osselle (Notes sur les grottes d'), 910.
Ostende (Inventaire des archives d'), 599, 1040.
Ostie. Recepta episcopi Ostiensis, camerarii collegii cardinalium, 1273.
Ostrevant (Pièces concernant), 520.
Othenin. Généalogie, 799.
Oudenarde (Pièces concernant), 520; — Pièces relatives aux écluses d'Oudenarde, 547, 548.

P

PACART. Épitaphe de Mme du Saussay, 850.
PACOTTE (Dom). Correspondance avec le Cabinet des chartes, 334.
PACY (Acte concernant Saint-Aquilin de), 1422.
PALATIN (Lettres de Frédéric, électeur), 715.
PALLIOT (Mémoire sur la vie et les ouvrages de Pierre), 800.
PANISCOLENSI (Acta legationis Petri, cardinalis de Fuxo, ad Alphonsum, Aragonum regem, pro extirpando schismate), 1260.
PAPES (Copies des registres des), par les soins de La Porte du Theil, 1163-1259 ; — Répertoire alphabétique de ces copies par pays et villes, 1779-1784 ; — Copies de bulles de différents papes, 1262, 1268.
PAPETERIES des bailliages de Salins et Vesoul, 901.
PAPILLON (Éloge historique de M.), 800.
PANAY (Pièces concernant), 822.
PARIS (Mémoire sur la généralité de), 990, 991 ; — Pièces relatives à la généralité de Paris, recueillies par Bréquigny, 683 ; — Mémoire sur la répartition de la taille dans la généralité de Paris, 1088.
— Intendance de Paris. Correspondance avec le Cabinet des chartes, 343, 344 ; — Chartriers de la généralité de Paris, 364 ; — Notes sur les dépôts de Paris, 360 ; — Pièces relatives à l'histoire de Paris, 792, 1047, 1048, 1053-1072, 1423-1426.
— Recueil de pièces sur les événements politiques de Paris aux XVIe et XVIIe siècles, 1070.
— Pièces relatives au Parlement de Paris, 833 ; — Extraits des Rouleaux du Parlement de Paris, par Pitorre 1075-1086 ; — Copies des Registres du Parlement de Paris, 1135-1162.
— Édits concernant de nouvelles charges sur le peuple, refusés par le Parlement de Paris, 1427.
PARIS (Recueil de pièces sur la Chambre des comptes de), 1089.
— Table d'un recueil d'Ordonnances relatives à la Chambre des comptes de Paris, 1271.
— Mémoire sur les archives de l'Hôtel de ville de Paris, 360 ; — Inventaire des titres de l'Hôtel de ville de Paris, 1053 ; — Extraits des registres de l'Hôtel de ville de Paris, par Boudreau, 1066.
— Inventaire des meubles des prévôts des marchands et échevins de Paris, 1071.
— Armoiries de la ville de Paris, 1070.
— Rôles d'habitants de Paris, 1054-1057.
— Rôles d'impositions levées en 1524, 1529 et 1536 à Paris, 1058.
— Registre des rentes sur la ville de Paris, en 1554, 1059.
— Registre de la vaisselle d'argent apportée à l'Hôtel de ville de Paris, en 1562-1577, 1060 et 1060 bis.
— Registre des compagnies françaises de la prévôté des marchands de Paris, 1062-1065.
— Recueil de pièces sur le commerce de Paris, 1061-1065.
— Affaires militaires de Paris (1469-1674), 1054-1057.
— Bastille et fortifications de Paris, 1054-1057, 1066.
— Recueil de pièces relatives aux cérémonies et fêtes de Paris, 1068-1070.
— Copie du Dit des rues de Paris, de Guillot, 1725.
— Extrait des généalogies des principales familles de Paris, 1072.
— Pouillé du diocèse de Paris, 788.
— Table des actes contenus dans le cartulaire de l'évêché de Paris, 1095.

Paris (Pièces concernant les Annonciades de), 790; — Pièces concernant Saint-Antoine-des-Champs, 790; — Pièces concernant l'abbaye de Port-Royal de Paris, 792.

— Ordonnances des rois de France, conservées à Saint-Martin-des-Champs, à Paris, 1430, 1431.

— Copie d'une lettre d'Érasme sur le collège de Navarre, 850; — Notices de mss. du collège de Navarre, 1725.

— Metamorphosis parasiti Becodiani, 850.

— École de chirurgie de Paris, 1070.

— Extraits de mss. de Paris pour Sainte-Palaye; Glossaires, etc., 1555-1587, 1677-1691, 1724-1731.

— Copies pour Sainte-Palaye de poésies du ms. 6812 (fr. 146), 1677; — du ms. N.-D. E. 6 (fr. 25405), 1727; — du ms. N.-D. N. 2 (fr. 25545), 1691.

— Glossaire du ms. de Saint-Martial (lat. 1139), 1562.

— Glossaires des mss. 6985 (fr. 368), 1561; ms. 6987 (fr. 375), 1555-1557; mss. 7534 (fr. 1444) et 7837 (fr. 1761), 1560.

— Glossaire des mss. de Notre-Dame, E. 6 et N. 2 (mss. fr. 25405 et 25545), 1559, 1560.

— Voyage de Paris à Madrid, 841.

Parlement de Paris (Correspondance de Joly de Fleury et de Pitorre au sujet des archives du), 344.

— Mémoires historiques sur les parlements, par Moreau, 1090.

— Mémoires sur le droit de remontrances des parlements, 1091, 1092.

— Voy. Besançon, Bourgogne, Dijon, Provence.

Pas (Généalogie des comtes de), 800.

Passerat (Poésies de Jean), 850.

Passionei (Lettres du cardinal) à La Curne de Sainte-Palaye, 1567.

Pastourel (Gabriel). Poésies auvergnates, 1725.

Paternostre (La), en françois, 1683.

Patoilleti, S. Sedis protonotarii (Vita Janoti), 800.

Pau (Chartriers de la généralité de), 364; — Inventaire du trésor des chartes du château de Pau, 368-370.

Pauli (Notæ in epistolas S.), en grec, de la main de Saumaise, 845.

Paulmy (Échange de mss. de Sainte-Palaye avec le marquis de), 1436.

Pays-Bas autrichiens (Collection d'Esnans; copies tirées des archives des), 408-624.

— Inventaires des archives des Pays-Bas, par Courchetet d'Esnans, 579-601; — Doubles, 602-622; — Tables, 623-624; — Autres inventaires, 1000-1043.

— Correspondance relative aux travaux de Courchetet d'Esnans dans les archives des Pays-Bas, 314.

— Pièces relatives aux Pays-Bas, recueillies par Bréquigny, 685; — Autres, 773.

— Mémoires sur les troubles des Pays-Bas, au xvie siècle, par Dom Grappin, 906.

— Cession des Pays-Bas à l'infante d'Espagne, 910.

— Chemins et chaussées des Pays-Bas, 427, 428.

— Clergé des Pays-Bas, 429.

— Commerce, 430.

— Contrats de mariages, 431.

— Domaines engagés, 432, 433.

— Entrées, sorties, transits et tonlieux, 434-443.

— Baux des fermes des Pays-Bas, 426.

— Gouvernement des Pays-Bas, 408-415.

— Inquisition et hérésies, 444-446.

— Limites en général, 447-453; — Limites particulières, 454-472.

— Pièces relatives aux pays rétrocédés aux Pays-Bas, 490-492.

— Monnaies, 473-477.

— Offices divers, 478-482.

— Paix et guerre des Pays-Bas, 416-425.

— Postes, 483.

— États des rentes, 484-486.

— Testaments, 432.

— Lettres de noblesse des Pays-Bas, 562-567, 577, 1020.

Pays-Bas (Règlement de l'imprimerie et de la librairie des), 565.
— Voyage de M. Baltazar par les Pays-Bas, 841.
Pazzio (Compoçitioni d'Alfonço de), 850.
Peiresc (Inventaire de quelques mss. de M. de), 849.
Perceforest (Extraits du roman de), 1694.
Perceval (Copie du roman de), 1720.
Perche (Mémoire sur la généralité d'Alençon et), 977.
Percy (Pièces concernant), 822.
Périgord (Inventaire des titres concernant le), 370, 373 ; — Comptes et revenus du comté de Périgord, 335 ; — Mémoire sur les États de Périgord, 1427.
Périgueux (Acte concernant), 1096 ; – Observations sur le premier hommage des citoyens de Périgueux, 335.
Perpignan. Voy. Elne.
Perrault. Généalogie, 800.
Perrenot-Granvelle. Généalogie, 800.
Perrot (Vers de N.), 850.
Perry (Lettres de Claude), 846.
Perse. Relatione di Persia, di M. Vincenzo Alexandrino, 841.
Perthois (Le). Voy. Le Perthois.
Pesmes (Franchises de), 888.
Peste (Règlement contre la) de Dijon, en 1631, 806.
Petau. - Catalogus mss. Alexandri Petavii, 849.
Pétau. Copie d'une lettre du P. Ph. Chahu, sur la mort du P. Pétau, 847.
Petersdorf (Lettres de J.-A.), 846.
Petit, prieur de Mirebeau. Généalogie, 800.
Petit (Vers de Pierre), 850.
Petit (Lettres de Samuel), 846.
Petrarcha (Franciscus). Epilogus de dignitatibus et officiis populi romani, 847.
Peuchot (Dom). Correspondance avec le Cabinet des chartes, 326.
Pezeul. Généalogie, 800.
Pfeffel (Correspondance relative à la mission de) à Bruxelles, 314 ; — Pièces originales tirées des archives du comté de Flandre, 1423-1426 ; — Lettre, 291.
Phébus (Copie du livre de la chasse de Gaston), 1684.
Philelphus (Franciscus). De laudibus Ciceronis, 847.
Philippe-Auguste (Idée sommaire du registre de), 1095 ; — Extraits du cartulaire A de Philippe-Auguste, 1268.
Philippe II (Analyse du journal des voyages de), par Vandenesse, 907 ; — Ligue entre les cantons catholiques de la Suisse et Philippe II, 924.
Philippe IV, roi d'Espagne (Lettre de), 776.
Philippe V (Recueil de pièces relatives à la renonciation de) à la couronne de France, 1429.
Philippeville (Pièces concernant), 520.
Philosophia (Tractatus de), 845.
Phocylide. Extraits, traduits en latin par C. Quintinus, 850.
Pibrac (Gui du Faur de). Épitaphe, par Jacques Guyon, 797.
Picardie (Notes sur les dépôts de), 360.
— Mémoire sur les États de Picardie, 1427 ; — Mémoire sur la généralité de Picardie, 992.
— Inventaire des titres concernant la Picardie, rapportés des Pays-Bas, par Pfeffel, 314 ; — Pièces concernant la Picardie, 1044, 1423-1426 ; — Pièces relatives à l'histoire de Picardie, recueillies par Bréquigny, 680-682.
Pie II (Lettres de), 1230.
Pie VI. Discours après la consécration de Mgr de Bernis, 1096.
Pierre (Dom Étienne). Correspondance avec le Cabinet des chartes, 291, 326.
Pierron (Lettre de La Motte sur le lac Champelain, du P. Jean), 842.
Pietrequin. Généalogie, 800.
Pignerol (Pièces concernant), 792.
Pinés (Découverte de l'île), 841.
Pingon. Généalogie, 800.
Piombino (Mémoires de), par Bergeron, 842.

Pisan (Copies de différents ouvrages de Christine de), 1686.

Piscis (Jean II). Inventarium bonorum Johannis, archiep. Aquensis, 1273.

Pitorre. Correspondance avec Joly de Fleury, au sujet des archives du Parlement de Paris, 344 ; — Extraits des rouleaux du Parlement de Paris, 1075-1086 ; — Copies des registres du Parlement de Paris, 1135-1162 ; — Lettre, 291.

Planches (Franchises des), 888.

Plautina (Dubia), 847.

Plombières (Pièces concernant), 822.

Plutarque. Πίναξ τῶν λόγων τοῦ Πλουτάρχου, auctore Lampria, 849.

Poésies grecques, latines, françaises, et italiennes (Recueil de), 850.

Pogii opera, 847.

Poillot. Généalogie, 800.

Poilvache (Pièces concernant), 472, 520.

Poirier (Dom). Notes pour le Comité des chartes, 290, 307 ; — Lettres, 291, 307.

Poirresson. Généalogie, 800.

Poirresson (Relation de Syrie, par le P. Nicolas), 841, 842.

Poitiers (Intendance de). Correspondance avec le Cabinet des chartes, 345.

— Chartriers de la généralité de Poitiers, 364 ; — Notes sur les dépôts du Poitou, par Dom Fonteneau, 360.

— Mémoire sur la généralité de Poitiers, 993.

— Pouillé du diocèse de Poitiers, 783 ; — Pièces concernant Poitiers, 792, 1435 ; — Pièces relatives au Poitou, recueillies par Bréquigny, 684.

— Inventaire des titres de la maison de Poitiers, 899.

Poligny (Extraits des archives de la trésorerie de), 922 ; — Fortifications de Poligny, 901 ; — Franchises de Poligny, 887 ; — Industrie du bailliage de Poligny, 901. — Voy. Grimont-sur-Poligny.

Polletens (Pièces concernant la Chartreuse de), 792.

Pologne (Pièces relatives à l'histoire de), 772 ; — Généalogie des rois de Pologne, 800.

Polycarpi (S.) ad Philippenses epistola, græce, 843.

Pomponii (M.) tumulus, par Thomas, 801.

Poncher (Lettre de François de), 774.

Pontailler-sur-Saône (Pièces concernant), 822 ; — Franchises, 887 ; — Généalogie, 800.

Pontarlier (Franchises de), 887 ; — Industrie du bailliage de Pontarlier, 901 ; — Note sur la Fontaine ronde, près Pontarlier, 910.

Pontchartrain (Lettres de), 834 ; — Notice de mss. français du château de Pontchartrain, 1724.

Pont-l'Évêque (Pièce concernant), 1048.

Ponthieu (Inventaire des titres concernant le) transportés des Pays-Bas à Versailles, par Pfeffel, 314 ; — Pièces concernant le Ponthieu, 1044, 1045, 1423-1426.

Poperinghe (Pièces concernant), 520.

Port-Royal (Pièces diverses relatives aux affaires de), 844.

Portugal (Pièces concernant le), 793.

Postel (Copies de lettres de Guillaume), 847.

Postes des Pays-Bas (Pièces relatives aux), 483.

Pouffier (Éloge de Mᵉ), 800.

Pouillés des diocèses et abbayes de la France (Recueil de), 782-789.

Pouilly (Pièces concernant), 795.

Poupet (Franchises de), 888.

Poussin (Mémoire des pièces du cabinet de Nicolas), 849.

Poussines (Lettre de Pierre), 846.

Poyet (Procès du chancelier), 778.

Pozzo (Lettres de Cassiano dal), 846.

Pradines (Abbé de). Correspondance avec le Cabinet des chartes, 336.

Præadamitis (Is. de La Peyrere exercitatio de), 845.

Pragmatique sanction de Bourges, 778.

Prémontré (Pouillé des abbayes de l'ordre de), 788.

Prêtre Jean (Lettre du) à l'empereur de Constantinople, 842.
Priandi (Lettres de M.), résident en France du duc de Mantoue, 776.
Prières et saluts de Notre-Dame, 1683.
Probst (Dom). Correspondance avec le Cabinet des chartes, 337.
Procès criminels (1378-1697), 778, 779, 839, 840.
Procli (Annotata in quæstiones), 847.
Propriétez des pierres (Copie des), 1727.
Prosper redivivus, sive de gratia universali dialogi quatuor, 844.
Protestantisme (Pièces relatives aux affaires du), 772, 773.
— Pièces relatives au protestantisme en Bourgogne, 803.
— « Commonefactio de sacramento cœnæ Dominicae, » par les « professores academiae Hafniensis, » 843.
Provence (Mémoire sur la généralité de), 994.
— Intendance de Provence. Correspondance avec le Cabinet des chartes, 346 ; — Notes sur les dépôts de Provence, 360.
Provence (Inventaire des archives de la Chambre des comptes de), 393, 394 ; — Extraits des archives de la Cour des comptes de Provence, 346.
— État général des domaines du roi en Provence, 391, 392.
— Extraits des jugements rendus par les commissaires des domaines du roi en Provence, 387-390.
— Pièces concernant la Provence, 793.
— Mémoires relatifs au parlement de Provence, 1093.
Proverbes au vilain, 1683.
Prudhomme (Procès de Guillaume), 778.
Puibusque (Dom de). Correspondance avec le Cabinet des chartes, 337.
Puy (Le). Voy. Le Puy.
Puy-Saint-Front (Observations sur le premier titre des bourgeois du), 335.
Pyrénées (Traité de paix des), 1032.

Q

Quarré (Vers de Nicolas), 850.
Québec (Extraits de lettres de), 842.
Queinsert (Dom). Correspondance avec le Cabinet des chartes, 333 ; — Notes sur les dépôts de la généralité d'Artois, 359.
Quercy (Pièce concernant le), 1052.
Quiétistes de Bourgogne (Histoire du procès des), 859.
Quimper (Pouillé du diocèse de), 788.
Quingey (Industrie du bailliage de), 901.
Quintinus (C.). E græco Phocylidis latina versio, 850.
Quinze signes du jugement (Glossaire des), 1559.

R

Rabutin. Généalogie, 796.
Rabutin, comte de Bussy (Remarques historiques sur la vie et les ouvrages de M. Roger de), 800.
Raddon (Mémoire succinct de), 901.
Raince (Lettres de), 774.
Rais (Procès de Gilles de), 778.
Ramus (Testament de Pierre), 1070.
Randon (Abrégé du procès de François), 779.
Rangeard de la Boissière. Lettres sur les dépôts du Blésois, 359 ; — Inven-

taire de la Chambre des comptes de Blois, 405, 406.
RANTY (Pièces concernant), 472.
RAOUL DE CRÉQUI (Romance de), 1725.
RAULIN. Généalogie, 800.
RAVENNE (Lettre de la république de), 774.
RAY (Archives du chapitre de), 876.
RÉAU (Épitaphe de M. de), 800.
RECUEILS des historiens de France et des historiens des Croisades, 307.
REFFUGE (Lettre de), 775.
REIMS. Necrologium ecclesiæ Remensis, 1274.
— Pouillé du diocèse de Reims, 788.
— Pièces concernant Reims, 793.
— Index mss. græcorum S. Remigii Remensis, 849.
— Mémoire sur la Chambre ardente de Reims, 1089, 1093.
REMOND. Généalogie, 800.
REMONTRANCES des parlements (Mémoires sur le droit de), 1091, 1092.
RENAIX (Pièces concernant), 521.
RENARD (Analyse du recueil de l'ambassade de Simon), par Vandenesse, 907.
RENÉE DE FRANCE (Lettre de), 774.
RENNES (Pouillé du diocèse de), 788.
RENTES des Pays-Bas (États de), 484-486.
RÉPES, près Vesoul (Note sur les eaux minérales de), 910.
RETHEL (Généalogie des comtes de), 797.
RETHEL (Lettres de Mazarin, duc de), 776.
RETZ (Procès de Gilles de), 778.
REVIN (Pièces concernant Fumay et), 459-465.
RICCIO (Relation du P. Victorin), dominicain, en Chine, 841.
RICHEBOURG (Franchises de), 888.
RICHELIEU (Lettres du cardinal de), 776, 777, 809.
— Quæstiones quodlibeticæ huic tempori accommodatæ... dedicatæ cardinali de Richelieu, 1096.
RICHELIEU, en la Nouvelle-France (Lettre du P. Georges d'Eudemare, de), 841.

RICHEMONT (Pièces concernant), 472.
RICHEMONT (Catin de). Généalogie, 796.
RICHMOND (Inventaire des livres du château de), 849.
RIEUX (Pouillé du diocèse de), 788.
RIEZ. Decreta et constitutiones synodales episcopatus Regiensis, 845.
RIGAULT (Catalogue des mss. de M. Nicolas), 849.
RINALDI (Notes des lettres de quelques papes citées dans les *Annales ecclesiastici* de), 1259.
RIOM (Intendance de). Correspondance avec le Cabinet des chartes, 347.
RIOTE DOU MONDE (Copie du roman de la), 1727.
ROBERT (Vers de Claude), 850.
ROBERTI Lincolniensis (De epistolis), 1260.
ROBERTI monachi (Epistola imperatoris CP. ad Robertum Flandr., ex historia S. Sepulchri), 841.
ROBERT DE WOURDRETON (Confession de), 1729.
ROCHEJEAN (Franchises de), 888.
RODENMAKEREN (Pièces concernant), 472.
RODEZ (Pouillé du diocèse de), 788.
ROHAN (Lettre de François de), 774;
— Épitaphe de Henri de Rohan, 800; — Lettre de Jacqueline de Rohan, 774.
— Arrêt du parlement de Toulouse contre Henri, duc de Rohan, 779.
ROHAULT (Procès de Joachim), 778.
ROIS (Copie de la traduction des quatre livres des), 1690; — Glossaire, 1562.
RÔLES GASCONS. Copies de Bréquigny, 664.
ROLIN (Mémoires concernant la vie du chancelier), 859.
ROME. De censibus S. Romanæ ecclesiæ, 1264, 1268; — Recepta episcopi Ostiensis, camerarii collegii cardinalium, 1273.
— Formulaire d'actes de la cour de Rome, 845.
— Copie de la complainte de Jérusalem contre la cour de Rome, 1727.
— Mémoire sur ce que on ne doit admettre sans permission en Franche-

Comté les bulles de la cour de Rome, 912. — Voy. Concile de Trente.

ROME (État du train d'un ambassadeur à), 781.

— Diarii Romani fragmentum, sæc. XV-XVI, 1271.

— Pièces concernant Saint-Paul de Rome, 792.

— Traité des anciennes familles de Rome, 801.

— Notices et extraits de mss. de Rome, par La Porte du Theil, 1260-1278 ; — Notices des pièces copiées à Rome, 1279-1281.

— Relevé, par La Porte du Theil, des articles concernant l'histoire de France dans différents fonds de la bibliothèque Vaticane, 1276 ; — dans les fonds Vatican, 1266, 1267, 1275 ; — Ottoboni, 1268 ; — Palatin, 1267, 1275 ; — Reine de Suède, 1266 ; — Urbin (Correspondances diplomatiques), 1268.

— Même relevé dans les bibliothèques du prince Chigi, 1269 ; — Corsini, 1260, 1262, 1263, 1264, 1267, 1269, 1276 ; — Vallicellane, 1260, 1264.

— Notice des pièces relatives à l'histoire de France conservées dans les archives du château Saint-Ange, 1260, 1265.

— Instrumenta ab Assemano ex archivo S. Petri collecta, 1271.

— Notices de mss. de Rome, par Sainte-Palaye, 1658-1661, 1670-1676.

— Auctores rei militaris et de musica, e mss. bibl. Vaticanæ, 849.

— Voy. Petau.

RONSARD (Vers de), 850.

ROSE (Table alphabétique du glossaire de l'abbé Langlet sur le roman de la), 1558.

ROSIÈRES (Mémoire sur le cartulaire de l'abbaye de), par Droz, 871 ; — Pièces concernant l'abbaye de Rosières, 871.

ROSOY (Pièces concernant), 793, 1422.

ROSSI. Généalogie, 801.

ROSSI (Lettres de Jeronimo), 833.

ROUCY (Acte concernant Jeanne de Dreux, comtesse de), 1422.

ROUEN (Mémoire sur la généralité de), 995.

— Chartriers de la généralité de Rouen, 364.

— Pouillé du diocèse de Rouen, 789.

— Pièces concernant Rouen, 472, 793, 1047, 1048.

— Mémoires relatifs au parlement de Rouen, 1093.

ROUSSILLON (Mémoire sur la généralité de), 996.

— Intendance de Roussillon. Correspondance avec le Cabinet des chartes, 348 ; — Chartriers de la généralité de Roussillon, 364 ; — Notes sur les dépôts de Roussillon, 360.

ROUSSILLON, en Bourgogne. Généalogie, 801.

ROUVILLE. Généalogie, 801.

ROUX (Dom Maurice). Correspondance avec le Comité des chartes, 329.

RUMES (Pièces concernant), 521.

RUPT (Franchises de), 888.

RUREMONDE (Pièces concernant), 521.

RYE (Inventaire des titres de la maison de), 899 ; — Généalogie, 801.

RYE (Lettre de Ferdinand de), 810.

RYMER FRANÇAIS (Projet d'un), par le P. Jacquier, 294 ; — par Bréquigny, 315.

S

SABLONCEAUX (Lettre de François Ier au pape au sujet de l'élection de l'abbé de), 1260.

SABRAN (Lettre de M. de), 776.

SACCHETTI (Lettre du cardinal), 1268.

SACREMORE DE BIRAGUE. Généalogie, 801.

Sacy (Vers sur un portrait de M. de), par Le Tourneur, 801.

Sadolet (J.). In locum Evangelicum de duobus gladiis interpretatio, 780.

Saint-Amand (Pièces concernant), 471.

Saint-Amant (Lettre de Tristan de), 846.

Saint-Antoine. Voy. Antoine (Saint).

Saint-Antoine-des-Champs, de Paris (Pièces concernant), 790.

Saint-Aubin-sur-Mer (Acte concernant), 1422.

Saint-Avold (Liste des abbés de), 350.

Saint-Avy-lez-Chateaudun (Pièces concernant), 790.

Saint-Barthélemy (Pièces sur la), 1070.

Saint-Belin de Cussigny. Généalogie, 796.

Saint-Benoît. Voy. Benoît (Saint).

Saint-Bertin (Mémoire sur les titres de l'abbaye de), par Dom Josio d'Allesnes, 1097 ; — Pièces concernant Saint-Bertin, 521 ; — Index diplomatum seu cartarum codicis n° 724 bibliothecæ Sithiensis, 1095.

Saint-Brieuc (Pouillé du diocèse de), 789.

Saint-Christophe (Relation de l'île de), par le P. Jean Hallay, 841.

Saint-Christophe-de-Phalempin (Pièces concernant), 521.

Saint-Claude (Chartes de l'abbaye de), 875 ; — Franchises de Saint-Claude, 887 ; — Industrie du bailliage de Saint-Claude, 901.

Saint-Denis (Glossaire des Chroniques de), 1563.

Saint-Dominique. Voy. Dominique (Saint).

Saint-Donat (Pièces concernant), 521.

Saint-Florentin (Lettres de M. de), 835.

Saint-Flour (Pouillé du diocèse de), 789.

Saint-Georges (Statuts de l'ordre de), au comté de Bourgogne, 901 ; — Requête des chevaliers de Saint-Georges au roi, 903.

Saint-Germain-en-Laye (Pièces concernant), 791.

Saint-Graal (Extraits du), 1724.

Saint-Hippolyte (Franchises de), 888.

Saint-Hubert-d'Ardenne (Pièces concernant), 325, 521-523.

Saint-Jean-d'Angely (Pièces concernant), 511.

Saint-Jean-de-Jérusalem. Voy. Jean de Jérusalem (Saint).

Saint-Jean-de-Losne (Pièces concernant), 821 ; — Lettre de Galas sur le siège de Saint-Jean-de-Losne, 858.

Saint-Josse-sur-Mer (Pièces concernant l'abbaye de), 1049.

Saint-Julien (Franchises de), 888.

Saint-Loup (Mémoire succinct de), 901.

Saint-Malo (Pouillé du diocèse de), 787.

Saint-Maurice-en-Valais (Pièces concernant), 792.

Saint-Mauris-Montbarrey (Analyse de lettres de Jean de), par Vandenesse, 907.

Saint-Mesmin-de-Micy (Pièces concernant), 792.

Saint-Moris (Manifeste du baron de), sur la conquête de la Franche-Comté, 909.

Saint-Nicet (Actes concernant le prieuré de), 1262.

Saint-Omer (Pièces concernant), 523. — Voy. Saint-Bertin.

Saint-Orens. Acta in causa super ecclesiam S. Clari ad monasterium S. Orientii spectantem, 1264.

Saint-Papoul (Pouillé du diocèse de), 789.

Saint-Paul-Trois-Chateaux (Pouillé du diocèse de), 789.

Saint-Pol (Pièces concernant le comté de), 562.

Saint-Pons (Pouillé du diocèse de), 789.

Saint-Quentin (Pièces concernant), 795.

Saint-Remy (Statuts municipaux de), 346.

Saint-Romain (Libelles d'Alexandre des Cortolz, sieur de), 779.

Saint-Ruf (Pouillé des abbayes, etc., de l'ordre de), 789.

Saint-Seine (Pièces concernant), 822.

Saint-Simon de Sandricourt, évêque d'Agde. Lettres, 360.

SAINT-URBAIN, près Joinville (Pièces concernant), 793.
SAINT-YVED-DE-BRAINE. Voy. Braine.
SAINTE-ANNE (Franchises de), 888.
SAINTE-CATHERINE (Lettres relatives à l'ambassade en Allemagne de M. de), 775, 777.
— Relation du royaume de Suède, par M. de Sainte Catherine, 842.
— Mémoires de M. de Sainte-Catherine, pour faire des colonies françoises ès Terres neufves, 781 ; — pour la carte de l'Amérique, 841.
SAINTE-COLOMBE-JOURDAN. Généalogie, 797.
SAINTE-CROIX (Pièces concernant), 468.
SAINTE-FOY (Corail de). Correspondance avec le Cabinet des chartes, 334.
SAINTE-MARTHE (Lettres de M. de), 846.
SAINTE-MAURE (Guillaume de). Compendium corum quæ in 133 cartis curiæ redditis continentur, 1096.
SAINTE-PALAYE (La Curne de). Glossaire de l'ancienne langue françoise, 1524-1554, 1588-1648 ; — Épreuves du *Glossaire*, in-fol., 1797.
— Glossaire provençal, 1568-1571 ; — Glossaire des troubadours, 1572-1581.
— Dictionnaire des antiquités françaises, par La Curne de Sainte-Palaye, 1511-1523.
— Table alphabétique de noms de lieux recueillis par La Curne de Sainte-Palaye, 1495-1504 ; — Table alphabétique de noms propres, 1505-1509.
— Glossaire de différents mss. et opuscules français, 1555-1565 ; — Notes pour ses glossaires, 1723, 1724 ; — Fiches pour les glossaires de Sainte-Palaye, 34 boîtes, 1800-1833.
— Notices de mss. relatifs à l'histoire de France, conservés dans diff. bibliothèques de France et d'Italie, 1654-1661 ; — Copies, 1662-1676.
— Extraits pour ses grands recueils alphabétiques, 1694, 1695.
— Copies d'anciens mss. français pour La Curne de Sainte-Palaye, remis à Mouchet, 1677, 1734.

— Catalogue alphabétique des fabliaux copiés pour Sainte-Palaye, 1564 ; — *Initia* des anciennes chansons mss., 1564.
— Mémoires historiques sur la chasse, 1649-1652, 1798 ; — Mémoire sur les Vœux du Héron. Supplément aux Mémoires sur l'ancienne Chevalerie, 1566, 1653.
— Note pour un mémoire sur Eustache Deschamps, 1653 ; — sur le fabliau de la Canise, 1653.
— Correspondance, voyages et recherches, 1667 ; — Notes historiques et philologiques, 1722-1726.
— Catalogue de la bibliothèque et des papiers de La Curne de Sainte-Palaye), 1437-1440 ; — Pièces relatives à sa vente au Roi, 1436-1438.
SAINTES (Pouillé du diocèse de), 789.
SAINTS (Copies d'un ms. de vies de), de la Sorbonne, 1731.
SAINTS de Franche-Comté (Mémoires pour servir à la vie des), 926.
SAIVE. Généalogie, 801.
SALINS (Pièces concernant), 793 ; — Franchises de Salins, 887.
— Histoire des saulneries de Salins, 912 ; — Pièces concernant les saulneries de Salins, 900, 910, 1046.
— Papeterie de La Doye et industrie du bailliage de Salins, 901.
— Généalogie, 801.
SALVAING DE BOISSIEU (Lettre de Denys), 846.
SALVIATI (Giovanni), cardinal de Ferrare. Lettre, 774.
SAMBLANÇAY (Procès de), 778.
SANCERRE. Généalogie, 801.
SANDRICOURT (Saint-Simon de), évêque d'Agde. Lettres, 360.
SANSSAC (Lettre de), 774.
SANZAY. Généalogie, 801.
SARRAU (Lettre de Claude), 846.
SATHENAY (Pièces concernant), 577.
SAUCIÈRE DE TENANCE. Généalogie, 801.
SAULIEU (Pièces concernant), 822.
SAULX-LE-DUC (Sommaire du procès entre le duc de Bourgogne et l'évêque de Langres pour), 385.
SAULX-TAVANNES. Généalogie, 801.

18

SAUMAISE (Cl.). Notæ in Ammiani Marcellini historiarum libros, 847 ; — Notæ in epistolas Pauli, græce, 845 ; — Vers latins, 850 ; — Catalogus librorum Cl. Salmasii, 849 ; — Lettre de Jacques Guyon à Saumaise, 846 ; — Copie de lettres de Huet à Saumaise, 846 ; — Généalogie, 801.

SAUMUR (Mémoire sur la Chambre ardente de), 1089 ; — Pièces concernant l'abbaye de Saint-Florent de Saumur, 791.

SAUX (Pièces concernant), 822.

SAVIGNY (Pièces concernant l'abbaye de), 793.

SAVOIE (Traités de paix des Suisses avec la), 910.

— Noël, en langage savoyard, 1725.

SAVOIE (Livres pour M⁰ˢ le duc de), 849 ; — Généalogie, 801.

SAVOIE (Louise de). Ex recognitionibus Loysiæ de Sabaudia (1494), 1268 ; — Lettres de Louise de Savoie, 774.

SAVOIE (Lettres du prince Thomas de), 777.

SCALIGER (Jos.). Castigationes in Tertulliani librum de Pallio, 847 ; — Généalogie, 801.

SCUDÉRY (Copie d'une lettre de Mˡˡᵉ de), à Chapelain, 847.

SECOUSSE. Mélanges sur l'histoire de France, 1450-1469 ; — Autre ex., 1470-1485 ; — Autre ex., 1696-1714 ; — Tables alphabétiques de noms de lieux et de noms propres, 1491-1494 ; — Notices de mss. relatifs à l'histoire de France conservés dans différentes bibliothèques de France et d'Italie, 1654-1661 ; — Copies, 1662-1676.

SECRÉTAIRES D'ÉTAT (Mémoires historiques sur les), par Moreau, 1090 ; — Privilèges des notaires et secrétaires du roi, 781, 838.

SECUNDINORUM (De pyramide Treverensi et mausoleo), 847.

SEDAN (Pièces concernant), 795 ; — Chemin de Sedan à Liège, 428.

SÉEZ (Pouillé du diocèse de), 789.

SÉGUIER (Panégyrique en l'honneur du chancelier), par le collège des Godrans de Dijon, 850 ; — Mémoire de vingt mss. grecs de Séguier, 849.

SELVE (Lettres d'Odet de), 774.

SEMUR (Registre des États de Bourgogne tenus à), en 1590-1598, 804, 805 ; — Pièces concernant Semur, 795, 822 ; — Généalogie, 796 ; — Catalogus aliquot mss. Carmelitarum Semurensium, 849.

SENECEY (Mémoire des mss. du château de), 849.

SENÈQUE. Proverbes, en français, 1683.

SENLIS (Pouillé du diocèse de), 789 ; — Pièces concernant Senlis, 1048.

SENS (Pouillé du diocèse de), 789 ; — — Pièces concernant Saint-Remy de Sens, 793.

SEPT-FONTS (Pièces concernant l'abbaye de), 793.

SERCEY. Généalogie, 801.

SERGE IV (Lettres de), 1231.

SERRONI. Généalogie, 801.

SEURRE (Franchises de), 887.

SEYSSEL (Pièces concernant), 822 ; — Généalogie, 801.

SÉZANNE-EN-BRIE (Titres de prieuré de Saint-Julien de), 325.

SILHOUETTE (Mémoire sur les finances, par M. de), 1088.

SILVESTRE. La Paternostre, en françois, 1683.

SIRLET (Lettres adressées au cardinal), 1260.

SITHIENSIS (Index diplomatum seu cartarum codicis n° 724 bibliothecæ), 1095.

SIXTE IV. Instructio Sixti IV nuncio ad regem Francorum in causa contra Laurentium Medicem, etc., 1274.

SOIGNIES (Pièces concernant la forêt de), 523, 585.

SOISSONS (Intendance de). Correspondance avec le Cabinet des chartes, 348 ; — Chartriers de la généralité de Soissons, 364 ; — Notes sur les dépôts du Soissonnais par Dom Grenier, 360.

— Mémoire sur la généralité de Soissons, 997.

— Pouillé du diocèse de Soissons, 789.

— Notes sur les archives de Saint-

Médard de Soissons, 348; — Copie d'une translation des reliques de saints de Saint-Médard de Soissons, 1731.
Soissons (Lettres du comte de), 777.
Soissons. Généalogie, 801.
Soleure (Alliance de Besançon avec), 919.
Solvert (Dom). Correspondance avec le Cabinet des chartes, 337.
Somerens (Lettres de Johannes a), 846.
Songe d'enfer (Glossaire du), 1558.
Sorbière (Lettres de), 846.
Sorines (Pièces concernant), 523.
Soulé (Inventaire des titres concernant), 370.
Spanheim (Lettres de), 846.
Spifame (Procès de), 778.
Stalberg (Pièce concernant), 523.
Stenay (Pièces concernant), 523.
Strasbourg (Chartriers de la généralité de), 364; — Pièces concernant Strasbourg, 793; — Glossaire des Serments de Strasbourg, 1562.
Stud. Généalogie, 801.
Suarez, d'Avignon (Catalogue des mss. de M. Henri), 849; — Lettres, 847.
Suède. (Pièces relatives à l'histoire de), 772, 842; — Généalogie, 801.
Suisse (Limites de la Franche-Comté et de la), 468, 916, 924.
— Traités de paix des Suisses avec l'Autriche, la Bourgogne, la France et la Savoie, 910; — Négociations du Sr Benoît en Suisse, 910.
— Instructions de Marguerite d'Autriche à ses envoyés en Suisse, pour la neutralité de la Bourgogne, 924.
— Ligue entre Philippe II et les cantons catholiques de la Suisse, 924.
Sully (Pièce concernant), 1048.
Suze. Généalogie, 801.
Symony. Généalogie, 801.
Syrie (Relation des missions des Jésuites en), 841, 842.

T

Table chronologique des diplômes et chartes concernant l'histoire de France, 1098-1126.
— Notes et lettres relatives au Ier volume de la Table chronologique des chartes et diplômes, 312; — Index du tome I, 1433; — Notes pour le Supplément, 1796.
— Recueil de pièces relatives à la Table chronologique des diplômes et chartes, 1434; — Mémoire de Bréquigny à son sujet, 285, 304, 315.
— Voy. Bréquigny, Droz, Labbat (Dom), La Porte du Theil.
Tabouillot (Dom). Correspondance avec le Cabinet des chartes, 350.
Taille-Midy (Pièces concernant la forêt de), 469, 470.
Taisand. Généalogie, 801.
Tanini (Poésies italiennes de Girolamo), 850.
Tapisseries (Inventaires des) des ducs de Bourgogne, 802.
Tarascon (Pièces concernant), 793; — Procès-verbal des États du Languedoc réunis à Tarascon, 1278.
Tarbes (Pouillé du diocèse de), 789.
Tart (Extrait de chartes de l'abbaye de N.-D. du), par Dom Villevieille, 1095.
Tassini (Lettre de Filippo), 774.
Tavannes. Pièces provenant des archives de la maison de Tavannes, 803.
Tavannes (Lettres adressées au maréchal de), 809; — Lettres du maréchal, 809, 833; — Généalogie, 801.
— Voy. Saulx-Tavannes.
Taxe des évêchés et abbayes de la chrétienté, 845.
Témoignages en justice de rois et princes (Pièces relatives aux), 779.
Tenance (Saucière de). Généalogie, 801.

Tenay. Généalogie, 801.

Termes (Lettre de Paule de), 774.

Tertulliani (Jos. Scaligeri castigationes in librum de Pallio), 847.

Testamenti veteris fragmentum, Némausi, 847.

Testaments. Voy. Du Puy.

Testaud du Bois de Lavaud (Lettres de), 1567.

Thamagny (Lettre de Tunis du consul Hercule), 841.

Thenaud (Lettre de), 774.

Theophilus (Dit de), 1683.

Thésée (Notice du roman de), 1724.

Thesut. Généalogie, 801 ; — Lettre de l'abbé de Thesut, 834.

Theuley (Cartulaire et inventaire des titres de l'abbaye de), 873 ; — Antiquitates Theoloci, 873.

Thevesne. Généalogie, 801.

Thibaud de Champagne (Copie des Chansons de), 1679.

Thionville (Pièces concernant), 523 ; — Capucins de Thionville, 577.

Thomas (Lettre de Goa, du P.) 842.

Thomas. M. Pomponii tumulus, 801.

Thomas. Histoire d'Autun, 864 ; — De antiquis Bibracte seu Augustoduni monumentis libellus (annoté), 849.

Thomassin de Mazaugues (Lettre de), 846.

Thoraise (Franchises de), 888.

Thou (Extraits de l'histoire de J.-A. de), 1695 ; — Addenda et delenda in Historiis J.-A. Thuani, 780 ; — Catalogus mss. bibliothecæ J.-A. Thuani, 849.

— Les pleurs et regrets sur le trépas de Mgr Christophe de Thou, par Flor. Goulet, 801.

— Exécution à Lyon de F.-A. de Thou, 779.

Thouars. Généalogie, 801.

Thouret (Abrégé du procès de Marin), 779.

Thy-le-Chasteau (Pièces concernant), 523.

Tilly, en Lorraine (Pièces concernant), 793.

Tingry (Pièces concernant), 523.

Tirlemont (Pièces concernant), 588.

Toison d'or (Recueil sur les chevaliers de l'ordre de la), 922.

Tonbois (Pièces concernant le bois de), 523.

Tonnerre (Comtes de), 797.

Toul (Pouillé du diocèse de), 789.

Toulouse (Pouillé du diocèse de), 789 ; — Pièce concernant Toulouse, 1048 ; — Mémoires relatifs au parlement de Toulouse, 1093.

Touraine. Mémoire sur les États de Touraine, 1427. — Voy. Tours.

Tournay (Inventaires des archives de), 599, 1039 ; — Pièces concernant Tournay et le Tournaisis, 524-549 ; — Terres franches dans le Tournaisis, 487, 488 ; — Notice de quelques mss. français de Saint-Martin de Tournai, par Du Cange, 1724.

Tournhem (Pièces concernant le bois de), 549.

Tournon (Lettre de François, cardinal de), 774.

Tournus (Pièces concernant), 795 ; — Catalogus mss. Minimorum Tornodorensium, 849.

Tours (Mémoire sur la généralité de), 998. — Voy. Touraine.

— Intendance de Tours. Correspondance avec le Cabinet des chartes, 349.

— Chartriers de la généralité de Tours, 364 ; — Table des chartriers, par Dom Housseau, 360.

— Pièces concernant Tours, 793, 1047 ; — et l'église de Tours, 1050, 1051.

— Pouillés des abbayes de Saint-Martin de Tours et de Marmoutier, 787, 789, 1095 ; — Chartres royales de Marmoutier, 349.

Toustain (Notes sur la famille de), 1096.

Trappe (Pièces concernant l'abbaye de la), 793.

Travaux publics de Paris (Pièces concernant les), 1066, 1067.

Tremblay (Lettre du P. Joseph du), 777.

Trente (Recueil de pièces relatives au concile de), 1033.

Tresmes (Notices de mss. sur les États

de 1614, communiqués par le duc (de), 1427.
TRÉSOR (Pièces concernant l'abbaye du), 793.
TRÉSOR DES CHARTES (Mémoire sur le), 1093; — Glossaire de différents registres du Trésor des chartes, 1563.
TRÉSORIERS GÉNÉRAUX de France (Pièces et mémoires sur les), 838, 1094.
TREVERENSI (De pyramide, et mausoleo Secundinorum, 847.
TROIS-ÉVÊCHÉS (Mémoire sur la généralité des), 987.
— Intendance des Trois-Évêchés. Correspondance avec le Cabinet des chartes, 350.
TROIS-ROIS (Inventaire des titres de l'abbaye des), 874.
TROUBADOURS (Glossaire des) par La Curne de Sainte-Palaye, 1572-1581; — Notices sur diff. mss. de poésies des troubadours, 1582; — Table des noms de lieux de poésies des troubadours, 1583; — Analyses des poésies des troubadours, par ordre alphabétique des noms d'auteurs, 1584-1587.

TROYES (Pouillé du diocèse de), 789.
TULLE (Pouillé du diocèse de), 789.
TUNIS (Lettre d'Hercule Thamagny, consul à), 841.
TURATO (Lettre de Nicolo), 774.
TURIN (Notices de mss. de), par Sainte-Palaye, 1658, 1670, 1725; — Extraits du ms. G. 1. 19. 1727; — Glossaire des mss. G. I. 19 et 46 de Turin, 1559.
TURNÈBE (Vers d'Adrien), 850.
TURPIN (Dom). Correspondance avec le Cabinet des chartes, 307, 324.
TURQUANT. Généalogie, 801.
TURQUIE (Pièces relatives à l'histoire de), 772; — Remarques sur la Turquie, 842. — Voy. Constantinople.
TURRI (Lettre de Raphaël de), 847.
TURSAN (Inventaire des titres concernant), 370.
TYARD. Généalogie, 801.

U

UNIVERSITÉ. Voy. Dijon, Dôle, Paris.
URBAIN IV (Lettres d'), 1207 1210, 1231; — Table des lettres, 1246.
URBAIN V (Lettres d'), 1230, 1232.
URBAIN VI (Lettres d'), 1232.
URFÉ (Lettres historiques provenant des archives de la famille d'), 774; — Lettres, 774; — Généalogie, 801.
URSINS (Des). Généalogie, 801.
URSULINES de Loudun (Possession des), 779.
UTENHOVIUS (Vers de Carolus), 850.
UZÈS (Pouillé du diocèse d'), 789.

V

VABRES (Pouillé du diocèse de), 789.
VACHER, de Bourg-l'Ange. Correspondance avec le Cabinet des chartes, 347.
VAINES (Dom de). Correspondance avec le Cabinet des chartes, 306, 348.
VAISSETTE (Observations pour la visite des archives, d'après Dom), 1432.
VAL-DES-CHOUX (Pouillés des prieurés de l'ordre du), 789; — Pièces concernant le Val-des-Choux, 794.
VAL-DES-ÉCOLIERS (Pouillé des prieurés de l'ordre du), 789; — Pièces concernant le Val-des-Écoliers, 793.
VAL-DU-SAUGEOIS (Franchises du), 888.
VALENCE (Pouillé du diocèse de), 789.

VALENCE (Mémoire sur la Chambre ardente de), 1089.
VALENCIENNES (Chartriers de la généralité de), 364; — Pièces concernant Valenciennes, 549.
— Listes des abbés de Saint-Jean de Valenciennes, 332; — Épitaphes de l'abbaye de Fontenelles, près Valenciennes, 333.
VALENTINOIS (Pièces concernant le), 1049.
VALLÉES (Lettre sur Marie des), 793.
VALOIS (Pièce concernant le), 1048, 1049.
VALOIS (Table générale des noms de lieux de la *Notitia Galliarum* d'Adrien de), 1486-1490.
VANDENESSE. Analyses de mss. du cardinal de Granvelle, 907.
VAN GOCH (Voyage au Brésil du général), 841.
VANNES (Pouillé du diocèse de), 789.
VARCHI (Poésies italiennes de Benedetto), 850.
VARENNES-NAGU. Généalogie, 801.
VARIN (Thomas). Relation des réjouissances de Besançon pour l'élection de l'empereur Léopold Ier, 919; — Relation de la prise de possession de Besançon par le marquis de Castel-Rodrigo, 920.
VAUCLUSE (Titres de la chartreuse de), 876.
VAUDÉMONT (Lettres de Louise de) au parlement de Dijon, 832.
VAUDOIS (Procédures contre les), 779, 1274.
VAUVILLERS (Mémoire succinct de), 901.
VAUX-EN-ORNOIS (Pièces concernant l'abbaye de), 793.
VAUX-SUR-POLIGNY (Inventaire des titres du prieuré de), 876.
VAUX-VERD. près Bruxelles (Pièces concernant), 793.
VENCE (Pouillé du diocèse de), 789.
VENDÔME (Inventaire des titres concernant), 370; — Pouillé de l'abbaye de la Trinité de Vendôme, 782.
VENDÔME (Lettre de César de), 833; — Généalogie, 801.
VENISE (Relation du bail de) à la Porte du Grand Seigneur, 842; — Voyage de M. Baltazar depuis Venise, 841; — Notion générale de la noblesse vénitienne, 801; — Notices de mss. de Venise, par Sainte-Palaye, 1658, 1670.
VENLO (Pièces concernant), 551.
VERBIEST (Epistola P. Ferd.), vice-provinc. missionis Sinensis, 841.
VERDIER DE LA TOUR (Dom). Correspondance avec le Cabinet des chartes, 340, 347.
VERDUN (Notices de différentes archives du diocèse de), par Dom Colloz, 350; — Pouillé du diocèse de Verdun, 789; — Pièces concernant Verdun, 552, 793, 1052.
VERGÉS (Abbé). Correspondance avec le Cabinet des chartes, 340.
VERGY (Entrée à Besançon de l'archevêque Antoine de), 919; — Généalogie, 801.
VERGY (Lettres de G. de), 810; — Analyse de lettres de M. de Vergy, par Vandenesse, 907. — Négociation à Lure de M. de Vergy, 910.
VERNEUIL. Généalogie, 801.
VÉRONE (Notices de mss. de), par Sainte-Palaye, 1658, 1670.
VERRERIES du bailliage de Vesoul, 901.
VERRIÈRES-DE-JOUX (Franchises des), 888.
VERS français, tirés d'un livre d'Heures de M. du Mezière (Copie de), 1725.
VESOUL (Pièces concernant), 793; — Franchises de Vesoul, 887; — Forges, papeteries, verreries du bailliage de Vesoul, 901.
VEYLE (Copie du recueil de l'abbé de) sur la Bresse et le Bugey, 861.
VEYRIA (Franchises de), 888.
VEZELAY (Pièces concernant), 822.
VEZON (Pièces concernant), 552.
VIA (Notes relatives à Pierre de), évêque d'Albi, 1260.
VIARD. Généalogie, 801.
VICH, en Catalogne (Notes sur le nécrologe de la cathédrale de), 348.
VIEILLE ESCOILLÉE (Glossaire du fabliau de la), 1558.
VIENNE (Pouillé du diocèse de), 789.

VIENNE (Bourgs relevant de la maison de), 899.
VIENNE, en Champagne. Généalogie, 801.
VIENNOIS (Pièces concernant les Dauphins de), 793, 797.
VIGNORY (Pièces concernant), 793.
VILLECHASSON (Pièces concernant), 793.
VILLELUME (Inventaire des titres de la maison de), 899.
VILLEMUR (Inventaire des titres concernant), 370.
VILLERS-LA-FAYE. Généalogie, 801.
VILLEVIEILLE (Dom). Correspondance avec le Cabinet des chartes, 323 ; — Inventaire des titres anciens de Saint-Bénigne de Dijon, 386 ; — Inventaire des archives de la Chambre des comptes de Dijon, 383, 384 ; — Extrait de chartes de l'abbaye de N.-D. du Tart, 1095.

VINEMERII (Ecclesiæ S.) decanatus assertus, 793.
VINEUVE (Pièces concernant), 552.
VIOLAINE. Généalogie, 801.
VIRET (Vers de Jacques), 850.
VIREUX (Pièces concernant), 552.
VIREY, de Dijon (Catalogue des mss. de Jean-Christophe), 849.
VIRGILE (Dissertation sur Homère et), 847.
VITRY (Pièce concernant), 1052.
VITTEAUX (Pièces concernant), 795.
VŒUX DU HÉRON (Mémoire sur les), par Sainte-Palaye, 1566.
VOISINS (Inventaire des titres latins de l'abbaye de), 1095.
VOLGAST, en Poméranie (Description de), 842.
VOUGNEY (Franchises de), 888.
VOUX (Pièces concernant), 793.
VOYAGES (Relations de), 841, 842.
VOYSIN (Lettres de), 834.

W

WACHTENDONCK (Pièces concernant), 549.
WACHTENDONCKE (Hermannus a). De Gregorii X vita, 1264.
WAES (Pièces concernant le pays de), 549.
WAMBECK (Pièces concernant), 550.
WARNETON (Pièces concernant), 550, 551.
WATIER LE HERPEUR (Confession du valet de), 1729.

WAULSORT (Pièces concernant), 551.
WERVICK (Pièces concernant), 552.
WIELANT (Philippe). Traité des antiquités de Flandres, 577.
WITT (Catalogue de mss. provenant de la succession des deux frères de), 314.
WURTEMBERG (Lettres de Jean-Frédéric, duc de), 775.

Y

YPERLÉE (Pièces concernant), 557.
YPPOLITI. Généalogie, 801.
YPRES (Inventaire des registres de l'Hôtel de ville et des archives de la châtellenie d'), 597 ; — Pièces concernant Ypres, 553-557.
YVOY. Généalogie, 801.
YVRÉE. Généalogie, 801.

TABLE DES MATIÈRES

	Numéros.	Pages.
Préface		v
Catalogue de la Collection Moreau		1
I. Chartes et diplômes concernant l'histoire de France (Collection de)	1— 284	1
II. Cabinet des chartes (Archives du)	285— 407	11
III. Collection d'Esnans, Archives des Pays-Bas	408— 624	25
IV. Collection de Bréquigny, Archives d'Angleterre	625— 733	36
V. Collection de Fevret de Fontette, sur la Bourgogne	734— 861	40
VI. Collection Droz, sur la Franche-Comté	862— 908	69
VII. Collection de Franche-Comté (d'Esnans)	909— 976	84
VIII. Mémoires des intendants sur les généralités de la France	977— 999	99
IX. Collection d'Esnans (Seconde), Archives des Pays-Bas	1000—1043	100
X. Mélanges: Pièces originales du cabinet de Blondeau; Pièces relatives à l'histoire de Paris; Extraits des archives du Parlement de Paris, etc.	1044—1097	103
XI. Table chronologique des diplômes concernant l'histoire de France	1098—1134	111
XII. Registres du Parlement de Paris (Copies de)	1135—1162	112
XIII. La Porte du Theil, Copies des registres des Papes	1163—1259	114
XIV. La Porte du Theil, Notices et extraits de mss. de Rome	1260—1281	117
XV. Collection d'ordonnances, édits, etc. du Cabinet des chartes (Bibliothèque de Législation)	1282—1421	123
XVI. Mélanges: Pièces originales du cabinet de Blondeau; — des archives du comté de Flandre; — Pièces sur le Cabinet des chartes	1422—1440	127
XVII. Mélanges historiques de Foncemagne et de Secousse	1441—1494	132

	Numéros.	Pages
XVIII. La Curne de Sainte-Palaye, Glossaires et notices de manuscrits	1495—1676	134
XIX. Collection Mouchet, copies de manuscrits faites pour la Curne de Sainte-Palaye	1677—1734	142
XX. Répertoires divers du Cabinet des chartes, etc.	1735—1834	149

APPENDICE. 153

    I. État des *Dépôts de Législation et des Chartes* réunis sous le nom de *Bibliothèque de la Chancellerie* 153

    II. Inventaire des cartons du Secrétariat des *Dépôts des Chartes et de Législation* 156

    III. État du *Dépôt des Chartes*. 157

    IV. Table alphabétique des dépôts du royaume dans lesquels on a travaillé pour enrichir le *Dépôt des Chartes* . . . 159

    V. Catalogue des manuscrits faisant partie du *Dépôt des Chartes*. 167

    VI. 1. Catalogue des manuscrits de la *Bibliothèque de Législation*, transportés à la Chancellerie en 1789 173

    — 2. Note sur la rédaction du catalogue de la bibliothèque du *Ministère de la Justice* 176

    — 3. Catalogue des manuscrits de la bibliothèque du *Ministère de la Justice* 177

    VII. 1. Index des manuscrits de *Fevret de Fontette* 181

        2. Autre index des manuscrits de *Fevret de Fontette*. . . 187

    VIII. Notice sur la collection *d'Esnans*, par Godard, de Clamecy. 191

    IX. Mémoires de *La Curne de Sainte-Palaye* sur ses travaux et sa bibliothèque 201

    X. 1. Catalogue des manuscrits de *La Curne de Sainte-Palaye*. 207

    — 2. État des manuscrits de *La Curne de Sainte-Palaye* que le marquis de Paulmy désirait échanger 214

    — 3. État des volumes offerts par le *marquis de Paulmy* en échange des manuscrits de La Curne de Sainte-Palaye. 215

    — 4-5. Lettres du *marquis de Paulmy* à Moreau et de *Moreau* au garde des sceaux 216

    — 6. Liste des manuscrits de *La Curne de Sainte-Palaye* échangés avec le marquis de Paulmy 218

    XI. Liste des manuscrits de La Curne de Sainte-Palaye confiés à *Mouchet* 222

    XII. Ordre du *Cabinet des chartes* en 1828 224

TABLE ALPHABÉTIQUE. 227

www.ingramcontent.com/pod-product-compliance
Lightning Source LLC
Chambersburg PA
CBHW070535160426
43199CB00014B/2266